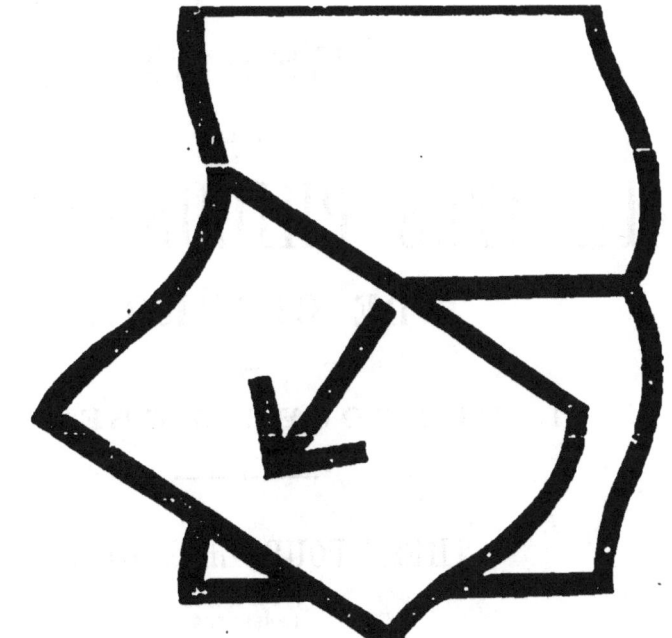

Couverture inférieure manquante

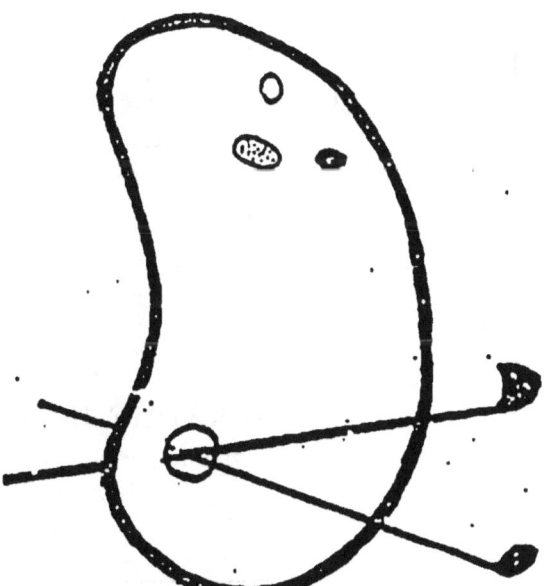

ORIGINAL EN COULEUR
NF Z 43-120-8

ESSAI
SUR LES
TRAITÉS PHILOSOPHIQUES
DE CICÉRON
ET
LEURS SOURCES GRECQUES

THÈSE POUR LE DOCTORAT

PRÉSENTÉE

A LA FACULTÉ DES LETTRES DE PARIS

PAR

C. THIAUCOURT

ANCIEN ÉLÈVE DE L'ÉCOLE NORMALE
AGRÉGÉ DE GRAMMAIRE ET DE PHILOSOPHIE
MAÎTRE DE CONFÉRENCES A LA FACULTÉ DES LETTRES DE NANCY

PARIS
LIBRAIRIE HACHETTE ET Cie
79, BOULEVARD SAINT-GERMAIN, 79

1885

Conserver ce feuillet de garde

manquent p. 5-6-329-330
19/2/1938

ESSAI

SUR LES

TRAITÉS PHILOSOPHIQUES DE CICÉRON

ET

LEURS SOURCES GRECQUES

NANCY. — IMPRIMERIE PAUL SORDOILLET

ESSAI

SUR LES

TRAITÉS PHILOSOPHIQUES

DE CICÉRON

ET

LEURS SOURCES GRECQUES

THÈSE POUR LE DOCTORAT

PRÉSENTÉE

A LA FACULTÉ DES LETTRES DE PARIS

PAR

C. THIAUCOURT

ANCIEN ÉLÈVE DE L'ÉCOLE NORMALE
AGRÉGÉ DE GRAMMAIRE ET DE PHILOSOPHIE
MAÎTRE DE CONFÉRENCES A LA FACULTÉ DES LETTRES DE NANCY

PARIS
LIBRAIRIE HACHETTE ET Cie
79, BOULEVARD SAINT-GERMAIN, 79

1885

A LA MÉMOIRE

DE

MONSIEUR BERSOT

INTRODUCTION

On sait que les Romains n'ont pas eu de philosophie originale, et que, pour cette science, ils sont complétement tributaires des Grecs. Ils se sont bornés à traduire les idées étrangères, sans rien ajouter, en retranchant plutôt : ils ont omis tout ce qui était trop subtil ou trop malaisé à comprendre. Mais ils ont accommodé davantage à la vie pratique les recherches spéculatives des penseurs grecs. Ces caractères apparaissent nettement dans les traités philosophiques de Cicéron.

Ces traités, selon l'ordre des temps, se partagent en deux groupes : le premier comprend le *de republica* et le *de legibus*, qui ont été écrits pendant la défaveur passagère dont Cicéron fut l'objet après l'exécution des complices de Catilina ; le second renferme tous les ouvrages philosophiques de Cicéron composés dans les deux dernières années de sa vie. Il est probable que, pour le premier groupe, Cicéron imite Platon ; pour le second groupe, il a dû non seulement imiter, mais encore traduire en partie les philosophes grecs. « Ses livres, écrit-il à Atticus, sont des copies (ἀπόγραφα) ; ils ne lui coûtent pas grande peine, car il n'apporte que les mots, dont il ne manque pas (1). »

On a beaucoup étudié quelles étaient les sources de Cicéron dans ses traités philosophiques. Van Heusde a cherché ce qu'il avait emprunté de Platon (2). Ce savant a le tort de conclure trop vite à une imitation de Platon, lorsqu'il trouve une analogie entre un passage du philosophe grec et de l'auteur

(1) XII, 52. — (2) *Cicero* φιλοπλάτων, Utrecht, 1836.

latin. Cicéron peut avoir suivi non pas Platon, mais un auteur qui s'était inspiré de lui. L'imitation de Platon ne serait ainsi que médiate. La même critique s'adresse à Baumhauer, qui a examiné ce que Cicéron devait à Aristote (1).

En 1753, on trouva dans les ruines d'Herculanum les fragments d'un traité épicurien où l'on crut reconnaître le modèle de Cicéron pour une partie du livre I du *de natura deorum*. Les fragments du traité grec et le passage de Cicéron furent comparés avec soin dans une foule de dissertations. On pensait avoir un exemple de la manière dont l'auteur latin composait ses livres de philosophie. Dès lors on rechercha, par des analyses minutieuses et des inductions délicates, de quels ouvrages grecs s'était inspiré Cicéron dans chacun de ses traités philosophiques. M. Madvig, dans les notes de son édition du *de finibus*, et dans les *excursus* qui la terminent, examine quelles ont pu être les sources de Cicéron pour les cinq livres de cet ouvrage. Nous ne nommerons pas ici tous ceux qui ont entrepris pour les autres traités ce que M. Madvig a fait pour le *de finibus*; ils seront mentionnés dans la suite de cette étude. Nous citerons seulement M. R. Hirzel, qui a étudié avec beaucoup de subtilité quels modèles grecs a suivis Cicéron pour le *de natura deorum*, le *de finibus* et le *de officiis*, les *Académiques* et les *Tusculanes* (2).

Nous avons cru qu'il n'était pas sans intérêt de réunir dans un travail d'ensemble le résultat des recherches isolées sur les sources grecques de Cicéron dans ses traités philosophiques (3). Mais pourrons-nous arriver à des résultats cer-

---

(1) *De vi Aristotelia in Ciceronis scriptis*, Utrecht, 1841. — (2) *Untersuchungen zu Cicero's philosophischen Schriften*, Leipsick, I, 1877; II, 1 et 2, 1882; III, 1883. — (3) En même temps qu'on examine quels ont été les ouvrages grecs imités par Cicéron, on peut se demander comment il a traduit en latin les expressions philosophiques venues du grec. C'est ce qu'a fait H. Estienne dans son *Lexicon Ciceronianum græco-latinum*, reproduit par M. Clavel. (*De Cicerone Græcorum interprete*, Paris, 1868.) M. Bernhardt a aussi écrit une dissertation où il énumère les mots nouveaux que Cicéron, dans ses traités philosophiques, a traduits ou imités du grec. (*De Cicerone Græcæ philosophiæ interprete*, Berlin, 1865.) « Les ouvrages de

Documents manquants (pages, cahiers...)
NF Z 43-120-13

apprend à le mieux connaître et à l'estimer à sa juste valeur.

Les recherches du genre de celle que nous entreprenons produisent chaque année, de l'autre côté du Rhin, une foule de dissertations trop souvent subtiles et peu convaincantes. Mais nous croyons que ces études minutieuses sont légitimes pour les traités philosophiques de Cicéron, où l'auteur avoue lui-même qu'il ne remplit guère que l'office de traducteur.

Peut-être ne réussirons-nous pas à indiquer avec précision les modèles de Cicéron, parce qu'ils n'existent plus, ou parce que l'auteur latin, dans son éclectisme et sa science insuffisante, a confondu les écoles et les philosophes particuliers, ou effacé les traits qui leur étaient propres. Mais nous savons que Cicéron doit presque toutes ses idées aux Grecs. Le chimiste n'ignore pas que le diamant n'est que du charbon lumineux; il ignore comment la nature transforme le charbon en diamant. Mais le diamant garde toujours son prix. Il en sera de même pour les traités philosophiques de Cicéron : ils tiennent lieu des originaux perdus, et, lorsque ceux-ci subsistent, ils nous montrent comment la sagesse grecque s'était, en passant en latin, dépouillée de sa hardiesse spéculative, pour devenir plus raisonnable et plus pratique.

Des philosophes venus après Platon et Aristote il ne nous reste que quelques fragments et des citations ou des témoignages épars dans les auteurs anciens. On peut reconstituer l'histoire de la nouvelle Académie au moyen de Sextus Empiricus, et celle de la philosophie épicurienne avec Lucrèce et Diogène de Laerte, qui nous a conservé plusieurs morceaux d'Épicure lui-même. Mais pour le Portique primitif et les seconds Stoïciens, comme Diogène, Antipater, Panétius et Posidonius, Cicéron est la source la plus ancienne et la plus importante, sinon unique. S'il nous manquait, nous serions réduits à passer sans transition de la *Morale à Nicomaque* aux *Lettres à Lucilius*. Or tout le monde sait qu'il s'est produit dans l'intervalle une transformation importante. La morale, qui, chez Platon et Aristote, est encore exclusivement celle de la cité, est devenue chez Sénèque la morale universelle, des esclaves comme des hommes libres. Comment s'est opéré ce passage? Comment, dans le Portique lui-même, la morale, d'abord spéculative et se rattachant à la physique, s'est-elle faite pratique, indépendante, commune à tous, comme nous le voyons chez les Stoïciens de l'empire? On pourrait croire que ce n'a été que sous l'influence d'une force étrangère, si la transition n'apparaissait nettement chez Cicéron, surtout dans le *de legibus,* les *Tusculanes* et le *de officiis.* Les œuvres philosophiques de l'auteur romain sont pour nous d'un grand prix, puisqu'elles nous permettent de retrouver quelques anneaux dans la chaîne des idées antiques (1).

Leur intérêt n'est pas moins grand pour l'histoire, non plus de la civilisation en général, mais de Rome à l'époque de César. Cicéron n'était pas un philosophe de profession qui cherche le vrai pour lui-même, mais un homme d'État qui ne perd jamais de vue la politique. Ses traités philosophiques étaient destinés à agir sur l'opinion de la société la plus polie et la plus instruite, comme ses discours s'adressaient directement au peuple et au sénat. Les traités furent écrits au moment où la tribune était interdite à Cicéron. Ils tenaient lieu de ces belles harangues que l'auteur se désolait de ne pouvoir plus prononcer. Dès lors il est curieux de replacer chacun d'eux dans le milieu et les circonstances où il a paru, d'en découvrir le but et d'en déterminer l'effet.

Cicéron n'oublie jamais qu'il est homme d'État; mais il reste toujours aussi homme de lettres, le plus grand peut-être et le plus éloquent que le monde ait vu. Nous retrouvons dans ses ouvrages philosophiques quelques traits de sa mobile physionomie, tandis que les autres apparaissent dans ses discours et surtout dans sa correspondance. Dans celle-ci on aperçoit mieux l'homme avec ses passions et ses faiblesses. Dans ses discours Cicéron se drape devant le public, et met au service d'une cause ou d'un parti toutes les ressources de son esprit et de son éloquence. Dans les traités on reconnaît encore l'homme

---

(1) Pour atteindre ce résultat il n'est pas nécessaire de connaître exactement l'auteur que Cicéron a imité dans chacun de ses livres; il suffit de savoir de quelle école et de quel groupe de philosophes il s'est surtout inspiré.

d'État, quand Cicéron trace le plan ou donne les lois d'une république parfaite, ou lorsqu'il enseigne à son fils ce qu'il doit faire pour soutenir l'honneur du nom paternel et le poids de la grandeur romaine. Mais ailleurs le politique s'efface, et l'on voit surtout le père et le patriote qui cherche dans la philosophie une consolation, ou le penseur curieux qui examine les fondements de la connaissance et de la morale, la nature de Dieu et les moyens de prévoir l'avenir, ou le sage instruit par l'expérience qui nous fortifie contre la crainte de la mort, la douleur, les passions, le souci des biens extérieurs, et nous apprend les avantages de la vieillesse et les charmes de l'amitié. La correspondance nous montre Cicéron tel qu'il était, les traités philosophiques tel qu'il aurait voulu être, tel qu'il était dans ses meilleurs moments, lorsqu'il écartait les préoccupations égoïstes du chef de parti pour ne songer qu'au vrai et au bien absolus.

Ainsi comprise, l'étude des traités philosophiques de Cicéron ne nous semble pas manquer d'intérêt. Mais il ne faut pas oublier que nous devons surtout essayer d'indiquer quels philosophes grecs Cicéron a traduits ou imités. Nous ne voulons pas seulement étudier d'une façon générale où Cicéron emprunte l'esprit et les idées de chacun de ses ouvrages philosophiques. Cette étude est instructive ; mais il s'y glisse bien du vague et de l'à peu près. Nous nous proposons un objet plus précis : déterminer autant que possible quel livre spécial Cicéron avait sous les yeux dans chaque cas particulier (1). C'est ici la partie la plus aride et la plus difficile de notre tâche ; mais c'est aussi celle qu'il importe le plus d'examiner de près. Que nous arrivions à des résultats certains, ou que nous ne puissions donner que des conjectures plus ou moins probables, nous n'aurons pas à regretter le temps employé à ces recherches, car elles nous permettront de mieux connaître, et par suite de mieux juger l'œuvre philosophique de Cicéron.

---

(1) Cicéron semble lui-même nous inviter à ce travail lorsqu'il nous dit que ses traités ne sont que des copies. Aussi bien on aurait pu le supposer, en considérant la rapidité avec laquelle ils furent écrits.

CHAPITRE I.

Le « de republica » et le « de legibus ».

Le *de republica*. Cicéron croit concilier la méthode de Platon et celle d'Aristote ; il s'inspire surtout de la constitution de Rome, et de Polybe. Le livre I : nature et rôle de l'État ; les différentes formes de gouvernement. Le livre II : histoire de Rome. Le livre III : la justice dans l'État ; Carnéade. Les livres IV et V. Le *Songe de Scipion*, imité de Platon et de Posidonius. Conclusion. — Le *de legibus*. Le livre I : théorie de la loi d'après les Stoïciens et Panétius ; la justice a son fondement dans la nature ; le souverain bien suivant Antiochus. Le livre II : le droit religieux. Imitation de Platon. Le livre III : le droit concernant les magistrats. Conclusion.

LE « DE REPUBLICA ».

Cicéron composa le *de republica* de 700 à 703 de Rome (54 à 51 av. J.-C.), c'est-à-dire lorsqu'il était encore dans toute son activité politique. « Nous avons, dit-il, écrit les six livres de *la République* lorsque nous tenions le gouvernail de l'État (1). »

On regardait cet ouvrage comme le plus parfait des traités philosophiques de Cicéron. On sait combien Platon a mis de soin à composer son dialogue sur la République, qu'il était, dit-on, occupé à revoir et à corriger lorsqu'il mourut. Cicéron montra la même sollicitude pour le *de republica* (2). Il avait déjà commencé à l'écrire lorsqu'il voulut en changer la distribution et la date. Il songea quelques instants à rapprocher l'époque de l'entretien, pour pouvoir se mettre au nombre des interlocuteurs et parler des récentes révolutions de la république romaine. Il

---

(1) *De divin.*, II, 1, 3. — (2) Il écrivait à son frère Quintus : « C'est un ouvrage bien touffu et bien difficile ; mais s'il réussit, comme je l'espère, j'aurai bien employé mon temps ; sinon, je le jetterai dans cette mer que j'ai sous les yeux en composant. » (*Ad Quint.*, II, 14, 1.)

avait d'abord craint de le faire. « Je ne voulais pas, dit-il à son frère Quintus, toucher à notre temps de peur d'allusions involontaires et de personnalités. Mais je saurai éviter l'écueil en supposant un dialogue entre vous et moi. Lorsque je serai à Rome, je vous enverrai ce que j'ai fait d'après mon premier plan, et vous sentirez ce qu'il a dû m'en coûter pour le laisser là (1) ». Cicéron semble ici avoir décidément renoncé à son dessein primitif; mais il y revint et s'y arrêta.

On peut voir par les lettres de Cicéron combien son ouvrage fut loué par les contemporains. « J'ai pris, dit-il à Atticus, comme des engagements avec ma réputation en donnant mes six livres de *la République,* dont je suis charmé que vous soyez si content (2) ». A son retour de Cilicie il écrit à ce même Atticus : « Sans cette envie du triomphe qu'on m'a donnée et que vous approuvez vous-même, vous auriez à peu près ce bon citoyen dont j'ai fait le portrait dans mon livre VI. Mais qu'ai-je à y revenir? Vous avez plutôt dévoré que lu cet ouvrage? (3) » « Votre traité de *la République,* dit Cælius à Cicéron, est en grande faveur partout (4) ».

Platon avait composé sa *République* à une époque où les excès de la démocratie montraient que la constitution d'Athènes ne pouvait être de longue durée. L'ouvrage du philosophe grec est moins un manifeste politique qu'une étude spéculative. Aristote écrivit, comme son maître Platon, sur le gouvernement; mais il se tint plus près de la réalité. Aussi bien la Grèce, qui comptait une multitude de cités indépendantes, ayant chacune leur constitution particulière, lui offrait tous les types de gouvernement, sans qu'il eût besoin de demander à son imagination d'en inventer un de toutes pièces. Les philosophes de l'école d'Aristote, surtout Théophraste, s'occupèrent beaucoup, à l'exemple de leur maître, de recherches politiques (5). Après avoir écrit l'éloge de Caton, Cicéron voulut

---

(1) *Ad Quint.,* III, 5. — (2) *Ad Att.,* IV, 1. — (3) *Ibid.,* VII, 3. — (4) *Ad fam.,* VIII, 1. — (5) Dans la lettre à Quintus citée plus haut (III, 5) Cicéron parle des dialogues politiques d'Héraclide du Pont. Dans deux autres lettres à Atticus (XIII, 31, 32) il demande le τριπολιτικός de Dicéarque.

quelques instants envoyer à César une lettre sur la constitution de la République, analogue à celle qu'on attribue à Salluste. Il avait sous les yeux, dit-il, les discours adressés à Alexandre par Aristote et Théopompe (1). On voit par ce dernier nom que les historiens aussi avaient examiné la constitution des États. Ceci était vrai surtout de Polybe, qui, dans son histoire, avait expliqué l'organisation de la république romaine. Enfin, parmi les écoles philosophiques venues après Platon et Aristote, les Stoïciens avaient beaucoup étudié les questions de gouvernement. Il ne manquait donc pas en Grèce d'écrits que Cicéron pouvait imiter dans sa *République.*

Il ne trouvait pas de tels ouvrages en latin. L'unique occupation des Romains avait été jusqu'alors de conquérir le monde, et non d'analyser le mécanisme de leur gouvernement. Il leur suffisait que tous les rouages en fonctionnassent avec régularité. On n'étudie d'ordinaire les constitutions que lorsqu'elles sont vieillies et en danger de périr. Tel était le cas pour Rome à l'époque de Cicéron. La classe moyenne, composée de ces paysans propriétaires d'un petit domaine qui avaient conquis l'Italie et le monde, avait presque disparu. Ruinés par l'usure, décimés par les guerres sans cesse renaissantes, les derniers survivants de cette forte race avaient eu à lutter contre la concurrence du travail servile qui coûte moins et produit davantage. Alors ils étaient venus à Rome, où ils vendaient leur suffrage. Il n'y avait plus en Italie que quelques grands propriétaires et, au-dessous, un peuple d'esclaves ou de gens qui ne possédaient rien.

Le peuple romain, depuis les Gracques, n'existait plus. Il avait perdu avec son dernier morceau de terre l'attachement à la vieille constitution de la République. Il était prêt à suivre l'ambitieux hardi qui, en échange de sa liberté, lui promettrait de le nourrir et de l'amuser. Ceci était vrai surtout de la multitude qui encombrait le forum. On avait conservé dans les campagnes un plus grand respect pour la vieille forme de gouvernement. Telle fut sans doute la première impression que

---

(1) *Ad Att.*, XII, 40.

Cicéron dut à son enfance passée dans le petit municipe d'Arpinum, où son aïeul habitait une modeste maison à côté de celle de Curius, le vainqueur des Samnites. Mais, après ses débuts dans la vie publique, Cicéron reconnut combien il était difficile de savoir quelle forme de gouvernement convenait le mieux à sa patrie. Il n'était pas d'une famille où l'on reçoit en héritage la direction politique à suivre. Il lui fallut se décider par lui-même, et, pour cela, étudier et réfléchir. C'est le résultat de ces études et de ces réflexions qu'il avait consigné dans le *de republica*.

Malheureusement l'ouvrage de Cicéron est perdu. Il ne nous reste que la conclusion, ou le *Songe de Scipion*, qui nous a été conservé par Macrobe, grammairien de la première moitié du V⁰ siècle, dans son *Commentaire,* en deux livres, sur le *Songe de Scipion*, et des fragments des cinq premiers livres, formant environ le tiers de l'ouvrage, qui ont été retrouvés en 1820, par le cardinal Angelo Maï, sur un palimpseste de la bibliothèque du Vatican (1).

Nous allons étudier, d'après ces fragments, quels modèles grecs Cicéron a imités. Il ne s'agit pas ici d'une imitation servile, mais plutôt de réminiscences souvent involontaires. Les lectures de Cicéron sur le gouvernement des États, ses propres réflexions et ses observations avaient dû se fondre en un tout où il était bien difficile de démêler ce qui lui appartenait en propre et ce qui venait d'autrui. De plus, l'œuvre de Cicéron ne nous est arrivée que très mutilée; il nous faudra donc dans la plupart des cas nous contenter de dire quels rapports existent entre les fragments du *de republica* et les ouvrages grecs qui traitaient le même sujet, sans que nous puissions affirmer avec certitude que Cicéron a imité ces ouvrages : les rapports signalés ne sont peut-être que des rencontres fortuites.

On a cherché ce que Cicéron avait pu prendre à Caton, à Panétius, à Posidonius (2). Mais ces imitations se bornaient

---

(1). Le manuscrit de la *République* avait été gratté par les moines, qui avaient écrit à la place un commentaire de saint Augustin sur les *Psaumes*.
(2) Thorlacius : *De placit. Cicer. in libris de republ. obviis*, Copenhague, 1824.

Documents manquants (pages, cahiers...)
NF Z 43-120-13

DE LA PAGE 5
À LA PAGE 6

s'occuper des affaires publiques, parce qu'ainsi il courait risque de perdre son impassibilité. Dans les premiers chapitres qu'on a conservés, Cicéron combat les idées de Platon sur la part que le sage doit prendre au gouvernement de son pays (1). Comment, demande Cicéron, en se servant d'une comparaison empruntée à Platon lui-même, le sage pourra-t-il prendre la direction des affaires aux époques troublées, s'il ne s'y est habitué pendant les temps paisibles ?

Platon ne voulait pas que le sage s'occupât des affaires publiques, parce que dans les turbulentes cités de la Grèce le pouvoir appartenait le plus souvent non aux citoyens modérés, mais aux démagogues violents et audacieux. Le sage, en se mêlant aux discordes civiles, eût perdu, sans profit pour personne, la tranquillité dont il avait besoin pour ses belles méditations (2). Il n'en était pas de même à Rome. Les démagogues, comme Catilina et Clodius, se faisaient craindre des bons citoyens ; mais ils n'étaient pas les maîtres incontestés ; il y avait encore pour leur résister des hommes courageux, comme Caton. Aussi bien on sentait que le triomphe des démagogues ne serait pas de longue durée et que derrière eux se tenaient cachés des ambitieux, comme César, prêts à offrir à Rome fatiguée de troubles et de bouleversements le remède radical du pouvoir absolu. C'était pour ces ambitieux que travaillaient au fond les démagogues, c'eût été les favoriser que se désintéresser des affaires publiques. César, avant Pharsale, disait : « Quiconque n'est pas contre moi est pour moi ». En effet, ne pas le combattre, c'était lui permettre de renverser la république.

Après ces remarques préliminaires, Cicéron met en scène plusieurs Romains illustres qui, pendant les féries latines, se sont réunis dans la maison de campagne de Scipion, le second Africain. La conversation s'engage à propos d'un phénomène astro-

---

(1) *Répub.*, I, 7 ; VI, VII, *passim*. — (2) « Semblable à un homme qui se trouve au milieu des bêtes féroces, incapable de partager les injustices d'autrui et trop faible pour s'y opposer à lui seul, le sage reconnaît qu'avant d'avoir pu rendre quelque service à l'État ou à ses amis, il lui faudrait périr inutile à lui-même et aux autres. Alors.... il se tient en repos, uniquement occupé de ses propres affaires ». (*Républ.*, I.)

nomique. « Combien je voudrais, dit Scipion, que nous eussions avec nous notre ami Panétius, qui, entre autres choses, s'occupe avec beaucoup de soin de ces phénomènes célestes. » (1). On discute ensuite sur l'ordre de mérite des sciences. Socrate n'estimait que celles qui étaient pratiques, ou pouvaient êtres utiles aux mœurs; il voulait qu'on sût de géométrie autant qu'il en faut pour mesurer un champ, d'astronomie, pour conduire un vaisseau. Platon accordait davantage aux sciences abstraites, qu'il considérait comme les préliminaires de la dialectique, et il avait, dit-on, écrit sur la porte de son école : « Que nul n'entre ici, s'il ne sait la géométrie. » Les anciens Romains étaient de l'avis de Socrate; Cicéron eût été plutôt de celui de Platon.

Lélius dit qu'aux recherches astronomiques il préfère les études d'une utilité plus immédiate, qui intéressent la science des mœurs ou la politique, et il prie Scipion d'exposer ses idées sur le meilleur gouvernement (2).

Scipion indique d'abord quelle est, suivant lui, l'origine de l'État. Platon s'était fait de l'État une image tout idéale; il voulait que la vertu y régnât, comme dans l'âme humaine, et qu'on distinguât autant de classes de citoyens, étroitement séparées les unes des autres, qu'il y a de facultés dans l'âme. Cicéron suit ici non pas Platon, mais Aristote, qui voyait dans la société un fait naturel.

D'accord avec l'auteur de la *Politique*, Cicéron nie que l'homme soit capable de vivre seul, *solivagum genus*. Quant à l'État, ce n'est pas pour Cicéron, comme pour Platon, une idée abstraite; c'est la chose du peuple, *res populi;* elle est l'accord des droits et la communauté des intérêts (3).

Cicéron étudie ensuite les différentes formes de gouvernement : monarchie, aristocratie et démocratie. Chacune a ses avantages, mais aussi ses inconvénients. Quelle est la meilleure

---

(1) Panétius était, comme Polybe, l'ami de Scipion, et Cicéron lui a fait quelques emprunts dans la *République*. — (2) C'est seulement ici que se termine l'introduction, qui est beaucoup trop longue. Cicéron a peut-être voulu imiter les préambules des dialogues de Platon; mais il est resté bien au-dessous de son modèle. — (3) *Juris consensus et utilitatis communio.* I, 25.

constitution ? celle qui réunit les trois régimes nommés plus haut et où l'on trouve les trois éléments, monarchique, aristocratique et démocratique. Cicéron devance ici Montesquieu ; mais Polybe avait déjà exprimé les mêmes idées. Dans le livre VI de son histoire, il avait étudié de près la constitution de la république romaine, et avait reconnu sa supériorité, parce qu'elle évitait les révolutions en mélangeant et corrigeant l'un par l'autre les différents systèmes politiques (1).

« La théorie du gouvernement tempéré ou mixte était déjà en germe dans Aristote et même dans Platon. Mais Aristote s'était contenté d'observer, avec admiration, il est vrai, qu'un semblable équilibre s'est rencontré à Sparte et à Carthage, sans en conclure toutefois que cette combinaison fût absolument la meilleure en politique. Platon avait dit aussi dans les *Lois* qu'il était bon de tempérer l'une par l'autre la monarchie et la démocratie, c'est-à-dire l'autorité et la liberté. Mais ni lui ni Aristote, dans le tableau qu'ils ont présenté du gouvernement parfait, n'ont imaginé un pareil équilibre. Le fond de leurs conceptions, c'est toujours la république plus ou moins aristocratique, telle qu'elle existait dans l'antiquité, et non pas un véritable gouvernement mixte, fondé sur l'opposition et sur la balance des pouvoirs, et composé à la fois de royauté, de noblesse et de peuple. Il est donc vrai de dire que cette théorie depuis si célèbre appartient à Polybe et à Cicéron plutôt qu'à Platon et Aristote : ceux-ci recommandaient le gouvernement tempéré et ceux-là le gouvernement pondéré (2). »

Mais la forme mixte de gouvernement est très difficile à réaliser. Si l'on considère les trois formes simples, à laquelle faudra-t-il donner la préférence ? A la démocratie ? En principe c'est la seule qui assure la liberté à tous les citoyens. Mais elle ne procure souvent qu'une fausse égalité. Lorsqu'on accorde les mêmes honneurs aux grands et aux petits, l'égalité doit nécessairement

---

(1) Cicéron, dit M. Arthur Desjardins *(de scientia civili apud M. Ciceronem*, Paris, 1858), semble dans le livre I de la *République* avoir suivi pas à pas Polybe. — (2) P. Janet, *Histoire de la science politique*, 2ᵉ éd., p. 278-279.

devenir la plus grande des inégalités (1). De plus à quels excès la démocratie n'est-elle pas sujette, et comme elle dégénère vite en démagogie et en tyrannie ! C'est ce que Cicéron nous dit plus loin (2), avec une rare énergie, en traduisant Platon (3).

Cicéron, dans son plaidoyer *pour Roscius*, avait d'abord défendu le parti populaire contre les excès de l'aristocratie triomphante avec Sylla. Au milieu de la frayeur générale il avait osé élever la voix pour flétrir les proscriptions. Le peuple lui sut gré de son courage et il obtint sans effort toutes les charges et même le consulat. Mais alors il dut combattre et réprimer la conjuration de Catilina, ce qui lui aliéna les sympathies populaires et le fit condamner à l'exil.

Si la démocratie plaisait peu à Cicéron, l'aristocratie ne lui agréait pas davantage. Elle n'avait guère fait d'efforts pour le sauver de l'exil. Elle n'était pas fâchée de voir humilier un homme nouveau qui rappelait sans cesse son consulat. Elle regardait comme un orgueil intolérable ce qui n'était chez Cicéron qu'une vanité puérile. « Aussi, même en servant l'aristocratie, Cicéron a-t-il toujours conservé contre elle des rancunes de bourgeois mécontent. Il savait bien qu'elle ne lui pardonnait pas sa naissance et qu'on l'appelait un parvenu. En revanche, il ne tarissait pas de railleries contre ces gens heureux qui sont dispensés d'avoir du mérite et à qui les premières dignités de la république viennent en dormant. (4) »

Telles sont à peu près les critiques faites par Cicéron au gouvernement de l'aristocratie. Il reproche aux partisans de ce régime de vouloir obstinément qu'on les appelle *optimates*, lorsqu'ils ne le méritent pas. Il n'y a pas, dit-il, de plus mauvaise forme de gouvernement que celle où les riches passent pour les meilleurs (5).

(1) *Nocesse est ipsa œquitas iniquissima sit.* I, 34. — (2) I, 43. — (3) C'est aussi à Platon que Cicéron semble avoir emprunté son tableau de la succession des trois formes de gouvernement. « Platon et la philosophie, dit-il, m'avaient depuis longtemps enseigné que les États sont sujets à certaines révolutions naturelles qui donnent le pouvoir tantôt aux grands, tantôt au peuple et parfois à un seul. » (*De divin*, II, 2, 6.) — (4) *In Verrem act. secunda*, V, 70. G. Boissier, *Cic. et ses amis*, 2ᵉ éd., 1/12, p. 35. — (5) *De rep.*, I, 34.

Les vues de Cicéron sur l'aristocratie ne nous sont point parvenues complétement ; mais nous possédons presque en entier le passage où il parle de la monarchie. Il se rencontre ici avec Aristote, qui dit que, si l'on peut trouver un homme supérieur par son intelligence, ses talents ou sa grandeur d'âme, il faut s'empresser de lui conférer la royauté et de le charger seul du gouvernement. Des trois régimes simples, la royauté est aussi celui que Scipion préfère. Il l'assimile à la divinité. Les premiers Romains, qui ne méritent pas, dit-il, le nom de barbares, eurent des rois. Une âme bien réglée est l'image de la monarchie. Les hommes peuvent obéir à un roi, comme les esclaves obéissent à leur maître et les enfants à leur père. L'excellence de la royauté semble aussi prouvée par l'histoire de Rome : l'expulsion des rois fut suivie de grands troubles et le peuple regretta Romulus.

Cette apologie de la royauté peut sembler étrange sous la plume de Cicéron, qui, après Pharsale, regretta si amèrement le gouvernement républicain, qui fit l'éloge des meurtriers de César, qui enfin devait mourir en combattant Antoine. On a dit, que Cicéron songeait à la révolution que César devait accomplir quelques années plus tard. C'est une erreur. Jamais Cicéron ne parle de César et ne fait allusion à lui sans maudire son usurpation. Il loue le gouvernement des rois ; mais il entend par là une sorte de régime patriarcal qui n'est possible qu'à l'origine des sociétés. Il exige tant de vertus du roi et de ses sujets, qu'on voit bien qu'il ne regarde pas le régime monarchique comme possible chez un peuple d'une civilisation avancée et déjà corrompue, comme était Rome de son temps.

Le livre II.

Dans le livre II de la *République* Cicéron fait l'histoire des premiers temps de Rome et celle de la république romaine, dans laquelle il trouve, comme Polybe, la meilleure forme de gouvernement. Il suit la méthode empirique d'Aristote ; mais il n'a pas son impartialité toute scientifique, et il se montre trop prêt à admirer tous les événements de l'histoire romaine. Ainsi il vante ici l'utilité du tribunat, tandis que, dans les *Lois* (1), il fait énumérer par son frère Quintus tous les inconvénients de cette magistrature.

Pour l'histoire de Rome, Cicéron a puisé dans les *Origines* de Caton (2). Cicéron s'est aussi servi de Polybe pour les détails historiques contenus dans le livre II, surtout lorsque Scipion, à la fin du livre (partie aujourd'hui perdue), passait à des considérations plus générales et plus théoriques sur le meilleur gouvernement. Ce qu'il dit sur l'emplacement de Rome (3) fait songer à Platon (4). Déjà Platon avait condamné les villes maritimes, accusant la diversité et la mobilité de leurs mœurs, et montrant combien la passion du commerce était une cause de ruine pour les États. Il allait jusqu'à blâmer la puissance maritime d'Athènes; il attribuait le salut de la Grèce, lors des guerres médiques, aux batailles de Platées et de Marathon, oubliant celles d'Artémision et de Salamine; enfin il craignait que le territoire de la ville que voulait fonder Clinias ne fût fertile; car alors on exporte les produits du sol. Cicéron ne se laisse pas aller aux mêmes exagérations. Il semble qu'ici encore il ait corrigé Platon par Aristote (5). Il croit très bien choisi l'emplacement de Rome, parce qu'elle est assez rapprochée de la mer pour avoir les avantages des villes maritimes, pas assez pour en avoir les inconvénients.

Nous trouvons à la fin du livre un passage remarquable, conservé par saint Augustin, où Cicéron imite Platon, tout en se séparant de lui. « De même que la flûte et la lyre, la mélodie et les voix, de la diversité de leurs accents, forment un concert que les oreilles exercées ne pourraient souffrir, s'il était plein d'altérations et de dissonances, et dont l'harmonie et la perfection résultent pourtant de l'accord d'un grand nombre de sons dissemblables; ainsi de l'alliance des différents ordres de l'État,

---

(1) III, 8, 19. — (2) Van Heusde, *Cicero φιλοπλάτων*, p. 228. Cicéron accepte sans scrupule, après Polybe et avant Tite-Live, l'histoire convenue des temps primitifs de Rome. — (3) II, 3, 19. M. Usener remarque *(Rhein. Mus.,* XXVIII, p. 397) que Cicéron avoue *(ad Att.,* II, 2, 3) qu'il a copié ici tout un passage de Dicéarque *(descente dans l'antre de Trophonius)*. — (4) *Lois,* IV. — (5) *Politiq.,* IV, 2, 4, 5, 10.

de leur juste tempérament résulte ce concert politique, qui, comme l'autre, naît de l'accord des éléments les plus opposés. » Cette comparaison empruntée à la musique est bien dans l'esprit grec et platonicien, mais elle sert à combattre la théorie de Platon qui sacrifiait tout à l'unité, tandis que, pour Aristote, l'unité le cède à la diversité.

LE LIVRE III.

Dans le livre III de la *République,* Cicéron se demandait si, dans le gouvernement des États, il faut observer la justice, ou s'il est permis d'être injuste. Platon, dans le *Gorgias,* avait fait soutenir la cause de l'injustice en général par Calliclès, et celle de la justice par Socrate. Il reprend cette question au point de vue du gouvernement dans les premiers livres de la *République.* La justice est combattue d'abord par Thrasymaque, puis par Adimante et Glaucon. Socrate prononce ensuite la défense et fait l'éloge de la justice. De même « dans le livre III de la *République* de Cicéron, Philus soutient l'opinion de ceux qui pensaient que sans l'injustice on ne peut gouverner les États ; mais il se défend de partager cette opinion…. Alors Lélius, à la prière de tous les assistants, entreprend la défense de la justice ; il affirme qu'il n'y a rien de plus nuisible à l'État que l'injustice, et que sans la justice la plus rigoureuse l'État ne saurait ni être gouverné ni subsister (1). »

(1) Saint Augustin, *Cité de Dieu,* II, 21. Philus dit : « Vous me chargez là d'une belle cause en m'ordonnant de défendre l'injustice…. Eh bien soit! je vous obéirai et je prendrai un masque odieux pour vous plaire. On se fait bien d'autres violences quand on poursuit la fortune ; nous qui cherchons la justice, dont le prix efface de beaucoup toutes les richesses du monde, nous ne devons reculer devant aucune épreuve. » (*De rep.,* III, 5.) Ce passage rappelle celui de la *République* de Platon (336 E) où Socrate dit à Thrasymaque : « Si nous cherchions de l'or nous n'aurions garde de nous en faire accroire l'un à l'autre et de nous en rendre la découverte impossible. Pourquoi veux-tu donc que dans la recherche de la justice, c'est-à-dire d'une chose mille fois plus précieuse que l'or, nous soyons assez insensés pour travailler mutuellement à nous tromper, au lieu de nous appliquer sérieusement à la découvrir? »

Dans un fragment qui nous a été conservé par Nonius : « Je ne parlerai pas, dit Philus, selon ma pensée, mais pour que vous répondiez à Carnéade. » Ces paroles font croire que Cicéron, pour la critique, puis l'apologie de la justice, s'était moins inspiré de Platon que des deux discours fameux prononcés par Carnéade sur le même sujet dans son ambassade à Rome (1). C'est ce que dit expressément Lactance (2). Il reproduit lui-même les arguments de Carnéade (3).

Le philosophe grec avait été députe à Rome pour défendre une injustice commise par Athènes, qui avait pillé Orope, une ville alliée. L'apologie de l'injustice n'était autre chose que la défense, au point de vue général, de la cause que Carnéade devait plaider devant le Sénat. Lactance indique les arguments dont Carnéade s'était servi (4). Il avait surtout fait usage de celui qui repose sur la diversité des institutions humaines et qui a été repris plus tard par Pascal, on sait avec quelle éloquence. Carnéade a dû rappeler aussi la réponse du pirate à Alexandre : « Parce que je n'ai qu'un petit vaisseau on m'appelle un bandit; parce que tu as une grande armée tu es le conquérant de l'Asie (5). » Il était facile aux Romains, ces conquérants du monde, de s'appliquer à eux-mêmes le mot du pirate.

« On peut juger, dit Lactance (6), de la vigueur de parole de Carnéade, de son éloquence et de sa finesse par l'éloge qu'en fait Cicéron, ou par Lucilius. Celui-ci nous montre Neptune qui discute sur un point très difficile et qui déclare que Carnéade lui-même ne pourrait l'expliquer, s'il revenait des enfers. » Les deux conférences de Carnéade durent faire une impression profonde sur l'esprit des Romains. Ce qui a donné naissance à la philosophie, a-t-on dit, c'est l'étonnement. Nulle part il n'était plus nécessaire d'étonner les esprits qu'à Rome, où la

---

(1) Cette ambassade eut lieu en 156 avant J.-C., à l'époque où Cicéron place son entretien sur la république. — (2) *Inst. div.*, V, 14. « C'est sans doute de ce discours, qui ruinait la cause de la justice, que se souvient L. Philus dans Cicéron. » — (3) *Ibid.*, V, 10. — (4) Cf. C. Martha, *Études morales sur l'antiquité : le philosophe Carnéade à Rome*, p. 61, sq. — (5) Nonius, au mot *myoparo*. — (6) *Inst. div.*, V, 14.

puissance des traditions était si grande. La philosophie fit son entrée à Rome avec Carnéade. C'est ainsi que la philosophie moderne date du *Discours de la méthode*.

On dit d'ordinaire que les conférences audacieuses de Carnéade scandalisèrent les vieux Romains et surtout Caton le Censeur. Il n'en est rien ; s'ils se hâtèrent de régler l'affaire d'Orope et de renvoyer à Athènes les ambassadeurs grecs, c'est qu'ils ne pouvaient répondre aux arguments de Carnéade contre la justice (1).

Le livre IV.

Nous avons des trois premiers livres de la *République* de Cicéron des débris assez importants. Du livre IV il ne nous reste presque rien, quelques phrases conservées par Lactance, saint Augustin, Nonius, « la poussière du marbre de la statue », dit M. Villemain. Nous savons seulement, par saint-Augustin et Lactance, que Cicéron parlait ici des mœurs des citoyens et de l'éducation de la jeunesse. Ses idées sur le mariage et sur l'éducation des enfants étaient complètement opposées à celles de Platon dans la *République*. Aristote avait déjà vivement critiqué les erreurs de son maître. Mais, pour défendre la sainteté du mariage et la pureté de l'enfance, Cicéron n'avait qu'à se rappeler les mœurs austères des anciens Romains (2).

(1) On a remarqué que la poésie latine s'était développée dans les derniers temps de la république et au commencement de l'empire par l'imitation d'une école de décadence, les poètes alexandrins. De même le plus grand représentant de la philosophie à Rome devait s'attacher à un système qui appartient à la vieillesse de la Grèce. Ni la poésie, ni la philosophie n'ont à Rome ce charme et cette grâce de jeunesse qui éclatent dans les œuvres des premiers chantres épiques de la Grèce et des premiers philosophes poètes. — (2) « Vois, dit saint Augustin au païen Nectaire, ces mêmes livres de la *République* que tu allègues pour montrer qu'un homme de bien n'a jamais assez fait pour sa patrie et n'est jamais quitte de la servir. Considère combien y sont célébrées et prêchées la frugalité, la continence et la foi au lien conjugal, et toute espèce de pureté et d'honnêteté. » (*Lettre XCI*, éd. de Bénédictins).

Dans un fragment sur la comédie, qui nous a été conservé par saint Augustin, Cicéron rappelle le danger des pièces de théâtre; c'est plutôt par imitation de Platon, que par crainte des comédies de Plaute. « Quelles ténèbres, dit Cicéron, les poètes répandent sur les esprits, quelles terreurs ils font naître, que de passions ils enflamment ! (1) » Ceci était vrai d'Athènes, non de Rome, où suivant Horace, on quittait les représentations théâtrales pour un spectacle de pugilat. Bientôt les Romains ne se passionneront plus que pour les jeux du cirque. Platon avait chassé les poètes de sa République; Cicéron ne fait que renouveler les prescriptions de la loi des *XII Tables,* lorsqu'il dit qu'il ne faut pas épargner les poètes trop libres.

Le livre V.

Les fragments du livre V, sont encore plus courts que ceux du livre IV. Probablement Cicéron, après avoir étudié dans le livre IV, l'éducation en général, examinait ici quelles connaissances et quels talents doit posséder l'homme politique. On sait quelles prescriptions minutieuses donnait Platon pour l'éducation des guerriers, parmi lesquels devait être choisi le chef de l'État. Cicéron se tient plus près de la réalité que Platon, et il accorde moins à la fantaisie. Mais il devait exiger de l'homme d'État des connaissances étendues, comme celles qu'il avait acquises lui-même. Il condamnait sans doute, comme Platon l'avait fait avant lui, ces démagogues qui se croient capables de gouverner parce qu'ils possèdent une grossière éloquence naturelle.

Le livre VI.

Le *Songe de Scipion,* qui formait la conclusion de la *République* de Cicéron, est une imitation du mythe d'Er l'Arménien, au livre X de la *République* de Platon. Le philosophe grec suppose qu'un soldat du nom d'Er, laissé pour mort sur le champ de bataille, fut retrouvé, au bout de dix jours, dans un

(1) IV, 9.

état de parfaite conservation, et porté sur le bûcher; mais que tout à coup il revint à la vie et raconta tout ce qu'il avait vu dans les enfers. Les Épicuriens, particulièrement Colotès de Lampsaque, se moquaient de Platon, parce qu'au lieu de démontrer philosophiquement sa doctrine sur l'immortalité, il avait fait revivre un mort, dans la bouche de qui il avait placé ces vérités sublimes. Cicéron voulut éviter ces critiques. Tandis que Platon nous invitait à croire quelque chose d'invraisemblable, Cicéron s'efforça de donner à sa fiction un air de vraisemblance. Il imagina donc un songe de Scipion, le second Africain, dans lequel un mort, un des bienheureux, le premier Africain, lui révèle ce qu'est la vie future (1).

Cicéron ne faisait que se conformer aux idées de son maître Posidonius, sur l'oniromancie, en nous montrant le premier Africain, qui dévoile en songe l'avenir à son petit-fils. Plus tard Cicéron devait combattre la doctrine de la divination; mais il y avait cru d'abord, et dans sa jeunesse il était allé consulter l'oracle de Delphes et avait consacré des offrandes dans son temple. De plus, même lorsqu'il eut cessé d'ajouter foi aux rêves et à la divination, il pouvait très bien imaginer une fiction qui reposait sur une croyance presque générale.

Cicéron, dans le livre I des *Tusculanes*, semble s'être inspiré, particulièrement pour ce qui regarde l'immortalité de l'âme, de Posidonius (2). Or on trouve dans le *Songe de Scipion* les mêmes idées et jusqu'aux mêmes phrases que dans la première *Tusculane* (3). On lit dans le *Songe de Scipion* (4) la preuve ontologique de l'immortalité de l'âme qui se meut elle-même. Cette preuve est traduite presque mot pour mot du *Phèdre* de Platon (5). Les autres arguments que Cicéron donne en faveur de l'immortalité semblent tirés du *Phédon*. Mais Cicéron peut les exposer indirectement d'après Posidonius (6).

(1) Macrobe, *Somn. Scip.*, I, 4. — (2) P. Corssen *(de Posidonio Rhodio, Bonn, 1878)*, contrairement à M. Heine, qui voulait que Cicéron eût imité Panétius. — (3) M. Corssen a rapproché les passages analogues dans les deux ouvrages *(Ibid., p. 41, 19).* — (4) *De repub.*, II, 25 ; Cf. *Tusc.*, I, 23, 55. — (5) 245 C. — (6) Nous savons que Posidonius, comme son maître

Scipion parle « des neuf cercles ou plutôt des neuf sphères qui se touchent et qui renferment le monde entier. La première et la plus élevée, celle qui embrasse toutes les autres, est le ciel lui-même, le dieu suprême qui modère et contient tout. » (1)

Cette doctrine était propre aux Stoïciens qui identifiaient le ciel avec Dieu (2). L'ordre dans lequel les planètes sont ensuite énumérées se retrouve chez le disciple de Posidonius, Géminus (3), et chez Cléomède (4), qui déclare qu'il a surtout suivi Posidonius.

Mais ce que dit Scipion sur le mépris de la gloire humaine (5) serait inspiré du *protrepticos* d'Aristote (6). Scipion parle « des déluges et des embrasements du monde qui doivent nécessairement arriver à une époque fixe », et plus loin de la *grande année*, « dont la vingtième partie n'est pas encore écoulée. » Dans ce qui précède immédiatement il a rappelé l'éclipse de soleil qui eut lieu à la mort de Romulus, c'est-à-dire 588 ans avant l'époque où Cicéron place son dialogue sur la République. Or, cette éclipse est prise pour le commencement de la *grande année*, comme on le voit par le fragment 44 de l'*Hortensius*, et il ne s'est pas encore écoulé au moment où Cicéron fait parler Scipion la vingtième partie de 12,954 ans, durée de la *grande année*. Il suffit d'un simple regard pour reconnaître que Cicéron, dans la *République*, entend la *grande année* de la même manière que dans l'*Hortensius*. On trouve aussi une analogie

---

Panétius, témoignait le plus profond respect et la plus vive admiration pour Platon. Panétius niait l'authenticité du *Phédon*, parce qu'il ne voulait pas reconnaître à l'âme l'immortalité personnelle. C'était le seul moyen de ne pas se mettre ouvertement en contradiction avec Platon ; car l'immortalité personnelle n'est affirmée nettement que dans le *Phédon* ; tandis que dans les autres dialogues on peut rapporter au retour de l'âme à la substance divine tout ce que Platon dit de l'immortalité, qui dès lors serait impersonnelle. Mais il est permis de croire que Posidonius ne partageait pas sur ce point les idées de Panétius, de même qu'il se séparait de lui sur la question de la possibilité de la divination.

(1) *De repub.*, VI, 17. — (2) Cf. *de nat. deor.*, I, 13, 37. — (3) *Uran.*, p. 4. Cf. Blass, *de Gemino et Posidonio*, Kiel 1883. — (4) *Meteor.*, I, p. 21. — (5) *De repub.*, VI, 20. — (6) Usener, *Musée Rhénan*, XXVIII, p. 397, sq.

entre le fragment 80 et un passage du *Songe de Scipion* (1). Mais il s'agit de savoir si, dans l'*Hortensius*, Cicéron s'est inspiré exclusivement du *protrepticos* d'Aristote, et s'il n'a pas eu recours à l'ouvrage du même nom de Posidonius, ce qu'on ne saurait affirmer avec certitude (2).

Les rapports entre le *Songe de Scipion* et la première *Tusculane*, les traces nombreuses de doctrines stoïciennes qu'on trouve dans le premier de ces ouvrages autorisent à admettre que Cicéron s'est servi pour le *Songe de Scipion* de la même source que pour le livre I des *Tusculanes*, c'est-à-dire d'un écrit de Posidonius.

En résumé, l'idée générale de la *République* de Cicéron est empruntée à Platon, ainsi que de nombreuses particularités des cinq premiers livres. Le *Songe de Scipion* est aussi imité, du moins quant à l'inspiration première, du récit d'Er l'Arménien. Mais Cicéron a corrigé par Aristote plusieurs erreurs de Platon. C'est à l'auteur de la *Politique* et surtout à Polybe qu'il semble devoir ses vues sur la forme mixte de gouvernement et sur les avantages de la situation et de la constitution de Rome. Pour les détails historiques, il a beaucoup emprunté, en même temps qu'à Polybe, aux *Origines* de Caton. Enfin il doit des remarques particulières à Dicéarque, à Panétius, à Posidonius. S'il a pris à Platon l'idée première du *Songe de Scipion*, il semble, pour les détails, s'être inspiré du même ouvrage de Posidonius que dans la première *Tusculane*. Il a pu tout aussi bien emprunter au *protrepticos* de Posidonius qu'à celui d'Aristote ce qu'il dit du néant de la gloire.

Il n'en était pas du *de republica* comme des autres traités philosophiques écrits après la mort de Tullie. Cicéron ne l'avait pas composé à la hâte en copiant des modèles grecs. Il l'avait lentement mûri et plusieurs fois remanié. C'était son premier ouvrage philosophique (3). Il s'agissait de plier la langue latine à l'expression des idées spéculatives, et de faire agréer ces idées

---

(1) *De repub.*, VI, 26. — (2) Voir dans le chap. II l'étude sur les sources de l'*Hortensius*. — (3) On sait que les anciens ne séparaient pas la politique de la morale.

aux Romains. Aussi n'est-il pas douteux que Cicéron ait beaucoup soigné le style, dont la perfection éclate dans les fragments qui nous restent. Sans doute l'auteur avait lu les philosophes grecs qui avaient écrit sur le gouvernement. Mais il devait plus encore à l'étude de la constitution romaine. Le souvenir de ses lectures avait dû se fondre intimement avec le résultat de ses observations personnelles. On peut remarquer qu'il se rencontre avec Platon, Aristote ou Polybe; on ne saurait dire qu'il ait expressément imité leurs ouvrages.

Cicéron, en plusieurs endroits de ses écrits, parle avec complaisance de sa *République;* il semble la considérer comme son chef-d'œuvre. C'est à coup sûr un de ses traités philosophiques les plus originaux et les plus personnels (1). La *République* n'était pas seulement une étude spéculative. Cicéron l'avait composée au moment où il tenait les rênes de l'État. L'opinion du premier magistrat de la république sur la meilleure forme de gouvernement ne pouvait passer inaperçue. Les *Commentaires* de César étaient destinés à être lus par la masse du peuple, à raviver le souvenir du général absent et augmenter l'admiration qu'on avait pour lui. Le traité de la *République* s'adressait à l'attention des citoyens les plus éclairés, ceux que Cicéron appelait les *gens de bien*, et qui étaient les *conservateurs* de Rome. Cicéron venait d'étouffer la conjuration de Catilina; il se crut assez fort pour devenir le chef d'un tiers parti composé des chevaliers. Il y avait alors dans Rome d'un côté les ambitieux, comme César qui s'appuyait sur le parti démocratique pour ruiner la constitution républicaine et la remplacer par le pouvoir absolu; — de l'autre les membres de l'aristocratie qui ne savaient que défendre avec entêtement les privilèges de leur ordre, négligeaient de renouveler leurs idées avec les changements de l'opinion et fermaient avec une malveillance jalouse leurs rangs aux hommes nouveaux. Cicéron eût tenu le milieu entre ces deux partis extrêmes.

(1) Les qualités du *de republica* ont été reconnues par un juge de Cicéron, sévère jusqu'à l'injustice. (Cf. Mommsen, *Hist. rom.*, trad. de Guerle, VII, p. 363.)

Ce qu'il propose à l'admiration de ses compatriotes, c'est la constitution romaine. Mais le gouvernement républicain avait été profondément modifié depuis la disparition de la classe moyenne. Cicéron place son dialogue à l'époque des Gracques, c'est-à-dire avant la révolution qui devait, après un triomphe éphémère de l'aristocratie, amener l'avènement du césarisme, héritier de la démocratie (1), Cicéron eût aimé à vivre après la troisième guerre punique, lorsque Rome, délivrée d'Hannibal, de Carthage et de Numance, et n'ayant plus de grands dangers à craindre, allait s'initier à la civilisation hellénique et terminer la conquête du monde. C'était le moment où Polybe étudiait la constitution romaine, en expliquait le mécanisme et en faisait l'éloge. Les parties dont se composait cette constitution se contre-balançaient exactement; aucune n'avait encore disparu ; aucune, comme il devait arriver plus tard, n'avait démesurément grandi aux dépens des autres. Le rôle que Cicéron ambitionnait pour lui-même c'était d'être le Lélius d'un autre Scipion ; tel est le partage qu'il offre à Pompée dans une curieuse lettre. (2) La constitution de Rome à l'époque des Scipions lui semble la meilleure forme de gouvernement ; c'est à elle qu'il voudrait ramener son siècle.

Il ne faisait ainsi, sans doute, que revenir lui-même aux préférences de son enfance, passée loin de Rome, dans un municipe, où l'on conservait l'amour des vieilles mœurs et des vieilles institutions. Mais les peuples, pas plus que les individus, ne peuvent recommencer leur jeunesse. Cicéron, dans le *de republica*, faisait l'éloge du gouvernement républicain, et bientôt Rome allait accepter le pouvoir absolu (3).

(1) « La constitution romaine a toujours été en mouvement et je la définirais volontiers la transformation continue d'une aristocratie en démocratie; lorsqu'elle fut devenue toute démocratique, elle périt et tomba sous le gouvernement despotique. » (P. Janet, *Hist de la sc. polit.*, I, 279.) — (2) *Ad. fam.*, V, 7. — (3) Les écrivains de l'Empire ne parlent pas du traité de *la République*. Sans doute il était dangereux alors de rappeler cette apologie de l'ancienne constitution de Rome. Mais Lactance et saint Augustin font de nombreux emprunts à l'ouvrage de Cicéron, et les grammairiens, comme Nonius, en citent souvent des phrases qui présentent des particularités grammaticales.

LE « DE LEGIBUS ».

La composition du traité de Cicéron sur les *Lois* suivit de près celle de la *République* (1); elle se place entre avril ou mai 52 av. J.-C. (702), et mai 51 (703), entre le meurtre de Clodius (20 janv. 52), auquel il est fait allusion (2), et le départ de Cicéron pour son gouvernement de Cilicie, en mai 51. Il est peu probable que Cicéron ait eu sous la main en Cilicie les matériaux nécessaires à la continuation de son livre. Dans tous les cas à son retour, en 49, il trouva la guerre civile commencée, et dès lors, jusqu'en 46, il n'eut, comme il le dit lui-même (3), ni le temps ni la tranquillité d'esprit nécessaires pour composer des ouvrages. Aussi bien le *de legibus* fut écrit avant cette époque; car Cicéron, dans ce traité, parle comme vivant encore de l'augure Appius Claudius, qui mourut avant la bataille de Pharsale (4); il nomme également Pompée en plusieurs endroits sans faire allusion à sa mort.

Mais Cicéron ne mentionne nulle part le traité des *Lois*; il dit expressément dans le *Brutus* (5) qu'il n'a rien publié depuis la *République*. Il ne nomme pas les *Lois* au commencement du livre II du *de divinatione*, où il énumère ses écrits. Enfin les *Lois* n'ont pas de préface, quoique Cicéron se fût imposé la règle d'en mettre une en tête de chacun de ses ouvrages. On en conclut que les *Lois* n'ont pas été publiées par Cicéron, mais, après sa mort, par son affranchi Tiron, ou par Atticus. Aussi bien le traité des *Lois* présente les traces d'une composition précipitée, et semble incomplet. Certaines parties sont écrites avec beaucoup de soin, comme le prologue des deux premiers livres, que Cicéron avait probablement emprunté à son recueil d'exordes. On remarque des inégalités et de la précipitation dans beaucoup d'autres parties, par exemple dans le livre I.

A la fin du livre III (6), Atticus dit à Cicéron que le sujet l'avertit qu'il doit ajouter de nouveaux développements. Le

---

(1) Du Mesnil (éd. du *de legibus*, introd., 1). — (2) II, 18, 42. — (3) *Ad famil.*, IX, 1. — (4) II, 13, 32. — (5) 5, 19. — (6) 20, 48.

traité est donc inachevé, ou nous avons perdu les derniers livres. Les quelques fragments qui nous ont été conservés par les auteurs anciens peuvent trouver place dans les trois livres que nous possédons et qui présentent des lacunes assez considérables. Un seul passage, cité par Macrobe, se rapportait au livre V (1). Voici ce passage : « Veux-tu, puisque le soleil paraît un peu descendre sur l'horizon, et que ces arbustes ne donnent pas encore assez d'ombre... » On a cru dès lors que l'entretien sur les Lois, qui remplissait un long jour d'été, devait avoir environ huit livres. Mais la citation faite par Macrobe est la seule qui soit expressément empruntée à un livre autre que les trois premiers; on est donc conduit à supposer que Cicéron n'était pas allé au delà du livre V, et, par suite, que l'ouvrage est resté inachevé. Cicéron nous dit lui-même (2) qu'il ne reprenait pas volontiers un écrit interrompu et préférait en composer un nouveau. Peut-être même n'avait-il pas dépassé le livre III; la phrase conservée par Macrobe appartiendrait à une simple ébauche de la suite du traité des *Lois* que Cicéron aurait projetée, mais n'aurait jamais écrite.

Nous avons dit que les Grecs s'étaient beaucoup occupé de la constitution des États. Mais la constitution s'appuie sur un ensemble de lois; ils avaient donc dû étudier aussi les lois. C'est ce qu'avait fait Platon dans son dernier ouvrage, le plus considérable de tous, et, après Platon, Aristote et toute son école. « Presque tous les philosophes reprirent, après Platon et Aristote, ce sujet des lois. Les Stoïciens Cléanthe, Chrysippe, Hérillus et Sphérus en avaient écrit. Zénon l'avait sans doute touché dans sa *République*. Persée avait même fait sept livres sur l'ouvrage de Platon. On ne peut douter que non seulement les Stoïciens aient traité de la loi en général, mais encore qu'à l'exemple du chef de l'Académie, ils aient tenté de dresser toute une législation (3). » Zénon faisait consister le devoir dans l'obéissance à la loi immuable qui réside dans les choses; les lois humaines ne doivent être que l'image et la

---

(1) *Satur.*, VI, 48. — (2) *De leg.*, I, 3, 9. — (3) J. Denis, *Hist. des idées morales dans l'antiq.*, I, 413.

reproduction de cette loi divine, leur éternel fondement. Selon Épicure, au contraire, la loi n'a d'autre principe que l'avantage de ceux qu'elle prétend régir ; loin d'être immuable, elle change avec leur intérêt, et peut disparaître avec lui ; elle n'est pas d'ordre naturel, mais d'institution humaine (οὐ φύσει, ἀλλὰ θέσει).

Chez les Romains on ne s'était pas livré à des recherches théoriques sur la nature et le fondement des lois. Celles-ci n'étaient primitivement que la conséquence de la religion (1). Plus tard un autre principe s'était introduit dans la loi, celui de l'intérêt privé et national, le seul que pût comprendre ce peuple utilitaire. Mais Rome allait devenir la maîtresse du monde, et changer l'intérêt national en intérêt général. Le gouvernement d'une aristocratie égoïste allait faire place au césarisme, qui établit l'égalité de tous sous un maître. Le terrain était propice pour le développement des idées stoïciennes de charité et de fraternité universelles. Déjà Sulpicius essayait de mettre quelques principes généraux dans la science tout empirique du droit, telle que la comprenait un Scévola. C'est sous l'influence du stoïcisme que les grands jurisconsultes de l'empire accompliront ce qu'avait tenté Sulpicius. Nous allons trouver des traces de cette même influence chez Cicéron : les lois qu'il expose sont toutes romaines, tandis que le principe et le fondement donnés à la loi ne viennent pas de Rome, mais sont empruntés d'ailleurs.

Le Livre I.

Cicéron avait composé la *République* à l'exemple de Platon ; il devait donner un traité des *Lois* pour achever son œuvre et imiter complètement son modèle. C'est ce que lui dit Atticus (2). Cicéron réplique : « Platon, avec Clinias de Crète et le Lacédémonien Mégille, un jour d'été, ainsi qu'il le raconte, tantôt marchant, tantôt se reposant dans ces allées champêtres qu'ombragent les cyprès de Gnosse, disserte sur les institutions

---

(1) Cf. Fustel de Coulanges, *La Cité antique*. — (2) *De leg.*, I, 5, 15.

des Républiques et les meilleures lois. Voulez-vous que comme lui, entre ces hauts peupliers, sur cette rive pleine de verdure et de fraîcheur, maîtres à notre gré de nous promener ou de nous asseoir, nous recherchions ensemble sur ce sujet quelque chose d'un peu plus profond que ne le demandent les besoins du barreau (1). »

Cicéron rappelle ici le début des *Lois* de Platon. Il a certainement voulu imiter les détails charmants par lesquels s'ouvrent plusieurs des dialogues grecs, par exemple le *Phèdre*. Ainsi, dans la première phrase des *Lois*, il nous parle du chêne de Marius, qu'il avait célébré dans un poème sur son illustre compatriote. Le livre II commence aussi par un préambule plein de grâce.

Quant à la forme du dialogue, Cicéron a mis en pratique le dessein auquel il avait un moment songé pour la *République*. Au lieu de s'effacer pour laisser la parole à des Romains illustres de l'âge précédent, il s'attribue le principal rôle dans l'entretien.

Aussi bien le traité sur les *Lois* n'est pas purement juridique. Cicéron, comme il le dit, veut donner quelque chose d'un peu plus profond que ne le demandent les besoins du barreau ; il s'efforce de ramener les lois et le droit à leurs principes métaphysiques. Le livre I est tout entier consacré à l'examen de la théorie philosophique du droit.

Dans les *Lois*, Platon ne veut pas déterminer le code de l'État idéal dont il a tracé l'image dans la *République*. Les lois qu'il donne se rapprochent bien plus de la pratique que la constitution qu'il a esquissée. En observant la législation des divers États de la Grèce, et particulièrement celle de la Crète et de Lacédémone, il s'est demandé quel était le but des lois et les moyens d'atteindre ce but ; ses *Lois* ne sont qu'un recueil de considérations générales sur l'économie de la société. Cicéron avait tracé le plan de sa République d'après la constitution de Rome. Puisque Rome est l'État le plus parfait, ses lois sont nécessairement les lois les meilleures. Cicéron ne fait guère, dans les deux der-

(1). Trad. de M. C. de Rémusat.

niers livres de son ouvrage, qu'emprunter des prescriptions aux *XII Tables,* en donner l'explication et en faire l'apologie. Partisan de l'aristocratie, il trouve tout bien dans le passé, qu'il veut garder tout entier, parce qu'il sent que la fortune des *conservateurs* est liée au maintien de la vieille constitution.

Mais le livre I est un morceau philosophique de la plus grande importance sur la nature du droit, fondement des lois. Cicéron, d'accord avec Platon, voudrait que chaque loi fût précédée d'un préambule destiné à l'expliquer et à la justifier. Il devait donc commencer le recueil des lois, ou le code, par un examen de la nature du droit et une définition de la loi en général.

« Voici les principes du droit, dit Cicéron (1). Il a plu à de très savants hommes de partir de la loi. Je ne sais s'ils n'ont pas bien fait, surtout si, comme ils la définissent, la loi est la raison suprême qui réside dans la nature, et qui ordonne ce qu'on doit faire et défend ce qu'on doit ne pas faire. Cette raison, une fois qu'elle s'est affermie et développée dans l'esprit de l'homme, est la loi. »

Platon définit la loi « la participation à la raison, τοῦ νοῦ διανομήν (2) » ; Aristote, « la raison pure exempte de passion, ἄνευ ὀρέξεως νοῦς ὁ νόμος ἐστίν (3) ». On trouve dans Platon et dans Aristote les germes de la définition donnée par Cicéron ; mais celui-ci n'a pas développé lui-même ces germes ; il a emprunté toute faite sa définition de la loi aux Stoïciens.

Ce furent eux qui, les premiers, conçurent nettement la loi comme la raison universelle qui pénètre la nature (4), et qui se confond avec la providence (πρόνοια) et le destin (εἱμαρμένη) (5). Cette conception offre une apparence panthéiste, comme on le voit par la suite de l'exposition de Cicéron. Elle sert de fondement à la théorie du droit (6). La raison universelle qui, suivant les Stoïciens, pénètre toutes choses, devient chez l'homme la

---

(1) I, 6, 18. — (2) *Lois,* IV, 714 A. — (3) *Polit.,* 3, 16, p. 1287. — (4) *Insita in natura.* Cic., *de leg.,* I, 6, 18. — (5) Voir l'hymne de Cléanthe à Jupiter. — (6) Montesquieu entendait la loi dans un sens moins panthéiste et plus logique, lorsqu'il disait que « les lois sont les rapports nécessaires qui résultent de la nature des choses ». Ces rapports pourraient subsister, quand même il n'y aurait ni Dieu transcendant, ni Dieu immanent.

raison proprement dite. Se conformer à la raison universelle, c'est donc obéir à la raison humaine.

On comprend dès lors que Cicéron ajoute : « En conséquence, ces savants hommes croient que la loi est la prudence, dont le propre est de nous ordonner de bien faire et de nous défendre de faire mal. Suivant eux, c'est de l'expression qui revient à celle de *départir à chacun ce qui lui est dû* que la loi a pris son nom dans cette langue. Moi, je crois que notre mot « *loi* » est tiré de celui qui signifie *choisir*. Ainsi, pour eux, le caractère de la loi serait l'équité, et pour nous le choix (1). En fait l'un et l'autre caractère appartiennent à la loi. Si tout cela est vrai, comme j'en suis assez d'avis, c'est à la loi que le droit commence ; elle est la force de la nature, l'esprit et la raison du sage, la règle du juste et de l'injuste. »

Toute cette théorie de la loi, fondement du droit, est empruntée aux Stoïciens, comme l'avait déjà remarqué Turnèbe. Mais de quel Stoïcien Cicéron s'est-il inspiré ? Turnèbe croyait que c'était de Chrysippe. Nous lisons dans Diogène de Laerte : « La fin (ou le souverain bien) consiste à vivre selon la nature, c'est-à-dire suivant sa nature propre et suivant la nature des choses, en ne faisant rien de ce qui est défendu par la loi universelle, ou la droite raison pénétrant toute chose, et se confondant avec Jupiter (2). » Deux lignes plus haut Diogène cite Chrysippe au livre I de son traité sur *le souverain bien*. On peut donc supposer que c'est à Chrysippe qu'est empruntée la définition de la loi qu'on vient de lire. Suivant Stobée, « les

---

(1) Les modernes donnent une autre étymologie au mot « *loi* ». « Aussi haut que nos conjectures puissent remonter, l'idée d'une loi romaine semble, suivant une remarque de M. Bréal, inséparable de l'idée d'un texte écrit. Une loi grecque, νόμος, ce n'est, étymologiquement, qu'une disposition, un arrangement, une attribution ; le mot grec aurait très bien pu servir à exprimer soit une convention verbale, soit une décision promulguée par l'organe d'un crieur ; il en est autrement pour l'équivalent latin « *lex* ». Il est au verbe *legere* ce que *rex*, le roi, est au verbe *regere*, gouverner ; or *legere* signifie lire. Une loi est une *lecture*. Des lois royales, *leges regiæ*, ce sont donc des textes royaux. » (L. Havet, l'*Écriture chez les Romains*, *Revue polit. et littér.*, 24 mars 1883.) — (2) VII, 88.

Stoïciens disaient que la loi est la droite raison qui commande ce qu'on doit faire et défend ce qu'on doit ne pas faire (1) ». Cette définition se rapproche encore plus de celle de Cicéron que la formule de Diogène ; mais on ne saurait dire que la définition donnée par Stobée soit celle de Chrysippe ; car il l'attribue au Portique en général et non à un Stoïcien particulier.

On sait que les Stoïciens postérieurs avaient généralement reproduit les définitions de Chrysippe, qui avait écrit une foule d'ouvrages sur toutes les parties de la philosophie et qui était regardé comme le second fondateur du Portique. Lorsqu'un Stoïcien se séparait de Chrysippe, comme par exemple Posidonius sur la théorie des passions, on ne manquait pas de faire remarquer cette divergence. Or on ne cite aucun Stoïcien qui n'ait pas adopté les vues générales de l'école sur la nature du droit et le principe de la législation. C'était ici une des doctrines les plus importantes et les plus originales du Portique, pour qui les hommes étaient tous frères, parce que la raison individuelle était une émanation de la raison ou loi universelle, fondement du droit.

Mais quel est le Stoïcien postérieur imité par Cicéron? L'auteur latin dit au commencement du livre III : « Il y a sur ce sujet des magistrats des questions spéciales qui ont été examinées de plus près d'abord par Théophraste, ensuite par Diogène le Stoïcien. — *Atticus.* Que dites vous ? les Stoïciens ont encore traité de cela? — *Cicéron.* Non, si ce n'est celui que je viens de nommer, et, après lui, un grand homme, des plus savants, Panétius ; les anciens chefs de la secte s'occupaient bien de la république, et même ingénieusement, mais jamais d'une manière usuelle et civile (2). » Il est donc probable que Cicéron s'est servi d'un ouvrage de Panétius, philosophe qu'il a également imité dans ses traités des *devoirs* et de *la divination*, peut-être aussi dans celui sur *la nature des dieux*. Panétius, dans ses livres, se distinguait des autres Stoïciens par l'élégance et le souci de la forme ; il avait accommodé à l'esprit pratique des Romains les subtilités épineuses de la doctrine stoïcienne. Mais il n'avait

---

(1) *Ecl. mor.*, II, 190, éd. Heeren. — (2) *De leg.*, III, 5, 14.

rien changé dans les doctrines traditionnelles du Portique, sinon qu'il avouait ne pas croire à la divination.

Nous trouvons dans les chapitres suivants de nombreuses idées empruntées au Portique, ce qui semble prouver que c'est bien d'un écrit stoïcien que s'est inspiré Cicéron. Celui-ci demande à Atticus s'il accorde que le monde est gouverné par la Providence (1). C'est ici une des doctrines fondamentales du Portique, par où il se séparait des Épicuriens, qui prétendaient que les dieux ne s'occupaient pas du monde. Panétius avait composé un traité spécial sur *la Providence*. — La conception de l'univers comme une grande cité qui comprend à la fois les hommes et les dieux (2), est une idée propre aux Stoïciens, le principe de leur théorie de la fraternité universelle, et l'un des points les plus importants de toute leur philosophie.

« Parmi les hommes mêmes, dit Cicéron, il n'est point de nation si féroce et si sauvage qui, si elle ignore quel dieu il faut avoir, ne sache du moins qu'il faut en avoir un (3) ». C'est la preuve stoïcienne de l'existence de Dieu par le consentement universel.

Cicéron énumère ensuite (4) les diverses perfections de l'homme : « La nature, dit-il, nous a donné sur une foule de choses le commencement de connaissances obscures et ébauchées, qui sont les fondements de la science ». Ce ne sont pas des idées innées au sens platonicien, c'est-à-dire des réminiscences d'une vie antérieure, mais les κοιναὶ ἔννοιαι, résultat de l'expérience; elles ne deviennent innées que parce qu'elles s'incorporent en quelque sorte à notre nature, et qu'elles devancent l'expérience, après avoir été produites par elle. — Non seulement dans les penchants droits, dit Cicéron, mais encore dans les mauvais penchants, on reconnaît l'air de famille de l'espèce humaine (5). « Tous les hommes, par exemple, sont sensibles au plaisir..., qui ne gagne notre âme qu'en la trompant, qu'en se montrant comme quelque chose de salutaire. » Seuls les Stoïciens regardaient le plaisir comme un mal, et les passions comme les conséquences d'un faux jugement; aussi fallait-il les

(1) I, 7, 21. — (2) I, 7, 23. — (3) I, 8, 24. — (4) I, 9, 26. — (5) I, 11, 31.

détruire. Nous lisons ensuite que le chagrin, la joie, le désir et la crainte s'emparent également de tous les cœurs. Ce sont là justement les quatre passions fondamentales pour les Stoïciens.

Atticus résume les propositions démontrées jusqu'ici (1), et Cicéron reprend : « D'après l'usage des philosophes, non pas des anciens, mais de ceux qui, pour ainsi dire, ont ouvert des ateliers de sagesse, tout ce qu'on discutait autrefois en masse et librement, se dit aujourd'hui distinctement et par article ». La méthode indiquée est celle des Stoïciens, opposée à celle de leurs devanciers. Les disciples de Zénon, surtout Chrysippe, se faisaient remarquer par leur amour des subdivisions et des distinctions souvent subtiles, et par leur style haché et hérissé de termes techniques. — Cicéron dit ensuite que tout son discours a pour objet de *guérir* les peuples. C'est une métaphore empruntée à la langue des Stoïciens, pour qui les passions et les vices sont les maladies, νόσοι, de l'âme. Les peuples ont besoin d'être soignés, parce qu'ils ont, eux aussi, leurs maladies, qui consistent dans les opinions fausses et les mauvaises habitudes. Cicéron ajoute : « Seul le bien est louable », *laudabile*, ἐπαινετόν, autre expression empruntée à la langue des Stoïciens.

Il y a ici une lacune assez considérable. Cicéron (2) ne démontre pas directement la proposition qu'il avait annoncée, c'est-à-dire que le droit a son fondement dans la nature. Il prouve sa thèse d'une façon indirecte, en réfutant les Épicuriens, qui soutenaient que le droit était d'institution humaine et non d'origine naturelle. Dans cette critique on ne trouve pas autant de traces des doctrines stoïciennes que dans ce qui précède. Cicéron, pour cette partie, a dû se fier davantage à ses propres forces, comme il fait d'ordinaire quand il combat le système d'Épicure, à qui l'on pouvait, plus facilement qu'à tout autre, opposer des raisons de sens commun, ou des faits d'observation.

La doctrine épicurienne de l'infaillibilité des sens est com-

---

(1) I, 13, 35. — (2) I, 14, 40, sq.

battue (1); de même le plaisir, dont les charmes nous corrompent, de telle sorte que nous ne savons plus reconnaître les biens véritables, parce qu'ils n'ont pas sa douceur ni ses chatouillements (2). Cicéron emprunte ces détails aux Stoïciens qui étaient les adversaires les plus ardents de la doctrine épicurienne. Lorsque nous lisons que le sage ne saurait errer, ni aimer ce qui par soi-même ne mérite pas d'être aimé, nous reconnaissons le dogme stoïcien de l'infaillibilité du sage (3).

Mais Cicéron, en voulant prouver que la justice a son fondement dans la nature, s'est peu à peu laissé aller à parler de toutes les autres vertus, et à traiter la question du souverain bien, qui est l'objet du *de finibus*. La solution qu'il donne (4) est conforme à celle qui est développée dans le livre V de ce dernier ouvrage. « Vous êtes, dit Atticus à Cicéron, de l'avis d'Antiochus. » On sait que celui-ci avait abandonné le probabilisme de Carnéade pour le dogmatisme stoïcien. Il pensait n'avoir fait que reprendre la doctrine de l'ancienne Académie, qu'il croyait identique à celle d'Aristote. Suivant lui, les Stoïciens s'étaient contentés d'exprimer dans un langage nouveau les théories de Platon et d'Aristote. Mais Antiochus penchait beaucoup du côté du Portique et il aurait eu bien peu de chose à changer pour devenir un Stoïcien parfait (5). La dernière partie du livre I des *Lois* est donc inspirée, sinon imitée d'Antiochus; mais Cicéron se rappelait peut-être encore plus son enseignement que ses ouvrages.

LE LIVRE II.

Le livre II du *de legibus* s'ouvre, comme le livre I, par une introduction d'un style élégant et délicat, qui rappelle le préambule de certains dialogues de Platon. Il y a une grande différence entre cette introduction du livre II, et ce qui suit,

---

(1) I, 17, 47. — (2) Le mot *chatouillement, scabies*, répond ici à l'expression épicurienne γαργαλισμός, que Cicéron traduit ailleurs par *titillatio* (*de nat. deor.*, I, 40, 113; *de fin.*, I, 11, 39; *Tusc.*, III, 20, 47; *de off.*, II, 18, 63; *Cat. Maj.*, 14, 47). — (3) I, 18, 48. — (4) I, 19, 52. — (5) *Acad.*, II, 43, 132.

si l'on excepte le résumé assez remarquable des considérations exposées dans le livre I. Après ce résumé, Cicéron cite un certain nombre de lois, dont il donne le commentaire. On s'est étonné de ce brusque passage de la spéculation philosophique à l'interprétation purement juridique. Sans doute Cicéron n'avait pas la force d'esprit nécessaire pour rattacher à la théorie du droit développée dans le livre I les lois exclusivement romaines qu'il rapporte dans le reste de l'ouvrage. Il suit ici l'exemple de Platon, qui, dans les derniers livres des *Lois*, a mentionné un certain nombre de prescriptions empruntées à la législation athénienne. L'influence de Platon, presque insensible dans la théorie du droit, apparaît clairement dans les deux derniers livres. Cicéron rapproche les lois qu'il énumère de celles citées par Platon, dont il invoque souvent le témoignage.

Cicéron indique d'abord les principales prescriptions du droit religieux de son pays. C'est sans doute en vue de cette partie de son ouvrage qu'il a longuement insisté dans le livre I (1), sur la parenté et la communauté de droit qui existent entre les dieux et les hommes. Il commence son exposition en disant qu'il faut parler d'abord de Jupiter (2). De même Platon recommande d'invoquer Dieu au moment d'établir la constitution de l'État (3). Les lois que cite Cicéron sont des lois romaines ; mais il ne manque aucune occasion de faire remarquer les rapports qu'elles peuvent avoir avec les prescriptions énumérées par le philosophe grec. Il s'autorise de l'exemple de Platon (4), et il ne perd jamais de vue le contenu de l'ouvrage grec.

---

(1) 7, 23, sq. — (2) II, 3, 7, — (3) *Lois*, IV, p. 712 B. — (4) « Comme l'a fait Platon, le plus docte, le plus imposant de tous les philosophes, et qui le premier a écrit sur la république et traité séparément de ses lois, je crois qu'avant de réciter la loi elle-même, je dois faire l'éloge de la loi. Je vois que Zaleucus et Charondas l'avaient fait avant lui.... Et si Platon les imita, c'est qu'il crut aussi qu'il convenait à la loi de persuader quelquefois et de ne pas tout emporter par la force et par la menace » (II, 6, 14). Et plus loin : « Voilà le préambule de la loi ; ainsi l'appelle Platon » (II, 7, 16).

« Je pense avec Platon, dit-il, que rien ne pénètre si aisément dans les âmes tendres et sensibles que les sons variés de la musique : on ne saurait dire combien la puissance en est grande pour le mal comme pour le bien..... C'est pour cela que le plus sage et le plus savant des Grecs redoute fort ce germe de corruption, et va jusqu'à dire qu'on ne peut changer les lois musicales sans changer les lois publiques (1). » Cette opinion serait exagérée pour Athènes ; mais combien elle l'est davantage pour Rome, où l'on se passionnait pour les combats de gladiateurs et non pour la musique. Cicéron s'est ici laissé entraîner trop loin à la suite de son modèle.

Au chapitre suivant nous lisons : « Que les impies n'aient point l'audace d'offrir aux dieux des présents. Qu'ils écoutent Platon. Quelle sera, leur dit-il, la volonté des dieux ? en pouvez-vous douter lorsqu'il n'est pas un homme de bien qui veuille des présents d'un méchant. (2) »

« Les champs ne seront point consacrés, dit Cicéron (3) ; je suis complètement de l'avis de Platon, qui, si je puis le traduire, s'exprime en ces termes. » Suit une longue citation des *Lois* (4). L'ensevelissement est pour Cicéron le plus ancien mode de sépulture, celui de Cyrus dans Xénophon (5) ; il cite plusieurs lois de Solon, qui restreignaient le luxe des funérailles et des sépultures ; puis il ajoute : « Passons à Platon qui renvoie le règlement des funérailles aux interprètes des choses religieuses. (6) » Dans le reste du chapitre Cicéron rapporte les idées de Platon sur la sépulture (7).

Le livre III.

Le livre III, où Cicéron traite du droit concernant les magistrats, n'a pas de préambule. « Je suivrai, comme je l'ai annoncé, dit Cicéron, cet homme divin que, dans mon admiration, je loue plus souvent peut-être qu'il n'est nécessaire. — Vous

---

(1) II, 15, 38. — (2) II, 16, 41. — (3) II, 18, 45. — (4) *Lois* XII, 7, p. 955-956. — (5) II, 22, 56. — (6) II, 27, 67. — (7) *Lois*, XII, 9, p. 958-959.

parlez de Platon sans doute. — De lui-même, Atticus. » Bientôt après Cicéron nous dit que, suivant Platon, celui-là est de la race des Titans qui s'oppose aux magistrats, comme les Titans aux dieux du ciel (1). Mais Cicéron s'est peut-être moins inspiré de Platon pour le livre III que pour le livre II.

Cicéron nomme plusieurs philosophes qui avaient examiné spécialement les questions de droit concernant les magistrats (2). Mais il n'avait certainement pas lu les écrits de ces philosophes, excepté Théophraste et Panétius.

Cicéron rappelle (3) l'opinion de Platon, qui voulait qu'un changement dans la musique changeât la constitution des États. Nous avons déjà vu cette idée exprimée au livre II (4). Cicéron ne mentionne plus le philosophe grec dans le livre III. Les lois romaines qui regardent le culte avaient beaucoup de rapports avec les lois athéniennes dont a parlé Platon. Il n'en est pas de même pour les lois sur les magistrats. Cicéron ne pouvait plus avoir recours ici au livre du penseur grec, mais à l'ouvrage d'un auteur qui, comme Panétius, avait étudié les lois romaines non en jurisconsulte, mais en philosophe.

Cicéron emprunta l'idée des *Lois*, comme de la *République*, à Platon; mais la *République* est le fruit de ses lectures et de ses réflexions personnelles; au contraire dans les deux derniers livres des *Lois* il s'est borné presque exclusivement à reproduire les prescriptions des *XII Tables*, à les commenter et en faire l'apologie. Le plan général de ces deux livres est imité de Platon (5). Cicéron, comme nous avons vu plus haut, le cite souvent; mais il reproduit son style, plus encore que ses idées (6).

Dans le livre I des *Lois* Cicéron, comme le lui dit Atticus (7), pense qu'il faut puiser la théorie du droit non dans l'édit du préteur, ou dans les *XII Tables*, mais dans la philosophie

(1) III, 2, 5. — (2) III, 5, 14. — (3) II, 14, 32. — (4) 15, 38. — (5) Cicéron dit à la fin du livre II qu'il continuera son discours à l'exemple de Platon, dont l'entretien sur les lois remplit un jour d'été. Au début de chacun des deux derniers livres il commence, comme Platon, par faire l'éloge des lois et par invoquer les dieux (II, 7, 17; III, 1, 2). — (6) II, 7, 16. — (7) 5, 17.

même, *ex intima philosophia*. Toutefois il ne s'inspire pas de Platon ni d'Aristote. Ceux-ci avaient surtout regardé le droit comme existant entre les hommes libres d'une même cité. Pour Cicéron, au contraire, le droit lie entre eux tous les hommes sans exception. C'est une vue plus large que celle de Platon et d'Aristote. Les limites de la cité se sont étendues au point de comprendre le monde entier.

Ce changement dans les idées sur la nature du droit était l'œuvre des Stoïciens. Suivant eux chaque homme avait en soi une parcelle de la raison divine répandue dans les choses; dès lors sa personne était sacrée pour les autres hommes, et il avait le même droit vis-à-vis d'eux tous qu'ils avaient vis-à-vis de lui seul. De là la charité et la fraternité universelles, conséquences du panthéisme stoïcien. Zénon, dans sa *République*, n'avait fait acception ni de maîtres ni d'esclaves, ni de Grecs, ni de Barbares, puisque tous étaient également doués de raison. « Il supprimait les cités particulières, comme Platon la famille et la propriété (1). Avant saint Augustin, les Stoïciens distinguaient déjà les deux cités, la cité du ciel et la cité de la terre, et ils recommandaient de sacrifier la seconde à la première (2). »

Le principe stoïcien entraînait un double résultat : d'une part la condamnation de l'esclavage qu'Aristote avait cru nécessaire à l'existence de la cité. Fût-il esclave, le sage est libre, parce que la vraie liberté consiste à obéir à la raison. Cicéron, qui était le défenseur des privilèges de l'aristocratie, a négligé ce corollaire; mais il a été développé avec une grande force par Sénèque et les Stoïciens de l'empire. — D'autre part, si tous les hommes d'une même cité sont en droit égaux entre eux, malgré les différences de rang et de condition, ceux de cités diverses le sont aussi; de là condamnation de l'égoïsme national. Primitivement dans l'antiquité tout étranger était un ennemi. Les Stoïciens montrèrent qu'il y avait un droit qui réglait les rapports des nations entre elles. Ce sont surtout ces résultats, en quelque sorte généraux et non plus personnels, du principe stoïcien qu'envisagea Cicéron. Dans le *de legibus* (3)

---

(1) P. Janet, *Hist. de la sc. polit.*, I, 265. — (2) *Id., ibid.*, I, 270. — (3) II, 9, 21.

il parle, d'après les *XII Tables*, des fonctions des féciaux, qui étaient comme les agents du droit international. Plus tard, dans le *de officiis*, « s'appuyant sur l'autorité de ce droit sacré, il recommande à ses concitoyens, à l'exemple de leurs ancêtres, le respect des nations ennemies, la loyauté dans les alliances. Il ne veut pas qu'à l'exécution d'un traité, l'on sacrifie l'esprit à la lettre. Il ne veut pas qu'on éternise la guerre quand la paix est sans péril... Ainsi commençait à se faire jour l'idée d'une certaine fraternité entre les peuples (1). » Les efforts de Cicéron pour rapprocher le droit légal du droit naturel furent continués par les grands jurisconsultes de l'empire, tous disciples du stoïcisme, et c'est grâce à eux que le droit romain est devenu ce qu'on a nommé la raison écrite, de même que le fondement du droit abstrait, suivant les Stoïciens, était la raison naturelle.

Cette grande révolution, pour s'accomplir, n'eut pas besoin d'une influence étrangère. L'honneur en revient tout entier au Portique. On peut même trouver le germe de ce changement chez Platon, que les Stoïciens tenaient en si haute estime. En effet Platon faisait consister le bien dans l'imitation de Dieu ; il y a donc une société naturelle entre l'homme et Dieu ; c'est déjà l'idée stoïcienne de la cité universelle dont Dieu est le monarque.

Si le premier livre des *Lois* est exclusivement inspiré du Portique, on retrouve dans les deux autres l'esprit romain. Cicéron s'inquiète assez peu de savoir si les lois sont justes, pourvu qu'elles soient utiles. C'est ainsi qu'il approuve le droit qu'avaient les augures de remettre une délibération à un autre jour, ce qui empêchait souvent le peuple de prendre des résolutions violentes ou précipitées (2). Il défend la divination en disant que, si les dieux gouvernent le monde et veillent sur le genre humain, ils peuvent nous donner des signes pour connaître l'avenir. C'est le raisonnement stoïcien que Cicéron combattra dans le *de divinatione*. Ici même Cicéron convient que plusieurs n'assignaient d'autre origine à la divination que l'intérêt public ; tel était au fond son sentiment à lui-même.

---

(1) P. Janet, *ibid.*, I, 266. — (2) II, 12, 31 ; III, 12, 27.

Partout aussi dans les *Lois* on reconnaît l'ami du parti conservateur. Dans la *République* (1) Cicéron avait approuvé l'institution des tribuns du peuple comme un contre-poids utile à la souveraineté du sénat. Dans les *Lois* (2), il fait blâmer par son frère Quintus les excès où se portèrent les tribuns. Il se souvient sans doute des Gracques et des lois agraires, des tentatives violentes et révolutionnaires de Saturninus et de Carbon, de ses propres démêlés avec Clodius (3). C'est l'opposition d'un tribun, Curion, qui doit fournir à César un prétexte de commencer la guerre civile. Cicéron rappelle avec éloge (4) que son aïeul s'était opposé toute sa vie dans son municipe à son beau-frère qui présentait une loi pour permettre de donner son suffrage par écrit. Cette prescription n'a pour nous rien que de légitime; mais il n'en était pas de même aux yeux de l'aristocratie, dont les intérêts étaient liés à l'ancien mode de voter.

Dans les *Lois*, comme dans la *République*, Cicéron ne trouve presque rien à reprendre à la vieille constitution de Rome; il voudrait la conserver telle qu'elle est; il en présente à ses concitoyens une image embellie pour qu'ils aient, comme disait Montesquieu, de nouvelles raisons d'aimer le gouvernement de leur pays. Les *Lois*, comme la *République*, sont donc une œuvre de circonstance, un moyen d'agir sur l'opinion, et non un monument de spéculation désintéressée, comme la *République* et les *Lois* de Platon.

Le traité des *Lois* de Cicéron est beaucoup moins parfait que celui de la *République*. Le premier livre ne se rattache pas aux deux autres; les prologues mis en tête des deux premiers livres et assez gauchement imités de Platon ne se lient pas bien non plus à ce qui suit. Le commentaire des prescriptions énumérées dans les deux derniers livres est bien timide et tout juridique. Mais il ne faut pas oublier que le traité des *Lois* est inachevé, et qu'il ne fut pas publié par Cicéron lui-même. Il forme la transition entre le livre longuement médité, lentement mûri, soi-

---

(1) II, 33. — (2) III, 7, 17; 8, 19, sq. — (3) II, 17, 42. — (4) III, 16, 36.

gneusement composé de la *République* et les ouvrages philosophiques écrits après la mort de Tullie. Ceux-ci, rapidement conçus et exécutés, n'étaient guère, comme l'avoue l'auteur, que des copies de traités grecs.

CHAPITRE II.

La « Consolation », l' « Hortensius » et les « Académiques ».

La *Consolation* est imitée surtout de Crantor, l'*Hortensius* d'Aristote. L'*Hortensius* et saint Augustin. — Les *Académiques*, leur composition. Le livre I des *premières Académiques* est imité du *Sosus* d'Antiochus. Dans le livre II des *secondes Académiques* le discours de Lucullus est emprunté au *Sosus*, qui était un dialogue ; le discours de Cicéron est inspiré de Clitomaque et de Philon. Doctrine de Philon.

LA « CONSOLATION ».

Après Pharsale, Cicéron déplorait amèrement la ruine du gouvernement républicain. Le silence auquel il était condamné était d'autant plus pénible à Cicéron qu'il aurait trouvé au forum une diversion à ses chagrins domestiques. Depuis longtemps il se plaignait de sa femme Térentia ; il finit par se résigner au divorce après plus de trente ans de mariage. Une grande perte vint mettre le comble à sa douleur: ce fut la mort de sa fille Tullie. Cette jeune femme, d'un esprit distingué, avait été mariée trois fois, et toujours assez malheureusement ; elle venait de divorcer avec Dolabella, lorsqu'elle mourut en couches, au mois de février 709. Le désespoir de Cicéron dépassa toutes les bornes. En vain ses amis, César, Dolabella, ses ennemis mêmes lui écrivirent pour le consoler. Dans une lettre à S. Sulpicius, il dit qu'il est plus malheureux que Paul-Émile et Caton, parce que, eux du moins, ils pouvaient oublier la perte de leurs fils en s'occupant de la république.

Pour perpétuer la mémoire de sa fille, Cicéron voulut lui consacrer un temple de marbre. Il se réfugia chez Atticus, s'enferma dans sa bibliothèque et lut tous les livres qu'il put trouver sur les moyens de calmer la douleur. Ensuite il se rendit à sa villa d'Asture, dans un pays désert, où il vécut dans une solitude complète : il s'enfonçait le matin dans une forêt épaisse et n'en sortait que le soir. Alors il résolut d'éterniser, dans un ouvrage, le souvenir de Tullie (1). Il écrivit sur les moyens de guérir la douleur un livre qu'il appela *Consolation.* « J'ai tout tenté, disait-il à Atticus, pour modérer ma douleur ; vous m'en êtes témoin... C'est en vain : la peine est la plus forte... Je passe mes jours entiers à écrire ; au fond je n'y gagne rien, mais j'occupe mon esprit ; pas assez pour l'arracher tout à fait à la pensée qui l'obsède, assez pour y faire quelque diversion. Je fais ce que je peux, et, si je ne réussis pas à calmer mon âme, je cherche du moins à composer mes traits. Ces efforts, tantôt je me les reproche comme un crime, tantôt je me regarderais comme coupable de les négliger. » (2) Et ailleurs : « En lisant et en écrivant, si je ne me soulage pas, du moins je m'étourdis. (3) S'il ne m'était pas venu à la pensée d'écrire, je ne saurais où me tourner. » (4) En annonçant à Atticus qu'il vient d'achever deux longs traités (probablement les *Académiques* et le *de finibus),* Cicéron ajoute : « Le travail est pour moi le seul moyen d'échapper à ma misère. » (5) En écrivant non seulement le jour, mais encore la nuit, car il ne connaissait plus le sommeil (6), Cicéron « s'empressait d'offrir un travail à son esprit tournant à vide dans le désespoir, comme on se hâte de verser du blé sous la meule, de peur qu'elle ne se brise. » (7) Bientôt après la *Consolation,* Cicéron composa l'*Hortensius,* exhortation à la philosophie, qu'il défend contre les critiques d'Hortensius. La composition de ces deux ouvrages et le retour aux

---

(1) Lorsqu'on veut décrire un sentiment de l'âme, on cesse bientôt de l'éprouver ; la colère tombe quand on l'étudie. Il en est de même de la douleur ; dépeindre sa douleur, c'est se consoler. La mère de Gœthe disait que, quand son fils avait un chagrin, il en faisait un poème. Au milieu de sa douleur Cicéron restait sensible aux beautés de son style. « J'attends, écrivait-il à Atticus (XII, 14), qu'on ait fini la copie de ma *Consolation* pour vous l'envoyer. Vous pouvez compter que vous n'avez encore rien vu de pareil.» — (2) *Ad Att.,* XII, 14. — (3) XII, 16. — (4) XIII, 10. — (5) XIII, 45. — (6) XIII, 26. — (7) C. Martha, *Études morales sur l'antiquité, les consolations,* p. 160, sq.

études philosophiques avaient adouci sa douleur. L'*Hortensius* fut suivi des *Académiques*, du *de finibus* et des autres traités philosophiques, qui se succédèrent avec rapidité, dans l'espace de moins de deux ans.

Les plus grands philosophes de la Grèce, Démocrite, Platon, Aristote, Théophraste, Épicure et toute la suite des illustres Stoïciens avaient indiqué les moyens de calmer la douleur (1). Les Grecs, avec leur esprit si ingénieux et si souple, avaient cherché quels étaient les raisonnements qui avaient le plus de pouvoir, suivant le genre de malheur, l'âge, le sexe, la condition de celui qui était atteint. On avait vu un illustre avocat athénien, Antiphon, exilé à Corinthe, se faire consolateur public. « Un célèbre philosophe de l'Académie, Crantor, dans un livre adressé à un père sur la mort de ses enfants, offrit à la douleur paternelle tout ce que la philosophie avait depuis des siècles accumulé sur la vie et sur la mort de considérations calmantes... Tous les consolateurs de l'antiquité, Cicéron, Plutarque, Sénèque, d'autres encore se sont servis de l'ouvrage de Crantor, et l'ont fait connaître argument par argument, et comme par feuillets détachés à la postérité. Comme il résumait tout ce que la sagesse grecque avait produit de plus salutaire, qu'il avait, pour ainsi dire, capté en un réservoir commun et accessible les sources diverses descendues de toutes les hauteurs philosophiques, il devint une sorte de fontaine publique où l'antiquité allait sans cesse soulager ses douleurs » (2).

Les *Consolations* ne pouvaient manquer de devenir des lieux communs. Mais combien toutes les prescriptions de celle qu'écrivit Cicéron devaient lui paraître importantes! Il avait essayé sur lui-même l'efficacité de chacun des remèdes qu'il proposait.

(1) Cf. Van Heusde, *de consolatione apud Græcos*, Utrecht, 1840. — C. Martha, *ibid.* — Souvent on appelait les philosophes auprès des affligés pour y remplir le rôle de consolateurs. C'est ainsi que Livie, après la mort de son fils Drusus, fit venir auprès d'elle Arius, le philosophe d'Auguste, pour adoucir l'amertume de son deuil. Les anciens nous ont conservé la preuve de l'efficacité de ces consolations : les discours des philosophes, disait-on, annoncent la fin du trouble des âmes, comme les hirondelles celle du mauvais temps. — (2) Martha, *ibid.*, p. 142-143.

Cicéron ne s'adressa pas aux Stoïciens, qui voulaient que le sage fût impassible, mais à l'ancienne Académie. Dans la *Consolation*, il imita surtout l'opuscule de Crantor sur *le deuil*. Panétius avait recommandé le livre de Crantor à ses auditeurs romains, comme un ouvrage inestimable (1), et il avait conseillé à Tubéron de l'apprendre par cœur. Cicéron s'en est également servi dans les *Tusculanes*.

Mais il n'a pas dû s'inspirer seulement du livre de Crantor. Il avait lu tous les ouvrages sur les moyens de guérir la douleur qui se trouvaient dans la bibliothèque d'Atticus. Aussi bien il nous dit lui-même dans les *Tusculanes* (2) qu'il avait rassemblé dans la *Consolation* tous les arguments qu'on donnait contre le chagrin. « Il se montra éclectique jusque dans son désespoir. » (3)

En écrivant la *Consolation*, Cicéron, comme il le dit, faisait ce qu'on n'avait jamais fait avant lui ; il cherchait à se consoler lui-même, contrairement au précepte de Chrysippe, qui ne voulait pas qu'on essayât d'adoucir les chagrins récents de l'âme (4). Selon toute apparence, Cicéron commençait par déplorer la misère humaine ; ensuite il s'efforçait de calmer son chagrin par le souvenir des hommes illustres qui avaient aussi perdu leurs enfants (5), par l'espérance que l'âme était immortelle et par l'apothéose de Tullie (6). Cicéron rappelle, dans les *Tusculanes* (7), les raisonnements par lesquels il avait cherché à prouver, dans la *Consolation*, l'immortalité de l'âme. Ces raisonnements étaient probablement empruntés au livre de Crantor. Ils offrent une grande ressemblance avec ceux qu'énumère Socrate dans le *Phédon*, et il n'y a pas lieu de s'en étonner, puisque Crantor professait la doctrine de Platon. Un fragment de

---

(1) *Aureolus. Acad.*, II, 44, 135. — (2) III, 31, 76. — (3) C. Martha, *ibid.*, p. 160. — (4) *Tusc.*, IV, 29, 63. — (5) « Je laisse de côté les Maximus, les Caton, les Gallus, les Pison, les Brutus, les Scévola, les Métellus, les Scaurus, les Marius, les Crassus, les Marcellus et les Aufidius, qui montrèrent autant de courage dans l'affliction qu'à la guerre, et dont Cicéron a énuméré les pertes domestiques dans son livre de la *Consolation*. » (Saint Jérôme, *Épitaphe de Népotien, lettre* XXXV.) — (6) Van Heusde, *Cicero* φιλοπλάτων, p. 247.— (7) I, 27, 66.

la *Consolation* (1) où Cicéron dit que le retour au ciel est plus ou moins facile selon que l'âme est plus ou moins vertueuse, rappelle un passage bien connu du *Phédon* (2).

L'« HORTENSIUS ».

Après la mort de sa fille, Cicéron, pour calmer sa douleur, ne s'était pas adressé à la religion qui, à Rome, ne consistait qu'en pratiques superstitieuses. Le seul devoir des prêtres était de veiller à l'observation de ces pratiques. « Ils demeuraient étrangers à la science de l'âme et même n'y prétendaient pas. Ils n'étaient que des officiers du culte, chargés d'offrir, selon les rites, les hommages tout extérieurs que les hommes adressaient aux dieux, des magistrats de police réglant les rapports entre la faiblesse humaine et la puissance divine, des collecteurs préposés surtout à la redevance que la terre devait au ciel. A la philosophie seule revenait le soin d'instruire, d'exhorter et même de consoler (3). » C'est à la philosophie que Cicéron avait demandé des consolations. Si elle avait pu soulager son deuil paternel, elle devait aussi pouvoir adoucir ses chagrins patriotiques.

Depuis plus d'un siècle, la philosophie s'était introduite à Rome, où elle était bien reçue chez les grands personnages, les Scipion, les Lélius. Mais le peuple la voyait d'un mauvais œil. « Elle évite la multitude, dit Cicéron, et lui est suspecte et odieuse (4). » On avait bien accueilli à Rome la poésie des Grecs et surtout leurs comédies, parce qu'on ne voyait là qu'un agréable divertissement. Mais on éprouvait en général pour la philosophie une répugnance marquée. On ne laissait passer au théâtre aucune occasion de se moquer de la science nouvelle. « Tu sais, dit un père dans Térence, les jeunes gens ont toujours une passion et un engouement : ce sont les chiens, les chevaux, les philosophes. (5) » Ceci rappelle le mot du vieux Caton, qui mettait les esclaves à côté de la ferraille. « Il philosophe, » (6)

---

(1) fr. 15 (éd. Baiter et Kayser). — (2) 69 C. — (3) C. Martha, *ibid.*, p. 140. — (4) *Tusc.*, II, 1, 4. — (5) Au commencement de l'*Andrienne*. — (6) *Philosophatur*. Plaute, *Capt.*, II, 2, 34.

disait-on d'un esclave qui méditait une fourberie. A cette époque, on n'avait pas encore besoin de la philosophie ; il suffisait de suivre la tradition, d'agir *more majorum*. Mais à la fin de la république, les vieilles mœurs étaient tombées en discrédit avec les vieilles institutions. Chacun, comme dit Lucrèce, cherchait à tâtons le chemin de la vie. On fut donc forcé de recourir aux préceptes des sages. Caton, le premier, étudia la philosophie, non pour exercer son intelligence, mais pour trouver une règle de conduite. C'est lui qui, suivant Cicéron (1), fit obtenir à la philosophie le droit de cité à Rome, où elle n'était encore qu'une étrangère. Ces paroles sont plus vraies de Cicéron lui-même que de Caton. Aux grands personnages écartés de l'administration des affaires publiques par la dictature de César il offrit, pour occuper leur désœuvrement, la lecture de ses ouvrages philosophiques, « où se trouvaient résumées avec un éclat merveilleux les découvertes que la sagesse grecque avait faites pendant plusieurs siècles de méditations. La philosophie romaine était déjà contenue tout entière dans les traités de Cicéron (2). Après lui, au moins pour les théories importantes et les principes fondamentaux, il ne restait presque plus de progrès à faire (3). »

On se souciait moins à Rome du contenu des doctrines philosophiques que de la façon dont elles étaient exposées. Elles plaisaient par leur nouveauté seule. La rudesse romaine s'était amollie au contact de la Grèce savante et polie. Dans les *Verrines* Cicéron feignait encore d'ignorer le nom des principaux sculpteurs grecs. Mais bientôt il n'eut plus besoin de cette précaution oratoire. Dans son plaidoyer *pour Archias* il faisait, au milieu des applaudissements de tous, l'apologie des lettres grecques. Il n'était pas alors de grand personnage qui ne s'honorât de protéger les arts.

« La philosophie, comme on l'a remarqué (4), était devenue pour les Romains une habitude de l'esprit et comme un style

---

(1) *De fin.*, III, 12, 40. — (2) Saint Augustin, *contra Acad.*, I, 8 : « *Cicero a quo in latina lingua philosophia inchoata est et perfecta.* » — (3) G. Boissier, *la relig. rom.*, II, 3. — (4) E. Havet, *le christian. et ses orig.*, II, 106.

qu'on parlait sans y penser (1). « Cicéron n'eut donc pas de peine à concilier à ses traités de philosophie la faveur publique. Ils trouvèrent promptement un cercle de lecteurs et d'admirateurs (2) ; on s'empressait de les copier (3) ; on souhaitait vivement d'être mis au nombre des interlocuteurs (4), ou de recevoir la dédicace de quelques-unes de ces œuvres écrites dans un si beau langage (5). On recherchait moins une connaissance exacte de la philosophie qu'un divertissement délicat. On voulait non une démonstration subtile et précise, mais une habile discussion contradictoire, avec des développements empruntés à la rhétorique, ornés d'exemples pris à l'histoire et de citations aux poètes. Ces exigences des lecteurs étaient tout à fait d'accord avec le talent moins philosophique qu'oratoire de Cicéron, qui s'excuse lorsqu'il est obligé de donner des démonstrations trop

(1). Cicéron écrivait à Cassius : « Pansa est parti avec ses insignes le 3 des calendes de janvier. Ainsi chacun peut comprendre cette vérité, dont vous vous êtes mis à douter depuis quelque temps, que *la vertu est désirable par elle-même*. Pansa a secouru une foule de malheureux ;.... la reconnaissance des gens de bien lui en a tenu compte avec une persistance admirable. » (*Ad fam.*, XV, 17.) — (2) Matius, l'ami de César, avait engagé Cicéron à composer des ouvrages philosophiques. (*Ad fam.*, XI, 27.) — Cicéron écrivait à Atticus : « Je vous ai envoyé un traité de *la gloire*. Qu'il soit pour vous seul, selon l'usage ; cependant marquez les bons endroits et Salvius les pourra lire à table devant des convives amis. » (*Ad Att.*, XVI, 2.) — (3) « S'il m'arrive de l'oublier, écrivait Cicéron à Atticus (XIII, 21), Cérellia ne manque pas, dans sa passion pour les ouvrages philosophiques, de prendre une copie sur la vôtre. C'est ainsi qu'elle possède mes livres *de finibus*, et je vous affirme, en avouant toutefois que je suis homme et faible, je vous affirme que ce n'est pas de moi qu'elle les tient. » Dans la même lettre Cicéron reproche à Atticus d'avoir donné à Balbus une copie du livre V du *de finibus*. « Je n'ai pas refondu entièrement ce livre, ajoute-t-il, mais j'y ai fait des changements ; aussi veuillez ne pas laisser sortir les autres livres de vos mains. Autrement Balbus aurait une copie informe, et Brutus (à qui le *de finibus* était dédié) ne recevrait qu'un fruit éventé. » — (4) « Quant à vous, écrit Trébonius à Cicéron, n'oubliez pas votre promesse et faites-moi figurer le plus tôt possible dans l'un de vos dialogues. » *(Ad fam.*, XII, 16.) — (5) Atticus, par exemple, avait fait part à Cicéron du désir de Varron de se voir dédier les *Académiques*.

arides, et promet aux lecteurs de revenir bientôt aux amplifications de rhétorique (1).

Avant d'examiner les questions philosophiques, il faut engager les esprits à l'étude de la philosophie. Platon l'avait bien compris : il disait que dans la dialectique on devait commencer par débarrasser l'esprit de ses préventions et de ses préjugés. Cette préparation à la philosophie est disséminée dans plusieurs dialogues platoniciens, parce que chez Platon la philosophie était un art et n'avait encore rien de la marche régulière et didactique d'une science. Mais à partir d'Aristote on commença d'écrire des traités qui avaient pour objet spécial d'exhorter à la philosophie. Il n'y avait guère de philosophe qui ne composât un προτρεπτικός. C'était, pour ainsi dire, l'introduction obligée à l'étude de la sagesse. Cicéron, pour son *Hortensius,* ne manquait donc pas de modèles. Lequel a-t-il suivi de préférence?

On lit dans Trebellius Pollio, historien qui écrivait dans la seconde moitié du troisième siècle après J.-C. : « *Marcus Tullius in Hortensio, quem ad exemplum protreptici scripsit* (2). » On ne saurait douter dès lors que Cicéron ait emprunté non seulement la plus grande partie, mais encore la disposition de l'*Hortensius* au *protrepticos* d'Aristote (3). Trebellius Pollio n'avait pas fait cette remarque lui-même; il la devait à Cicéron qui, dans l'introduction de l'*Hortensius,* avait indiqué le *protrepticos* d'Aristote comme la source de son livre, de même que dans la *Consolation* il avait nommé l'ouvrage de Crantor.

Mais « *ad exemplum protreptici* » peut simplement signifier « *sur le modèle d'un protrepticos* ». Dès lors la phrase de Pollio ne désigne plus un ouvrage particulier d'Aristote, mais un genre déterminé d'écrits. Il nous faut donc chercher d'autres arguments pour prouver que l'*Hortensius* de Cicéron est inspiré du *protrepticos* d'Aristote.

Le *protrepticos* d'Aristote avait été le modèle d'un ouvrage du même titre de Jamblique (4). On trouve dans cet écrit (5)

---

(1) *Tusc.,* III, 10, 22; IV, 4, 9; 14, 33. — (2) *Vita Salon. Gall.,* c. 2.
— (3) Usener, *Rheinisch. Mus.,* XXVIII, p. 396, sq. et V. Rose, *Hermès,* 1876, p. 81, note 2. Cf. Hirzel, *Hermès,* 1876, p. 61-100. — (4) Bywater, *Journal of Philol.,* II, 55, sq. — (5) Ch. IX.

légèrement abrégé et modifié le fragment 42 de l'*Hortensius,* où Cicéron dit que les bienheureux n'ont aucun besoin des vertus, et que la pensée et la contemplation suffisent à leur félicité. Il y a entre ces deux passages et certains endroits de la *Métaphysique* et des *Morales* d'Aristote des rapports qui font croire que Cicéron et Jamblique ont copié le *protrepticos* d'Aristote (1).

Saint Augustin nous dit (2) qu'une comparaison qui expliquait les rapports entre l'âme et le corps par l'usage des brigands étrusques d'enchaîner un vivant avec un cadavre et de le laisser mourir ainsi se trouvait vers la fin de l'*Hortensius* (3). Or nous lisons un passage analogue dans Jamblique (4). On ne saurait guère supposer ici une coïncidence fortuite. L'explication la plus plausible, c'est que Cicéron avait emprunté au *protrepticos* d'Aristote le fond de la partie dogmatique de sa dissertation, celle qui venait après la partie polémique. On comprendrait ainsi que la conclusion de l'*Hortensius* et celle du *protrepticos* de Jamblique se ressemblent.

Suivant d'autres, au contraire, le modèle de Cicéron aurait été le *protrepticos* de Posidonius (5), ou celui de Philon (6), mentionné par Stobée (7). Cette dernière hypothèse a pour elle ce fait que l'*Hortensius* fut suivi des *Académiques.* Cicéron semble avoir emprunté la partie des *Académiques* où il défend la doctrine de Philon à Philon lui-même. Mais avant de lire les ouvrages dialectiques de Philon, Cicéron avait dû prendre connaissance de son introduction ou exhortation à la philosophie, contenue dans le *protrepticos;* il aurait imité ce livre dans l'*Hortensius,* comme plus tard les écrits dogmatiques dans les *Académiques.* Quant à Posidonius, Cicéron devait bien connaître ses écrits, puisqu'il avait été son disciple. Il est vrai qu'il avait étudié aussi avec Philon.

En résumé, les rapports entre certains fragments de l'*Hor-*

---

(1) Bernays, Usener et Bywater. — (2) *Contre Pélage,* IV. — (3) Cf. fr. 90. — (4) Ch. VIII. — (5) Bake, *de Posid.,* p. 36, et van Heusde, *Cic.* φιλ., p. 252. — (6) Krische, *les Académ. de Cic.,* p. 68; F. Hermann, *de Philone Larissæo,* p. 6, et *de Philone disput. altera,* p. 7. — (7) *Ecl. ethic.,* p. 38, sq.

tensius et des passages du *protrepticos* de Jamblique, emprunté à celui d'Aristote, font croire que Cicéron s'est aussi inspiré de l'ouvrage de ce dernier : le *protrepticos* appartenait aux écrits populaires d'Aristote, ceux qu'avait surtout lus Cicéron. Les προτρεπτικοί composés par Posidonius et Philon sont aujourd'hui complètement perdus. On ne saurait donc prétendre, en l'absence complète de preuves, que l'auteur latin ait imité Posidonius et Philon. Cela est possible, rien de plus.

D'un autre côté Jamblique, écrivain de la dernière période de la littérature grecque, est si confus et si prolixe qu'on hésiterait à dire que Cicéron s'est inspiré du même ouvrage que lui, si les philosophes néoplatoniciens ne nous avaient conservé des auteurs grecs de la bonne époque des pensées et des passages qui, autrement, nous seraient tout à fait inconnus.

L'*Hortensius* de Cicéron fut à 400 ans de distance l'instrument de la plus illustre des conversions. Il remplit d'un zèle ardent pour la sagesse et pour la philosophie le plus grand peut-être des pères de l'Église latine, saint Augustin. Voici comment il raconte, dans ses *Confessions* (1), l'impression que fit sur lui la lecture du livre de Cicéron. « Étant encore fort jeune j'étudiais les livres de l'éloquence, en laquelle je souhaitais d'exceller pour cette fin damnable et malheureuse de l'ambition, qui ne travaille que pour s'élever dans l'éclat et dans la gloire, et n'établit le fondement de ses plus solides joies que sur le vide de la vanité. Dans le cours de cette étude, et selon l'ordre qu'on tient pour apprendre cette science, j'étais arrivé à la lecture d'un livre de Cicéron, de cet orateur fameux, duquel néanmoins presque tous les hommes admirent plus la langue que le cœur. Mais ce livre, qui porte le titre d'*Hortensius* et contient une exhortation à la philosophie, me toucha de telle sorte qu'il changea mes affections et ensuite les prières que je vous faisais, mon Dieu, et m'inspira d'autres pensées et d'autres désirs. Je commençai aussitôt à mépriser toutes les vaines espérances de la terre ; je brûlais d'un amour ardent et d'une passion incroyable d'acquérir cette sagesse immortelle,

(1) III, 4.

et j'avais déjà commencé à me lever afin de retourner vers vous; car je ne lisais pas ce livre pour polir mon style, ce qui était le fruit que ma mère avait pour but en m'entretenant dans les études, mais pour nourrir mon esprit; et, y considérant plus le sens que les termes et l'excellence du sujet qu'il traite que la noblesse des paroles, je demeurai persuadé de la doctrine qu'il y enseigne..... La seule chose qui me plaisait en ce discours de Cicéron était qu'il m'exhortait puissamment à aimer, à rechercher, à acquérir et à embrasser non une secte particulière de sages et de philosophes, mais la sagesse même, quelle qu'elle pût être. J'en étais tout ravi et tout embrasé; et la seule chose qui me refroidissait un peu dans une si grande ardeur était que je ne voyais point le nom de Jésus écrit dans ce livre (1). »

Mais, comme on l'a remarqué (2), si saint Augustin nous dit qu'il regrettait de ne pas trouver le nom du Christ dans le traité de Cicéron, c'est qu'il était depuis longtemps chrétien lorsqu'il écrivit les *Confessions*. Ce qui prouve que dans sa jeunesse il étudiait avec ardeur les traités philosophiques de Cicéron, c'est qu'il composa trois livres *contra Academicos*, où il combat la doctrine sceptique qu'on ne saurait rien percevoir, au lieu de la défendre, comme fait Cicéron dans les *Académiques*. Le *contra Academicos* fut suivi par un livre *de vita beata*, analogue, du moins quant au sujet, au *de finibus* de Cicéron. Saint Augustin y développe la pensée chrétienne que le bonheur de la vie consiste dans la connaissance parfaite de Dieu.

Saint Jérôme, en composant l'*Épitaphe de Népotien*, s'était souvenu de la *Consolation* de Cicéron. La douleur de saint Augustin, lorsqu'il perdit sa mère, fut la même que celle de Cicéron après la mort de Tullie. Mais saint Augustin était alors tout à fait chrétien, et il ne semble pas qu'il ait songé au livre que Cicéron avait écrit pour adoucir son chagrin. Il dit seulement qu'après la mort de sa mère il chanta avec les personnes présentes un psaume où l'on remercie Dieu de ses miséricordes et

---

(1) Trad. d'Arnault d'Andilly. — (2) E. Havet, *le christian. et ses orig.*, II, 135.

de ses jugements, et que, le lendemain, à son réveil, sentant sa douleur diminuée, il se rappela des vers où saint Ambroise vantait la puissance du sommeil pour calmer les souffrances de l'âme (1).

LES « ACADÉMIQUES ».

Cicéron ne croyait pas que ses traités philosophiques seraient aussi bien accueillis qu'ils le furent : leur succès le détermina à continuer de suivre la voie où il était entré. Après l'*Hortensius*, Cicéron pensa qu'il pouvait aborder la question qui était le principal objet de la philosophie de Platon et d'Aristote, la théorie de la connaissance. Il prit ce problème non tel qu'il avait été posé et résolu par ces grands philosophes, mais comme on le discutait dans la nouvelle Académie et le Portique. Carnéade et ses disciples combattaient le dogmatisme des Stoïciens, qui soutenaient que les sens ne pouvaient nous tromper et qu'ils étaient la source de toute science. Nier la véracité des sens était une entreprise qui devait répugner à l'esprit romain, si attaché à la réalité positive et si ennemi des discussions subtiles. Là était peut-être un des motifs qui faisaient hésiter Cicéron à dédier à Varron les *nouvelles Académiques*. Celui-ci en effet était un des représentants du vieil esprit romain qui repoussait la dialectique captieuse des Grecs.

Les *Académiques* formaient d'abord un dialogue en deux livres, auxquels Cicéron donna les noms de *Catulus* et de *Lucullus* (2). Les principaux interlocuteurs étaient Catulus, Lucullus, Hortensius et Cicéron lui-même. On trouvait dans les

(1) L'*Hortensius* existait encore, nous assure-t-on, au XIe siècle, dans l'île de Reichenau, et, au XIIe, dans un couvent de l'ouest de la France, *in abbatia Beccensi*. Mais comme le *Lucullus* portait au moyen âge le nom de *liber ad Hortensium* ou *ad Hortensium dialogus*, c'est sans doute à ce dernier que se rapporte l'assertion dont il s'agit. (Teuffel, *Hist. de la litt. rom.*, trad. fr., I, 320.) — (2) Catulus et Lucullus appartenaient au parti aristocratique. Catulus avait le premier salué Cicéron du titre de *père de la patrie*, après la répression de la conjuration de Catilina. Cicéron, en plusieurs endroits de ses ouvrages, donne à Catulus des éloges exagérés qui s'adressent moins à l'homme lui-même qu'à l'un des chefs de la noblesse. Quant à Lu-

Académiques les mêmes personnages que dans l'*Hortensius*, dont elles étaient comme la suite (1).

Mais Cicéron ne tarda pas à reconnaître que les interlocuteurs des *Académiques*, sans être tout à fait ignorants, n'étaient pas assez familiarisés avec les doctrines qu'on les chargeait d'exposer pour pouvoir être les dignes représentants d'une subtile discussion dialectique. Il remplaça donc Catulus par Caton (2), et Lucullus par Brutus (3), et supprima, selon toute apparence, le rôle secondaire d'Hortensius (4).

Mais à peine Cicéron avait-il fait ce changement de personnes qu'Atticus lui proposa de prendre Varron pour interlocuteur de son dialogue. Dès l'an 700 il lui avait recommandé Varron pour le faire entrer dans quelqu'un de ses écrits. Cicéron s'était excusé sur la nature de ses travaux oratoires et politiques ;

cullus, il était le protecteur du poète Archias, qui avait écrit en grec un poème sur le consulat de Cicéron. Après la mort de Lucullus, Cicéron était devenu, avec Caton, le tuteur de ses enfants.

(1) Les deux livres des *Académiques* furent composés en même temps que le *de finibus*. Cicéron écrivait à Atticus, au commencement du mois de juin 709, qu'il avait achevé « duo magna συντάγματα ». Gœrenz et Madvig (préf. du *de finib.*, 2ᵉ éd., p. LVII) entendent par là les deux livres des *Académiques* et les livres du *de finibus*. Krische (*les Académ. de Cic.*, p. 4) veut que ce soient seulement les deux livres des *Académiques*. Quoi qu'il en soit, ceux-ci semblent avoir été terminés avant les livres du *de finibus*; car le *Catulus* et le *Lucullus* étaient déjà entre les mains d'Atticus, lorsque Cicéron lui annonce qu'il lui envoie le *Torquatus*, c'est-à-dire le livre I du *de finibus*, ou l'exposition de la morale d'Épicure. — (2) Caton d'Utique passait pour le plus parfait des Stoïciens romains. Il semble avoir pris le fondateur du Portique pour modèle, et il reproduisait dans sa vie et dans sa mort l'austérité de la morale stoïcienne. C'est lui que Cicéron charge d'exposer cette morale au livre III du *de finibus*. — (3) M. Junius Brutus, le neveu de Caton, s'était attaché en philosophie à la doctrine d'Antiochus, qui était une réaction contre le scepticisme d'Arcésilas et de Philon ; il suivit pendant assez longtemps à Athènes les leçons d'Aristus, frère d'Antiochus. Il avait écrit sur *la vertu* un ouvrage où il soutenait que la seule vertu suffit au bonheur. Cet ouvrage fut très bien accueilli. Cicéron (*de fin.*, I, 3, 8) dit que Brutus n'était pas resté beaucoup en arrière des Grecs. On pourrait croire que c'est ici une exagération patriotique ; mais des critiques postérieurs, par exemple Quintilien et l'auteur du *Dialogue des orateurs*, estimaient davantage Brutus comme écrivain philosophique que comme orateur. — (4) *Ad Att.*, XIII, 16.

mais, maintenant qu'il s'occupait d'ouvrages de philosophie, il ne pouvait nier qu'il n'eût trouvé l'occasion de tenir la promesse qu'il avait faite à Atticus pour son savant ami. Toutefois la susceptibilité de Cicéron était blessée de ce que Varron, qui écrivait tant, ne lui avait encore rien dédié, ce qui l'eût amené à faire à Varron une politesse semblable. Il est vrai que Varron, depuis 707, avait promis de dédier à Cicéron son ouvrage sur la langue latine. Mais cet ouvrage n'était pas terminé en 709, et il est probable que Cicéron ne l'a pas reçu. Quoi qu'il en soit, Cicéron se décida à prendre les devants, sur les instances d'Atticus, qui lui parlait de l'impatience de Varron. Cependant Brutus avait plus de droits à cette dédicace que Varron; car il avait dédié à Cicéron son livre sur *la vertu*. Cicéron eut des scrupules jusqu'au dernier moment. Il ne savait comment Varron prendrait le remaniement de l'ouvrage, et s'il en serait content. Peut-être ne verrait-il pas avec plaisir que Cicéron s'était chargé de critiquer lui-même son exposition. De plus il y avait déjà des copies des *premières Académiques*, faites par les gens d'Atticus, et il n'était plus au pouvoir de Cicéron de détruire la première forme de son écrit.

Enfin Cicéron se décida à transporter à Varron les rôles de Catulus et de Lucullus, et il remplaça Hortensius par Atticus, pour donner plus de vraisemblance et de vie au dialogue. La nouvelle édition des *Académiques* comprenait quatre livres ; non seulement les rôles étaient changés, mais encore Cicéron avait fait de nombreux retranchements ; il avait exposé certaines parties avec plus de précision et de clarté ; en somme la seconde édition était beaucoup plus courte que la première, plus brillante et meilleure (1).

Lorsque Cicéron eut reconnu que le choix des personnages primitifs, Catulus et Lucullus, n'était pas heureux, il plaça en tête des deux livres anciens un nouveau préambule dans lequel il louait Catulus et Lucullus de leur goût pour la philosophie, afin que leur rôle d'interlocuteurs fût moins surprenant. Plutarque nous dit qu'il avait lu le *Lucullus* sous cette forme.

(1) *Ad Att.*, XIII, 13 et 19.

C'est ainsi améliorée que parut la première édition, par les soins des copistes d'Atticus. Cette conjecture est confirmée par l'introduction du *Lucullus*, qui est travaillée avec un soin particulier.

Ni la première ni la seconde édition des *Académiques* ne nous sont parvenues tout entières. Le premier livre, qui est mutilé à la fin, formait le livre I des *Académiques* de Varron ou de la seconde édition; la seconde partie, qui nous est arrivée complète, était primitivement le *Lucullus* ou le livre II de la première édition. Les deux premiers livres de la seconde édition correspondaient au *Catulus;* le premier livre, incomplet, qui nous reste de cette édition, reproduit la critique de la doctrine de Philon par Catulus; Varron y reprend la thèse soutenue par Catulus dans le livre I des *premières Académiques*.

Le livre I des secondes Académiques.

De quel auteur s'est inspiré Cicéron dans le livre I des *secondes Académiques ?* (1) Cicéron suivait dans ce livre un modèle grec; on le voit par les efforts qu'il fait pour donner une apparence latine aux expressions grecques qu'il a sous les yeux. Ce modèle n'était autre qu'Antiochus dans ses κανονικά (2), ou plutôt dans le livre qu'il écrivit contre son maître Philon (3),

---

(1) L'étude des sources de Cicéron dans les *Académiques* a été faite par Krische, d'une façon qui, suivant M. Diels (*dox. græci*, p. 121), n'admet ni le doute ni la contradiction. Cette étude a été reprise par M. Hirzel (*Unters.*, etc., III, 251, sq). — (2) Zeller, IIIa, 598, note, 3ᵉ édit. — (3) Philon avait été longtemps l'auditeur de Clitomaque; lorsqu'il prit la direction de l'école académicienne, il développa la doctrine de Clitomaque, et attaqua vivement celle du Portique. Mais plus tard son opinion se modifia; on expliqua ce changement par l'impossibilité où il était de répondre aux objections que les Stoïciens adressaient à la doctrine de l'*acatalepsie*, obstinément défendue par les nouveaux Académiciens. La défection de Philon fit regarder Clitomaque comme le véritable interprète des idées de Carnéade. Philon avait consigné ses innovations dialectiques dans un ouvrage en deux livres, qui, suivant le témoignage de ses disciples immédiats, contenait une manière de penser aussi éloignée de la doctrine qu'il professait précédemment que de celle de toute la nouvelle Académie (*Acad.*, II, 3, 11).

et qui portait le titre de *Sosus* (1). Cette conjecture devient une certitude, si l'on considère que Cicéron soutient toujours les opinions fondamentales d'Antiochus : que les anciens Académiciens et les Péripatéticiens s'accordaient sur le fond des choses, et qu'ils ne se séparaient que pour les mots (2); que Zénon n'avait innové qu'en paroles par rapport à l'ancienne Académie (3); que les successeurs de Platon, comme les anciens Péripatéticiens, avaient renoncé à la méthode socratique du doute pour embrasser le dogmatisme (4).

Aussi bien Cicéron semble avouer lui-même qu'il s'est servi d'Antiochus. « Voilà, dit-il, la philosophie telle qu'on la reçut des mains de Platon; je vous exposerai, si vous voulez, les vicissitudes qu'elle a subies... Antiochus nous fait une histoire fort intéressante des doctrines des Péripatéticiens et de l'ancienne Académie (5). » Atticus dit qu'en écoutant Varron il se rappellera avec plaisir ce qu'il a autrefois entendu de la bouche d'Antiochus. Varron, comme Antiochus avait coutume de le faire, veut examiner les améliorations que Zénon, comme chef d'une école nouvelle, avait introduites dans l'ancienne Académie (6). Plus loin (7), Cicéron nous apprend que Varron partageait l'opinion d'Antiochus (8), suivant qui le système de Zénon était une réforme de l'ancienne Académie.

Dans une lettre à Atticus (9), Cicéron dit, en parlant des *secondes Académiques* : « J'ai mis dans la bouche de Varron

---

(1) Il est probable que cet ouvrage était dédié au Stoïcien Sosus, compatriote d'Antiochus. Ascalon avait vu naître plus d'un Stoïcien fameux. Il peut paraître étrange qu'Antiochus ait donné à son ouvrage le titre de *Sosus*. Mais quelquefois un livre portait le nom de la personne à qui il était dédié. — (2) I, 4, 17-18 ; 6, 22. — (3) I, 10, 37. — (4) I, 4, 17. — (5) I, 8, 33. Cf. I, 9, 35. — (6) I, 9, 35. — (7) I, 12, 43. — (8) Les idées philosophiques de Varron sont indiquées avec assez de soin par saint Augustin, qui donne des extraits considérables du *de philosophia*. Dans cet ouvrage Varron se rattachait à Antiochus et l'ancienne Académie. On n'a aucune raison d'accuser Cicéron d'avoir falsifié la doctrine de Varron. Cette supposition doit sa vogue à O. Müller, qui, de quelques passages stoïciens tirés du *de lingua latina*, conclut que Varron était un partisan du Portique. Tout ce qu'il y a de stoïcien dans Varron lui venait d'Antiochus (Reid, éd. des *Acad.*, introd., p. 42). — (9) XIII, 19.

tout ce qu'Antiochus a si habilement rassemblé de preuves contre le doute absolu. » Cicéron avoue qu'il s'est borné à traduire Antiochus. « La logique d'Antiochus est, dit-il, très persuasive. Je me suis étudié à lui conserver ce qu'elle a d'incisif, en y ajoutant tout l'éclat que peut avoir mon style (1). »

On reconnaît à d'autres signes que l'exposition de Varron est empruntée à un Stoïcien, ou à un philosophe qui, comme Antiochus, partageait en général les idées du Portique. Ainsi nous lisons que « les anciens Académiciens et les Péripatéticiens donnaient une explication raisonnée des mots, en montrant les causes qui avaient fait attribuer tel nom à telle chose; c'est ce qu'ils appelaient *étymologie* (2). » Cette méthode d'interprétation verbale était propre aux Stoïciens et quelques-uns, comme Chrysippe, en avaient abusé. Mais c'est surtout pour la morale et la physique que le caractère stoïcien se laisse facilement découvrir dans l'exposition de Varron. Ainsi Varron méconnaît complètement la nature des πρῶτα κατὰ φύσιν (3); il transporte cette conception du Portique dans le Lycée et dans l'Académie (4). Il donne du souverain bien une formule qui, de Polémon, avait passé dans le Portique, et s'était confondue avec l'interprétation par Carnéade de la maxime : *Vivre selon la nature* (5). — Pour la physique, Varron attribue aux anciens Académiciens et aux Péripatéticiens des doctrines purement stoïciennes. « Dans la nature, dit-il, les anciens Académiciens et les Péripatéticiens reconnaissaient deux principes dont l'un était la cause efficiente, et dont l'autre, se prêtant en quelque sorte à l'action du premier, recevait de lui une forme déterminée. Le principe actif contenait une certaine force, et le principe passif une certaine matière; mais chacun d'eux renfermait aussi l'autre; car il est impossible qu'il y ait de la cohésion dans la matière si elle n'est contenue par aucune force, de même qu'une force ne saurait exister en dehors de toute matière (6). » Ce sont ici les deux principes que le maté-

---

(1) *Ibid.* — (2) I, 8, 32. — (3) Cf. Madvig, éd. du *de finibus, excursus* IV. — (4) I, 6, 22. — (5) *Ibid.* Cf. *de fin.*, IV, 6, 15; *Tusc.*, V, 30, 84. — (6) I, 6, 24.

rialisme (on sait que le stoïcisme était un panthéisme matérialiste) a toujours placés à l'origine des choses : la matière et la force. Mais telle n'était pas la doctrine de Platon et d'Aristote. Aristote, en particulier, reconnaissait non pas deux, mais quatre causes. — « Aristote, dit Varron, admettait un cinquième élément tout particulier... dont venaient les astres et les esprits (1). » Cette doctrine n'a pu se trouver que dans les *Dialogues,* les premiers écrits d'Aristote. Les Stoïciens, qui regardaient l'âme comme matérielle, attribuaient la même opinion au fondateur du Lycée, qui la repousse dans ses derniers ouvrages. — Quand Varron nous représente Dieu comme l'âme du monde ou le destin (2), il exprime aussi une doctrine non de l'Académie ou du Lycée, mais du Portique.

A partir du chapitre 12, Cicéron lui-même indique la direction de l'école philosophique sortie d'Arcésilas. Peut-être cette exposition très courte, parce que la fin du livre est perdue, ne doit-elle pas être rapportée à un écrit de Philon ; elle pouvait se trouver aussi dans le livre d'Antiochus.

LE « LUCULLUS ».

Le *Lucullus,* qui nous est parvenu dans son entier, formait le livre II des *premières Académiques.* Il comprend l'exposition par Lucullus de la doctrine d'Antiochus sur la connaissance, et la critique de cette doctrine par Cicéron, qui défend le probabilisme de la nouvelle Académie. Le *Lucullus* se partage donc en deux parties bien distinctes.

DISCOURS DE LUCULLUS.

L'exposition de la logique d'Antiochus par Lucullus doit être empruntée à Antiochus lui-même. Une particularité du discours de Lucullus pourrait nous induire en erreur. Nous lisons qu'il a rapporté « *memoriter* », c'est-à-dire avec une mémoire fidèle,

(1) I, 7, 26. Cf. I, 11, 39. — (2) I, 7, 29.

d'une façon exacte et sans rien oublier, ce qu'il avait autrefois entendu dire à Antiochus (1). Mais cette remarque a seulement pour but d'assurer la liberté du dialogue et de lui donner une allure naturelle. C'est aussi pour cela que Cicéron loue au commencement du livre la mémoire extraordinaire de Lucullus (2). Lucullus remarque, à la fin de son exposition, qu'il tient tous ces détails d'Antiochus en personne, lorsque celui-ci l'accompagnait à Alexandrie et plus tard en Syrie. Cicéron, dans le préambule du livre attache une grande importance aux exposés oraux d'Antiochus, auxquels Lucullus assistait. Il emploie toujours cet artifice pour dissimuler l'écrit qui lui sert de modèle. Mais il peut aussi devoir maints détails aux leçons des philosophes grecs dont il avait été l'auditeur.

Un fait très important pour l'étude des sources du discours de Lucullus, c'est la mention de l'ouvrage d'Antiochus intitulé *Sosus* (3). De quelle nature était cet ouvrage, c'est ce qu'un examen attentif du discours de Lucullus nous apprendra peut-être (4). Ce discours semble d'abord très bien ordonné : Lucullus commence par protester contre la prétention des sceptiques, qui soutenaient que les anciens philosophes avaient partagé leurs doctrines. Il définit ensuite la κατάληψις, qu'il entend comme faisaient les Stoïciens, et il prouve contre Philon qu'il y a connaissance certaine dans le domaine des sens, de la pensée, des arts, de la vertu, de la science. Ceux qui nient qu'il y ait connaissance tombent dans les contradictions les plus manifestes. Ces preuves tirées du raisonnement peuvent être complétées par une autre empruntée à la psychologie. L'homme est fait pour connaître, et il peut connaître. Mais Carnéade, remplaçant le vrai par le vraisemblable, disait que certaines choses étaient probables, et d'autres non, distinction qui suffirait pour la spéculation et pour la conduite de la vie. Lucullus répond que l'homme ne saurait se contenter du vraisemblable, et qu'il a besoin du vrai pour penser et pour agir.

Nous croyons terminée la réfutation de la nouvelle Académie ;

---

(1) II, 19, 63. — (2) *Divina memoria rerum.* II, 1, 2. (3) II, 4, 12. — (4) Cf. Hirzel, III, 251, sq.

CHAPITRE II.

mais Lucullus continue de parler. Il va, dit-il, examiner les objections des sceptiques ; il rappelle leurs raisonnements pour prouver qu'il n'y a pas de perceptions vraies qui se distinguent nettement des perceptions fausses. Mais ce ne sont pas des objections ; c'est une exposition nouvelle de la doctrine sceptique. Lucullus répond (1) par des critiques qu'il a déjà faites. Il dit, par exemple, que la nouvelle Académie ne saurait donner à ses arguments une forme scientifique (2). Lucullus rapporte ensuite (3) les raisonnements des sceptiques, qui prétendaient qu'on ne pouvait distinguer les représentations vraies des fausses, parce que certaines choses paraissaient exister réellement et n'étaient que des illusions. Mais ceci devait venir plus haut, dans la première partie du discours de Lucullus, lorsqu'il parlait de la perception (4). Il a dit alors qu'il s'arrêtait, parce que, si l'on attaquait ses arguments, la vérité se défendrait toute seule, même en son absence. Ces paroles font croire qu'il regardait la question comme vidée et qu'il ne voulait plus examiner les objections nouvelles qu'on pourrait faire. Cependant il y revient maintenant (5).

Comment expliquer ces contradictions ? Elles cesseront de nous étonner si nous supposons que l'ouvrage d'Antiochus imité par Cicéron était un dialogue. Les redites et les contradictions qu'on trouve dans le discours de Lucullus, déplacées dans une exposition didactique, n'ont rien de choquant dans une conversation, où chaque interlocuteur attaque tour à tour et se défend. L'ouvrage d'Antiochus devait avoir la forme du dialogue ; car il n'était autre chose que le récit d'une discussion qu'Antiochus avait eue plusieurs jours de suite (6) avec différentes personnes, entre autres Héraclite, disciple de Philon, à propos des deux livres que celui-ci avait fait paraître et qui contenaient des innovations à la doctrine de la nouvelle Académie. A chaque jour de conversation devait correspondre un livre particulier. Cicéron, dans les *secondes Académiques*, semble avoir suivi un ordre analogue.

(1) II, 14, 43. — (2) Cf. II, 8, 26, sq. — (3) II, 15, 47. — (4) II, 11, 36. — (5) II, 15, 47. — (6) II, 4, 12 ; 16, 49.

Toutes ces conjectures sur la forme et l'ordre de l'ouvrage d'Antiochus seraient ruinées, si le *Sosus* n'était autre que l'écrit envoyé par Antiochus à Lucilius Balbus (1), et si cet envoi était une dédicace. Mais on peut croire, d'après les paroles que Cicéron prête à Cotta, que l'ouvrage envoyé à Balbus concernait surtout la morale et avait pour but de montrer qu'au fond les doctrines péripatéticiennes et stoïciennes se confondaient. Dans le *Sosus*, au contraire, on discutait une question de logique et le débat était, non entre les Péripatéticiens et les Stoïciens, mais entre les Stoïciens et les Sceptiques.

Le discours de Cicéron.

Cicéron, pour sa réfutation de Lucullus, semble s'être servi de plusieurs auteurs différents. Ainsi il fait allusion à l'écrit de Chrysippe κατὰ τῆς συνηθείας et à celui περὶ τῆς συνηθείας, qui était la réponse au précédent (2) ; il rappelle aussi les traités de Chrysippe sur *le sorite* et sur *le menteur* (3). Mais il serait étrange que Cicéron eût consulté les Stoïciens pour défendre la doctrine de leurs adversaires, les philosophes de la nouvelle Académie. Il faudrait donc attribuer la mention de ces ouvrages à des souvenirs de Cicéron lui-même, s'il n'était plus simple de dire qu'il l'a trouvée dans l'écrit qu'il imitait.

Nous avons vu que Cicéron s'était servi du *Sosus* d'Antiochus pour le discours de Lucullus ; il serait naturel dès lors qu'il eût emprunté à un ouvrage de Philon la défense de ce philosophe (4). En effet, suivant saint Augustin (5), Philon, saisissant les armes de Carnéade, résista jusqu'à sa mort à Antiochus. Toutefois, on ne nous dit pas expressément que Philon ait composé un livre pour répondre au *Sosus* d'Antiochus. Il a pu se contenter de discussions orales et le *Sosus* n'a peut-être pas provoqué de réponse écrite de la part de Philon (6). S'il ne

---

(1) *De nat. Deor.*, I, 7, 16. — (2) *Acad.*, II, 27, 87. — (3) II, 29, 93-95, 30, 96. — (4) Ainsi pensent Tennemann, *Hist. de la Phil.*, 4ᵉ partie, p. 396 ; Gœrenz, *introd. au Lucullus*, VII, et Kühner, *Cicer. in philos. merita*, p. 95-6. — (5) *Adversus Acad.*, III, 18. — (6) Cette opinion, qui est celle de Krische, a été combattue par K. F. Hermann (*de Philone Larissæo*, p. 6 ; *de Philone disputatio altera*, p. 7).

s'était pas servi d'un ouvrage de Philon, Cicéron, pour défendre la nouvelle Académie, n'aurait guère pu s'adresser qu'à Clitomaque, qui avait exposé dans ses livres la doctrine de Carnéade. Mais on a cru trouver dans le discours de Cicéron des opinions contraires à celles de Clitomaque (1). On peut répondre que Cicéron n'avait certainement pas emprunté toutes ses idées à Clitomaque, et qu'il n'en devait quelques-unes qu'à lui-même. De plus, on ne saurait donner aucune preuve certaine que Cicéron dans sa réponse à Lucullus ne s'est pas inspiré de Carnéade (2). Il y a au contraire des indices qui font croire qu'il s'est servi des livres de Clitomaque (3).

(1) Hirzel, III, 283, sq. — (2) Clitomaque avait écrit un livre pour consoler ses compatriotes après la prise de Carthage. Mais s'il avait affirmé alors que le sage était impassible, il n'était pas obligé de le soutenir toujours, et nous ne devons pas nous étonner que Cicéron (II, 44, 135) reproche à Antiochus d'avoir prêché l'impassibilité, lorsqu'il admettait, à côté du bien moral, le bien naturel. — Cicéron avoue (II, 45, 137) que les paradoxes stoïciens venus de Socrate ne lui déplaisent pas. Or Carnéade, nous dit Clitomaque, s'était moqué de ces paradoxes. Mais Cicéron ne semble les accepter que pour les critiquer très vivement en particulier. — Carnéade prétendait que le Portique s'accordait au fond avec le Lycée et l'Académie (*Tusc.*, V, 41, 120) ; Cicéron affirme, au contraire, qu'il y a entre la première école et les deux autres de grandes différences (*Acad.*, II, 42, 132). Mais l'assertion de Carnéade n'était qu'un argument de polémique. — Cicéron reconnaît, à la suite de Philon (II, 41, 127), l'utilité des sciences physiques, que Carnéade avait niée avec Socrate. Mais Cicéron nous dit dans la préface de la traduction du *Timée* qu'il a combattu dans les *Académiques* les prétentions des physiciens. — (3) C'est d'après Clitomaque que Cicéron rapporte un mot de Carnéade (II, 45, 137); il dit que Clitomaque lui-même avouait n'avoir jamais pu savoir quelle était la véritable pensée de Carnéade (II, 45, 139). Parmi les écrits de Clitomaque, il cite le περὶ ἐποχῆς, en quatre livres ; au premier livre il emprunte la théorie des deux sortes de représentations ; il a sans doute pris dans le même ouvrage la mention d'un raisonnement de Carnéade (II, 30, 98) et la remarque que Carnéade avait fait un travail d'Hercule en purgeant notre esprit de l'habitude d'affirmer et de juger au hasard (II, 34, 108). Il rappelle expressément l'écrit de Clitomaque au poète Lucilius, pour défendre le probabilisme, et un autre, sur le même sujet, dédié à Lucius Censorinus (II, 32, 102). C'est à ce dernier ouvrage que Cicéron donnait la préférence, parce qu'il renfermait les principes fondamentaux de la théorie de la connaissance suivant les Académiciens. Le contenu en était si familier à Cicéron qu'il le cite de mémoire.

Mais Cicéron a pu également mettre à profit les livres de
Philon. Il annonce que dans son discours il suivra pas à pas
la discussion de Lucullus. Il commence (1) par réfuter Lucullus,
qui avait prétendu (2) que Socrate et Platon ne devaient pas
être rangés parmi les sceptiques, parce qu'il ne fallait pas
prendre au pied de la lettre l'aveu d'ignorance du premier,
et qu'on devait juger le second d'après la tendance dogmatique
de sa doctrine, et non d'après les allures sceptiques de ses
dialogues. Cicéron se borne à reproduire les assertions combattues par Lucullus, de telle sorte qu'il paraît moins le réfuter
qu'être réfuté par lui (3). Comment expliquer cette particularité
étonnante? Ou bien il faut accuser Cicéron d'une légèreté
extraordinaire, ou bien il s'était servi des deux livres de Philon
attaqués dans le *Sosus* d'Antiochus, que Lucullus avait reproduit dans son discours. Cela explique comment certaines
objections d'Antiochus répétées par Lucullus sont restées sans
réponse. Philon n'avait pas écrit d'ouvrage en réponse au
Sosus, et il s'était contenté de défendre sa doctrine dans des
expositions orales. Remarquons de plus que ces rapports
étranges entre la première et la seconde partie du *Lucullus* ne
se trouvent qu'au commencement du discours de Cicéron. Il
est permis de conjecturer dès lors qu'à partir du § 98 Cicéron

---

(1) II, 23, 74. — (2) II, 5-6, 13-17. — (3) De même Lucullus avait admis
le témoignage des sens, à condition qu'ils fussent sains, et qu'il n'y eût pas
d'obstacle pour les empêcher d'entrer en exercice. Ce n'est pas le réfuter
que de dire avec Cicéron (II, 25, 80) que chez certains hommes les sens
sont plus subtils que chez d'autres et que les animaux sont ici supérieurs à
l'homme. — Lucullus avait prétendu (II, 18, 56) qu'il n'y a pas dans la
nature de choses tout à fait pareilles; ainsi deux jumeaux ne se confondaient
qu'aux yeux des étrangers et non à ceux de leurs parents. Que répond
Cicéron? Que l'exemple des jumeaux montre qu'il y a des choses indiscer-
nables (II, 26, 84), c'est-à-dire qu'il répète l'assertion combattue par
Lucullus. — Celui-ci avait remarqué que les sens acquéraient par l'exercice
une grande finesse (II, 7, 20). Cela prouve, dit Cicéron, que par nature ils
sont insuffisants. Oui, si on leur demande trop; mais tels qu'ils sont ils font
assez bien connaître les choses. — Cicéron combat les sciences physiques,
(II, 27, 87); Lucullus avait cependant convenu que tout ce qui est du
domaine de la nature était obscur et controversé (II, 10, 30).

a laissé Philon pour suivre un écrit de Clitomaque. En effet c'est là que commence l'exposition de la doctrine de Carnéade, qui, Cicéron nous le dit lui-même, est faite d'après Clitomaque (1).

Mais Cicéron semble ne pas reproduire aussi exactement qu'on croit les auteurs qui lui servent de modèle. Il ne prend sans doute dans leurs livres que les pensées accessibles à ses compatriotes. Il a dû mêler aussi à ce qu'il empruntait bien des idées qui lui étaient devenues personnelles, sans prendre garde qu'elles ne s'accordaient pas avec les autres opinions qui les entouraient. Ainsi c'est d'après Antiochus que Cicéron attribue à l'ancienne Académie et au Lycée (2) l'expression τὰ πρῶτα κατὰ φύσιν que ni l'une ni l'autre ne connaissaient, et qu'il compte parmi les anciens Académiciens Polémon et

---

(1) Cicéron passe en revue (II, 37, 118) les opinions des divers philosophes sur les principes des choses. Il nomme successivement Thalès, Anaximandre, Anaximène, Anaxagore, Xénophane, Parménide, Leucippe, Démocrite, Empédocle, Héraclite, Platon et les Pythagoriciens. Personne n'ignore, dit M. Diels (*dox. græci*, p. 119), que ces détails sont traduits du grec, et même d'une façon plus pénible que d'ordinaire. Cicéron n'a pas ici l'abondance de paroles dont il se vante ; il est embarrassé par son ignorance trop grande de la philosophie ancienne ; il suit son modèle grec en chancelant, avec anxiété et en aveugle. Cicéron a probablement emprunté cette partie à un philosophe académicien, sans doute Clitomaque, qui voulait défendre son scepticisme en montrant les divergences d'opinions des philosophes sur les principes. Mais cet Académicien avait lui-même dû puiser dans le *Recueil d'opinions* de Théophraste. En effet la revue des philosophes ne s'étend pas au delà de Platon ; la mention des Stoïciens (II, 37, 119) ne vient qu'après une interruption ; de même celle d'Aristote et de Straton (II, 38, 119) indique, par la façon même dont elle est faite, une origine plus récente. Cicéron a dû trouver ce résumé tout fait dans le philosophe académicien qui lui servait de modèle, et abréger encore lui-même ce premier résumé. Mais on ne saurait guère douter que l'origine première, médiate ou immédiate, du fragment de Cicéron ne soit le *Recueil d'opinions* de Théophraste. En effet nous lisons, après la revue des diverses doctrines philosophiques sur les principes des choses : « Hicétas de Syracuse soutient, au rapport de Théophraste, que le ciel, le soleil, la lune, les étoiles, en un mot tous les corps qui se trouvent au-dessus de nous sont immobiles (II, 39, 123). » Cette mention de Théophraste fait supposer que le passage précédent est aussi emprunté de lui. — (2) II, 42, 131.

Crantor. Cicéron avait appris à l'école d'Antiochus à considérer plutôt les ressemblances apparentes qui rapprochaient les systèmes que les différences profondes qui les séparaient.

En résumé, Cicéron semble s'être inspiré d'Antiochus pour le discours de Varron, au livre I des *secondes Académiques*, comme pour celui de Lucullus, au livre II des *premières Académiques*. Dans sa réponse à Varron il a pu se servir d'Antiochus aussi bien que de Philon. C'est à Philon et à Clitomaque qu'il a pris sa réfutation de Lucullus; mais il y mêle plusieurs opinions d'Antiochus. Ainsi donc Cicéron, dans les *Académiques*, ne fait que rapporter les opinions des philosophes qu'il avait entendus et dont il avait été le disciple, comme Antiochus et Philon, ou dont il partageait la doctrine, comme Clitomaque, l'interprète autorisé du doute académique.

S'il emprunte à autrui les idées qu'il expose dans les *Académiques*, Cicéron ne doit qu'à lui-même le style dans lequel il les exprime. Il avait à lutter contre un obstacle presque insurmontable, la difficulté de rendre en latin les termes abstraits de philosophie, et d'imiter l'aisance de la langue grecque, qui avait été longuement façonnée à ces subtilités de logique. Les efforts de Cicéron ne furent pas vains. Il sut plier la langue latine à l'usage qu'il voulait en faire. Flexible entre ses mains elle traduit avec justesse les raisonnements épineux de la dialectique grecque. Le dialogue n'a pas la variété ni le naturel de Platon. On sent que c'est un orateur qui défend ou attaque une cause plutôt que deux interlocuteurs qui conversent. Mais du moins son génie oratoire n'a pas abandonné Cicéron dans une discussion subtile sur le problème de la connaissance.

L'objet des *Académiques* était l'apologie de Philon contre Carnéade d'une part, et Antiochus de l'autre. Moins sceptique que Carnéade, Philon était moins dogmatique qu'Antiochus. Il occupait une position intermédiaire entre les premiers philosophes de la nouvelle Académie, qui défendaient un scepticisme presque absolu, et les derniers qui inclinaient au dogmatisme stoïcien. On ne savait pas bien quelle était au juste la doctrine de Carnéade lui-même : les uns, comme Clitomaque, voulaient que ce fût un scepticisme complet; les autres, comme Métrodore, un scepticisme mitigé. L'opinion de Métrodore est la plus probable. En accordant beaucoup d'importance à la notion du *vraisemblable*, πιθανόν, Carnéade avait fait le premier pas dans la direction du dogmatisme.

Philon continua dans cette voie. On ignore en quoi consistait l'innovation qui lui valut d'être regardé comme le fondateur de la quatrième Académie. Les uns pensent qu'à l'exemple de Platon, il a douté de la véracité des sens, et qu'il n'avait foi que dans la raison (1). Mais alors on ne comprendrait pas comment Antiochus a pu dire (2) que l'opinion de Philon était inconnue jusqu'alors dans l'Académie, si elle n'avait été que la reproduction de la doctrine platonicienne. — Suivant d'autres, Philon aurait reconnu une évidence qui était autre chose que la perception et la compréhension absolue des Stoïciens. (3) Enfin on a prétendu tout récemment que Philon avait pris l'expression καταληπτόν dans un sens plus large que ne faisaient les Stoïciens; ceux-ci disaient qu'il n'y avait κατάληψις que pour les perceptions vraies auxquelles ne pouvaient ressembler des perceptions fausses. Philon, au contraire, niait qu'il y eût des perceptions qui se distinguassent par un signe particulier des

---

(1) K. F. Hermann *(de Philone Larissæo, de Philone disputatio altera*, Gottingue, 1851, 1855). On trouve chez saint Augustin *(contra Acad.*, III, 17, 37) l'origine de cette opinion. La seule façon d'expliquer la doctrine des nouveaux Académiciens qui niaient qu'on pût rien connaître, c'est, dit-il, de supposer qu'ils voulaient ainsi résister au dogmatisme tranchant du Portique. Polémon, l'un des successeurs de Platon, avait eu pour disciples Zénon et Arcésilas. Le premier, satisfait de ses propres idées, soutint que l'âme était mortelle, qu'il n'y avait rien autre chose que la matière et le monde des corps, et que Dieu lui-même était un feu subtil. En présence de ces affirmations téméraires, Arcésilas crut qu'il fallait plutôt apprendre aux hommes à douter que leur enseigner la vérité. Mais le scepticisme des nouveaux Académiciens n'était qu'une apparence ; il dissimulait un dogmatisme réel. « Que ceux qui en doutent, dit saint Augustin (III, 20, 43), écoutent Cicéron ; il nous apprend que les nouveaux Académiciens avaient l'habitude de cacher leur doctrine et de ne la découvrir qu'à ceux qui avaient vécu avec eux jusqu'à la vieillesse. Quelle était cette doctrine ? ajoute saint Augustin; Dieu le sait: je crois cependant que c'était celle de Platon. » — (2) *Acad.*, II, 4, 11. — (3) *Acad.*, II, 11, 34 ; Zeller, III^a, 595, 1^s.

fausses représentations. Mais comment peut-on alors parler de perceptibilité? demandait Antiochus; il ne s'agit plus de perceptibilité, mais de vraisemblance (1). Quoi qu'il en soit, Philon avait restreint le scepticisme de Carnéade.

Mais on ne pouvait espérer faire comprendre aux Romains les subtiles différences qui séparaient la doctrine de Philon à la fois de celle de Carnéade et de celle d'Antiochus. Peut-être Cicéron ne les a-t-il pas bien démêlées lui-même. Nous avons vu que, dans sa réponse à Lucullus, il ne réfute guère les arguments apportés contre la théorie sceptique, et ne fait souvent que répéter sous une forme un peu différente les raisons que Lucullus avait combattues. De plus, il ne distingue pas dans ses paroles la doctrine propre de Carnéade et celle de Philon. Il semble parfois accorder plus de confiance à Clitomaque qu'à Philon lui-même. (2) S'il préfère en général la doctrine de Philon à celle de Carnéade, c'est que le doute a moins de place dans la première que dans la seconde. Mais le probabilisme de Philon ne tend pas à devenir un dogmatisme complet, comme chez Antiochus. Les affirmations tranchantes des Stoïciens (on sait qu'Antiochus était presque un pur Stoïcien) blessaient le bon sens de Cicéron. Il aimait bien mieux le ton modeste de grands philosophes, comme Socrate et Platon, qui savaient douter et n'affirmaient pas toujours. Aussi compte-t-il Socrate et Platon parmi les précurseurs de la nouvelle Académie.

Mais la nouvelle Académie était surtout une école critique; elle n'avait pu formuler de règles précises pour la connaissance et encore moins pour l'action. Cependant ces règles sont encore plus indispensables pour agir que pour penser. Il est vrai qu'on disait que le scepticisme de la nouvelle Académie était purement exotérique et cachait une doctrine profonde qui n'était autre que le dogmatisme platonicien. Mais on pouvait le soupçonner, non l'affirmer avec certitude. Antiochus était moins énigmatique. Il prétendait que la doctrine de la nouvelle Académie, telle qu'il l'exposait, n'était pas au fond différente de celle des anciens philosophes platoniciens et péripatéticiens. En

---

(1) Hirzel, III, 196. Cf. Acad., II, 6, 18. — (2) Acad., II, 24, 78.

même temps la doctrine d'Antiochus ne s'éloignait pas beaucoup de celle des Stoïciens. Cet éclectisme devait plaire à Cicéron dans les questions morales où il faut affirmer et né plus se contenter du doute. Nous avons déjà trouvé dans les *Académiques* plusieurs emprunts faits à Antiochus, et quelques-unes de ses opinions jusque dans la réponse de Cicéron à Lucullus. Il y en a plus encore dans le *de finibus*, qui suivit les *Académiques*. Il s'agit alors d'étudier non plus la connaissance, mais la nature du souverain bien. Cicéron touche plusieurs fois à cette question à la fin de sa réponse à Lucullus (1); il semble déjà préoccupé du sujet qu'il traitera dans le *de finibus* (2).

(1) II, 44, 138, sq.; 48, 147. — (2) « Les deux principaux objets de la philosophie, dit Cicéron (*Acad.*, II, 9, 29), sont de savoir juger du vrai et de connaître le souverain bien. »

CHAPITRE III.

Les livres I et II du « de finibus ».

Le *de finibus*. Le livre I : répétitions et manque d'ordre apparents. Innovations dans la doctrine d'Épicure. Le livre I est imité de Zénon l'Épicurien. — Le livre II vient d'un Stoïcien postérieur, comme Panétius ou Posidonius, plutôt que d'Antiochus; mais Cicéron est ici plus indépendant qu'on ne croit. La philosophie d'Épicure à Rome.

LE « DE FINIBUS ».

Le *de finibus* semble avoir été composé après la première édition des *Académiques*, mais avant la seconde édition (1). Cicéron écrivit le *de finibus* dans sa villa d'Asture; c'est de là qu'Atticus reçut dans les premiers jours de juin 45 avant J.-C. (709 de Rome), le livre I ou le *Torquatus* (2); les autres livres suivirent rapidement, et, lorsque Cicéron eut envoyé la dédicace à Brutus, la publication commença par les soins des gens d'Atticus.

Avec le *de finibus* Cicéron aborde la philosophie pratique, ou la morale, que pouvait seule comprendre l'esprit étroit et utilitaire des Romains. En Grèce, après Platon et Aristote, on avait délaissé les questions théoriques pour s'occuper surtout de celles qui intéressaient la vie commune. Aristote disait : « La science est d'autant plus haute qu'elle est moins utile. » Bientôt on ne chercha plus à connaître pour connaître, mais pour bien vivre. Cette tendance ne fit que s'accroître lorsque la

---

(1) Voir l'étude sur les sources des *Académiques*. Cf. Drumann, *Hist. rom.*, VI, 324; Teuffel, *Hist. de la lit. rom.*, 2ᵉ éd., p. 326. « J'ai achevé, dit Cicéron, cinq livres sur le *souverain bien* » (*Ad Att.*, XIII, 19); il parle ensuite de la seconde édition des *Académiques*, qu'il avait entreprise sur le conseil d'Atticus. — (2) *Ad Att.*, XIII, 5.

philosophie passa de la Grèce à Rome. Les Romains, peuple positif entre tous, se hâtaient de jeter l'enveloppe pour le fruit. Ils demandaient à la philosophie des règles non pour penser, mais pour agir. Elle devait nous apprendre ce qu'est le bien, et nous enseigner les moyens d'y parvenir. La première question est l'objet du *de finibus*, la seconde des *Tusculanes*.

La notion de τέλος avait pris à partir d'Aristote une grande importance en philosophie. Chaque manifestation de l'activité est faite en vue d'un but. Dès lors on peut se demander la fin commune qu'on se propose dans toutes les actions bonnes et ce qui constitue le caractère général de toutes les actions mauvaises. De là un traité *de finibus bonorum et malorum*. (1)

Les modernes se font de la morale une idée tout autre que les anciens. Les premiers placent le bien dans l'obéissance au devoir, dont le principe réside en dehors et au-dessus de la réalité. Les anciens, au contraire, ne mettaient pas l'idéal à part du réel ; ils les unissaient, et le premier n'était que la loi du second. La morale moderne sépare ce qui est de ce qui doit être ; la morale antique, surtout avant les Stoïciens, cherchait à ordonner ce qui est de la façon la plus harmonieuse et la plus belle et, par suite, à procurer la vie la plus heureuse (2). Les anciens n'admettaient guère qu'on pût posséder la vertu sans le bonheur ; être vertueux, c'était être heureux, et l'on ne pouvait mériter le bonheur sans en jouir par cela même. La philosophie ancienne ne concevait point de doute sur le bonheur, but de la vie humaine. Elle indiquait plusieurs chemins pour y parvenir, mais elle se tenait sûre du résultat. Aucune école ne se demandait s'il y avait une fin et s'il pouvait y avoir du bonheur ;

---

(1) J. Scaliger (*de subtil. exercit.*, CCL) et Muret (*var. lect.*, XVII, 1) blâment tous deux Cicéron d'avoir employé l'expression *fines malorum*. Mais il ne faisait ainsi que traduire le grec τελικὰ κακά. (*Diog. Laert.*, VII, 17.) Il ne faut pas croire qu'en face du souverain bien Cicéron ait voulu placer le souverain mal, par un dualisme semblable à celui des Manichéens. Le souverain bien, c'est ce que nous devons rechercher, comme le plaisir ou la vertu, le souverain mal, ce que nous devons éviter, comme le péché ou la douleur. Cicéron étudie le problème au point de vue moral et non métaphysique. — (2) Cf. Ollé-Laprune, *la Morale d'Aristote*, p. 21, sq.

toutes le supposaient intrépidement, quoiqu'aucune ne recourût à la ressource commode de le mettre dans une autre vie (1).

On croit aujourd'hui que le bien est une conception qui doit diriger notre conduite ; les anciens, au contraire, pensaient qu'il était une réalité positive. Dans le système de Platon seules les *idées*, ou les types des choses, ont une existence véritable ; au sommet des *idées* est l'*idée* du bien, qui se confond avec Dieu même. Dès lors le bien pour l'homme consiste à écarter les notions qui nous viennent des sens pour contempler les *idées*, qui sont perçues par la raison, surtout la première de toutes, l'*idée* du bien. — Aristote place le bien non plus dans l'intelligence, mais dans l'activité parfaite, conforme à la nature de chaque être, activité qui ne se sépare pas du bonheur, et qui n'appartient complètement qu'à Dieu seul. Bientôt on ne comprit plus ces hautes théories ; on fit consister le bien dans quelque chose de plus grossier et de plus matériel, mais aussi de plus facile à connaître. Pour Épicure, le bien c'est le plaisir, le mal la douleur ; pour Zénon, le bien c'est vivre en conformité avec la nature, le mal vivre en désaccord avec elle. Le bien n'est plus, comme pour Aristote, l'οἰκεῖον ἔργον, l'activité propre d'un être qui se développe selon les lois de sa nature ; on obéit exclusivement aux penchants inférieurs, ou on les néglige pour ne considérer que les actions morales. Épicure et Zénon avaient pris chacun une partie de la théorie d'Aristote, qui se trouvait ainsi mutilée et incomplète.

On ne voyait pas non plus qu'on laissait de côté un des termes du problème. A supposer que le bien existe, il faut savoir si nous pouvons le réaliser : l'examen de la liberté est une partie essentielle de la morale.

Après Aristote chaque philosophe important, surtout Épicure et Chrysippe, avait écrit un περὶ τελῶν. Pour exposer les différentes solutions du problème, Cicéron ne devait donc pas être en peine de trouver des modèles (2).

(1) Cf. R. Havet, *le christian. et ses orig.*, II, 10. — (2) Varron dans son *de philosophia*, dont saint Augustin a fait l'analyse, avait déjà traité la question du souverain bien, la plus importante de toutes aux yeux des Ro-

Le livre I.

Le livre I du *de finibus* s'ouvre par une critique générale de la philosophie d'Épicure, faite par Cicéron (1) ; puis Torquatus entreprend l'exposition de la morale épicurienne.

D'où vient cette exposition ? Appartient-elle en propre à Cicéron, ou bien l'emprunte-t-il à autrui ? Nous savons que, pour ses écrits philosophiques, Cicéron avait d'ordinaire sous les yeux un modèle grec qu'il reproduisait en remplaçant les exemples grecs par des traits empruntés à l'histoire romaine. Mais la philosophie et surtout la morale épicuriennes, étaient bien connues de Cicéron ; il eût pu s'en fier à ses propres connaissances et à ses souvenirs. Aussi bien c'est ce qu'il aurait fait, si nous l'en croyons : « Je n'écris point, dit-il, en simple traducteur ; je soutiens les opinions des philosophes que j'approuve en leur prêtant ma manière de penser et mon style (2). » Mais alors l'exposition de Cicéron serait plutôt celle d'un orateur que d'un philosophe, et l'on doit y trouver des contradictions et des répétitions qui en décèlent l'origine.

C'est ce que semble d'abord indiquer le discours de Torquatus. La question la plus importante de la morale épicurienne

---

mains uniquement soucieux de la morale. « Une fois cette question éclaircie, disait Cicéron, il n'y a plus rien qui ne s'éclaire.... Quand une étude approfondie nous a appris la nature réelle des biens et des maux, on peut s'assurer qu'on a trouvé le vrai chemin de la vie et la règle de tous les devoirs. » (*De fin.*, V, 2, 6.) Varron, partant d'un calcul de Carnéade que Cicéron a reproduit (*ibid.*), s'est amusé à multiplier les doctrines sur le souverain bien ; il en compte 288, qu'il réduit à 12, puis à 6, comme chez Cicéron, et enfin à 3. C'est aussi le nombre des théories morales examinées dans le *de finibus*. Varron remarque ensuite qu'il cherche le souverain bien de l'homme, non de l'arbre, de la brute ou de Dieu. Qu'est-ce que l'homme ? C'est un être composé d'un corps et d'une âme. Le souverain bien de l'homme n'est donc ni celui du corps seul, ni celui de l'âme seule, mais celui de l'âme et du corps réunis. Cette solution était conforme à celle d'Antiochus, qui prétendait unir le Portique avec le Lycée et l'Académie. Nous allons retrouver les mêmes idées dans le *de finibus*, mais avec plus de rigueur.

(1) Nous étudierons cette critique en même temps que le livre II. — (2) *De fin.*, I, 2, 6.

était celle du souverain bien. Torquatus aborde deux fois cette question (1). Le second passage paraît n'être que la répétition du premier ; il ne se rattache pas bien à l'ensemble de la discussion, et ce qu'il peut contenir de nouveau eût été mieux placé au premier endroit, où Torquatus aurait dû exposer complètement le concept du plaisir. — Mais on pourrait adresser la même critique aux Péripatéticiens et aux Stoïciens. Lorsqu'ils parlent du souverain bien, il commencent, comme Torquatus, par les penchants primitifs, et ce n'est que plus tard qu'ils donnent du souverain bien une idée complète. Torquatus examine (2), comme il l'a déjà fait auparavant (3), si le plaisir consiste dans l'absence de douleur. Ce n'est pas une répétition : dans les deux passages les points de vue sont différents. Dans le premier cas on ne parle de l'essence du plaisir que pour détruire l'opinion fausse qu'Épicure avait entendu par plaisir la sensation agréable. La possibilité qu'un pareil plaisir puisse exister n'est pas considérée de plus près. On ne commence d'en parler, et cela bien à propos, que lorsqu'on a montré que le plaisir était le souverain bien, et qu'on a étudié ce qui lui donne naissance.

Torquatus a fait remarquer (4) que le plaisir consistait dans l'absence de douleur, pour répondre aux objections de Chrysippe. Il continue de se défendre contre les Stoïciens, lorsqu'il décrit la nature et le rôle des vertus. Son exposé est non seulement dogmatique, mais encore critique. Ce n'est que lorsqu'il a traité cette première question qu'il passe à une autre (5), la nature des plaisirs de l'âme, et qu'il soutient que ces plaisirs sont plus grands que ceux du corps, parce que, en même temps qu'elle jouit du présent, l'âme se rappelle le passé et prévoit l'avenir.

Les Épicuriens étaient en désaccord avec les Cyrénaïques sur l'origine du plaisir ; ils le faisaient venir exclusivement du corps, tandis que les Cyrénaïques disaient que l'âme éprouvait des joies et des souffrances qui n'étaient pas d'origine corpo-

---

(1) I, 11, 37-38 et 17, 56. — (2) I, 17, 56. — (3) I, 11, 37-38. — (4) I, 11, 37. — (5) I, 17, 56.

relle (1). Les Épicuriens se séparaient aussi des Cyrénaïques en ce qu'ils prétendaient que les joies de l'âme étaient plus grandes que les plaisirs du corps (2). Aussi Torquatus n'a pas plus tôt fini de répondre aux objections des Stoïciens, qu'il se tourne contre les Cyrénaïques. Épicure soutenait à la fois contre Aristippe et contre Zénon que le véritable plaisir consistait dans l'absence de douleur. Le souverain bien pour Aristippe était le plaisir du moment, et non le bonheur, comme voulait Épicure ; le plaisir, selon Aristippe, devait être recherché pour lui-même, non le bonheur, qu'il ne fallait désirer qu'à cause des instants de plaisir dont il était, pour ainsi dire, la somme. Quand finit la douleur naît le plaisir, disaient les Épicuriens ; mais la réciproque n'est pas vraie ; le plaisir peut prendre fin sans amener à sa suite la douleur. Les Cyrénaïques, plus conséquents, soutenaient que l'absence de douleur n'était pas plus le plaisir que l'absence de plaisir n'était la douleur. On comprend dès lors que Torquatus défende contre cette doctrine opposée l'origine et la nature des plaisirs de l'âme.

Les répétitions contenues dans le discours de Torquatus sont donc plus apparentes que réelles. Torquatus, en même temps qu'il expose la morale d'Épicure, réfute les attaques dirigées contre elle et critique les doctrines qui s'en rapprochaient sur certains points, mais s'en écartaient sur d'autres. Cicéron fait parler Torquatus moins en philosophe qui démontre qu'en orateur qui attaque et se défend.

On a aussi trouvé peu naturelle la place assignée à la théorie de l'amitié (3). Il eût fallu, dit-on, la mentionner au chapitre de la justice (4). Mais peut-être Torquatus parle-t-il de l'amitié après les critiques adressées aux Cyrénaïques, parce qu'il s'était produit sur ce point dans l'école d'Aristippe des divergences, comme dans l'école d'Épicure. Les partisans d'Anicéris, un des philosophes cyrénaïques, disaient que le bonheur de nos amis pris en lui-même était chose indifférente pour nous, puisque nous ne pouvions pas le ressentir. Mais ils ne voulaient pas que l'on considérât seulement dans l'amitié les avantages

(1) Diog. Laert., II, 89-90. — (2) Ibid. — (3) I, 20, 65. — (4) I, 16, 50.

qu'elle procure, pour la négliger quand elle cesse d'être utile ; ils recommandaient au contraire d'avoir en vue l'affection elle-même, et, pour elle, d'accepter au besoin la douleur (1).

On ne trouve pas dans l'exposition de Torquatus de répétition ni de contradiction qu'on puisse attribuer à l'inexpérience de Cicéron. Cette marche à la fois dogmatique et critique devait plaire à son talent oratoire. La doctrine d'Épicure, surtout la morale, était facile à connaître. Pour affirmer que Cicéron a reproduit exactement un traité grec il nous faudrait une preuve convaincante, comme la découverte du fragment de Philodème, auquel correspond un passage du livre I du *de natura deorum* (2).

Peut-être l'examen attentif des doctrines attribuées aux Épicuriens nous fournira-t-il les preuves qui nous manquent. Une chose qui frappe d'abord, c'est que, sur trois points importants, Torquatus nous signale des divergences parmi les Épicuriens. Le premier de ces points est la détermination du souverain bien. Pour montrer que le souverain bien est le plaisir il suffit des sens, selon Épicure ; d'autres appellent à leur aide la

---

(1) Diog. Laert., II, 96-97. — (2) A défaut de preuve pareille, M. Hirzel fait une remarque qui le conduirait au même résultat. Cicéron énumère (I, 18, 61) des défauts de différentes sortes : « *Ecce autem alii minuti et angusti, aut omnia semper desperantes, aut malevoli, difficiles, lucifugi, maledici, monstrosi.* » M. Madvig remarque (p. 113) que Cicéron a rendu le mot grec μικρόψυχοι par *minuti et angusti*, parce qu'il n'avait pas d'autre expression latine. De même *monstrosi* serait la traduction de τερατολόγοι, et toute la phrase de Cicéron viendrait du grec. (Hirzel, II, 2, 683, sq.) Mais qui nous dit que ce soit τερατολόγοι que Cicéron rend par *monstrosi*, ou même qu'il traduise un mot grec quelconque ? L'expression *monstrosi* semble à M. Madvig étrange et beaucoup trop forte : ce mot indiquerait une excessive perversité de toute la nature, et non un vice ordinaire. Aussi M. Madvig approuve-t-il la conjecture de Lambin qui remplace *monstrosi* par *morosi*. — De même, aux yeux d'une critique minutieuse, cette particularité que Cicéron, dans ses traités philosophiques, construit souvent sa phrase comme si le verbe *negare* était suivi du verbe *dicere* indiquerait la traduction d'un original grec où se trouvait l'expression οὐ φημι. (Baeckel, éd. des livres I et II du *de finibus*, p. 4, note.) Nous trouvons deux exemples de cette tournure dans un seul chapitre (*De fin.*, 1, 9, 30 et 31). On voit quelle subtilité, souvent excessive, les critiques allemands

πρόληψις; d'autres enfin veulent qu'on prête attention aux critiques étrangères, et qu'on les réfute par une argumentation en règle. C'est à ce dernier avis que se range Torquatus (1).— Plus loin (2) Torquatus avoue que beaucoup d'Épicuriens ne croient pas que tous les plaisirs et toutes les douleurs viennent du corps; mais ce sont des ignorants, dit-il, et je consens qu'ils perdent leur cause. Enfin, suivant Torquatus (3), il y a dans le système épicurien trois façons de rendre compte de l'amitié : Épicure lui donne pour fondement l'intérêt; d'autres disent qu'on aime son ami d'abord pour soi, ensuite pour lui ; selon d'autres, l'amitié repose sur un contrat.

L'école épicurienne ne s'en était donc pas tenue aussi fidèlement à l'enseignement d'Épicure qu'on serait tenté de le croire au premier abord. La plupart des Épicuriens méprisaient les objections venues du dehors; mais quelques-uns s'en inquiétaient et cherchaient à y répondre. La critique qu'Aristote avait faite de la formation du monde par la chute rectiligne des atomes dans le système de Démocrite avait suggéré à Épicure son hypothèse du *clinamen*. Les attaques des Stoïciens durent également déterminer les Épicuriens qui n'avaient pas renoncé à toute recherche et à toute réflexion personnelle à modifier, sur certains points, la doctrine de leur maître. Nous avons déjà dit que l'exposition de Torquatus était aussi polémique que dogmatique. Il combat successivement les Stoïciens et les Cyrénaïques. De plus les divergences signalées plus haut ne s'étaient produites que dans la suite des temps. Le Stoïcisme, en passant à Rome, avait dépouillé une partie de sa rudesse primitive; il avait dû en être de même de l'Épicurisme, qui n'avait rien de la raideur stoïcienne. Nous avons vu que les partisans d'Anicéris soutenaient qu'il faut aimer son ami pour le plaisir de l'aimer. Les philosophes épicuriens, commensaux des grands personnages de Rome ne pouvaient avouer crûment qu'ils ne recherchaient la société de leurs

---

apportent dans la recherche des sources d'un ouvrage ancien, et combien sont parfois conjecturales les preuves sur lesquelles reposent leurs conclusions.
(1) I, 9, 34. — (2) I, 17, 55. — (3) I, 20, 66.

riches protecteurs que par intérêt. Ils devaient faire un peu
fléchir la rigueur de leurs principes. Cicéron nous dit de Philodème : « Le Grec facile et aimable ne voulut pas trop résister à
un *imperator* romain. » (1) Cela devait être vrai de presque
tous les philosophes épicuriens de Rome. Ils s'étaient encore
écartés de la tradition épicurienne sur un autre point : la question du savoir et de l'érudition. Ils ne méprisaient plus la
science, comme Épicure, et ils se distinguaient autant par l'étendue de leurs connaissances que par l'aménité de leurs
manières.

C'est donc dans les œuvres des philosophes épicuriens contemporains, dont plusieurs vécurent à Rome, ou dans leur
enseignement que Cicéron semble être allé chercher, sinon
l'exposition toute faite de son premier livre, du moins ses inspirations. Mais quel philosophe épicurien faut-il désigner en
particulier? Cicéron semble avoir pris soin de nous renseigner
lui-même. Torquatus s'étonne que Cicéron ne goûte pas le
système d'Épicure (2) « En quoi donc, demande-t-il, ne vous
satisfait-il pas? Car, pourvu que vous ayez bien compris ce
qu'il dit, je ne doute point que vous ne soyez un juge très équitable. — A moins, réplique Cicéron, que vous ne pensiez que
Zénon et Phèdre m'en ont imposé, vous devez croire que je
possède assez bien la doctrine d'Épicure. » Zénon est considéré
par Cicéron comme le représentant de la doctrine épicurienne à
son époque (3), Zénon admirait beaucoup Carnéade, quoiqu'il
fût en désaccord avec lui sur une foule de points (4), et il cherchait à imiter sa dialectique serrée et son éloquence abondante.
Il se distinguait surtout par la rigueur avec laquelle il défendait les principes d'Épicure, et par l'usage qu'il faisait de la
dialectique.

Or, à propos du souverain bien, Torquatus veut précisément
qu'on raisonne et qu'on discute, au lieu de s'en fier au témoignage des sens. Il traite d'*ignorants* ceux qui disent que certains plaisirs et certaines douleurs ne viennent pas du corps.

---

(1) *In Pison.*, 28. — (2) I, 5, 14. — (3) *Acad.*, I, 12, 46. — (4) *Tusc.*
III, 17, 38.

Il expose avec impartialité les deux théories de l'amitié différentes de celle d'Épicure; mais il en parle brièvement. En tout il paraît s'en tenir au strict point de vue épicurien, si ce n'est qu'il accorde beaucoup à la discussion.

Faire des concessions lui semble de la timidité (1). C'est donc Zénon plutôt que Phèdre qui a été l'inspirateur, sinon le modèle, de Cicéron (2).

En résumé, on ne saurait affirmer d'une façon certaine que Cicéron ait emprunté à un traité particulier l'exposition de la morale épicurienne. Les répétitions qu'on a signalées sont plus apparentes que réelles et s'expliquent facilement quand on reconnaît le caractère à la fois polémique et dogmatique du discours de Torquatus. L'ordre suivi est assez simple pour qu'on puisse le rapporter à Cicéron lui-même. Quant aux expressions grecques qu'on a cru retrouver sous les mots d'une phrase latine, leur existence n'est pas du tout démontrée. Ce qui est hors de doute c'est que Torquatus connaît les opinions divergentes qui s'étaient produites sur quelques points importants de la doctrine épicurienne. Mais il nous dit que ces innovations ne sont le plus souvent que des concessions qu'il trouve trop timides. Sa confiance assurée dans les préceptes d'Épicure, son ardeur pour la discussion rappellent parfaitement Zénon, le maître de Cicéron. Mais, pour reproduire ses arguments, Cicéron n'avait pas besoin d'avoir ses livres sous les yeux; il lui suffisait de se souvenir de ses leçons, et des entretiens qu'il avait avec Torquatus, Velleius ou Cassius.

---

(1) *De fin.*, I, 20, 69. — (2) « J'ai, dit Torquatus à la fin du livre II, des personnes à qui je rapporterai tout cela. — Je crois que vous voulez parler de Siron et Philodème, qui sont des gens de bien et de très savants hommes. — Vous l'avez dit. » Ces paroles indiquent que Cicéron a pu recourir non à Zénon lui-même, mais à quelqu'un de ses disciples. Toutefois, comme Zénon était mort à l'époque où Cicéron place son dialogue sur le souverain bien, on comprend que Torquatus ne fasse pas mention de lui.

Le Livre II.

Cicéron, dans le livre II du *de finibus*, critique lui-même l'exposition de la morale épicurienne faite par Torquatus au livre I.

Il a dû s'inspirer ici des derniers Stoïciens, qui avaient combattu l'Épicurisme, c'est-à-dire de Panétius et de Posidonius. Le premier jouissait d'une grande autorité chez les Romains, et le second avait été le maître de Cicéron lui-même.

Mais dans le livre II du *de finibus* la doctrine stoïcienne est regardée comme identique au fond à celle des Académiciens et des Péripatéticiens, et les avantages naturels sont mis au nombre des biens, ce qui est contraire au dogme fondamental du Portique. — On peut répondre que, suivant Diogène de Laerte (1), Panétius et Posidonius comptaient parmi les biens la santé, la force, la richesse. Chrysippe avait déjà permis au sage, quand il parlait comme orateur ou homme d'État, de remplacer l'expression προηγμένα par ἀγαθά. Panétius et Posidonius abandonnèrent la terminologie stoïcienne pour la langue commune. C'est ce que fit surtout Panétius dans son traité περὶ τοῦ καθήκοντος, qui a servi de modèle à Cicéron pour le *de officiis*. Panétius avait aussi employé les termes du langage ordinaire dans sa *Lettre* à Q. Tubéron ; il ne disait nulle part que la douleur n'était pas un mal ; il exposait quelle était sa nature, combien elle était fâcheuse, et ensuite quels étaient les moyens de la supporter (2). Il n'approuvait pas l'humeur triste et la rudesse des premiers Stoïciens, ni leurs âpres maximes et leur dialectique épineuse, et il avait toujours à la bouche Platon, Aristote, Xénocrate, Théophraste et Dicéarque (3). Cicéron, pour combattre la doctrine épicurienne, n'a eu garde de lui opposer la philosophie du Portique dans ce qu'elle avait de paradoxal, et il a dû prendre pour modèle un Stoïcien modéré, comme Panétius ou Posidonius.

Cicéron appelle *très savants* les anciens philosophes qui ont

---

(1) VII, 128. Cf. 103. — (2) *De fin.*, IV, 9, 23. — (3) *Ibid.*, IV, 28, 79.

cru qu'il y avait dans l'âme quelque chose de céleste et de divin (1). Ceci convient très bien à Panétius. — On trouve dans le livre II du *de finibus* (2) un passage qui correspond si exactement à un autre du livre I du *de officiis* (3) qu'ils semblent venir tous deux de la même source, c'est-à-dire de Panétius. — La définition du souverain bien indiquée comme commune à tous les Stoïciens (4) est la même que celle donnée par Caton pour la vraie formule du Portique (5); elle doit donc être empruntée à un philosophe stoïcien.

Suivant d'autres (6), le modèle de Cicéron aurait été non un ouvrage de Panétius ou de Posidonius, mais un traité d'Antiochus, de qui sont imités les livres IV et V.

Cependant, de ce qu'on s'accorde à reconnaître que le modèle de Cicéron pour les livres IV et V a été Antiochus, il ne s'ensuit pas nécessairement que la critique de la morale épicurienne ait été puisée à la même source. A l'époque de Cicéron, et même bien avant lui, la lutte était surtout entre l'Épicurisme et le Stoïcisme.

La manière dont Cicéron critique la doctrine épicurienne diffère, dit-on, de celle qu'on aurait pu attendre d'un Stoïcien (7). — D'un vrai Stoïcien peut-être, d'un Zénon et d'un Chrysippe; mais non d'un Stoïcien mitigé, comme Panétius ou Posidonius, qui laissaient là les discussions et les termes de l'école pour parler le langage de tout le monde.

Carnéade avait fait une classification des doctrines sur le souverain bien. C'est à lui qu'Antiochus aurait pris celle que nous lisons dans le livre II du *de finibus* (8). — Mais la même classification se retrouve dans d'autres passages (9); faut-il dire que tous ces passages sont empruntés d'Antiochus? On ne saurait lui attribuer l'inspiration du livre III du *de finibus*.

Cicéron oppose à la partie raisonnable de l'âme *(ratio atque consilium)* la partie appétitive, qu'il appelle « *animi levissima*

---

(1) II, 34, 114. — (2) § 45. — (3) § 11. — (4) II, 11, 34. — (5) III, 9, 31. — (6) M. M. Hirzel et Hartfelder: *de Cicerone Epicureæ doctrinæ interprete.* — (7) Cf. de fin., II, 35, 119. — (8) § 34. — (9) III, 9, 30; V, 8, 21; *Tusc.*, V, 29, 84.

pars (1) ». S'il n'y avait que deux parties on aurait le comparatif. Le superlatif indique qu'il y a une troisième partie, siège des passions plus nobles, comme dans la doctrine platonicienne. On retrouve la même expression dans le livre V : Pison dit que le plaisir réside *in levissima parte naturæ* (2). Or les Stoïciens ne reconnaissent que deux parties dans l'âme. — Mais Posidonius avait adopté la division platonicienne (3).

Dans le livre IV l'examen de la morale des Stoïciens est précédé d'une critique générale de leur logique et de leur physique. Dans le livre I nous trouvons également une critique générale de la logique et de la physique épicuriennes. Ces deux morceaux sont placés dans la bouche du même interlocuteur, Cicéron. Les reproches qu'il fait dans les deux cas sont les mêmes : Épicuriens et Stoïciens ont beaucoup emprunté à leurs devanciers ; ce qu'ils ont changé ils l'ont presque gâté, et, après avoir pillé les anciens philosophes, ils ne leur en témoignent aucun gré. On s'accorde à voir dans Antiochus le modèle de Cicéron pour le livre IV. C'est aussi à lui qu'il faudrait rapporter le début du livre I. Au lieu d'être résumée dans le même livre, la critique de Cicéron aurait été partagée entre deux livres différents ; mais elle serait tout à fait semblable à celle du livre IV. — Ces idées sont ingénieuses, mais ce ne sont que de simples conjectures. La critique de la logique et de la physique épicuriennes est trop sommaire pour que Cicéron ait eu besoin d'un modèle étranger. Pour la critique de la doctrine stoïcienne il était naturel que Cicéron suivît le plan adopté par lui pour les Épicuriens, quand même il s'inspirait d'un autre philosophe. D'ailleurs rien ne nous dit que ces remarques préliminaires ne lui appartenaient pas en propre.

Donc Cicéron a pu tout aussi bien s'inspirer d'un Stoïcien postérieur, comme Panétius ou Posidonius, que d'Antiochus. La première hypothèse est préférable à la seconde, parce que la polémique des Stoïciens s'adressait surtout aux Épicuriens, tandis que celle d'Antiochus devait avoir principalement pour

---

(1) II, 34, 115. — (2) § 22. — (3) Galien, *Placit. Hippocrat. et Plat.*, p. 432, éd. Kühn.

objet de défendre son éclectisme contre le scepticisme de Carnéade et le probabilisme de Philon.

Une nouvelle preuve à l'appui de cette conjecture, c'est que la critique de Cicéron semble faite d'après un philosophe antérieur à celui dont il s'est servi pour l'exposition de Torquatus. Cicéron paraît ignorer certaines doctrines indiquées par Torquatus, à la suite des Épicuriens récents, par exemple le critérium du vrai placé non seulement dans les sens, mais encore dans les προλήψεις (1). Pour d'autres théories, comme les deux dernières explications de l'amitié, Cicéron en fait une critique superficielle qui ne peut venir que de lui seul. Il n'est pas étonnant qu'il n'ait pas trouvé cette critique dans un ouvrage de Panétius : ce philosophe n'avait pu combattre des doctrines qui ne devaient se produire qu'après sa mort.

Nous avons raisonné jusqu'ici comme s'il était vrai que Cicéron eût scrupuleusement suivi un modèle grec. Cette supposition peut ne pas être exacte. Nous avons revendiqué pour Cicéron dans le livre I une indépendance plus grande que celle qu'on lui accorde généralement. Peut-être devrons-nous faire de même pour le livre II.

Mais Cicéron montrerait dans sa critique de la doctrine d'Épicure une connaissance précise, qui ne se borne pas aux contours du système, et s'étend jusqu'aux particularités qu'on rencontre dans les écrits d'Épicure. Il cite le περὶ τέλους et les κύριαι δόξαι d'Épicure, une lettre de lui à Hermarchus et son testament, enfin une expression de Métrodore. Il est tout à fait invraisemblable que Cicéron ait pu faire ces citations d'après les ouvrages d'Épicure. Comment les aurait-il lus, lui qui les méprisait si fort? (2). Il faut donc qu'il se soit servi du livre d'un philosophe où était réfutée la doctrine épicurienne.

Examinons chacun des passages indiqués. Cicéron cite la phrase d'Épicure où il dit qu'il ne saurait ce que c'est que le bien s'il retranchait les plaisirs (3). C'était une parole célèbre que Cicéron répète plusieurs fois avec de légères variantes. —

(1) I, 9, 31. — (2) *Tusc.*, II, 3, 8. — (3) *De fin.*, II, 3, 7 ; Cf. *Tusc.*, III, 18, 41 ; *de nat. deor.*, I, 40, 111 ; *in Pison.*, 69.

Il rapporte une des κύριαι δέξαι (1); mais les *maximes fondamentales* d'Épicure devaient être bien connues, puisque les Épicuriens les apprenaient par cœur. — Cicéron transcrit une lettre d'Épicure à Hermarchus (2). Cette même lettre est donnée dans Diogène de Laerte comme ayant été écrite à Idoménée. Gassendi en conclut qu'elle a été envoyée à tous les deux; car elle est conçue de telle sorte qu'elle a dû être adressée à tous les disciples d'Épicure. On en avait sans doute conservé plusieurs copies identiques, dont l'adresse seule était différente. Il n'y a dès lors rien d'étonnant que Cicéron ait lu quelqu'une de ces copies. — Quant au testament d'Épicure, dont Cicéron cite une phrase (3), il devait être assez connu pour qu'on pût en parler sans avoir particulièrement étudié la philosophie épicurienne. — Reste l'expression de Métrodore qui ressemble à une formule : *cum corpus bene constitutum sit, et sit exploratum ita futurum* (4). Cette expression, comme toutes les formules, devait être venue aux oreilles de ceux même qui n'avaient du système épicurien qu'une connaissance superficielle. Aussi la trouvons-nous répétée plusieurs fois dans Cicéron (5). Les citations empruntées à Épicure et Métrodore sont donc du nombre de celles qu'il était facile de faire sans connaître à fond la doctrine épicurienne, et il n'est pas besoin, pour en rendre compte, de supposer que Cicéron avait sous les yeux un modèle grec.

Si la critique de Cicéron était personnelle, a-t-on dit, il eût dû la faire de son propre point de vue. Or la doctrine qu'il professait était le scepticisme de la nouvelle Académie. — Mais Cicéron ne pouvait critiquer la morale d'Épicure au nom du scepticisme; ses arguments devaient être autre chose que de simples probabilités.

Cicéron se reporte souvent aux paroles de Torquatus et sa critique a la prétention de s'adresser non à la doctrine épicurienne en général, mais à l'exposition donnée au livre I. Toutefois l'ordre et la suite des propositions épicuriennes seraient différents dans les deux livres. — Mais il ne faut pas demander

(1) *De fin.*, II, 7, 21. — (2) II, 30, 96. — (3) II, 31, 101. — (4) II, 28, 92. — (5) *Tusc.*, II, 6, 17 et V, 9, 27.

à un orateur comme Cicéron l'enchaînement rigoureux qu'on est en droit d'attendre d'un philosophe de profession. D'ailleurs on remarque entre les deux premiers livres un rapport aussi étroit qu'on pouvait l'espérer de Cicéron.

Aucun des arguments qu'on avance pour prouver que le livre II du *de finibus* n'appartient pas en propre à Cicéron ne nous semble probant ; reste à montrer que nous avons des motifs pour lui en rapporter en grande partie l'inspiration et la composition.

La critique générale de l'Épicurisme qui se trouve au commencement du livre I semble n'être que la première partie de celle que nous lisons au livre II. Or cette critique présente des traces de précipitation et des inexactitudes qui ne permettent guère de l'attribuer à un autre que Cicéron lui-même. Épicure, nous dit-on, a, dans la physique, tout emprunté à Démocrite ; ce qu'il change, il le gâte. — Cependant Épicure fait tomber les atomes en vertu de leur poids, ce qui n'avait pas été reconnu ou du moins clairement énoncé par Démocrite (1).

Quant au livre II, la critique de Cicéron est plus libre, plus personnelle (2). Il suffit, ce semble, de faire voir dans ce livre des longueurs et des inexactitudes pour en rapporter la composition à Cicéron lui-même. Or c'est ce que l'on trouve en rapprochant le livre II du livre I. Cicéron s'attache à l'exposition de Torquatus ; mais cette concordance ne va pas sans des méprises, des oublis, des preuves écourtées ou trop longues (3).

(1) Voir le chapitre XI sur les sources du *de fato*. — (2) Madvig, préf. de la 2e éd. du *de finibus*, p. LXII. « Cicéron, dit-il, réfute Épicure avec ses seules forces, *suo Marte Epicurum refellit*. » — (3) Cicéron se fâche de ce que Torquatus trouve que « *voluptas* » n'est pas l'équivalent exact de ἡδονή (II, 4, 12, sq) ; cependant Torquatus nous semble avoir raison. — Cicéron prétend (II, 6, sq.) qu'Aristote reconnaît une double fin, la vertu et le bonheur. C'est une erreur : selon Aristote la fin est le bonheur, et le moyen de l'atteindre, la vertu. — Cicéron s'indigne (II, 7, 21) de ce qu'Épicure dit qu'il n'y aurait pas lieu de blâmer les plaisirs des voluptueux, si ces plaisirs les délivraient de la crainte des dieux, de la mort et de la douleur. Le raisonnement d'Épicure ne semble pas aussi absurde que le croit Cicéron ; Épicure ne blâmerait pas les voluptueux s'ils avaient des qualités qui sont incompatibles avec la vie de plaisir ; donc il blâmera toujours les voluptueux.

En résumé Cicéron, dans le livre II du *de finibus*, paraît s'être inspiré d'un Stoïcien postérieur, mais sans le copier ni reproduire exactement son ouvrage. Nous avons déjà dit, au sujet du livre I, que Cicéron était ici plus indépendant qu'on ne le pense en général. C'est ce qu'on reconnaît clairement pour le livre II par les inexactitudes et les longueurs que nous avons signalées.

Ce raisonnement est si naturel qu'il sera reproduit par Bentham : « Je ne blâmerais pas, dit-il, le plus odieux auteur du plus horrible des crimes, si la somme de ses plaisirs devait jamais surpasser celle de ses peines. » (*Introd. aux principes de la morale.*)
La critique de la pensée d'Épicure fait perdre de vue à Cicéron son dessein, qui est de prouver que le plaisir n'est pas l'absence de douleur, et il ne trouve moyen de revenir à son sujet qu'après avoir combattu (II, 9, 26) la division des désirs proposée par Épicure. Mais la division que Cicéron voudrait lui substituer se trouve dans la lettre d'Épicure à Ménécée (Diog. Laert., X, 127). — Cicéron nie (II, 11, 32) que l'exemple des bêtes nous apprenne ce que c'est que le bien ; car leur nature peut être, sinon corrompue, du moins foncièrement mauvaise. C'est ici un argument de grande valeur ; mais Cicéron ne fait que l'indiquer, tandis qu'il développe longuement des preuves sans importance ou évidentes d'elles-mêmes. — Cicéron dit (II, 11, 34) : « Toute définition du bien et du mal doit avoir son principe dans l'analyse des penchants primitifs et de leurs objets. Ainsi pour les anciens Académiciens et les Péripatéticiens le bien consistait à vivre selon la nature, c'est-à-dire à jouir des biens primitifs de la nature humaine en y joignant la vertu. » Il y a ici une phrase dont on ne voit pas tout d'abord la liaison avec les précédentes, ce qui a fait supposer à M. Madvig qu'il y avait une lacune dans le texte. C'est une preuve nouvelle de la négligence de Cicéron. De plus, ni Platon, ni Aristote n'ont parlé des πρῶτα κατὰ φύσιν. Aristote et Polémon ne partaient pas des πρῶτα κατὰ φύσιν pour arriver au souverain bien ; ils leur accordaient seulement une certaine importance pour la possession du bonheur. Il est donc inexact de dire que le souverain bien d'Aristote dépend des premiers avantages naturels. — De même Cicéron attribue à Platon (II, 14, 45), d'après une prétendue lettre de ce philosophe à Archytas, un sentiment de la solidarité universelle inconnu à l'antiquité avant les Stoïciens.
Les chapitres 16-19, où Cicéron prouve que les quatre vertus fondamentales, prudence, justice, force et tempérance, n'ont pas leur fin dans le plaisir, renferment presque exclusivement des exemples tirés de l'histoire romaine, et ne sauraient être empruntés à un livre grec. Parfois même on trouve de l'incohérence dans les idées et Cicéron passe brusquement d'un point de vue à un autre, par exemple à la fin du chapitre 16. Toute

CHAPITRE III.

Cicéron croyait facile la critique de la doctrine épicurienne, parce qu'il n'en a pas toujours compris la nature ni les raisonnements (1).

cette partie ressemble un peu trop à une amplification oratoire. Torquatus avait répondu d'avance à certaines critiques de Cicéron, en montrant que dans les actions en apparence les plus désintéressées, par exemple le supplice du jeune Torquatus, il se glisse une part d'intérêt. Cicéron semble ne pas comprendre la portée de cette explication, qui avait été cependant indiquée par son adversaire : *hæc ratio late patet* (I, 10, 36).

Passant à l'amitié, Cicéron commence par deux chapitres de considérations générales, et ce n'est qu'ensuite qu'il consacre un chapitre unique à l'examen des trois théories de l'amitié proposées par les Épicuriens. D'après la seconde de ces théories, qui fait sortir le désintéressement de l'intérêt, on aime d'abord son ami pour soi, ensuite pour lui. C'est une transformation de sentiments analogue à celle qui se produit chez l'avare, lorsqu'il commence par aimer l'argent pour ce qu'il procure et finit par l'aimer pour lui-même. Cicéron n'a pas vu l'importance de l'argument ; il se contente de dire que si l'on aime son ami pour lui, il y a des cas où l'on agit bien sans chercher ni attendre de plaisir. Pour la troisième théorie, qui fondait l'amitié sur un contrat, Cicéron montre seulement tout ce que ce contrat offre d'incertain et de fragile si l'on n'a d'autre règle que l'utile, d'autre but que le plaisir. Il n'a pas compris que ce n'était ici qu'un cas particulier de la théorie épicurienne du droit reposant sur l'utile et sur un contrat réciproque.

La dernière partie de la critique de Cicéron est dirigée contre la théorie du bonheur. Cicéron croit que la fausseté de la doctrine épicurienne est évidente. « Nous nous arrêtons trop longtemps, dit-il, sur des choses manifestes. » (II, 27, 85.) Souvent les choses ne paraissent claires que parce qu'on n'en voit pas les difficultés. — Épicure dit que la durée ne rend pas le bonheur plus grand ; mais alors, réplique Cicéron, la douleur ne s'augmente pas non plus en se prolongeant (II, 27, 88). Cicéron aurait pu faire de la théorie épicurienne une critique plus profonde en remarquant que, si la durée n'ajoute rien au plaisir, Épicure est inconséquent avec lui-même en rejetant la doctrine d'Aristippe pour la remplacer par celle de l'utilité. Aussi bien dans toute cette partie Cicéron semble aller un peu au hasard ; il revient (§ 89) de la durée du bonheur à sa sécurité, dont il avait parlé en premier lieu ; il blâme avec un grand appareil scientifique la recommandation faite par Épicure de célébrer son jour natal, lorsqu'il n'y avait là qu'un sentiment facile à comprendre ; voyant qu'il s'égare, il veut, dit-il (§ 104), revenir à son sujet et il nous donne un raisonnement épicurien qui ne se lie pas du tout à ce qui précède. Les derniers chapitres ne contiennent que des arguments oratoires. On trouve (§§ 113 et 115) des anacoluthes qui indiquent la rapidité avec laquelle ce livre a été composé.

(1) Il semble que Cicéron ait réfuté la morale d'Épicure un peu au hasard

Les Romains avaient vu dans la doctrine d'Épicure non ce qu'elle était en réalité, c'est-à-dire une philosophie du renoncement et une sorte d'ascétisme, mais un encouragement au plaisir (1). Ce ne fut pas elle, comme on l'a souvent répété à la suite de Montesquieu, qui corrompit les mœurs romaines ; ce fut la conquête de l'Asie et du monde, parce qu'elle fit entrer dans Rome d'immenses richesses et les vices de toutes les nations. Mais la philosophie du plaisir servait aux grands personnages de Rome à excuser leurs débauches. L'Épicurisme avait ses vrais disciples, comme Atticus qui fuyait les excès de toutes sortes, et ses disciples infidèles, mais restés Romains, comme Cassius qui avait conservé toute l'énergie de sa race (2). Mais il y avait aussi, et c'étaient les plus nombreux, les Épicuriens comme Pison, qui, suivant Cicéron, semblait sortir d'une étable à pourceaux ; enfin tous ceux qui voulaient le renversement de la république, César à leur tête, étaient Épicuriens. On comprend dès lors que Cicéron n'ait pas toujours été juste pour la philosophie d'Épicure. Fabricius, entendant Cicéron exposer dans un festin cette philosophie, s'écriait : « Plaise aux dieux que Pyrrhus et les Samnites adoptent ces maximes aussi longtemps qu'ils nous feront la guerre. » De même Cicéron, réfutant Torquatus, dit que de tels préceptes ne doivent pas être combattus par les philosophes, mais réprimés par les censeurs (3). C'est qu'il craignait de tels enseignements pour les mœurs romaines et la constitution de l'État.

Les Épicuriens à Rome formaient « le parti des indifférents.

---

et d'après sa propre inspiration. Nous lisons dans une lettre à Atticus (XIII, 38) : « Il n'était pas jour, et j'étais à écrire contre les Épicuriens, lorsque de la même plume à la lueur de la même lampe, je me suis mis à brouillonner pour vous je ne sais quoi, que je vous ai fait expédier nuit close encore. » Cette lettre est du mois d'août 709, au moment même où Cicéron travaillait au *de finibus*.

(1) Voir C. Martha, *le poème de Lucrèce*, in-12, 1873, p. 14, sq. — (2) Cassius répondait à Cicéron lui reprochant de mettre sa philosophie dans la cuisine, que ceux qu'il appelait amis des plaisirs étaient aussi amis de la justice et du bien, cultivant et pratiquant toutes les vertus. (*Ad fam.*, XV, 19.) — (3) *De fin.*, II, 10, 30.

Qu'ils aient été artistes et poètes, personne ne le niera ; honnêtes gens même pour la plupart, nous l'accordons volontiers. Mais ce qui nous frappe d'abord en eux, c'est qu'ils furent de mauvais citoyens. L'histoire a le droit de leur demander un compte sévère, car ils ont été pour beaucoup dans les excès des empereurs qui précédèrent les Antonins, et dans la dissolution des mœurs publiques à Rome. Le scepticisme n'est inoffensif que dans la vie spéculative ; en politique il n'est qu'un moyen commode et coupable de ne pas faire son devoir. Ceux-ci répugnaient trop à l'action, à la passion généreuse et à la lutte ; tous les grands intérêts des sociétés modernes leur étaient devenus étrangers ; ils n'en souhaitaient et n'en défendaient aucun; ils étaient morts politiquement (1). »

Mais la doctrine d'Épicure était peut-être nécessaire pour relâcher les liens de la vieille famille et de la vieille cité romaine. Si ces liens avaient subsisté dans toute leur force la distance fût restée infranchissable entre le patron et les clients, le maître et les esclaves ; Rome n'eût pas cessé d'être ce qu'elle était primitivement, une ville de rapine et de violence ; les patriciens n'auraient vaincu et soumis le monde que pour l'exploiter à leur profit. Les derniers défenseurs de la république étaient presque tous Stoïciens ; mais ils conservaient les préjugés de leur caste et regardaient les provinces comme des pays conquis envers lesquels on n'est tenu ni d'observer la justice ni de garder des ménagements. C'est ainsi que Brutus ruinait par l'usure les habitants de Salamine (2). L'épicurien César ne citait pas les maximes des philosophes, mais il les appliquait. Il répara deux iniquités de la République en rebâtissant Corinthe et Carthage ; il ouvrit le sénat aux plus braves Gaulois et Espagnols de ses légions ; il accorda le droit de cité à tous ceux qui, dans Rome, cultivaient la médecine et les arts libéraux ; enfin il avait préparé un code de lois dont l'usage, d'abord restreint à l'Italie, se fût étendu peu à peu à tous les pays soumis à la domination romaine. Mais le poignard de Brutus retarda

(1) E. Gebhart (*De l'Italie : La vie italienne à Pompéi*, p. 35). — (2) *Ad Att.*, VI, 1.

pour longtemps cette mesure habile et généreuse, et Cicéron, avec l'étroitesse de vue qu'on lui a justement reprochée, ne cessa de glorifier les meurtriers de César. De même il ne voyait dans l'Épicurisme que les dangers immédiats qu'il faisait courir à son pays. Cependant ce fut la doctrine d'Épicure qui, à Rome, contribua plus que toute autre à ruiner cet égoïsme national qu'on appelle le patriotisme, et qui prépara le terrain pour les idées stoïciennes d'égalité et de fraternité universelles.

CHAPITRE IV.

Les livres III, IV et V du « de finibus ».

Le livre III du *de finibus*. Incohérences ou manque d'ordre, qui n'excluent pas un plan rigoureux. On ne peut dire que l'auteur imité soit Chrysippe, Diogène de Babylone, Antipater, Panétius, Posidonius, Hécaton. Doute final. Caractère de Caton. — Le livre IV. Cicéron est réfuté d'avance par Caton. La première partie du livre est imitée d'Antiochus ; le passage sur les paradoxes vient d'un auteur inconnu ou de Cicéron lui-même. — Le livre V. Le commencement est inspiré de Théophraste ; tout le reste, d'Antiochus. Imitation d'Aristote par Cicéron. Caractère du *de finibus*.

LE LIVRE III DU « DE FINIBUS ».

Dans le livre III du *de finibus* Caton expose la morale stoïcienne. Il commence par prouver, d'après les penchants primitifs de l'homme, que le souverain bien consiste dans la vertu, c'est-à-dire à vivre conformément à la nature (1). Vient ensuite une autre preuve de la même proposition. Cette preuve s'appuie sur le raisonnement suivant : Tout ce qui est bon est louable, tout ce qui est louable est honnête, donc tout ce qui est bon est honnête. Cette nouvelle argumentation, a-t-on dit, ne démontre rien qui n'ait été prouvé plus haut. Cicéron a dû ajouter quelque chose emprunté d'ailleurs au modèle principal qu'il suivait (2). Mais si la conclusion du raisonnement est la même, les prémisses sont différentes (3) ; la seconde preuve n'est pas superflue, elle confirme la première ; ce que la première avait déduit de la nature de l'homme, la seconde le tire du concept du bien ; c'est la preuve dialectique, tandis qu'on pourrait appeler la première la preuve anthropologique.

La question de la nature du souverain bien une fois épuisée,

(1) III, §§ 16-26. — (2) Madvig, p. 831. — (3) Hirzel, II, 2, 568.

suit une série de chapitres sur les biens (1). On s'étonne qu'on étudie seulement ici (2) l'origine de l'idée du bien lorsqu'on a déjà établi ce qu'est le souverain bien et démontré qu'il n'y a de bien que ce qui est honnête (3). Les Stoïciens ne mettaient pas assez de soin à rechercher l'origine et la nature de l'idée du bien, et ils n'accordaient pas dans leur système une place à part à cette question. Aussi ne réussissaient-ils pas à montrer clairement en quoi le bien moral, qui était pour eux le seul bien, différait de cet autre bien qu'on pourrait appeler naturel, et en quoi il s'en rapprochait. La définition du bien que Caton emprunte à Diogène de Babylone (4) n'est donc pas à sa place et se rattache mal au reste de la discussion. Cette objection, il est vrai, perd de sa force si, à la place du mot latin, on met le mot grec. Ce que Cicéron traduit par « bonum », c'est le grec τέλος, et l'on peut parler du but suprême de l'activité humaine avant d'avoir préalablement donné une définition du bien (5).

Nous trouvons bientôt après le même manque d'ordre et d'enchaînement. Le § 35 sur l'absence de passions chez le sage ne se lie ni avec ce qui précède ni avec ce qui suit. Cicéron, au milieu de son exposition de la morale stoïcienne, semble avoir rencontré ce chapitre parmi les extraits qu'il faisait et lui avoir donné une place qui ne lui convient pas. On a cru qu'il fallait rejeter tout le passage ; mais on ne trouve aucune trace d'interpolation et presque tous les mots portent la marque de Cicéron (6).

Plus loin (7) Caton s'efforce de montrer que si les richesses sont utiles pour se procurer le plaisir, elles ne sauraient produire la vertu. Dans ce qui précède immédiatement, il est question de l'absence de degrés dans le bonheur, suivant la doctrine stoïcienne. Il faut faire un effort d'esprit pour se rappeler que précédemment on discutait l'opinion des Péripatéticiens qui voyaient dans les biens extérieurs une condition du bonheur. De plus tout le raisonnement contenu dans le § 49 est très obscur. On a raison de s'étonner, s'il n'y a pas ici quelque désordre du

---

(1) III, §§ 33-50.— (2) III, 10, 33. — (3) Madvig, p. 398, note.— (4) III, 10, 33. — (5) Hirzel, II, 2, 569. — (6) Madvig, p. 403. — (7) § 49.

fait de Cicéron, que Diogène ait cru prouver par de pareils arguments que la vertu ne dépendait pas des richesses.

Il semble, d'après les §§ 35 et 49, que Cicéron recueillit dans un ou plusieurs écrits grecs beaucoup plus considérables les pensées principales qui regardaient le souverain bien et la différence de valeur des choses ; il conserva par mégarde ces deux développements, qui, dans le grec, étaient peut-être liés au reste de la discussion, mais qui, dans le livre latin, sont placés de telle sorte qu'on ne voit ni d'où ils viennent, ni ce qu'ils prouvent.

Quoi qu'il en soit, la richesse et les autres avantages analogues sont exclus du nombre des biens. Cela conduit naturellement, lorsque les chapitres sur les biens sont terminés, à dire un mot des choses indifférentes (qui ne sont ni des biens, ni des maux au point de vue moral), parmi lesquelles la richesse et la santé tiennent un rang important, comme avantages dignes d'être désirés. On s'étonne de rencontrer tout à coup, au milieu de cette étude, une division des biens en τελικά et ποιητικά(1), après quoi on revient immédiatement au sujet traité. Cette division des biens aurait dû être placée plus haut, lorsque Caton parlait de l'idée du bien et de sa définition (2). Cicéron la donne seulement ici, soit qu'il ait été averti par une division semblable des προηγμένα, division qu'on lit au chapitre suivant, soit qu'il l'ait trouvée rappelée par comparaison dans l'auteur grec qu'il imitait (3).

Les devoirs (ou fonctions) se rapportent aussi aux choses moralement indifférentes. De là une suite de chapitres où l'on étudie les devoirs de l'homme envers lui-même, puis envers l'humanité. L'accomplissement de ces devoirs est une partie du souverain bien.

Nous avons noté des incohérences dans l'exposition de Caton. Mais ces incohérences viennent peut-être de ce que tout se tenait si bien dans la morale stoïcienne qu'on ne pouvait en omettre quelque partie sans que la suite des idées se trouvât rompue. Or Cicéron a dû beaucoup abréger son modèle. Il semble aussi

---

(1) III, 16, 55. — (2) III, 10, 33, sq. — (3) Madvig, p. 831.

qu'il ait conservé quelques paragraphes isolés qui se rattachent mal à l'ensemble des idées. Cependant Caton fait un éloge enthousiaste de l'étroit enchaînement qui éclate dans la morale stoïcienne telle qu'il l'a développée (1). En plusieurs endroits de son discours (2) il appelle l'attention sur la rigueur logique qui en lie entre elles les différentes parties et unit les conséquences aux principes (3). On ne saurait donc nier qu'il y ait un plan dans le livre III. Les diverses parties de ce livre ne doivent pas leur place au hasard ou à la fantaisie et sont disposées d'après un ordre réfléchi. Cet ordre ne vient pas de Cicéron lui-même ; il l'a trouvé dans un ouvrage grec. Quel est cet ouvrage ?

Le syllogisme : « Ce qui est bon est louable ; ce qui est louable est honnête, donc ce qui est bon est honnête » (4) doit appartenir à Chrysippe ; car Plutarque, qui le répète avec une légère variante, l'attribue à ce philosophe (5). De même l'endroit où Caton parle des penchants primitifs de l'homme (6) est tout à fait semblable à celui où Diogène de Laerte traite le même sujet d'après Chrysippe (7). Caton dit que le paon n'est créé que pour sa queue (8) ; Plutarque attribue la même opinion à Chrysippe (9). Enfin ce que nous lisons sur la *pina* et le *pinoteres* (10) se trouvait dans un écrit de Chrysippe sur le beau et le plaisir (11). Nous savons que les Grecs n'étaient pas loin d'identifier le bien et le beau ; on a cru même reconnaître dans cette assimilation du bien au beau le fond de la doctrine primitive du Portique : l'honnête *(honestum)* ne serait, conformément à l'étymologie, que le beau *(honor)*. Le livre de Chrysippe pouvait donc se rapporter au souverain bien tel que le comprenaient les Épicuriens et les Stoïciens.

Mais Cicéron, pour exposer la morale stoïcienne, qui avait subi avec le temps plusieurs modifications, n'a pas dû choisir un livre de Chrysippe, qui n'avait donné que la forme primitive de cette morale. Nul doute toutefois qu'une grande partie de sa

---

(1) III, 22, 74. — (2) III, §§ 26, 41, 50, 55. — (3) Cf. Hirzel, II, 2, 568-574. — (4) III, 8, 27. — (5) *De Stoic. repug.*, 13, p. 1039 C. — (6) III, 4, 16. — (7) VII, 85. — (8) III, 5, 18. — (9) *De Stoic. repug.*, p. 1044 C. — (10) III, 19, 63. — (11) Athénée, III, p. 89 D.

doctrine et jusqu'aux expressions dont il s'était servi n'eussent été reproduites chez les Stoïciens postérieurs qui avaient adopté la sévérité de ses principes. C'est donc chez un de ces Stoïciens qu'il faut chercher le modèle de Cicéron pour le livre III du *de finibus*.

On peut remarquer que Cicéron nomme Diogène de Babylone à côté de Chrysippe (1). Sur les points où il y avait divergence entre les Stoïciens il adopte le sentiment de Diogène (2), si bien qu'il semble l'avoir pris pour guide. Il cite son opinion sur les richesses (3) si mal à propos qu'il ne l'aurait jamais fait s'il n'avait eu son livre sous les yeux et ne lui avait beaucoup emprunté. Lorsque Caton explique la différence qui existait entre les Péripatéticiens et les Stoïciens (4), il rapporte la doctrine générale du Portique, mais tous ces détails paraissent venir d'un Stoïcien contemporain de Carnéade, comme était Diogène de Babylone, ou qui vivait après lui. Cependant on a nié que Cicéron ait imité un ouvrage de Diogène de Babylone, parce qu'il cite des Stoïciens postérieurs à lui.

La manière dont Caton place le souverain bien dans l'effort pour acquérir les avantages primitifs conformes à la nature (5) répond à la définition donnée par Antipater, le disciple de Diogène de Babylone. Toutefois nous lisons ailleurs : « Quant à la bonne renommée,... Chrysippe et Diogène, que j'approuve fort, disaient qu'à part l'utilité, elle ne vaudrait pas la peine qu'on remuât pour elle le bout du doigt. Mais les Stoïciens postérieurs, ne pouvant résister aux objections de Carnéade, convenaient que la bonne renommée méritait par elle-même d'être préférée et acquise. » (6) Au premier rang de ces Stoïciens était Antipater. Nous ne pouvons donc supposer qu'il a été la source de Cicéron, puisqu'on rejette expressément son opinion.

Restent parmi les Stoïciens illustres Panétius et Posidonius, dont Cicéron a pu se servir. Panétius faisait consister le bien à atteindre un but ; Antipater le plaçait plutôt dans l'effort pour atteindre ce but. L'opinion adoptée par Caton (7) est celle d'Anti-

(1) III, 17, 57. — (2) III, 10, 33. — (3) III, § 49. — (4) III, 12, 41, sq. (5) III, 6, 22. — (6) III, 17, 57. — (7) III, 6, 22.

pater. — On ne saurait non plus attribuer à Panétius la croyance générale des Stoïciens que le plaisir ne doit pas être mis au nombre des avantages naturels. — Dans le livre I du *de officiis* (1), où Cicéron s'est surtout inspiré de Panétius, la conduite des Cyniques est absolument rejetée. Au contraire, dans le *de finibus* (2), Caton, se souvenant sans doute que l'école de Zénon est sortie de celle d'Antisthènes, hésite à condamner les Cyniques et garde sur cette question une sorte de neutralité. Cette réserve est d'autant plus remarquable qu'ailleurs Caton s'exprime avec la plus grande décision (3). Enfin il est peu probable que Cicéron soit allé chercher un tableau de la morale stoïcienne dans toute sa rigidité chez Panétius, qui avait adouci la rudesse primitive du Portique.

Quant à Posidonius, il regardait le désir de la puissance et de la domination comme une tendance primitive de la nature humaine. Il doit aussi avoir rapporté à cette tendance le désir de la gloire et de l'honneur, comme avait fait Platon, son maître en psychologie. C'est du moins ce qu'on peut conclure d'un passage de Galien. (4) Caton, au contraire, ne pouvait considérer l'amour de la gloire comme un sentiment naturel, puisqu'à part l'utilité, il ne faisait d'elle aucun cas. Il regarde les passions, d'après la vraie doctrine de Chrysippe, non comme accompagnées de jugements faux, mais comme étant elles-mêmes ces faux jugements (5). Or cette opinion était expressément combattue par Posidonius. De plus, Posidonius était, comme Panétius, un représentant du Stoïcisme modéré; il n'est donc guère vraisemblable qu'il ait été le modèle de Cicéron.

Si l'on a songé à Panétius et Posidonius, quoiqu'ils ne soient nommés nulle part dans le livre III, c'est qu'ils étaient des représentants autorisés de l'école stoïcienne. Mais on peut en dire autant d'Hécaton, le disciple de Panétius. Hécaton avait écrit sur le souverain bien un grand ouvrage dont Diogène de Laerte cite le livre VII (6). Les objections qui s'élèvent lorsqu'on parle d'un autre philosophe tomberaient quand il s'agit

---

(1) 41, 148. Cf. §§ 127, 128. — (2) III, 20, 68. — (3) III, §§ 17, 57. — (4) *De placit. Hippocrat. et Plat.*, p. 462. — (5) III, 10, 35. — (6) VII, 102.

d'Hécaton. Celui-ci était un des Stoïciens récents qui partageaient les opinions sévères de Chrysippe. Avec Chrysippe il aurait fait consister les passions dans le jugement. — Mais Diogène de Laerte, dont on invoque le témoignage, parle des Stoïciens en général (1).

Nous ne savons pas quel était le sentiment d'Hécaton sur la réputation. On a cru pouvoir le conclure de faits qui nous sont connus. Cicéron parle de la différence d'opinion qui existait entre Diogène de Babylone et son disciple Antipater. (2) Devait-on rendre de la fausse monnaie qu'on avait reçue par mégarde? Oui, selon Diogène; non, suivant Antipater. Diogène faisait passer l'intérêt particulier avant l'intérêt général; Antipater, l'intérêt général avant l'intérêt particulier. Diogène suivait ici son maître Chrysippe, tandis que la doctrine généreuse d'Antipater se retrouvait chez son disciple Panétius. Hécaton aurait abandonné sur ce point son maître Panétius pour en revenir à Diogène et à Chrysippe. Scévola avait donné d'une propriété plus que n'en demandait le vendeur. Cet exemple, dit Cicéron, ne pouvait plaire à Hécaton; car il déclare qu'il ne s'abstiendra de faire pour son avantage que ce qui n'est pas permis. Hécaton avait dû aussi estimer la réputation pour le profit qu'elle rapporte, Panétius pour elle-même.

Ces remarques sont ingénieuses. Mais Cicéron nous apprend (3) qu'il y avait un dissentiment entre Caton et lui, parce qu'il voulait faire passer l'équité avant l'intérêt public, Caton l'intérêt public avant l'équité. Cicéron, pour ce détail, n'avait donc pas besoin d'un philosophe grec; il suffisait que Caton exprimât son propre sentiment. Caton partageait probablement aussi l'opinion de Chrysippe et de Diogène sur la gloire (4). Si Hécaton a été le modèle de Cicéron, pourquoi n'est-il pas cité à côté de Chrysippe et de Diogène à propos de la réputation? Pourquoi n'est-il pas nommé une seule fois dans tout le livre?

La définition du souverain bien (5), qui réunit les formules données par Chrysippe, Diogène, Antipater et Archédème,

---

(1) VII, 111. — (2) *De off.*, III, 23, 91. — (3) *De off.*, III, 22, 88. — (4) *De fin.*, III, 17, 57. — (5) III, 9, 31.

appartiendrait à Hécaton. — Mais cette définition se trouve aussi dans le livre II (1), et l'on n'a jamais dit que ce livre fût inspiré d'Hécaton.

Toutefois on ne peut pas nier absolument que Cicéron ait emprunté à Hécaton le livre III du *de finibus*. Hécaton avait repris certaines doctrines sévères du Stoïcisme primitif représenté par Chrysippe; il semble aussi qu'il partageait l'opinion de Diogène de Babylone sur le gain et l'intérêt personnel. On s'expliquerait dès lors les nombreuses citations de Chrysippe et de Diogène qu'on trouve dans le livre III. Nous montrerons plus loin que le livre IV est, pour la plus grande partie, inspiré d'Antiochus. Or Caton répond par avance dans le livre III à plusieurs objections faites dans le livre IV. Par suite le livre III viendrait d'un philosophe postérieur à celui dont Cicéron s'est servi pour le livre IV. Hécaton était contemporain d'Antiochus; mais celui-ci a pu reprendre des critiques adressées par Carnéade aux premiers Stoïciens, et auxquelles avait répondu Hécaton.

En résumé on trouve dans le livre III du *de finibus* des idées empruntées à Chrysippe et à Diogène de Babylone, sans qu'on puisse dire que Cicéron s'est inspiré d'un ouvrage de ces philosophes. En effet il cite l'opinion de Stoïciens postérieurs, et ces remarques ne peuvent lui avoir été fournies par son érudition philosophique; il a dû les puiser dans un modèle grec. Quant à Panétius et Posidonius, Cicéron ne saurait guère avoir demandé à ces Stoïciens modérés une exposition de la pure doctrine du Portique. L'opinion qui regarde Hécaton comme la source du livre III est possible, rien de plus. Les arguments par lesquels en a cru démontrer cette opinion sont insuffisants.

Le livre III du *de finibus* est celui qui, dans tous les traités philosophiques de Cicéron, présente le plus de rigueur logique et l'enchaînement le plus serré. C'est l'exposition la plus achevée qui nous reste de la morale stoïcienne. Nul doute que Cicéron ne l'ait empruntée tout entière à un ouvrage grec. On n'y trouve pas de contradiction, mais parfois des morceaux sans lien avec

(1) II, 34.

ce qui précède et ce qui suit, ce qui semble indiquer que Cicéron a beaucoup abrégé son modèle (1). Mais quel est ce modèle ? On ne saurait le dire. Tout ce qu'on peut affirmer, c'est qu'il contenait le tableau de la rigide morale du Portique, dont il citait souvent les représentants principaux, Chrysippe et Diogène de Babylone. On reconnaît à certains indices, comme la définition du bien (2) et la mention des adoucissements apportés à l'opinion primitive du Portique sur la gloire (3), que l'auteur de cet ouvrage appartenait aux Stoïciens postérieurs. On ne peut en dire davantage. Il est impossible sur ces questions conjecturales d'origine d'arriver à la détermination précise que veut atteindre la critique allemande. Aussi bien les données font quelquefois défaut pour la solution des problèmes de ce genre. Ainsi, dans le cas présent, nous n'avons plus l'ouvrage dont s'est inspiré Cicéron. Peut-être même ne connaissons-nous pas le nom de l'auteur de cet ouvrage. Et pourtant le livre III du *de finibus* est celui pour lequel Cicéron s'est le plus manifestement servi de secours étrangers. Dans les circonstances comme celle-ci il faut savoir ignorer et avouer son ignorance.

On doit admirer la parfaite convenance avec laquelle Cicéron a placé dans la bouche de Caton l'exposition de la pure morale stoïcienne. Il avait un moment voulu faire de Caton un des interlocuteurs des *Académiques*. Il eut raison de renoncer à son dessein. Caton se souciait peu du problème de la connaissance ; ce qu'il voulait, c'était apprendre à bien vivre. Il en avait demandé les moyens à la philosophie. Si elle ne nous les enseignait pas, dit-il lui-même (4), je ne vois pas pourquoi on s'occuperait d'elle. De même, si le sage pouvait être malheureux, Caton ne ferait pas grand cas de cette vertu qu'on vante tant. On sent dans tout le discours de Caton, à travers les idées et les expressions empruntées des Grecs, qu'il ne cherche pas à faire avec art une exposition habile, mais qu'il veut nous enseigner une règle de conduite infaillible, et qu'il croit l'avoir trouvée dans la morale stoïcienne, qui déclarait la vertu indispensable

---

(1) Ce livre est le plus court de tous ceux du *de finibus*. — (2) III, 9, 31. — (3) III, 17, 57. — (4) *De fin.*, III, 3, 11.

et suffisant à elle seule au bonheur. Et ce n'était pas ici une conviction purement intellectuelle ; Caton régla sa vie d'après ses croyances. Après Utique Cicéron avait composé, sur la demande de Brutus, un éloge de Caton qu'on admira tellement que César lui-même se crut obligé d'écrire un *Anti-Caton*. Cicéron rendit à Caton un hommage aussi éclatant lorsqu'il le chargea d'expliquer la morale stoïcienne dans le *de finibus*. Ce que Caton expose, ce n'est pas une doctrine particulière, mais la règle de ses actions. Ses paroles devaient avoir d'autant plus de poids pour ses concitoyens qu'on savait qu'il s'y était conformé toute sa vie et que sa mort avait encore été une adhésion à ses principes.

Le livre IV.

Dans le livre IV du *de finibus* Cicéron fait la critique de la morale stoïcienne exposée par Caton au livre III.

Si l'on compare le discours de Cicéron avec celui de Caton, on s'aperçoit que le premier ne répond pas du tout au second. Cicéron se reporte en plusieurs endroits aux paroles mêmes de Caton (1) ; mais ce n'est là qu'une apparence trompeuse. Caton a réfuté par avance plusieurs objections qui lui sont faites au livre suivant, de telle sorte que le livre III semble emprunté à un auteur qui avait vécu postérieurement au philosophe dont Cicéron s'est inspiré pour le livre IV.

Le grand reproche que Cicéron adresse aux Stoïciens, c'est que le point où aboutit le développement moral de l'homme ne répond pas à son origine, du moins telle que les Stoïciens se la représentaient. D'accord avec les anciens Académiciens et les Péripatéticiens, les Stoïciens partaient du penchant primitif qui nous porte à la conservation de notre être. Mais, tandis que les premiers, conformément à ces principes, faisaient consister le bien dans la satisfaction des penchants primitifs, qui ont pour objet le corps aussi bien que l'âme, les Stoïciens négligeaient tout à coup le corps et tous les biens qui, venant de la nature, sont hors de notre pouvoir, pour ne considérer que le bien mo-

---

(1) IV, §§ 24, 29, 48, 73.

ral, ou la bonne volonté. Cicéron ne comprend pas comment a pu se faire le passage du bien naturel au bien moral, parce qu'il ne voit pas la différence qui existe entre ces deux sortes de bien, et qu'il confond le second avec le premier ; il ne voit pas non plus comment de l'accomplissement des devoirs ou des fonctions naturelles on a pu passer à la vie vertueuse. Il blâme les Stoïciens d'accorder d'abord une si grande importance aux fonctions naturelles pour les négliger ensuite tout à coup. Le blé, dit-il, lorsque la tige est devenue un épi, n'oublie pas pour cela la tige ; si la vigne se cultivait elle-même, elle trouverait sans doute qu'elle vaut mieux que tous les soins qu'elle se donne ; mais elle continuerait de s'occuper de tout ce qui assure et entretient son existence (1).

Mais Caton a fait tout ce que demande Cicéron. Ainsi il décrit (2) le devoir imparfait, καθῆκον, qui consiste pour chacun dans la conservation de son être, dans la recherche de ce qui est conforme à sa nature et dans la fuite de ce qui lui est contraire. A l'arrivée de la raison et des idées pures, ἔννοιαι, l'homme reconnaît l'ordre et l'harmonie universelle, qu'il estime beaucoup plus que les premiers biens naturels, et il place le souverain bien dans l'accord avec cet ordre universel ; ce souverain bien ne se fait connaître que plus tard ; mais il est désirable par lui-même, tandis que les premiers biens naturels ne le sont pas. Les critiques adressées à la morale stoïcienne sont peut-être exactes, si l'on considère la doctrine de Zénon et de ses disciples immédiats; mais elles n'ont pas d'objet, si l'on s'en tient au livre III du *de finibus*.

Cicéron donne trois définitions du souverain bien, ou plutôt trois explications de la formule « vivre conformément à la nature » (3). La première, qui appartient à Zénon, est « vivre avec la connaissance de tout ce qui peut arriver naturellement » ; la seconde, dont il ne nomme pas l'auteur, est « vivre en accomplissant tous les devoirs moyens, ou le plus grand nombre d'entre eux ». La troisième définition : « vivre en jouissant de toutes les choses selon la nature, ou des plus grandes d'entre

(1) IV, §§ 26, 37, 38, 39. — (2) III, 6, 20, sq. — (3) IV, 6, 14.

elles », serait celle de Xénocrate et d'Aristote. Mais les deux premières définitions sont justement des parties de la formule donnée par Caton (1). Cicéron ne paraît pas s'en douter, parce que cette formule avait été imaginée pour répondre aux critiques de Carnéade, et que Cicéron, dans le livre IV, semble s'être inspiré de ces critiques. Les arguments qu'il reproduit s'adressent aux anciens Stoïciens, plutôt qu'aux Stoïciens postérieurs dont Caton expose les idées.

Mais, en voulant échapper aux critiques de Carnéade, les Stoïciens récents s'exposaient à une objection nouvelle. Ils avaient fait entrer dans la définition du bien le choix des choses conformes à la nature et le rejet de celles qui lui sont contraires. En mettant ainsi en relief les choses conformes à la nature, ils effaçaient la différence entre les Stoïciens et les Péripatéticiens, les premiers ne faisant aucune place aux biens naturels dans le bien moral, tandis que les autres ne reconnaissaient pas entre les deux sortes de biens de différence fondamentale. Dès lors, on reprochait aux Stoïciens de reconnaître deux souverains biens, d'une part les avantages naturels, de l'autre le bien moral (2).

Mais Caton avait répondu par avance à cette critique : « Les devoirs, ou, comme traduit M. Ravaisson, les fonctions ont leur origine dans les penchants naturels auxquels ils doivent être nécessairement rapportés ; de façon qu'on peut dire avec raison que les devoirs consistent à satisfaire les premiers penchants naturels ; non que ce soit là le souverain bien ; car l'action vertueuse ne consiste pas à satisfaire les premiers penchants naturels ; elle ne vient qu'à la suite et plus tard. Cependant elle est conforme à la nature et nous excite beaucoup plus

(1) III, 9, 31. « Le souverain bien consiste à vivre avec la connaissance de tout ce qui peut arriver naturellement, de telle sorte que l'on sache choisir ce qui est conforme à la nature et rejeter ce qui lui est contraire, et vivre ainsi convenablement et conformément à la nature. » Cette définition appartient aux Stoïciens Diogène, Antipater et Archédème. Ils l'adoptèrent pour répondre aux attaques de Carnéade, qui reprochait à la définition d'Antipater : εὐλογιστεῖν ἐν ταῖς κατὰ φύσιν ἐκλογαῖς de contenir une pétition de principe en faisant entrer dans la définition le terme à définir. — (2) Cf. IV, 14, 39.

à la désirer que tout ce dont nous avons parlé plus haut. Mais il faut prévenir une erreur qui pourrait faire croire qu'il résulte de ce que nous avons dit deux souverains biens. Quelqu'un veut-il lancer un javelot ou une flèche vers un certain but, voilà quel est pour nous le souverain bien. Cet homme, dans cette comparaison, devrait tout faire pour bien viser ; s'il fait tout pour atteindre le but, c'est là la fin dernière, ce que nous appelons dans la vie le souverain bien ; mais arriver au but est une chose qu'il faut choisir *(seligendum)* et non rechercher *(expetendum)* (1). » Les objections de Cicéron tombent devant l'explication donnée par Caton (2).

Mais on ne saurait guère soutenir que la chose en vue de laquelle nous devons agir ne soit pas bonne par elle-même. Dès lors il y a deux biens, qui résident l'un dans la volonté, l'autre dans les choses, deux biens qui sont l'un subjectif, l'autre objectif. De là le reproche fait aux Stoïciens de reconnaître deux souverains biens. Les anciens voyaient surtout dans le bien quelque chose d'extérieur, de matériel. La morale stoïcienne, partie de la nature, fait effort pour s'élever au-dessus d'elle, et pour se fonder sur la bonne volonté; mais elle n'y réussit pas. La définition du bien donnée par Caton présente un certain caractère d'ambiguïté qui vient du désir de concilier les deux points de vue opposés, la nature et l'esprit. Les adversaires du Portique profitèrent de ce caractère d'ambiguïté pour reprocher aux Stoïciens d'être inconséquents avec eux-mêmes et de reconnaître en réalité deux souverains biens. Nous trouvons dans le livre V la vraie définition du bien selon les Stoï-

---

(1) III, 6, 22. — (2) La morale des Stoïciens se rapproche ici de celle de Kant ; elle fait consister le bien dans l'intention et l'effort, non dans le résultat. C'est une morale formelle et non matérielle. Mais il est bien difficile de défendre une morale purement formelle. Kant lui-même n'a pu s'y tenir. Avec l'idée de la personnalité humaine, de l'homme fin en soi, il réintroduit une matière dans la forme vide du bien. De même, Caton replace la poursuite des avantages naturels et la fuite des désavantages dans sa définition du bien : « vivre avec la connaissance de tout ce qui peut arriver naturellement, de telle sorte que l'on sache choisir *(seligentem)* « *ce qui est conforme à la nature et rejeter ce qui lui est contraire* » (III, 9, 31).

ciens : « Tout faire pour parvenir à ce qui est selon la nature, quand même on ne réussirait pas, voilà, selon les Stoïciens, l'honnête qui doit être seul désiré pour lui-même et qui est le seul bien (1). » Le seul bien moral, oui ; le seul bien, non ; car il y a des biens naturels. Mais les Stoïciens répondraient qu'ils n'appellent pas biens les biens naturels.

Quoi qu'il en soit, la critique de Cicéron ne tient nul compte des explications données par Caton ; elle ne conserve un semblant de vérité que si l'on s'en tient exclusivement à la définition du bien qu'on lit dans le livre III (2), et encore si l'on sépare en deux parties cette définition. Le tort de Caton est d'avoir adopté la formule de Diogène, Antipater et Archédème, au lieu de celle que nous trouvons dans le livre V (3).

Nous avons vu que Caton, pour la nature du souverain bien, semblait avoir prévu les objections de Cicéron. Plus loin, il les réfute expressément. Il rapporte le raisonnement stoïcien : ce qui est bon est toujours louable, ce qui est louable est toujours honnête ; ce qui est bon est donc honnête (4). « Contre la première prémisse on objecte, dit Caton, que tout ce qui est bon n'est pas louable ; car on avoue que ce qui est louable est honnête. Mais c'est le comble de l'absurdité de dire qu'il y a quelque chose de bon qui n'est pas à rechercher, et qu'il y a quelque chose à rechercher sans être agréable, par suite aimable, estimable et louable, c'est-à-dire honnête ; il en résulte que ce qui est bon est honnête. » Cicéron attaque le raisonnement stoïcien (5) ; il nie qu'on accorde à Caton que tout ce qui est bon soit louable ; « car alors, dit-il, la conclusion va de soi. Il n'y aura que Pyrrhon, Ariston et autres philosophes semblables dont les Stoïciens n'approuvent pas les doctrines, qui leur accordent les prémisses de leur raisonnement. Mais Aristote, Xénocrate et leur école n'accepteront pas ces prémisses ; ils appellent biens la santé, la force, les richesses et beaucoup d'autres choses, sans dire pour cela qu'elles soient louables. » Cicéron semble avoir complétement oublié le second raisonnement par lequel Caton essayait de défendre le premier.

(1) 7, 20. — (2) III, 9, 31. — (3) 7, 20. — (4) III, 8, 27. — (5) IV, 18, 48.

« En déclarant, dit Cicéron, que l'honnête est le seul bien, on supprime le soin de la santé, le souci de la fortune, l'administration de la chose publique, l'ordre dans les affaires, les devoirs de la vie ; enfin il faut abandonner l'honnête lui-même, dans lequel vous faites tout consister (1). » Cicéron oublie ce que Caton a dit (2) sur les différences qui existent entre les choses (3).

La critique du livre IV est souvent sans objet, en tant qu'elle s'adresse à l'exposition de Caton : ce qu'elle combat ne se trouve pas dans cette exposition. On chercherait vainement dans le livre III plusieurs arguments attribués aux Stoïciens par Cicéron (4). Mais il faut remarquer que tous ces arguments viennent dans la dernière partie du livre IV, dans la réfutation des paradoxes stoïciens, pour laquelle Cicéron, comme nous le verrons plus loin, ne suit plus son modèle primitif.

La critique du livre IV semble s'adresser particulièrement à des Stoïciens primitifs, tandis que Caton, dans le livre III, expose la morale des Stoïciens postérieurs, que les attaques des Académiciens et surtout de Carnéade avaient forcés de modifier leur doctrine. Il en est de même ici que dans les livres I et II. Dans le livre I l'exposition de la morale épicurienne est empruntée à des philosophes presque contemporains de Cicéron, tandis que la critique du livre II s'adresse à la morale des anciens Épicuriens.

Quel a été le modèle de Cicéron pour le livre IV du *de finibus ?* La troisième définition du bien donnée par Cicéron (5) est celle

---

(1) IV, 25, 68. — (2) III, 15, 50, sq. — (3) Cicéron ne sait pas réfuter le paradoxe des Stoïciens qu'il ne saurait y avoir de progrès dans la vertu, parce qu'au lieu de reproduire leur expression, il se sert du terme de la langue commune ; il dit « *procedere et progredi in virtute* », tandis que les Stoïciens disaient εἰς ἀρετήν et non ἐν ἀρετῇ προκόπτειν. L'important pour eux, c'était de parvenir à la vertu ; alors on possédait la vertu complète, puisque, selon les Stoïciens, il n'y avait pas en elle de degrés. Cicéron emploie plus loin l'expression exacte « *progressio ad virtutem* » (§§ 66 et 67). Mais l'expression inexacte dont il se sert d'abord diminue la force de son raisonnement et lui donne même une apparence de contradiction. — (4) IV, §§ 67, 75, 76, 77. — (5) IV, 6. 15.

de Carnéade. On pourrait donc supposer que la critique de la morale stoïcienne est due à ce philosophe qui avait soutenu contre les Stoïciens une vive polémique. Mais Carnéade n'avait pas compris la vertu dans le souverain bien (1). Or, dans tout le livre IV, Cicéron nous dit que la vertu est la partie la plus importante du souverain bien, mais qu'elle ne le constitue pas à elle seule, et doit être unie aux biens naturels.

On a dit que le livre IV était emprunté à Philon de Larisse (2). Mais cette conjecture ne saurait être démontrée; de plus elle est invraisemblable. Ce n'est pas Philon, mais Antiochus qui a prétendu, à la suite de Carnéade, que, sur tous les points essentiels, la morale stoïcienne s'accordait avec celle des Académiciens et des Péripatéticiens et que Zénon n'avait aucun motif de se séparer de l'ancienne Académie (3).

Lorsque Cicéron expose les trois significations différentes données à la formule *secundum naturam vivere*, nous trouvons une confusion qui ne peut être rapportée qu'à Antiochus. Nous avons dit que les deux premières explications avaient été réunies par Diogène, Archédème et Antipater dans leur formule du souverain bien. Non seulement Cicéron les sépare, mais encore il trouve la seconde différente de la première; celle-ci définirait le bien de telle façon qu'il ne pourrait se trouver que chez le sage, tandis que d'après la seconde formule il se rencontrerait encore chez d'autres que le sage. Cicéron se trompe, à la suite d'Antiochus, lorsqu'il dit que la troisième définition du bien, comme l'ont écrit les Stoïciens eux-mêmes, est identique à celle donnée par Aristote et Xénocrate (4). Les anciens Péripatéticiens faisaient consister le bonheur dans la possession de tous les biens ou des plus considérables et des plus nombreux; mais la vertu était de beaucoup le plus grand des biens. La vertu tenait donc le premier rang dans le souverain bien, comme le déclaraient expressément Aristote et Xénocrate.

---

(1) IV, 18, 49. — (2) Gœrenz, éd. du *de finibus*, p. XXVI; Grysar, *les Académiciens Philon et Antiochus*, Cologne, 1849, p. 11, et K. F. Hermann, *de Philone disputatio altera*, p. 7. — (3) Zeller, III^a, 591, note, 3e édit. — (4) IV, 6, 15.

Cicéron, dans la troisième explication du *secundum naturam vivere*, substitue aux biens proprement dits les choses selon la nature, ou les avantages naturels, que Speusippe et les Stoïciens séparaient de la vertu. Dès lors la vertu n'aurait plus de place dans le souverain bien, ce qui est justement le cas de la formule de Carnéade, comme Cicéron le reconnaît lui-même (1). Ces confusions viennent évidemment de ce qu'Antiochus, dans son désir de concilier les doctrines, avait négligé chez les anciens philosophes la rigueur de l'expression unie à celle de la pensée. Il est vrai que, dans cette dernière partie, il y a peut-être quelque méprise du fait de Cicéron. Ailleurs Cicéron donne une définition plus exacte du souverain bien suivant les anciens philosophes, en ce qu'il ajoute la vertu aux πρῶτα κατὰ φύσιν (2).

Nous trouvons de nouvelles erreurs, lorsque Cicéron expose, certainement d'après Antiochus, l'opinion des anciens philosophes et surtout des Péripatéticiens, sur la différence de valeur entre les choses (*æstimatio*, ἀξία) (3). C'est ici une expression stoïcienne, comme l'idée qu'elle exprime. Aristote et les anciens philosophes n'en ont pas parlé. Mais Antiochus la leur avait attribuée.

Une autre preuve qu'Antiochus est bien l'auteur imité dans le livre IV du *de finibus*, c'est que Cicéron nous dit (4) que la doctrine stoïcienne avait été critiquée avec esprit par M. Pison, qui expose au livre V les idées d'Antiochus sur le souverain bien. Cicéron n'a pas encore fini la critique de la morale stoïcienne ; mais il abandonne ici son guide ordinaire, Antiochus.

Cicéron passe à la critique des paradoxes stoïciens. Antiochus était loin de les accepter tous ; il s'était prononcé expressément contre l'égalité de toutes les fautes (5). Mais il avait probablement défendu les autres paradoxes avec non moins de vivacité que les Stoïciens eux-mêmes (6). Le paradoxe stoïcien par lequel commence Cicéron est justement la proposition fameuse suivant

---

(1) IV, 18, 49 ; II, 12, 38 et 13, 42 ; V, 8, 22. — (2) II, 11, 34 ; V, 8, 21 ; *Acad.*, II, 42, 131. — (3) IV, 21, 58. — (4) IV, 26, 73. — (5) *Acad.*, II, 43, 133. — (6) *Acad.*, II, 44, 136.

laquelle le sage serait seul roi, riche, beau, libre, celle-là même
que Cicéron reproche à Antiochus d'avoir soutenue. Il réfute
ensuite la doctrine de l'égalité des fautes. Antiochus aurait pu
être son modèle sur ce point. Mais on ne voit pas le lien qui
unit la dernière partie du livre à ce qui précède. Les comparaisons employées dans le livre IV ne se retrouvent pas non plus
dans le livre III. Aussi est-il probable que pour le second paradoxe, comme pour le premier et les suivants, Cicéron suit un
modèle autre qu'Antiochus. Toutefois les paradoxes stoïciens
devaient être bien connus de Cicéron; car c'était ce qui frappait
le plus dans la doctrine du Portique. Pour les réfuter, comme
pour les exposer (1), Cicéron n'avait donc pas besoin de recourir
à un livre de philosophie; il lui suffisait de s'abandonner à ses
souvenirs et à son talent oratoire.

Cicéron dans le livre IV du *de finibus* croit réfuter l'exposition et l'apologie de la morale stoïcienne par Caton au livre III.
Mais, comme nous l'avons dit, Caton semble avoir prévu ces
critiques et il y a répondu par avance. La première objection
que Cicéron fait aux Stoïciens, c'est que Zénon n'a innové
qu'en paroles par rapport aux doctrines de Platon et d'Aristote.
Cependant Caton a soutenu (2) qu'il y avait entre Zénon et les
philosophes antérieurs autre chose qu'une différence de mots. Il
persiste dans son opinion après le discours de Cicéron, et lui
dit : « Vous approuvez tout de nos Stoïciens, excepté les termes
dont ils se servent ; pour moi, de vos philosophes, je n'approuve absolument rien (3). »

Après avoir pris leur point de départ dans la nature tout
entière, les Stoïciens, dit Cicéron, oublient tout à coup le corps,
pour ne penser qu'à l'âme. Ce que Cicéron reproche aux Stoïciens est justement leur titre de gloire. Aristote faisait consister le bien pour l'homme dans le développement harmonieux
de toutes ses facultés. Mais quelle sera la hiérarchie de ces
facultés? Aristote avait regardé comme la fonction la plus
élevée de chaque être son acte propre, οἰκεῖον ἔργον. Cet acte pro-

---

1) Voir les *Paradoxes* dédiés à Brutus. — (2) *De fin.*, III, 3, 10. — (3) *Ibid.*, IV, 28, 80.

pre était pour l'homme l'intelligence, principe et fondement de la volonté. Mais on pouvait sur ce point différer d'avis avec Aristote. Les Épicuriens regardaient comme le tout de l'homme la sensibilité. De là des conséquences pernicieuses en morale. C'est pour cela que les Stoïciens, partis de la nature, négligent, une fois la raison venue, le corps et le soin du corps, pour mettre notre conduite en harmonie avec le cours ordinaire de la nature, harmonie qui est pour eux la vraie moralité. L'âme devient donc l'objet exclusif de leur sollicitude. Les Stoïciens avaient pu trouver chez Platon les principes de leur doctrine ; mais ils avaient développé ce qui chez lui n'était qu'en germe.

Cicéron ne veut pas qu'on oublie les penchants inférieurs de notre être, qui, aux yeux des Stoïciens, n'étaient destinés qu'à servir de moyens pour une fin plus haute ; il demande qu'on les cultive pour eux-mêmes. Telle est la doctrine qu'il indique dans le livre IV, et qu'il développe dans le livre suivant. Mais la conséquence de ces idées, c'est d'absoudre, qu'on le veuille ou non, toutes les convoitises, et de déclarer tous les besoins respectables.

Les Stoïciens seuls promettaient au sage le bonheur. En effet les Péripatéticiens voulaient qu'à la vertu se joignissent les biens extérieurs. Mais ceux-ci ne sont pas toujours en notre pouvoir. « Un marchand se félicitait d'avoir équipé plusieurs vaisseaux. « Je ne fais pas grand cas, dit un Spartiate, d'un « bonheur qui ne tient qu'à quelques cordages. » (1) Pour Caton la philosophie n'avait de raison d'être que si elle nous apprend les moyens d'être heureux (2). Or elle ne peut nous procurer le bonheur que s'il n'est besoin pour cela que d'être vertueux. Cicéron le sentait bien. A la fin du *de finibus* (3) il dit que, si l'on n'accorde pas que le sage est toujours heureux, on est obligé de convenir, avec Théophraste, que le bonheur est incompatible avec la douleur et les souffrances corporelles. Dans les deux derniers livres du *de finibus,* Cicéron combat la thèse stoïcienne que la vertu suffit au bonheur ; mais il la reprend dans la cinquième *Tusculane* (4).

(1) *Tusc.*, V, 14, 40. — (2) *De fin.*, III, 3, 11. — (3) V, 26, 77. — (4) « J'en

Dans le livre IV du *de finibus* (1) Caton reproche à Cicéron de ne pas aller au fond des choses : tout ce qu'il a dit jusqu'alors n'est bon que pour le public, et il attend de lui quelque chose de mieux. A la fin de ce livre Cicéron (2) rappelle qu'il s'est moqué des paradoxes stoïciens en plaidant *pour Muréna* contre Caton (3). « Mais alors, dit-il, je parlais devant des ignorants. Il faut maintenant raisonner avec plus de rigueur. » En effet les paradoxes stoïciens ne sont exagérés qu'au premier regard ; considérés de plus près ils paraissent vrais. La philosophie du Portique était faite pour les Romains, qui l'avaient pratiquée avant de la connaître. C'est aux Stoïciens que Cicéron a pris en partie les détails du *Songe de Scipion*, et toute la théorie du droit qu'il développe dans le premier livre du *de legibus*; c'est à eux qu'il doit ses inspirations les plus hautes et les plus pures en morale.

Cependant les dogmes stoïciens semblaient extravagants à la multitude. « Les vaines subtilités des Stoïciens, dit dans les *Tusculanes* (4) l'auditeur de Cicéron, sont comme ces petits vins qui ne supportent pas l'eau et qui ont bien quelque agrément quand on les goûte, mais qui le perdent quand on les avale. » La philosophie du Portique avait le tort d'étonner et de dérouter les esprits par des formules bizarres. De plus, elle s'était discréditée en défendant la religion d'État et la vieille constitution. C'est ce qui explique la faveur chaque jour croissante de la doctrine d'Épicure. « Cette philosophie, qui ne cherchait pas la voie vers la sagesse par une altération des mots traditionnels, mais qui se contentait de ceux qui existaient, et qui ne reconnaissait comme vraies que les perceptions des sens, *semblait préférable* au jargon terminologique et aux conceptions creuses du Portique... Un pressentiment de sa décadence s'empara du Portique lui-même, comme le prouve la ten-

---

appelle, dit Cicéron, à la fameuse balance de Critolaüs, où il prétendait que, si d'un côté on mettait les bonnes qualités de l'âme, et de l'autre non seulement celles du corps, mais encore les autres biens étrangers, le premier côté emporterait le second, quand même on ajouterait à ce dernier et la terre et les mers. » (*Tusc.*, V, 17, 51.)

(1) 10, 24. — (2) 27, 74. — (3) *Pro Mur.*, chap. 29-30. — (4) V, 5, 13.

tative qu'il fit de s'infuser un esprit nouveau sous la forme du syncrétisme. Antiochus d'Ascalon professait un système qui mêlait ensemble le Portique et la philosophie aristotélico-platonicienne ;... il réussit à faire de sa doctrine boiteuse la philosophie à la mode des conservateurs de son temps, et fut consciencieusement étudié par les dilettanti élégants et les lettrés de Rome (1). »

C'est la doctrine morale d'Antiochus que Cicéron expose dans les deux derniers livres du *de finibus*. Antiochus croyait reproduire la morale péripatéticienne ; mais il n'en a pas compris le caractère original. Il prétendait retrouver chez Platon et chez Aristote toutes les idées du Portique, et, pour cela, il prêtait à ces philosophes des opinions qu'ils n'avaient pas (2).

Cependant les esprits clairvoyants avaient bien saisi le vice fondamental du système d'Antiochus. Balbus s'étonnait qu'Antiochus, un homme des plus perspicaces, n'eût pas vu qu'il y avait beaucoup de différence entre les Stoïciens et les Péripatéticiens (3). Cicéron déclarait lui-même (4) qu'il fallait admettre le sage du Portique, ou bien celui de l'ancienne Académie, parce que le sage ne pouvait appartenir à la fois à ces deux écoles. Mais un peu plus loin (5) Cicéron avoue qu'il lui est bien difficile de ne pas approuver la doctrine de Polémon, des Péripatéticiens et d'Antiochus sur le souverain bien. On trouve déjà dans la partie des *premières Académiques* où Cicéron défend le scepticisme de Carnéade et le probabilisme de Philon plusieurs opinions prises à Antiochus. De même, au livre I du *de legibus*, après avoir exposé la théorie toute stoïcienne du droit, Cicéron exprime sur le souverain bien des idées analogues à celles qu'on lit dans les deux derniers livres du *de finibus*. Pour les questions qui ne sont plus purement spéculatives et qui touchent à

---

(1) Mommsen, *Hist. rom.*, trad. de Guerle, VII, p. 300. — (2) Cf. C. Chappuis, *de Antiochi Ascalonitæ vita et doctrina*, Paris, 1854, p. 16, 62, 69. C'est par une erreur analogue que Cicéron, dans la quatrième *Tusculane*, condamne la théorie d'Aristote sur les passions, parce qu'il considère les passions exclusivement au sens des Stoïciens, c'est-à-dire comme des troubles de l'âme. — (3) *De nat. deor.*, I, 7, 16. — (4) *Acad.*, II, 43, 132. — (5) *Ibid.*, II, 45, 139.

la pratique Cicéron n'ose pas s'en tenir à la nouvelle Académie, et, s'il n'embrasse pas encore franchement les idées du Portique, il reproduit celles d'Antiochus, qui prétendait concilier le Portique, l'ancienne Académie et le Lycée, mais qui aurait eu bien peu de chose à changer dans son système pour devenir un parfait Stoïcien (1).

Le livre V.

Cicéron, dans le livre V du *de finibus,* expose par l'organe de M. Pison sa propre opinion sur le souverain bien.

Cicéron a pris soin de nous indiquer lui-même en plusieurs endroits (2) que le livre V était emprunté d'Antiochus d'Ascalon (3). Toute question d'origine ne saurait donc se rapporter qu'à un ou deux passages qui seraient inspirés d'un autre philosophe. Ainsi les emprunts faits à Antiochus semblent ne commencer qu'au chapitre 6. Pour ce qui précède Pison se reporterait aux anciens Péripatéticiens, surtout à Théophraste.

On a dit que le commencement du livre V était, comme la fin, imité d'Antiochus, parce qu'on trouve au commencement de ce livre une courte exposition de la logique et de la physique péripatéticiennes, à l'exemple de ce que nous avons vu dans le

(1) *Ibid.*, II, 43, 132. — (2) Nous lisons V, 3, 8 : « Pison commença de parler. Je vous prie, Brutus, de voir s'il a bien rendu toute l'opinion d'Antiochus, dont vous me paraissez approuver fort la doctrine, vous qui avez si souvent entendu son frère Aristus. » *Ibid.*, 5, 14 : « Quant à notre Antiochus, il me semble qu'il remet en honneur avec un grand zèle l'opinion des anciens, opinion qu'il montre professée également par Aristote et Polémon. » *Ibid.*, 6, 16 : « Il nous faut avoir recours à la division de Carnéade dont Antiochus aime à se servir. » *Ibid*, 27, 81 : « J'ai déjà remarqué tout à l'heure que vous vous expliquiez de la sorte, et je sais que notre ami Antiochus tient pour ce sentiment. » — (3) Le livre V du *de finibus* semble inspiré d'Antiochus ; c'est aussi d'Antiochus que serait empruntée l'exposition de la morale péripatéticienne dans les *Eglogues éthiques* de Stobée. Ainsi s'expliqueraient les rapports qu'on trouve entre le passage de Stobée et le livre de Cicéron. Mais peut-être cette opinion est-elle plus spécieuse que vraie, ou du moins doit-elle être restreinte. (Voir notre thèse latine : *De Iohannis Stobæi Eclogis earumque fontibus.*)

livre I pour les Épicuriens et dans le livre IV pour les Stoïciens. — Mais rien ne prouve que ces expositions viennent d'Antiochus. Elles sont si sommaires, surtout celles du livre V, que Cicéron pour les composer n'avait pas besoin d'un modèle grec. Une connaissance, même superficielle, des principaux systèmes philosophiques suffisait ; les grands traits sont seuls indiqués d'une façon tout oratoire, et Cicéron n'entre jamais dans les détails, surtout pour ce qui regarde les Péripatéticiens.

Il semble que Cicéron emprunte à ses propres souvenirs ce qu'il dit de Théophraste et que son guide ne soit pas encore Antiochus. Cicéron paraît avoir beaucoup lu le livre de Théophraste sur *la vie heureuse* (1). Au contraire il ne nomme qu'une fois la *Morale à Nicomaque* (2), et c'est pour se demander si elle ne serait pas du fils d'Aristote. Comment Antiochus, qui avait la prétention d'en revenir à la pure doctrine péripatéticienne, aurait-il pu exprimer un doute pareil, et comment dès lors attribuer à Antiochus le passage où il se trouve? (3) On peut donc regarder comme probable l'opinion qui veut que jusqu'au § 15 Cicéron soit indépendant et s'inspire ou se souvienne d'un écrit de Théophraste (4).

On a cru rencontrer dans le livre V du *de finibus*, comme dans le livre IV, des passages analogues à d'autres du livre II, ce qui prouverait qu'Antiochus a été le modèle de Cicéron pour le livre II, comme pour les livres IV et V (5). — Mais les idées communes contenues dans les livres II, IV et V s'expliquent parce qu'elles venaient de Cicéron lui-même, dont elles étaient comme le bagage philosophique. On peut remarquer aussi que dans les deux premiers de ces livres, qui sont des réfutations, et dans le dernier, qui est un développement personnel, Cicéron est beaucoup plus libre que lorsqu'il expose un système étranger, comme dans les livres I et III. Alors le manque de

---

(1) Il en parle *de fin.*, V, 5, 12 et 28, 85 ; *Tusc.*, V, 9, 24 ; *Acad.*, I, 9, 33 et 35 ; II, 43, 134 ; il le cite *de fin.*, V, 29, 86. — (2) *De fin.*, V, 5, 12. (3) Diogène de Laerte commet la même erreur (VIII, 88). — (4) Cette opinion est celle de M. Madvig, contrairement à M. Hirzel. — (5) Hartfelder (*de Cicerone*, etc., p. 36).

précision et de profondeur de ses connaissances philosophiques le force de s'attacher de plus près à des ouvrages grecs où se trouve exposé le système dont il parle. Si nous avons trouvé dans le livre III des incohérences, c'est que toutes les parties de la doctrine stoïcienne se tenaient si bien entre elles qu'on ne pouvait guère en omettre ni en abréger quelqu'une.

Il est naturel de se demander, à propos du livre V du *de finibus*, dans quelle mesure Cicéron s'est inspiré des Péripatéticiens et surtout d'Aristote. On a quelquefois attribué à Cicéron une connaissance des livres d'Aristote bien plus complète et plus précise que celle qu'il posséda jamais (1). L'éloge que fait Cicéron (2) d'Aristote, de Théophraste et des anciens Péripatéticiens est tel qu'on doit l'attendre d'un homme qui, sans connaître à fond les livres de ces philosophes, a sur eux les notions générales que peut donner une bonne instruction littéraire (3).

(1) Stahr, *Aristote chez les Romains*. — (2) *De fin.*, V, 4, 9. — (3) Pison parle (*de fin.*, V, 5, 12) des livres exotériques d'Aristote et de Théophraste, et d'autres ouvrages plus soignés qu'ils avaient laissés dans leurs *commentaires*. C'est la distinction fameuse des livres *exotériques* et *ésotériques*. Mais on ne l'applique d'ordinaire qu'aux écrits d'Aristote et non à ceux de Théophraste. Seul Galien nomme à ce propos Théophraste à côté d'Aristote. Pison ne cite pas, parmi les écrits ésotériques d'Aristote, la *Morale à Nicomaque*; bien plus, il se demande si elle n'appartiendrait pas au fils du philosophe Mais il est peu vraisemblable que Nicomaque ait écrit des livres de morale; car Aristoclès, dans Eusèbe (*Præpar. evang.*, XV, 2), dit qu'il mourut jeune. L'explication de Baumhauer (*de Aristot.*, etc., p. 18), que la *Morale à Nicomaque* serait bien d'Aristote, mais aurait été éditée par son fils, n'est guère plausible. Aussi bien le seul auteur qui affirme que le fils d'Aristote a composé la *Morale à Nicomaque* est Suidas, dont le témoignage a peu de valeur. On croira difficilement qu'il y avait des livres de Nicomaque qui décelaient si peu leur origine qu'on ait pu généralement les attribuer au père, et que quelques-uns seulement les soupçonnaient d'être du fils. Suivant Bernays (*dial. d'Arist.*, p. 150), le doute exprimé par Cicéron viendrait de ce qu'il souhaitait que son fils Marcus pût un jour écrire, comme lui, des traités philosophiques. C'est bien le célèbre ouvrage d'Aristote que Cicéron veut désigner; mais il en parle par ouï-dire; il ne l'a pas

Cicéron n'a pas lu beaucoup les ouvrages de morale d'Aristote, quoiqu'il regardât la morale comme la partie la plus importante de la philosophie (1). Il a cru avec trop de facilité Antiochus qui prétendait que les doctrines morales qu'il professait lui-même étaient celles d'Aristote et de Platon; c'est ainsi qu'il attribue à l'ancienne Académie et au Lycée la théorie des κατὰ φύσιν et des παρὰ φύσιν qui est toute stoïcienne. Stobée emploie, il est vrai, ces expressions dans les *Églogues morales* (2), en parlant de la morale péripatéticienne. Mais les mots ἐκλογή, ἀπεκλογή, καθῆκον, κατόρθωσις qu'on trouve dans ce passage indiquent clairement qu'il est d'origine stoïcienne (3). — Il en est de même pour la doctrine des premiers biens naturels, τὰ πρῶτα κατὰ φύσιν, que Cicéron attribue aux anciens Académiciens et aux Péripatéticiens (4). L'expression τὰ πρῶτα κατὰ φύσιν ne se trouve ni chez Platon, ni chez Aristote. On ne comprend pas qu'on se soit appuyé sur le livre V du *de finibus*, où Cicéron déclare qu'il suit Antiochus et non Aristote, pour dire qu'on voit clairement, sans qu'il soit besoin de le démontrer

lu, ce qu'il aurait pu faire. Car nous croyons, avec M. Ravaisson (*Métaphys. d'Arist.*, I, p. 7, sq.), que les écrits d'Aristote n'ont pas cessé d'être connus des philosophes péripatéticiens, quoique Strabon rapporte (XIII, 608) que ces écrits restèrent longtemps enfouis dans la cave des héritiers de Nélée, disciple d'Aristote et de Théophraste. Cicéron dit (*de fin.*, III, 3, 10) qu'il est venu chercher dans la bibliothèque de Lucullus « commentarios quosdam Aristotelios ». Or Pison appelle justement « commentarios » les écrits ésotériques d'Aristote, ce qui prouve qu'ils étaient connus à l'époque de Cicéron. Mais on ne peut conclure de là que Cicéron les ait lus; car il voulait sans doute seulement faire ressortir ses connaissances et ses études philosophiques.

(1) Victorius, dont M. Madvig approuve l'opinion. Madvig, dit Baumhauer (*ibid.*, p. 169), ne nie pas que Cicéron ait lu la *Politique* d'Aristote. Mais celle-ci ne se comprenait que par la *Morale à Nicomaque*, qui, dès lors, n'était pas inconnue de Cicéron. — Le lien entre la *Morale à Nicomaque* et la *Politique* d'Aristote n'est étroit qu'aux yeux d'un philosophe attentif. Cicéron était trop distrait pour s'inquiéter de ces rapports logiques. Ce qui dans le *de republica* semble pris à la *Politique* d'Aristote peut simplement venir [de Polybe. — (2) P. 250, Heer. — (3) Voir notre thèse latine : *De Iohannis Stobæi Eclogis earumque fontibus*. — (4) *De fin.*, II, 11, 34.

davantage, avec quel soin Cicéron a lu les livres de morale d'Aristote.

Cicéron prétend qu'Aristote faisait venir l'âme du cinquième élément (1). Il dit qu'Aristote ne donne pas de nom à cet élément, mais qu'il désigne l'âme « par un terme nouveau, ἐνδελέχεια comme si elle était un mouvement continu et éternel. » Dans les écrits qui sont parvenus jusqu'à nous Aristote appelle l'âme non ἐνδελέχειαν, mais ἐντελέχειαν. Il faut donc supposer que l'orthographe du mot a été défigurée par les anciens copistes, ou accuser Cicéron d'une négligence étonnante. Mais Cicéron a dû écrire ἐνδελέχειαν ; car ἐντελέχεια signifie *activité*, ou, comme traduit Leibnitz, *actus, vis efficax, principium agendi, die Wirksamkeit*. Au contraire l'ἐνδελέχεια est bien une continuité. Mais Aristote nie absolument que l'âme soit un mouvement continu (2). Cicéron semble donc avoir confondu les deux mots ἐνδελέχειαν et ἐντελέχειαν, ou du moins avoir réuni en une seule leurs significations bien différentes, et y avoir joint l'idée stoïcienne que l'âme était toujours en mouvement, en tension dans le corps (3).

Mais, dit-on, Cicéron ne s'est pas trompé en rapportant qu'Aristote faisait venir l'âme du cinquième élément (4). Telle était l'opinion qu'exprimait le philosophe grec dans l'*Eudème*, dialogue sur la nature de l'âme (5). Nous savons par Pro-

---

(1) *Tusc.*, I, 10, 22. — (2) *De anima*, I, 3. — (3) Cf. Madvig, *de finibus*, p. 495 ; Kühner, éd. des *Tusc.*, p. 71. — (4) Baumhauer, *ibid.*, p. 185. — (5) On a repris récemment la question de savoir où Cicéron avait appris qu'Aristote appelait l'âme ἐνδελέχειαν, et qu'il la faisait consister dans le cinquième élément. (R. Hirzel, *Musée Rhénan*, 1884, 2, p. 169, sq.) C'est bien ici une doctrine professée par Aristote, mais seulement dans ses *dialogues* philosophiques, surtout dans l'*Eudème*, lorsqu'il adoptait encore en partie les idées de son maître Platon. Celui-ci parle du cinquième élément (*Timée*, 55 C.). Mais pas plus qu'Aristote il ne le confond avec l'éther. Ce sont les Platoniciens et les Péripatéticiens postérieurs qui ont fait cette assimilation. Suivant Cicéron, Aristote appelait l'âme ἐνδελέχειαν, c'est-à-dire un mouvement continuel et sans fin. Or dans le *Phèdre* (245 E) Socrate dit que l'âme est immortelle parce qu'elle se meut toujours. L'ἐνδελέχεια s'appliquait aux mouvements inférieurs de l'âme,

clus (1), à l'époque de qui les dialogues populaires d'Aristote existaient encore, que, si dans le traité de *l'âme* Aristote parle en physicien et ne s'occupe pas de la descente de l'âme dans le corps, de sa condition et de sa divinité, c'est qu'il avait traité ces questions dans ses *dialogues*. Là il devait affirmer l'immortalité de l'âme dont il ne dit rien dans le *de anima*. Cicéron reproche à Aristoxène d'avoir prétendu que l'âme, étant une harmonie, était mortelle ; il ajoute : « Aristoxène est savant ; mais qu'il cède sur ce point à son maître Aristote (2). » Ceci prouve qu'Aristote, dans certains de ses écrits, défendait l'immortalité de l'âme. Cicéron avait lu l'*Eudème;* c'est peut-être à ce dialogue qu'il avait emprunté les preuves de l'immortalité de l'âme contenues dans la *Consolation* et reproduites dans le livre I des *Tusculanes* (3).

Donc Cicéron a pu prendre dans les *Dialogues* d'Aristote une partie des idées qu'on croit d'ordinaire empruntées à l'enseignement d'Antiochus. Mais c'est ici une preuve de plus qu'il n'a pas lu les traités sévèrement philosophiques d'Aristote ; il

---

l'ἐντελέχεια à son action la plus élevée qui se trouve aussi en Dieu. D'après un passage du dialogue d'Aristote sur la *philosophie*, dans le *de natura deorum* (I, 13, 33), le philosophe grec considérait les dieux comme des esprits sans corps continuellement en mouvement. En effet, ni Aristote ni Platon ne disent que le cinquième élément soit de nature matérielle. Aristote remplaça ἐνδελέχεια par ἐντελέχεια lorsque la notion de τέλος prit chez lui une grande importance, ce qui eut lieu dans ses derniers écrits, les seuls que nous ayons conservés. Ce qui prouve que l'expression ἐντελέχεια est un mot forgé par Aristote, c'est qu'elle n'a été employée que par lui, par ses commentateurs, ou par ceux qui se reportaient expressément à la notion particulière qu'il avait voulu exprimer. De plus, ce mot n'a formé aucun dérivé, tandis qu'on en trouve plusieurs venant d'ἐνδελέχεια.

(1) *Comment. in Tim.*, V, p. 338. — (2) *Tusc.*, I, 18, 41. — (3) 26, 67. — Pour prouver que Cicéron a beaucoup pratiqué les écrits d'Aristote, Stahr se borne presque à compter les endroits où Cicéron nomme Aristote avec éloge. Mais il suffisait d'une certaine connaissance de la littérature grecque pour parler ainsi. Beaucoup de jugements d'Aristote, qui ne tenaient pas étroitement à la philosophie, étaient mentionnés dans les écrits d'autres auteurs, de telle sorte que Cicéron pouvait les y prendre et les rapporter à Aristote, sans être allé les chercher dans les livres de ce philosophe. Baumhauer (*ibid.*, 197) rappelle de nombreux exemples cités dans

n'aurait pas loué, comme il le fait (1), la douceur et les ornements de son style.

Le *de finibus* est peut-être le plus parfait des traités philosophiques de Cicéron. Il le céderait sans doute à la *République* tant pour l'importance du sujet que pour l'art et le soin de la composition, si l'on possédait du premier ouvrage de Cicéron autre chose que des fragments mutilés.

Le *de finibus* se distingue par une grande simplicité de plan et beaucoup d'habileté dans la mise en scène. Il commence par une introduction où l'auteur défend ses idées philosophiques et surtout les emprunts qu'il fait aux Grecs (2). A ceux qui niaient qu'il fût utile d'écrire en latin des traités de philosophie lorsqu'il y en avait de si beaux en grec, il répond : On lit les pièces des anciens poètes dramatiques de Rome traduites du grec ; pourquoi ne lirait-on pas les ouvrages de philosophie ? Théophraste ne plait-il pas lorsqu'il reprend un sujet traité par Aristote ? (3) On accusait la langue latine de pauvreté et d'impuissance à rendre les idées philosophiques. Cicéron aurait pu répliquer en citant les *Académiques*, où il se joue au milieu des subtilités de la logique grecque ; il préfère opposer exagération à exagération ; le latin, dit-il, est plus riche que le grec (4). Même s'il se contentait de traduire mot à mot Platon et Aristote, Cicéron mériterait bien de ses compatriotes en leur appre-

le *de natura deorum* (II, ch. 48-52), qui indiqueraient que Cicéron avait lu l'*histoire des animaux* d'Aristote. Mais Cicéron avait très bien pu trouver ces exemples dans l'ouvrage de Posidonius qu'il imitait alors. Ce que Caton (*de fin.*, III, 19, 63) dit de la *pina* et du *pinoteres* est attribué à Chrysippe par Athénée, et non à l'*histoire des animaux*.

(1) *De fin.*, I, 5, 14. — (2) Il avait déjà abordé cette question dans les *Académiques*, II, 2, 5.— (3) *De fin.*, I, 3, 10.— (4) Ce n'était peut-être pas ici un argument de circonstance, mais la conviction intime de Cicéron. En effet nous retrouvons la même idée dans les *Tusculanes* (II, 15, 35). Nous lisons aussi dans la correspondance de Cicéron : « La langue latine a l'avantage sur celle des Grecs : ce qu'ils appellent συμπόσιον, σύνδειπνον, mots qui ne présentent que l'idée de boire et manger ensemble, nous l'avons, nous, plus heureusement nommé *convivium*, parce que c'est l'acte qui constitue essentiellement le *vivre ensemble* » (*Ad fam.*, IX, 24).

nant à connaître ces divins génies; il ne l'a pas fait encore; mais il ne se croit pas interdit de le faire.

Cicéron veut élever l'esprit des Romains en leur enseignant la doctrine de Platon sur la manière de vivre honnêtement et heureusement (1). Cela ne vaut-il pas mieux, dit-il, que de discuter exclusivement sur des points de droit, par exemple l'enfant d'un esclave appartient-il au propriétaire de l'esclave ou à celui qui l'emploie. Cicéron ne nous donne pas, comme il semblait le promettre, les idées du chef de l'Académie, mais celles des Épicuriens et des Stoïciens récents. Il a la prétention de professer lui-même la doctrine d'Aristote; mais il ne la voit ici, comme partout ailleurs, qu'à travers l'éclectisme d'Antiochus.

Aussi bien Cicéron avait le droit de soutenir, comme il le fait, qu'il ne remplissait pas seulement le rôle de traducteur, et qu'il ne reproduisait les idées étrangères qu'en y joignant ses opinions et son style. En effet le seul moyen d'expliquer la faiblesse de la réfutation de Torquatus et de Caton, c'est de dire que Cicéron s'inspire d'ouvrages antérieurs à ceux où étaient contenues les idées qu'il voulait combattre, ou bien qu'il se fie à son érudition insuffisante, et qu'il transporte dans les discussions philosophiques ses habitudes oratoires.

Du moins Cicéron n'avait pas perdu de vue à qui s'adressait son ouvrage. Dans les *Académiques* il avait essayé d'intéresser ses concitoyens aux questions de logique en comparant les novateurs en philosophie aux révolutionnaires en politique. Dans le *de finibus* il fait exposer la morale épicurienne par Torquatus, un grand personnage qui ne craignait pas d'avouer ses préférences philosophiques devant quelques amis, mais que Cicéron mettait au défi de les professer « dans le sénat, devant le peuple, à la tête d'une armée, devant les censeurs (2). » La doctrine d'Épicure avait alors une bien mauvaise réputation puisqu'on n'aurait osé la défendre publiquement. Cicéron ne s'est pas toujours montré juste envers elle, parce qu'il la craignait pour les mœurs des citoyens et la constitution de l'État.

(1) *De fin.*, 1, 2, 5. — (2) *Tusc.*, III, 21, 51. Cf. *de fin.*, II, 22, 74.

Si la morale du plaisir péchait par excès de relâchement, celle du devoir se faisait blâmer par son trop de sévérité. Elle avait pris exactement le contre-pied de la morale d'Épicure. Celle-ci accordait trop au corps ; l'autre ne lui accordait rien ; la première flattait les instincts égoïstes, la seconde voulait qu'on s'oubliât pour sa patrie, ou mieux encore pour tous les hommes (1). On ne devait pas comprendre à Rome, qu'au lieu de citoyen romain on préférât être citoyen du monde.

Dans le *de finibus* Cicéron combat la morale d'Épicure, parce qu'elle ne fait ni des hommes, ni des citoyens dont Rome a un si pressant besoin en ce moment ; il combat aussi la morale inflexible du Portique, à laquelle il reproche de ne pas comprendre et de mutiler la nature humaine. Cicéron, avec son caractère souple d'homme d'esprit, d'avocat et d'homme nouveau, devait être vivement choqué de l'obstination presque ridicule de ceux qui, comme Caton, montraient dans la politique la même raideur que dans la philosophie. Au sénat Caton parlait comme s'il eût donné son avis dans la république de Platon, et non dans la boue de Romulus (2). Un jour, pendant la guerre des Gaules, il proposa de livrer César aux Germains, comme violateur des traités. Il portait des sandales, parce qu'il voyait les statues de Romulus et des anciens Romains qui en avaient. Au lieu de faire au peuple des largesses magnifiques, comme César, il lui distribuait des raves à la manière de Curius. Aussi ne fut-il jamais consul, et cependant il importait à la république qu'il le fût. Il faisait tort à l'État par ses qualités mêmes, comme le dit expressément Cicéron (3).

Sur la question du souverain bien Cicéron défend une doctrine moyenne, qui sait se garder des exagérations d'Épicure et de Zénon, et donner la première place à la vertu, sans nier l'importance des biens extérieurs. Les riches Romains partisans de la philosophie d'Épicure s'inquiétaient peu aux mains de qui tomberait le gouvernement de la république pourvu qu'ils con-

---

(1) *Non sibi, sed toti genitum se credere mundo.*
Lucain, portrait de Caton, *Phars.*, II, 383. — (2) *Ad Att.*, II, 1 — (3) *Ibid.*

servassent leurs volières et leurs murènes. (1) Caton de son côté persistait à reparaître au forum où il avait été accueilli à coups de pierres, et d'où il était revenu la tête meurtrie et toute ensanglantée. Les premiers sacrifiaient tout à leurs plaisirs; le second négligeait le soin de sa vie pour remplir ce qu'il croyait un devoir. La meilleure façon d'agir était entre ces deux conduites opposées, comme le vrai bien n'est ni celui d'Épicure, ni celui de Zénon, mais celui qui réunit et fond ensemble les deux doctrines contraires.

(1) « Nos grands personnages, écrivait Cicéron à Atticus (*ibid.*), se croient au ciel quand ils ont dans leurs viviers des barbeaux qui leur mangent dans la main ; ils ne s'occupent pas du reste. »

CHAPITRE V.

Les livres I et II des « Tusculanes ».

Les *Tusculanes*. Le livre I : la crainte de la mort. Idées des anciens sur l'âme. Le commencement du livre, ou la théorie de l'immortalité, est imité de Posidonius, et non de Panétius. La fin est inspirée surtout de Crantor. Il n'est pas vrai que tout le livre vienne de Posidonius. Croyance des anciens à l'immortalité. — Le livre II : les remèdes contre la douleur. Le livre II est inspiré de Panétius dans sa *Lettre* à Tubéron, plutôt que d'Antiochus. Indépendance de Cicéron.

LES TUSCULANES.

Dans le *de finibus*, Cicéron avait cherché quel est le souverain bien ou le bonheur ; restait à indiquer les moyens de parvenir à ce souverain bien. Tel est l'objet des *Tusculanes*. Nous demandons aujourd'hui à la morale de nous dire ce qu'il faut faire pour vivre honnêtement ; les anciens lui demandaient surtout la manière de vivre heureux : la morale pour eux était une sorte de philosophie du bonheur. Les *Tusculanes* sont une suite de dissertations sur les moyens d'éviter la douleur.

Au mois de juin 709 (45 av. J.-C.), Cicéron priait Atticus de lui envoyer le traité de Dicéarque sur *l'âme* et sa *Descente dans l'antre de Trophonius* (1). Il est probable qu'il voulait se servir de ces ouvrages pour les *Tusculanes*, dont la composition remonterait à cette époque. Mais ce ne fut qu'au mois de mai 44, après le meurtre de César, qu'Atticus reçut la première *Tusculane*, qui fut promptement suivie des quatre autres. On pourrait croire que Cicéron a publié les *Tusculanes* avant le meurtre de César ; car il ne fait aucune allusion à cet événement qui dut lui causer beaucoup de joie. Mais Cicéron écrit à Atti-

(1) *Ad Att.*, XIII, 32.

cus, en mai 44, qu'il était moins dangereux pour lui de parler contre César de son vivant, que maintenant contre son parti (1).

Dans la recherche des sources des *Tusculanes*, on peut se demander d'abord d'où viennent les vers qu'on trouve en grand nombre dans ce traité. C'était un usage chez les philosophes grecs depuis Aristote, et surtout chez les Stoïciens, de parsemer leurs écrits de citations tirées des poètes. Cicéron suivit cet exemple ; il fit beaucoup d'emprunts aux anciens poètes tragiques de Rome (2); lorsque ceux-ci lui manquaient, il traduisit plusieurs fois des passages d'auteurs grecs. Les vers isolés n'ont pas été pris aux poètes eux-mêmes, mais dans les livres des philosophes imités par Cicéron. En effet, la plupart de ces vers sont intimement mêlés à des fables, ou à des exemples grecs. On sait par Cicéron lui-même, ou par d'autres indices, qu'ils appartenaient surtout à Crantor et à Chrysippe.

Le livre I.

La première *Tusculane* traite du mépris de la mort, et examine le problème de l'immortalité de l'âme. Les anciens avaient donné à ce problème des solutions différentes. Les premiers hommes, qui voyaient les morts leur apparaître en songe sous la même apparence que pendant la vie, ne voulaient pas croire qu'on mourût tout entier. Pour eux l'âme continuait à vivre d'une vie sourde dans le tombeau, où elle éprouvait les mêmes besoins et les mêmes désirs que pendant l'existence terrestre. Telle est l'origne de la religion du foyer. C'est pour les âmes des morts qu'on entretenait continuellement le feu sur l'autel de la famille, et qu'on consacrait des offrandes. On

---

(1) XIV, 17. — (2) Cicéron citait le plus souvent leurs vers de mémoire et non d'après l'original. Aussi commet-il parfois des erreurs. Ainsi, en transcrivant un vers de la tragédie des *Niptres* de Pacuvius (*Tusc.*, V, 16, 46), il appelle la nourrice d'Ulysse Anticlée, tandis que son vrai nom était Euryclée. Il est certain que Pacuvius a traduit sa pièce de Sophocle ; il n'est pas vraisemblable que Sophocle ait donné à la nourrice d'Ulysse le nom que tous les poètes attribuent à sa mère, ou que Pacuvius n'ait pas suivi son modèle sur ce point ; l'erreur vient plutôt de Cicéron.

regardait comme un malheur pour l'âme si le feu du foyer venait à s'éteindre, lorsqu'il n'y avait plus de descendant du mort pour alimenter la flamme. Les enfers n'étaient que le tombeau agrandi. Dans ce triste séjour, où tout présentait un aspect crépusculaire, il y avait moins des récompenses pour les bons que des supplices pour les méchants, et les meilleurs eux-mêmes souffraient d'une diminution de vie. Les récits des poètes ne faisaient qu'augmenter l'horreur qu'on éprouvait pour ces lieux désolés. Achille, dans Homère, dit qu'au lieu de commander aux morts il aimerait mieux être au service d'un pauvre laboureur qui n'aurait pas toujours de quoi manger. L'idée de peine et de récompense pour les âmes après la mort apparaît avec Platon. Mais on regardait toujours la condition des âmes comme plus à plaindre qu'à envier. La crainte de la mort et de la misérable existence qui attendait chacun dans le Tartare empoisonnait toutes les joies de la vie.

C'est pour combattre ces terreurs superstitieuses qu'Épicure soutint que l'âme mourait avec le corps (1). Les Stoïciens admettaient que certaines âmes, celles des hommes illustres, pouvaient subsister jusqu'à l'un des grands embrasements du monde ; alors elles allaient se confondre avec l'âme universelle. A l'époque de Cicéron les gens éclairés ne croyaient plus à ce qu'on racontait des enfers et des supplices qu'y subissaient certains criminels fameux. Le grand pontife César ne craignit pas, lors de la discussion sur le châtiment à infliger aux complices de Catilina, de nier en plein sénat l'immortalité de l'âme. Cette opinion est mentionnée et réfutée très mollement dans la quatrième *Catilinaire*. Cependant la crainte de la mort troublait encore les plus fermes courages. C'est pour cela que Cicéron, dans la première *Tusculane*, essayait de prouver que si l'âme survit au corps elle ne saurait être malheureuse, et que, si elle périt avec lui, on ne doit pas non plus craindre la mort, puisqu'elle met fin à tous maux et à toutes souffrances.

(1) Sa doctrine fut favorisée par la coutume de brûler les morts. Comme il ne restait sur le bûcher qu'un peu de cendre, on prit l'habitude de croire que l'âme était entièrement consumée avec le corps.

CHAPITRE V.

Le livre I (1) des *Tusculanes* commence par une sorte de prélude (2) dont les idées sont répétées plus loin (3). Nous étudierons alors quelle en est l'origine Quant aux opinions des différents philosophes sur l'âme (4), on ne savait si l'auteur latin les avait rassemblées lui-même, ou s'il les avait empruntées à l'ouvrage de quelque philosophe grec ; on croit aujourd'hui qu'elles viennent d'un écrit d'Énésidème (5).

(1) M. Heine (*de Tusc. disput. fontibus*, Weimar, 1863) a cherché de quels philosophes grecs Cicéron s'est inspiré pour les livres I et IV des *Tusculanes*. — (2) Ch. 5-8. — (3) I, 15, 34, sq. — (4) I, ch. 9-11. —(5) M. Diels (*dox. græci*, p. 202), sans arriver à un résultat certain, a du moins donné des conjectures vraisemblables. Il remarque d'abord que Varron disait (p. 266, 28, éd. Riese) : « On passe aujourd'hui sa vie à exposer ce que les anciens n'employaient qu'une partie de la leur à inventer. Nous mangeons le miel des abeilles ; nous n'en faisons pas nous-mêmes. » Telle était, dit M. Diels, la pratique non seulement de Varron et de Cicéron, mais aussi d'Énésidème, qu'on regarde comme ayant fondé dans ce siècle une école nouvelle. Il pilla et bouleversa les écrits des philosophes antérieurs plutôt qu'il n'en composa lui-même d'originaux.
On trouve dans Platon (*Phédon*, p. 96 B) les doctrines sur l'âme d'Empédocle, d'Anaximène, de Diogène, d'Héraclite et d'Alcméon. Aristote (*de anima*, I, 2) passe aussi en revue les opinions des philosophes antérieurs sur l'âme. Mais le fragment de Cicéron est beaucoup plus développé que ces deux passages. Il faut noter que Cicéron semble citer l'opinion de Dicéarque d'après ses propres lectures. Mais Cicéron n'a pas composé lui-même ce résumé et la remarque de Varron s'adresse surtout à lui. Si l'on excepte l'opinion de Dicéarque, le reste de l'énumération est emprunté à un livre étranger, surtout les doctrines que Cicéron indique rapidement et comme à la dérobée, parce qu'il craignait de fatiguer l'attention par la sécheresse de ces détails minutieux.
On trouve sur la nature de l'âme les mêmes renseignements dans Tertullien (*de anima*, c. 15), qui se rencontre ici avec Plutarque (*Placita*, IV, 3, 12, sq). La source à laquelle a puisé Tertullien est Soranus, philologue érudit de l'époque de Trajan. Mais nous pouvons remonter encore plus haut et soupçonner à quel philosophe est empruntée l'énumération faite par Cicéron. Celle-ci ressemblant fort au passage de Tertullien, nous sommes amenés à croire que l'origine première des détails donnés dans les deux auteurs est un écrivain ancien. Sextus Empiricus (*adv. Mathem.*, VII, 313) expose avec brièveté les différentes doctrines sur l'âme. Plus loin (*ibid.*, VII, 349) il invoque le témoignage d'Énésidème, qu'il nomme à propos d'Héraclite, puis en même temps que Straton. Tertullien (*de anima*, c. 15) fait ce

Nous pouvons considérer les chapitres 12, 26-22, 52 comme formant une partie bien distincte où Cicéron essaye de prouver scientifiquement l'immortalité de l'âme. Il invoque le témoignage de l'antiquité qui, plus près de son origine divine, apercevait mieux le vrai. Le ciel tout entier a été peuplé par les hommes et par ceux dont en Grèce on montre encore les tombeaux. Ces preuves sont empruntées aux Stoïciens. Ils s'accommodaient de la doctrine d'Évémère, qui voyait dans les dieux des hommes divinisés. Comme exemple, Cicéron nous cite Hercule, qui était justement le modèle choisi par les Stoïciens. L'idée que seules les âmes d'élite parvenaient au ciel se trouve dans le *Songe de Scipion* (1); cette doctrine était empruntée à Platon (2); mais elle est déjà celle des mystères, et les Stoïciens, qui prenaient dans les croyances populaires tout ce qu'ils pouvaient expliquer par la raison, l'avaient adoptée. Mais ils rejetaient dans les mythes ce dont l'absurdité était évidente (3). Cicéron n'est donc pas infidèle à leur doctrine en se moquant des enfers.

La preuve la plus forte de l'existence des dieux, c'est, dit Cicéron (4), qu'il n'y a pas de nation si sauvage ni si barbare qui

---

double rapprochement. Sextus et Soranus semblent donc avoir puisé également dans Énésidème. Telle serait aussi la source de Cicéron. On ne saurait guère douter, après la démonstration de M. Haase (*de philosoph. scept. successione*, Virzibourg, 1875, p. 15), qu'Énésidème ait envoyé ses livres pyrrhoniens à L. Tubéron, ami de Cicéron. Le goût de la philosophie était héréditaire dans cette famille. C'était pour Tubéron que Panétius avait composé une lettre sur les moyens de guérir la douleur et qu'Hécaton avait écrit sa *Morale*. Peut-être Énésidème avait-il puisé lui-même à des *placita* très anciens. Cicéron aurait pu s'adresser à la même source; mais il est peu probable qu'il l'ait fait; il est plus vraisemblable qu'il s'est servi du livre d'Énésidème. Cependant on ne saurait l'affirmer. La réputation des philosophes sceptiques était enfermée dans l'enceinte de leur école. On trouve dans Cicéron de nombreuses opinions des Sceptiques récents, nulle part des théories empruntées à Énésidème. Cicéron défend, en plusieurs endroits, la doctrine éteinte des anciens Sceptiques, mais ce doit être d'après les écrits de Clitomaque; il est possible qu'il n'ait pas connu le livre d'Énésidème, ou l'ait volontairement ignoré.

(1) *Répub.*, VI, c. 26. — (2) *Phédon*, 108 A. — (3) Cf. Sénèque, *Consol. ad Marc.*, 19, 4. — (4) I, 16, 36.

ne crois aux dieux ; il en est de même pour l'immortalité de l'âme. Les Stoïciens accordaient beaucoup au consentement universel ; ils pensaient que les κοιναί ἔννοιαι, comme l'idée du bien et du mal et celle de l'immortalité, produites par la nature, et non par l'art, ne pouvaient être fausses.

Cicéron passe ensuite aux arguments philosophiques en faveur de l'immortalité de l'âme (1). Il dit que Phérécyde et son disciple Pythagore ont enseigné que l'âme était immortelle, mais que le premier qui ait donné les preuves de cette immortalité, c'est Platon. Il ajoute qu'il aime mieux se tromper avec Platon que d'être dans le vrai avec les autres philosophes. On croirait dès lors que les arguments qu'il va donner sont tout platoniciens ; il n'en est rien. Ce qui suit, comme ce qui précède, semble emprunté au Portique. Le système du monde que Cicéron nous expose (2) est celui des Stoïciens ; comme eux, Cicéron reconnaît quatre éléments, l'eau et la terre au centre, au-dessus l'air, et tout en haut le feu ou l'éther.

« Pour en revenir aux quatre éléments connus, dit Cicéron, il faut, si l'âme en est formée, comme l'a cru Panétius, qu'elle soit un air enflammé. D'où il suit qu'elle doit gagner la région supérieure ; car ni l'air ni le feu ne peuvent descendre ; ils montent toujours. Ainsi, supposé qu'enfin ils se dissipent, c'est loin de la terre ; et supposé qu'ils ne se dissipent pas, mais qu'ils subsistent intacts, ils tendent encore plus nécessairement en haut et percent cet air impur et grossier qui touche la terre. » (3) Les Stoïciens n'étaient pas d'accord sur la nature de Dieu, dont ils faisaient tantôt l'éther, tantôt le feu, tantôt l'air pénétrant et réunissant toutes choses (4) ; mais ils regardaient tous Dieu comme un élément matériel. Ils paraissent avoir eu des opinions aussi divergentes sur la nature de l'âme humaine ; mais ils s'accordaient à y voir une parcelle détachée de l'âme du monde ou de Dieu. Aussi s'est-on étonné que Cicéron, dans le passage cité plus haut, attribue particulièrement à Panétius une doctrine qui était celle de tous les Stoïciens. Ce serait là

---

(1) I, 16, 38. — (2) I, 17, 40. — (3) I, 18, 42. — (4) *De nat. deor.*, II, 9, 24, sq.

une preuve que Cicéron avait sous la main quelque livre de Panétius auquel il empruntait ces arguments.

Mais Panétius, se séparant ici des autres Stoïciens, enseignait qu'il n'y avait absolument pas d'immortalité pour l'âme (1) et qu'elle périssait avec le corps (2).

On a prétendu, au contraire, qu'aucun écrivain ne rapportait que Panétius, sur la question de l'immortalité de l'âme, se fût écarté des autres Stoïciens. Le passage cité montrerait seulement qu'il n'approuvait pas l'opinion de Platon, suivant qui l'âme existait avant la naissance de l'homme et persistait éternellement après sa mort. Or personne, en se déclarant Stoïcien, ne pouvait admettre cette opinion. Quant aux deux raisons que Panétius donnait contre l'immortalité, elles n'indiqueraient pas si l'âme périssait avec le corps, ou seulement après un certain intervalle de temps (3).

Cette argumentation est plus spécieuse que décisive. Sans doute un Stoïcien orthodoxe devait combattre la doctrine de l'immortalité, en tant que celle-ci consistait dans une durée infinie et non dans une certaine persistance après la mort. Mais les objections de Panétius n'ont pas seulement cette signi-

(1) Zeller, III^a, 563 ; Steinhart (art. *Panétius*, dans l'encycl. d'Ersch et Gruber) ; van Lynden, *de Panætio*. — (2) *Tusc.*, I, 32, 78. M *(Le Maître)*. « Quant à nos amis les Stoïciens, avons-nous tort de les abandonner, du moins ceux d'entre eux qui disent que les âmes subsistent encore quelque temps au sortir du corps, mais non éternellement ? — A *(L'Auditeur)*. « Non, pour ceux-là du moins qui, d'un côté, accordent ce qu'il y a de plus difficile, à savoir que l'âme, quoique séparée du corps, peut subsister, et qui, d'autre part, ne veulent pas que l'âme puisse durer toujours. De ces deux points, non seulement le dernier est aisé à croire, mais il suit naturellement du premier. » — M. « Vos critiques sont justes, et il en est ainsi. Que penser donc de Panétius, qui se révolte contre Platon ?.... Il ne rejette de toutes ses doctrines que celle sur l'immortalité, et il appuie la négative sur deux raisons : l'une que la ressemblance qui se remarque non seulement dans les traits, mais encore dans l'esprit, fait voir que les âmes sont engendrées ; d'où il conclut que les âmes sont mortelles, parce que tout être qui est produit doit être détruit, comme tout le monde en convient ; — l'autre que tout ce qui peut souffrir peut aussi être malade ; que tout ce qui est malade est mortel, et que par conséquent les âmes, puisqu'elles peuvent souffrir, ne sont pas immortelles. » — (3) Heine, *ibid*.

fication ; c'est ce qu'on voit par la manière dont Cicéron les mentionne. Il distingue nettement Panétius des Stoïciens qui disent que les âmes existent encore un certain temps après la mort. Ceux-ci sont réfutés dans ce qui précède et il ne reste plus que deux hypothèses possibles, celle de Platon et celle de Panétius ; la première qui reconnaît aux âmes une durée indéfinie après la mort, la seconde qui leur en refuse aucune, quelle qu'elle soit. La même conséquence apparaît clairement par les objections que Cicéron emprunte à Panétius, surtout la seconde. Ceux qui laissaient subsister l'âme jusqu'à l'embrasement du monde devaient fonder la négation de sa durée indéfinie, non sur ce fait que l'âme pouvait devenir malade et mourir, mais sur ce que l'âme ne saurait échapper au sort de l'univers (1).

Nul écrivain, dit-on, ne nous rapporte que Panétius, sur la question de l'immortalité de l'âme, se séparait des autres Stoïciens. Panétius aurait nié non pas l'immortalité temporaire, mais l'immortalité indéfinie, avec préexistence à la vie humaine. Mais Asclépius dit que Panétius affirmait que l'âme était mortelle (2). Asclépius ajoute que Panétius voulut confirmer sa doctrine par le témoignage de Platon ; il prétendait que le *Phédon* était apocryphe. Dans ce dialogue Platon affirme nettement l'immortalité personnelle, tandis que dans ses autres écrits on peut croire qu'il a entendu l'immortalité dans le sens du retour de l'âme humaine au sein de l'âme universelle, ce qui est à peu près la doctrine stoïcienne. Ce qu'il importait à Panétius, c'était de détruire l'importance des objections qu'on pouvait tirer du *Phédon*. Voilà pourquoi il nia l'authenticité de ce dialogue (3).

Mais quel est l'auteur grec suivi par Cicéron ? L'idée que les premiers hommes étaient plus sages que nous appartenait aux

(1) L'opinion de M. Zeller a été reprise par M. Corssen (*de Posidonio Rhodio*, Bonn, 1878) et admise par M. Heine (préface de la 3e éd. des *Tusc.*, p. XIX). — (2) *Schol. Aristot.*, 576a, 35 ff. Hirzel, I, 232. M. Zeller et d'autres doutent que le Panétius dont parle Asclépius soit le fameux philosophe stoïcien ; mais M. Hirzel a raison de soutenir que c'est bien lui dont il s'agit. — (3) Ce fait avait déjà été révélé par une épigramme de l'*anthologie palatine* (9, 358, éd. Dübner). Cette hardiesse dans l'exégèse ne doit pas nous

Stoïciens. On trouve la même opinion chez Sénèque (1), et l'on a supposé avec beaucoup de vraisemblance que ce dernier imitait ici le *protrepticos* de Posidonius (2). On rencontre les mêmes idées au commencement du livre V des *Tusculanes*, qui semble emprunté à Posidonius. C'est certainement de Posidonius que vient la phrase : « Un seul jour bien employé suivant tes préceptes (de la philosophie) est préférable à l'immortalité qu'on passerait à commettre des fautes (3). » On retrouve la même phrase dans Sénèque (4). Dans ce passage Cicéron fait l'éloge de la philosophie, à laquelle il attribue, comme Sénèque, l'invention des arts et l'origine de la société.

On rencontre d'autres particularités qui ne peuvent être attribuées qu'à Posidonius, et qui s'éloignent beaucoup de la doctrine générale des Stoïciens. Ceux-ci faisaient venir les passions de l'âme elle-même. Ne reconnaissant qu'un principe d'action qu'ils mettaient dans l'âme, et ne séparant pas les sens de l'âme, dont ils étaient comme les instruments, les Stoïciens ne pouvaient accorder au corps le pouvoir de porter le désordre dans l'âme (5). Posidonius rejeta nettement l'opinion de Chrysippe et des autres Stoïciens. Il leur demandait pourquoi les passions grandissaient tellement qu'elles n'obéissaient plus à la raison. Pour lui, il en revint à la doctrine de Platon, et distingua dans l'âme non des parties, mais trois facultés (6). Les paroles de Cicéron (7) s'accordent bien avec cette théorie. Si les passions de l'âme se rapportent au corps de telle sorte que, par son union

---

étonner chez Panétius ; car, d'après le scholiaste d'Aristophane (*Gren.*, vers 1493), il disait que les vers chantés alors par le chœur ne concernaient pas Socrate, mais un poète dramatique inconnu.

(1) *Ep.*, 90. — (2) Bake (*Posidonii reliquiæ*, p. 36). — (3) *Tusc.*, V, 2, 5. — (4) *Ep.*, 78, 28. — (5) Conformément à cette doctrine, Panétius disait que le corps était plutôt troublé par l'âme que l'âme par le corps. (*Tusc.*, I, 52, 79.) Aussi niait-il que l'âme séparée et délivrée du corps fût exempte de maladie ; mais plaçant dans l'âme elle-même les causes de maladie, il faisait ce raisonnement : ce qui souffre périt ; les âmes souffrent ; donc elles doivent périr. Cette opinion ne peut se concilier avec ce qu'on lit plus haut. (*Tusc.*, I, 19, 44.) C'est une preuve nouvelle que Panétius n'a pas été le modèle de Cicéron. — (6) Galien, *de placit. Hipp. et Pl.*, p. 432. — (7) *Tusc.*, I, 19, 44.

contagieuse, il trouble l'intelligence, la séparation de l'âme d'avec le corps délivre l'intelligence de ces mouvements tumultueux.

La doctrine de Posidonius est encore éclaircie par plusieurs passages du livre I du *de divinatione,* qui, comme nous le montrerons plus loin, est emprunté à Posidonius (1). Le plus fort des arguments que Quintus Cicéron donne en faveur de la divination naturelle, c'est que le corps produit les erreurs et les troubles de l'âme; donc, si elle est délivrée de lui, elle prévoit l'avenir par la force divine qui est en elle (2).

Cicéron dit qu'il ne voit pas pourquoi la doctrine de Pythagore et de Platon sur l'immortalité de l'âme ne lui paraîtrait pas vraie (3). Nous apprenons par Galien (4) que Posidonius dans son livre des *passions,* où il attaquait Chrysippe et ses sectateurs, empruntait ses théories sur l'âme à Pythagore et à Platon, qu'il nommait expressément.

Cicéron n'admet pas que l'âme reçoive une empreinte, comme la cire, et que la mémoire soit les traces de cette empreinte sur l'esprit (5). Il croit que les notions des choses sont innées et que, par conséquent, l'âme existe avant la naissance de l'homme. Le résumé de cet argument est: Comme les âmes ne naissent pas, elles ne meurent pas non plus. Or, Panétius disait que les âmes naissent et que, par suite, elles sont mortelles (6). Les Stoïciens postérieurs durent réfuter cet argument, ou se ranger à l'opinion de Panétius. Nous apprenons par Lactance (7) que les Pythagoriciens et les Stoïciens, de peur qu'on ne dît que l'âme mourait avec le corps, puisqu'elle naissait avec lui, prétendirent que les âmes ne prenaient pas naissance, mais que plutôt elles entraient dans les corps. Cette doctrine est contraire au sentiment primitif du Portique; mais les Stoïciens postérieurs, pour sauver l'immortalité de l'âme, s'adressèrent sans doute à Pythagore et à Platon, comme nous avons vu plus haut que fit Posidonius. Ainsi Sénèque, en beaucoup d'endroits,

(1) Cf. *de divinat.,* I, §§ 55; 125-131. — (2) *De divinat.,* I, 30, 63. — (3) *Tusc.,* I, 21, 49. — (4) Galien, *ibid.,* p. 401. — (5) I, 25, 61. — (6) I, 32, 79. — (7) *Div. instit.,* III, 18.

parle de l'âme comme si elle ne naissait pas avec le corps; il dit qu'elle est descendue du ciel et qu'elle doit y retourner. Or nous savons que parmi les auteurs qu'avait lus Sénèque était surtout Posidonius, qu'il compte parmi ceux qui ont le plus fait pour la philosophie (1), et qu'il met de pair avec les plus illustres Stoïciens (2).

Nous trouvons ensuite (3) plutôt « une déclamation de vieillard », pour employer le terme même de Cicéron (4), qu'une argumentation de philosophe. Le langage de Cicéron est parfois contradictoire. Ainsi il prétend que « l'âme n'est pas un mélange et un composé, qu'elle n'est rien qui vienne de la terre, de l'eau, de l'air ou du feu » (5), oubliant qu'il a dit que l'âme paraissait formée d'air subtil et de feu (6), et, ailleurs (7), qu'il ne savait si l'âme était un souffle ou du feu.

Plus loin (8), on reconnaît des idées empruntées à Platon, entre autres cette maxime qu'il met dans la bouche de Socrate: Toute la vie des philosophes est une méditation de la mort. Il semble que, pour toute cette partie, Cicéron se soit inspiré de Platon, mais sans pénétrer toute la subtilité de sa doctrine. Aussi bien son langage et sa façon de traiter le sujet indiquent qu'il subit ici l'influence des idées stoïciennes (9).

Nous croyons que Cicéron s'est servi jusqu'à présent d'un livre de Posidonius; mais quel est ce livre? On ne saurait guère le dire; car nous ne possédons plus la liste des ouvrages du philosophe grec. Peut-être est-ce le περὶ ψυχῆς, que mentionne Eustathe (10). Ce qui le ferait croire, c'est que Cicéron, sans traiter certaines

---

(1) *Ep.*, 90, 20. — (2) *Ep.*, 33, 4; 104, 22; 108, 38. — (3) *Tusc.*, I, §§ 62-71. — (4) I, 4, 7. — (5) I, 27, 66. — (6) I, 19, 43. — (7) I, 25, 60. — (8) §§ 71-75. — (9) Ainsi il dit (§ 74) que le Dieu qui règne en nous nous défend de sortir de la vie sans son ordre. L'expression: « *dominans ille in nobis Deus* » rappelle la lettre 41 de Sénèque, qui prétend qu'« un esprit sacré habite en nous, que Dieu est près de nous, qu'il est en nous ». Ce Dieu n'est autre que le δαίμων ἐν αὐτοῖς de Posidonius, ou la raison humaine se conformant à la loi de la nature. Cicéron pouvait avoir trouvé dans Posidonius les idées platoniciennes qu'il exprime; car Posidonius avait beaucoup emprunté au *Phédon*. — (10) *Comment. sur Hom.*, p. 910, éd. de Rome.

questions qui ont rapport à l'âme, les mentionne cependant, de telle sorte qu'il paraît en avoir lu plus long dans son modèle grec (1). Quoi qu'il en soit, on ne connaît pas du tout quel était le caractère du traité *sur l'âme* de Posidonius, et l'on ne saurait dire que ce soit de cet ouvrage que Cicéron s'est inspiré. Ce qu'on peut seulement affirmer, c'est qu'il s'est servi d'un livre de Posidonius.

Dans la dernière partie du livre I des *Tusculanes* (2), Cicéron dit qu'il ne faut pas non plus craindre la mort dans le cas où l'âme périrait avec le corps. Il s'appuie surtout sur l'argument déjà exposé au commencement du livre, que les morts n'étant plus rien ne sont pas malheureux, et que, n'ayant plus le sentiment, ils n'éprouvent pas le besoin des avantages de la vie dont ils sont privés. Ce raisonnement, commun à beaucoup de philosophes, était surtout employé par les Épicuriens (3). Presque toutes les idées de Cicéron paraissent ici empruntées au livre de Crantor περὶ πένθους. Cicéron mentionne plusieurs fois cet ouvrage et Plutarque dit qu'il s'en est lui-même servi dans la *Consolation à Apollonius*. On ne peut guère douter qu'ils doivent tous deux au περὶ πένθους non seulement les passages qu'ils avouent avoir pris à Crantor, mais encore les exemples et les arguments qui se trouvent à la fois dans les deux écrits (4). L'auteur de l'*Axiochus*, dialogue qu'on attribue à Platon, semble s'être également servi de Crantor. Il raconte, comme Cicéron et Plutarque, la fable de Trophonius et d'Agamède. On trouve aussi un passage analogue dans la première *Tusculane* et dans l'*Axiochus* (5).

---

(1) Ainsi « l'âme, dit Cicéron (§ 67), ne voit pas, ce qui est très peu de chose, comment elle est faite. — Peut-être le voit-elle, ajoute-t-il; mais laissons cela ». Et plus loin (§ 70) : « Où donc est l'âme ? dans la tête, je crois, et je pourrais en donner des preuves ; mais nous examinerons ailleurs quel est le siège de l'âme. » — (2) I, c. 34, sq. — (3) Diog. Laert., X, 124 ; Sextus Emp., *Hypoth.*, III, 229.— (4) Voir chez M. Heine (3ᵉ éd. des *Tusc.*, introd., p. xix) les passages communs à Cicéron et à Plutarque. — (5) *Tusc.*, I, 37, 90 : « Si l'on voulait bien comprendre, ce qui est plus clair que le jour, qu'après la destruction de l'âme et du corps l'animal est si parfaitement anéanti que dès lors il n'est absolument rien,

Il est peu vraisemblable, a-t-on dit(1), que Cicéron se soit servi deux fois, à un court intervalle de temps, de l'opuscule de Crantor, d'abord dans son livre de la *Consolation*, puis dans les *Tusculanes*. D'ailleurs Cicéron pour la manière de supporter le chagrin, n'approuve pas l'opinion de Crantor. — Mais Cicéron a souvent emprunté des préceptes et des exemples à des philosophes dont il ne partageait pas la doctrine. De plus, il peut simplement se rappeler ce qu'il a pris autrefois dans le livre de Crantor. Dans les *Tusculanes*, dit-il, il ne fait que toucher ce qu'il a développé plus longuement dans la *Consolation*.

On a prétendu, dans ces derniers temps, que Cicéron s'était servi d'un seul traité grec pour toute la première *Tusculane* (2). On signale d'ordinaire une différence bien marquée entre le commencement du livre, où Cicéron s'efforce de démontrer l'immortalité, et la fin, où il dit que, si l'âme était mortelle, il ne faudrait pas non plus craindre la mort. Il y aurait au contraire des rapports entre ces deux parties (3). Mais ces prétendus rapports sont accidentels et si peu marqués qu'on peut dire qu'ils n'existent pas.

Les passages communs entre Cicéron et Plutarque ne seraient pas empruntés à Crantor. Ce qui le prouverait, c'est que Cicéron et Plutarque ont une pensée semblable qui ne peut venir de Crantor. Cicéron dit que, « suivant Callimaque,

on verrait qu'il n'y a aucune différence aujourd'hui entre un hippocentaure, qui n'exista jamais, et le roi Agamemnon, qui existait autrefois, et que Camille n'est aujourd'hui pas plus sensible à notre guerre civile que moi, de son vivant, je l'étais à la prise de Rome. » *Axiochus*, ch. 9 : « C'est donc par une frayeur imaginaire qu'Axiochus gémit sur un malheur qui n'est et ne sera jamais pour Axiochus. C'est comme si quelqu'un tremblait à la pensée de Scylla ou d'un Centaure, qui n'existent pas maintenant et n'existeront pas davantage après sa mort. » Ch. 3 : « Sous l'administration de Dracon et de Clisthène tu ne souffrais aucun mal, car tu n'avais pas commencé d'exister ; il en sera de même après ta mort, car tu n'existeras plus. »

(1) Kayser (*de Crantore Academico*, p. 37). — (2) P. Corssen (Sources de Cicéron pour la première *Tusculane, Rhein. Mus.*, 1881, p. 506, sq.). — (3) I, §§ 36, 37 et 102 ; 105-106.

Priam pleura beaucoup plus souvent que Troïle (1) ». On trouve la même pensée chez Plutarque (2). Or il est impossible que Crantor ait cité Callimaque : Crantor mourut avant Polémon, dont on doit placer la mort en 270 (3). Callimaque florissait justement à cette époque. — Mais il avait déjà peut-être publié quelque ouvrage auparavant; car certains auteurs placent sa naissance en 320 et non 300 av. J.-C. De plus, en admettant que Cicéron ait trouvé la pensée de Callimaque ailleurs que chez Crantor, il n'est pas impossible que Plutarque ait lu les *Tusculanes*. Aussi bien le rapport entre Cicéron et Plutarque peut être ici purement fortuit. Mais on ne saurait croire que Cicéron et Plutarque n'aient pas puisé à la même source les pensées qui leur sont communes, lorsqu'ils avouent tous deux qu'ils se sont servis de l'ouvrage de Crantor.

Les raisons en faveur de l'immortalité de l'âme données par Cicéron (4) ont une couleur platonicienne et semblent traduites du *Phédon* (5) ; Plutarque de son côté cite mot à mot (6) un passage du *Phédon* (7) ; ce serait une preuve que Cicéron et Plutarque ne se sont pas servis de Crantor. — Mais rien n'empêchait Plutarque de citer directement le *Phédon*. Quant à Cicéron, il avait, suivant son propre témoignage, exposé dans sa *Consolation* les preuves de l'immortalité qu'il reproduit dans la première *Tusculane*. Il peut très bien avoir pris ces preuves dans le livre de Crantor ; si elles ont une couleur platonicienne, c'est que Crantor était partisan de l'Académie.

Donc il est peu vraisemblable que Cicéron, pour la dernière partie de la première *Tusculane*, se soit, comme pour le commencement, servi d'un ouvrage de Posidonius.

Mais Cicéron s'est encore inspiré d'ouvrages autres que celui de Crantor. Il rappelle (8) le discours que Platon fait tenir à ses juges par Socrate condamné à mort (9) ; il indique les coutumes des différentes nations pour la sépulture (10) ; il doit avoir emprunté ces détails à Chrysippe qui en avait recueilli un

---

(1) I, 39, 93. — (2) Ch. 24. — (3) Diog. Laert., VI, 27. — (4) *Tusc.*, I, §§ 44-47. — (5) 65 C D. — (6) 108 A D. — (7) 66 B - 67 B. — (8) I, 41, 97. — (9) *Apol.*, ch. 32. — (10) *Tusc.*, I, 43, 102.

grand nombre. On trouve en partie les mêmes exemples racontés presque dans les mêmes termes chez Sextus Empiricus (1). Nous lisons au même endroit chez ce dernier les vers d'Euripide que Cicéron a traduits en latin (2).

En résumé, Cicéron pour le commencement de la première *Tusculane* semble s'être surtout inspiré de Posidonius, et pour la fin de Crantor. Mais ce n'étaient probablement ici que de simples réminiscences, auxquelles étaient venus se joindre beaucoup de souvenirs étrangers.

Lucrèce, quelques années avant Cicéron, avait consacré tout un livre de son poème, et le plus beau de tous (3), à nier l'immortalité de l'âme. Les raisonnements passionnés et les vives peintures du poète épicurien avaient dû produire une vive impression sur les hommes de son temps. Lucrèce faisait parler la nature, qui nous reproche notre désir déraisonnable de vivre toujours ; il montrait tout ce qu'avait de vain la crainte des supplices du Tartare, et soutenait que l'enfer était seulement dans notre cœur agité par les passions.

Mais l'âme humaine préfère encore la souffrance au néant. Lucrèce célèbre avec une sorte d'enthousiasme religieux son maître Épicure dont la doctrine a procuré au monde la paix dans le néant. Mais le poète est moins convaincu qu'il ne le voudrait. Il lui reste une inquiétude secrète, qui se manifeste par une amertume passionnée. S'il était sincère avec lui-même, il s'avouerait qu'il n'a pas trouvé dans la philosophie d'Épicure le bonheur et le repos qu'il cherchait. Plutarque avait raison de soutenir qu'on ne peut vivre heureux en suivant les préceptes d'Épicure.

La théorie épicurienne de la mort conserve un semblant d'efficacité dans les époques calmes ; mais elle est insuffisante dans les périodes troublées, parce qu'elle ne réussit pas à détruire la crainte de la mort en affirmant qu'il n'y a rien

---

(1) *Hypoth.*, III, 226, sq. — (2) *Tusc.*, I, 48, 115. On trouve également ces vers dans Plutarque, *Consol. à Apol.*, p. 109. — (3) Le livre III. Cf. C. Martha, *le poème de Lucrèce*, 1/12, 1873 : *la crainte de la mort et la vie future*, p. 113, sq.

au delà de cette vie. Pour mourir sans regret, ou même avec joie, il faut qu'on sache qu'on ne meurt pas tout entier. On comprend dès lors pourquoi Cicéron, qui composait la première *Tusculane* au moment du meurtre de César, c'est-à-dire à l'une des époques les plus tristes de l'histoire romaine, ne s'est pas contenté de reproduire les raisonnements de Lucrèce contre l'immortalité de l'âme. Il commence, au contraire, par affirmer cette immortalité, et ce n'est qu'à la fin du livre qu'il dit que, si l'âme est mortelle, il ne faut pas non plus craindre la mort. Il veut convaincre tous les lecteurs, même les partisans d'Épicure. C'est là ce qui dut faire surtout l'intérêt et l'efficacité de son livre.

En l'écrivant, Cicéron songeait à lui-même et n'oubliait pas ses contemporains. Il s'était sans doute demandé plus d'une fois ce qu'il y avait au delà de la mort. Lorsqu'on est sûr de fournir toute sa carrière, ces questions excitent une anxiété moins poignante. La mort est le terme inévitable où il faut bien toujours finir par arriver. Mais lorsqu'on court à chaque instant le risque de voir sa vie terminée par un accident violent, lorsqu'on est persuadé qu'elle ne s'achèvera pas paisiblement, mais sera tout à coup interrompue, alors on s'inquiète de la mort.

Quand nous lisons aujourd'hui la première *Tusculane*, où Cicéron veut prouver que la mort n'est pas un mal, nous sommes tentés de ne voir là qu'un lieu commun et de regarder « tous ces beaux développements comme un exercice oratoire et une amplification d'école. Il n'en est rien cependant et la génération pour laquelle ils étaient écrits y trouvait autre chose. Elle les lisait à la veille des proscriptions et sortait de cette lecture plus ferme, plus résolue, mieux préparée à soutenir les grands malheurs qu'on prévoyait. Atticus lui-même, l'égoïste Atticus, si éloigné de risquer sa vie pour personne, y prenait une énergie inconnue. « Vous me dites, lui écrit Cicéron, que « mes *Tusculanes* vous donnent du cœur : tant mieux ; il n'y a « pas de ressource plus prompte et plus sûre contre les événe- « ments que celle que j'indique (1). » Cette ressource, c'était la

---

(1) *Ad Att.*, XV, 2.

mort. Aussi que de gens en ont profité. Jamais on n'a vu un plus incroyable mépris de la vie ; jamais la mort n'a fait moins de peur. Depuis Caton, le suicide devient une contagion, une frénésie (1). »

La mort, suivant Cicéron, n'est pas le commencement d'une existence misérable ; c'est la fin de tous les maux, ou bien l'entrée dans la véritable vie dont celle d'ici-bas n'est que l'ombre. La véritable mort, c'est la vie terrestre (2). Aussi, à la fin de la *République* (3), Scipion demande-t-il à son aïeul s'il ne doit pas se hâter de quitter la terre. On commence à regarder le corps comme un obstacle pour l'âme qu'il trouble et qu'il asservit. On ne voit plus dans l'union de l'âme et du corps un fait nécessaire ; cette union peut cesser et le corps périr sans que l'âme soit anéantie du même coup ; au contraire, rien alors n'entrave plus son activité. Pendant la vie deux principes, l'un inférieur, l'autre supérieur, étaient enchaînés ensemble. La mort, en détruisant le principe inférieur, rend à l'autre la liberté (4).

Dans le *Songe de Scipion* l'immortalité nous apparaît surtout comme le privilège réservé aux grands hommes. « Cicéron a l'air de se figurer le ciel comme un Sénat d'en haut, où siègent sur des chaises curules des consulaires éternels (5). » C'était une conception stoïcienne. Dans la première *Tusculane*, chacun semble avoir le même droit à l'immortalité. Le plus grand bonheur de ceux dont l'âme a survécu à la mort est de contempler l'ordre du monde et de prêter l'oreille à l'harmonie des sphères. Les joies intellectuelles sont, en effet, les plus pures de toutes, et celles qui jamais ne produisent de dégoût. Lucrèce

---

(1) G. Boissier, *Cic. et ses amis*, 342. — (2) *Ii vivunt qui e corporum vinculis tanquam e carcere evolaverunt ; vestra vero quæ dicitur vita mors est (De rep.*, VI, 14). — (3) *De repub.*, VI, 15. C'est ainsi qu'un Grec se jeta dans la mer après avoir lu le *Phédon (Tusc.*, I, 34, 84). — (4) Déjà, dans l'*Hortensius*, Cicéron avait rappelé, d'après Aristote dans ses *Dialogues*, la coutume des brigands d'Étrurie qui liaient un vivant à un cadavre pour le faire mourir dans cet horrible rapprochement. C'était l'image de l'union de l'âme avec le corps. — (5) E. Havet, *le christ. et ses orig.*, II, 130.

faisait dire par la nature à l'homme qui ne veut pas mourir : « Crois-tu donc que j'inventerai pour toi de nouveaux plaisirs ! » Mais ce n'est que dans le monde des sens que tout est toujours la même chose. Les joies du corps ne sont pas bien longues ni bien vives ; de toutes parts elles sont bornées par la douleur. Il n'en est pas de même pour celles de l'âme : elles ne connaissent ni interruption ni limite.

Chez Cicéron l'immortalité était donc devenue plus riante et méritait davantage d'être souhaitée. Virgile avait d'abord partagé les idées épicuriennes sur la mort et l'autre vie. « Heureux, dit-il dans les *Géorgiques* (1), celui qui a pu connaître les causes des choses, et qui a mis sous ses pieds toute crainte et le bruit de l'avare Achéron ! » Plus tard Virgile revint aux croyances populaires. Dans le livre VI de l'*Énéide* il unit aux anciennes traditions les idées nouvelles qu'on se faisait des enfers (2). Sous l'empire la doctrine d'Épicure conserve encore des partisans déclarés, comme Pline l'Ancien, qui, dans un passage célèbre de l'*Histoire naturelle* (3), traite ceux qui défendent l'immortalité en véritables ennemis du genre humain. Mais depuis Auguste la croyance que l'âme périt avec le corps perdait du terrain ; l'idée que chacun est récompensé ou puni après la vie se répandait de plus en plus sous l'influence du christianisme.

Le livre II.

La seconde *Tusculane* traite des moyens de supporter la douleur. C'est un sujet analogue à celui que Cicéron avait développé dans sa *Consolation*. Les anciens n'avaient pas inventé tous les moyens qu'on a découverts de nos jours pour supprimer ou diminuer la douleur physique. Mais il n'est guère de raison morale de se consoler d'un chagrin ou de supporter une souffrance qu'ils n'aient connue et indiquée, et Cicéron pouvait abondamment trouver dans les écrits des

---

(1) II, 490. — (2) G. Boissier, *la relig. romaine : le sixième livre de l'Énéide*, I, 263, sq. — (3) VII, 55-56.

philosophes grecs des préceptes et des exemples pour traiter la question qui est l'objet de la seconde *Tusculane*.

Les trois premiers chapitres du livre II des *Tusculanes* sont remplis par des considérations sur la philosophie (1). Cicéron reproduit peut-être ici quelques-unes des idées exprimées dans l'*Hortensius*. Cicéron aborde ensuite son sujet, qui est les moyens de supporter la douleur. Mais ce n'est qu'au chapitre 6 qu'il commence de traiter véritablement la question. Il appelle efféminée et énervée l'opinion d'Aristippe adoptée par Épicure, suivant laquelle la douleur serait le plus grand des maux. Il se moque d'Épicure qui dit que, même dans le taureau de Pérille, le sage s'écriera : « Que ceci est agréable ! que j'en suis peu ému ! » (2)

Nous trouvons ensuite plusieurs citations ; d'abord six vers du *Philoctète* d'Accius. Les deux premiers sont également dans le livre II du *de finibus* (3). Viennent ensuite deux fragments considérables ; le premier est emprunté aux *Trachiniennes* de Sophocle, le second au *Prométhée* d'Eschyle. Ce sont probablement des traductions faites par Cicéron dans sa jeunesse. Les philosophes grecs, excepté Chrysippe, n'avaient pas de si longues citations, et Chrysippe, dont le langage était si épineux, ne saurait avoir été le modèle de Cicéron.

Cicéron ne paraît pas s'inspirer du Portique ; car il critique la doctrine stoïcienne sur la douleur (4). Il semble s'éloigner d'autant plus des Stoïciens qu'il ajoute (5) : « Je trouve plus raisonnable d'avouer qu'il faut mettre au rang des maux tout

---

(1) M. Zietzschmann (*de Tusc. disputat. fontibus*, Halle, 1868) a étudié les sources de la seconde et de la cinquième *Tusculanes*. — (2) *Tusc.*, II, 7, 18. — (3) 29, 74. — (4) *Tusc.*, II, 12, 29. « Parmi les Stoïciens, dit-il, on a recours à de petites subtilités pour prouver que la douleur n'est pas un mal ; comme s'il était question du mot et non de la chose. Zénon, pourquoi me tromper ? Vous m'assurez que ce qui me paraît horrible n'est point un mal. Et moi, curieux de savoir par quelle raison, je vous le demande. « Parce « que, dites-vous, rien n'est un mal que ce qui déshonore, ce qui est un vice. » Réponse pitoyable, et qui ne fait pas que je ne souffre point. Je sais que la douleur n'est pas un crime ; cessez de vouloir me l'apprendre ; mais prouvez-moi qu'il m'est indifférent de souffrir ou de ne pas souffrir. » — (5) *Tusc.*, II, 13, 30.

ce qu'abhorre la nature, et au rang des biens tout ce qu'elle désire. » C'est ici une doctrine tout à fait contraire à celle des Stoïciens, qui refusaient de compter parmi les biens l'objet des désirs naturels, parce qu'ils ne reconnaissaient d'autre bien que le bien moral. Mais peut-être la critique de Cicéron ne s'adresse-t-elle qu'aux Stoïciens primitifs.

Nous lisons ensuite cette maxime stoïcienne : « Si vous perdez une seule des vertus, ou, pour parler plus juste, puisqu'on ne saurait perdre la vertu, si vous avouez qu'il vous en manque une seule, sachez qu'elles vous manquent toutes. » Telle était en particulier l'opinion de Panétius : suivant une élégante comparaison, que nous a conservée Stobée (1), Panétius regardait les vertus comme placées les unes à côté des autres sur le point de mire d'un archer.

Dans les chapitres suivants Cicéron semble parler en son propre nom ; mais il ne faut pas trop se fier à cette apparence. Les Stoïciens récents, comme Panétius et Posidonius, ne négligeaient pas leur style et l'ornaient de traits historiques. Tous les exemples cités par Cicéron sont grecs, à l'exception de deux empruntés à l'histoire romaine et à la vie commune. Ce qui ferait croire aussi que Cicéron ne cesse pas d'avoir sous les yeux un ouvrage grec, c'est qu'il accuse de pauvreté la langue grecque, parce qu'elle n'a qu'un seul mot pour rendre « *dolere* et *laborare*. » Cependant ἀλγεῖν et πονεῖν paraissent répondre exactement aux deux mots latins, de même qu'à *labor* et *dolor* correspondent πόνος et ἄλγος (2).

Plus loin Cicéron paraît revenir aux arguments philosophiques. « Rechercher, dit-il, si la douleur est un mal, c'est l'affaire des Stoïciens, qui veulent nous prouver la négative par de petits arguments entortillés, où il n'y a rien de palpable. Pour moi, je ne pense pas que la douleur soit ce qu'on

---

(1) *Ecl. eth.*, 112, Heer. — (2) Cicéron semble être tombé dans cette erreur, parce qu'il a lu dans son modèle grec φιλοπόνους, qu'il a cru ne pouvoir rendre que par « *studiosos vel potius amantes doloris* », lorsque la véritable traduction était « *industrios* » ou « *laboriosos* », le premier et le dernier mot de la phrase de Cicéron (*Tusc.*, II., 15, 35).

croit ; il me semble qu'on se laisse trop émouvoir par la vision et l'apparence mensongère de la douleur, et je soutiens qu'il est possible à qui le voudra de supporter quelque douleur que ce soit. » (1) La première phrase de ce passage semble s'adresser aux Stoïciens rigides. Mais le reste convient très bien aux Stoïciens modérés comme Panétius. Cicéron veut désigner les Stoïciens, lorsque, après avoir réfuté la doctrine d'Épicure sur la douleur, il ajoute : « Adressons-nous donc ailleurs, et donnons, comme il est juste, la préférence à ceux qui regardent l'honnête comme le souverain bien et le honteux comme le souverain mal. » On pourrait aussi entendre par là les Péripatéticiens ; mais Cicéron ajoute : « Vous n'oserez en leur présence vous plaindre, vous agiter, » ce qui ne peut guère se rapporter qu'aux Stoïciens.

Le chapitre 21 commence par cette phrase : « Notre âme se divise en deux parties, l'une raisonnable, l'autre privée de raison. » Cette division rappelle la doctrine platonicienne. Mais un peu plus loin, Cicéron parle de « cette maîtresse, cette reine absolue, la raison qui, par les efforts qu'elle a d'elle-même le pouvoir de faire, se perfectionne et devient la suprême vertu. » On reconnaît ici la théorie stoïcienne du perfectionnement, προκοπή, du sage. Dès lors jusqu'à la fin du livre nous trouvons de nombreuses idées stoïciennes (2).

---

(1) *Tusc.*, II, 18, 42. — (2) Ainsi nous lisons II, 22, 51 : « Venons au sage. On n'en a point encore vu de parfait ; mais les philosophes nous donnent l'idée de ce qu'il doit être, supposé qu'il y en ait jamais quelqu'un. » C'était une doctrine stoïcienne que personne n'avait jamais été complétement sage. (Cf. Sénèque, *de tranquil. animi*, 7, 4 ; *ep.*, 42, 1 ; *de const. sapient.*, 7.) — Plus loin (22, 53) Cicéron dit : « Ne voyez-vous pas que l'opinion a plus de part dans nos souffrances que la réalité », ce qui est une maxime toute stoïcienne. Il en est de même des conseils qu'il nous donne de comprimer la colère et la passion (24, 58). Ces préceptes ne peuvent être empruntés qu'à un Stoïcien ; car les Péripatéticiens prescrivaient de régler les passions et non de les anéantir. — Le dernier chapitre contient une exhortation à la patience et à l'égalité d'âme qu'on doit montrer en tout temps. Ceci rappelle plusieurs passages du *de officiis* (I, §§ 69, 90, 111, 120) où Cicéron, après Panétius et les Stoïciens, nous dit qu'il faut avoir toujours le même air et le même visage, et qu'il n'y

L'analyse de la seconde *Tusculane* nous a fait reconnaître dans ce livre la doctrine générale des Stoïciens, du moins des Stoïciens modérés, Panétius et Posidonius, qui avaient adouci la rudesse primitive du Portique, pour l'accommoder aux exigences de la société romaine. On est donc conduit à supposer que le modèle de Cicéron a été ici Panétius, qui avait écrit sur le même sujet, les moyens de supporter la douleur, une lettre à Tubéron. Cette conjecture est confirmée par un grand nombre de passages semblables qui se trouvent dans le livre II des *Tusculanes* et celui du *de finibus*, probablement imité de Panétius (1).

Mais on a soutenu que c'était d'Antiochus, et non de Panétius, que Cicéron s'était inspiré (2). — Cicéron reproche à Zénon de dire des niaiseries, en professant que la douleur n'est pas un mal ; non que Cicéron prétende qu'elle est un mal au même titre que la méchanceté ; mais il veut qu'elle soit pénible, difficile à supporter, contraire à la nature. Panétius, dit-on, n'aurait pas eu de peine à lui accorder tout cela. Seulement jamais un philosophe stoïcien n'aurait osé porter sur Zénon, le fondateur du Portique, un jugement pareil à celui qu'exprime Cicéron. — Mais les Stoïciens n'avaient pas pour leur maître la même vénération que les Épicuriens. Il n'est pas extraordinaire de voir les nouveaux Stoïciens critiquer les anciens ; ainsi Posidonius réfutait point par point la théorie de Chrysippe sur les passions (3). De plus,

---

a rien de plus beau que de se montrer toujours égal dans tout le cours de sa vie et dans chacune de ses actions. Cicéron termine en disant : « Si la douleur en vient à un tel excès que vous ne puissiez pas la supporter, vous voyez où vous devez chercher un refuge. » Ce refuge, c'est la mort, que conseillaient les Stoïciens pour échapper aux douleurs incurables et aux coups de la fortune.

(1) Voir l'indication de ces passages dans MM. Zietzschmann et Hartfelder *(de Cicerone,* etc., p. 44). — (2) M. Hartfelder. — (3) Dire qu'il n'y a pas d'autre exemple d'un fait pareil chez les Stoïciens, et que, dans le cas cité, c'est Chrysippe qui est critiqué et non Zénon, semble insuffisant. Il était tout aussi hardi de critiquer Chrysippe, sans lequel le Portique n'eût pas existé, que Zénon, son fondateur ; de plus, Panétius n'avait pas craint, comme on peut le voir par le *de officiis*, de condamner absolument la manière de vivre des Cyniques. Zénon, au contraire, se souve-

dans tout le passage cité plus haut, il n'y a qu'un mot un peu vif, lorsque Cicéron dit à Zénon que sa réponse est pitoyable, et qu'elle ne fait pas qu'il ne souffre point. Enfin Cicéron n'a probablement pas traduit mot à mot son modèle, et il peut très bien ne devoir qu'à lui-même cette réponse.

Cicéron, après avoir critiqué Zénon, ajoute : « Je trouve beaucoup plus raisonnable d'avouer qu'il faut mettre au rang des maux tout ce qu'abhorre la nature, et au rang des biens tout ce qu'elle désire. » Ce serait ici la doctrine d'Antiochus plusieurs fois exposée (1) : tout animal à peine né recherche ce qui est conforme à sa nature, et rejette ce qui lui est contraire ; c'est de cette façon qu'on connaît le bien et le mal. — Mais l'opinion que préférait Cicéron convenait parfaitement à la doctrine et à l'esprit de Panétius, surtout dans une lettre où il n'avait dit nulle part que la douleur n'était pas un mal. Il atteignait ainsi le but qu'il s'était proposé et qui était de concilier la doctrine stoïcienne avec celle des anciens Académiciens et des Péripatéticiens. Cette opinion est confirmée par la définition qu'il donnait du bien, et que nous a conservée Clément d'Alexandrie : « Panétius faisait consister le souverain bien à vivre d'après les principes naturels (2). »

Nous trouvons, au milieu d'un raisonnement tout stoïcien, une opinion particulière à Panétius. « Si vous perdez une seule vertu, dit Cicéron, ou, pour parler plus juste, car la vertu ne peut se perdre, si vous avouez qu'il vous en manque une seule, sachez qu'elles vous manquent toutes (3) ». Seule la philosophie stoïcienne soutenait que la vertu ne pouvait se perdre. Telle était du moins l'opinion de Cléanthe, adoptée par Panétius et Posidonius, tandis que Chrysippe, dont Antiochus reproduit souvent la doctrine, était d'un avis contraire.

Toutefois on peut faire encore quelques objections. Cicéron

nant qu'il avait été disciple de Cratès, et que la philosophie stoïcienne était sortie de l'école cynique, avait évité de se prononcer contre cette dernière. Cette réserve avait été imitée par les partisans de la pure doctrine du Portique ; car on la retrouve dans le livre III du *de finibus* (20, 68).

(1) *De fin.*, IV, 10, 25 ; V, 9, 24 ; 10, 28, etc. — (2) *Stromates*, II, p. 416, B. — (3) *Tusc.*, II, 14, 32.

passe en revue les quatre vertus fondamentales : prudence, tempérance, justice et courage (1). Mais Diogène de Laerte dit que Posidonius comptait quatre vertus, Panétius seulement deux : la vertu contemplative et la vertu active (2). N'est-ce point ici une différence avec le passage de Cicéron ? — La contradiction n'est qu'apparente. Panétius pouvait très bien adopter la division d'Aristote en deux vertus principales, puis, en même temps, la division plus commune et plus usitée en quatre vertus. Panétius ne s'en est sans doute pas tenu à la division d'Aristote ; il a dit quelles vertus rentraient dans chacune de ces grandes classes. Posidonius, qui adoptait la division en quatre vertus, a dû se conformer sur ce point à la doctrine de son maître. Cette division se trouve dans le *de officiis*. On sait que les deux premiers livres de cet ouvrage sont empruntés à Panétius, et que, si sur un point aussi grave que la division des vertus Cicéron s'était séparé de son modèle, il n'aurait pas manqué de nous le dire.

Nous lisons plus loin : « L'âme se divise en deux parties, dont l'une est douée de raison, l'autre en est privée (3). » A s'en tenir à l'opinion vulgaire, ce principe est tout à fait en désaccord avec la doctrine de Panétius, qui, suivant Tertullien, distinguait six parties de l'âme (4). — Mais, de même que Panétius avait pu adopter à la fois la division d'Aristote en deux vertus principales et la division ordinaire en quatre vertus, ne pouvait-il aussi avoir séparé l'âme en partie raisonnable et en partie privée de raison, et en même temps en six parties, à savoir la raison et les cinq sens ? La première division se trouve fréquemment dans le *de officiis*, d'où l'on peut conclure qu'elle n'était pas étrangère à Panétius.

Panétius conseillait à Tubéron, peut-être au commencement de la lettre qu'il lui écrivit sur les moyens de guérir le chagrin, d'apprendre par cœur le petit livre inestimable de Crantor sur le deuil (5). En traitant le même sujet Panétius s'était probablement inspiré de l'opuscule de Crantor. Mais l'auteur de la *Con-*

---

(1) II, 13, 31, sq. — (2) VII, 92. — (3) *Tusc.*, II 21, 47. — (4) *De anima*, ch. 14. — (5) *Acad.*, II, 44, 135.

solation à Appollonius en a fait autant. Donc si le livre II des *Tusculanes* est réellement imité de la lettre de Panétius à Tubéron, nous devons y trouver certains passages qui ont leurs analogues dans Plutarque. C'est en effet ce qui existe (1).

On pourrait prétendre que la lettre de Panétius à Tubéron n'était pas assez étendue pour servir de modèle à Cicéron. Mais la seconde *Tusculane* est la plus courte de toutes. Si l'on retranche les citations des poètes, et surtout les deux longs morceaux empruntés à Eschyle et à Sophocle, on verra qu'elle se réduit à un petit nombre de pages. D'ailleurs il ne faut pas se représenter la lettre de Panétius à Tubéron sur le modèle de celles de Cicéron à Atticus. C'était l'habitude des philosophes grecs d'écrire à leurs amis ou à leurs disciples des lettres où ils développaient, sous une forme populaire, certaines parties de leur doctrine. Ainsi Épicure expose sa physique dans la lettre à Hérodote, sa théorie des météores dans celle à Pythoclès et sa morale dans celle à Ménécée. Ces lettres, surtout les deux premières, sont assez considérables. La seconde *Tusculane*, si l'on omet les citations, ne dépasse guère en étendue certaines lettres de Sénèque à Lucilius. Ce peu d'étendue est même une raison nouvelle de croire que la seconde *Tusculane* est empruntée à la lettre de Panétius à Tubéron (2). Le modèle de Cicéron pour le livre II des *Tusculanes* paraît donc avoir été non Antiochus, mais Panétius.

Mais il ne faut pas oublier que c'est ici une simple conjecture.

(1) Plutarque (ch. 32) dit qu'il faut considérer l'exemple de ceux qui ont supporté avec courage la mort de leurs fils; Cicéron nous donne un conseil semblable (22, 52). — Plutarque (ch. 27) blâme l'inconséquence et la lâcheté de plusieurs philosophes; Cicéron fait de même (ch. 25). — Plutarque nous avertit de ne pas nous lamenter sans mesure comme des femmes; Cicéron nous adresse une recommandation analogue (§§ 50-51). Plutarque (ch. 22) dit que c'est le propre d'une âme efféminée et sans courage de s'abandonner au chagrin, auquel les femmes sont plus portées que les hommes, les barbares que les femmes. Ensuite il raconte comment les différents peuples supportent le chagrin; il nomme entre autres les Celtes, qui sont remplacés chez Cicéron par les Celtibériens et les Cimbres, plus connus des Romains. —
(2) Cette opinion est celle de MM. Zietzschmann et Zeller.

Cicéron développe plutôt en orateur qu'en philosophe la pensée qu'il ne faut pas craindre la douleur, et il n'indique nulle part de quel auteur il s'est inspiré. De plus il avait déjà traité en partie le même sujet dans la *Consolation ;* il lui suffisait donc de se reporter aux idées qu'il avait exprimées alors. Il n'est pas douteux qu'il avait lu la lettre de Panétius à Tubéron sur les moyens de supporter la douleur, et il en avait certainement conservé des souvenirs. Mais ces souvenirs s'étaient sans doute confondus avec tous ceux qu'il avait puisés dans d'autres ouvrages analogues. De là l'allure plus libre qu'on remarque dans la seconde *Tusculane.* Cicéron possède bien son sujet ; il blâme les exagérations de toutes les écoles, celle d'Épicure comme celle de Zénon, et il donne à ses pensées un tour et une ampleur tout oratoires.

CHAPITRE VI.

Les livres III, IV et V des « Tusculanes ».

Le livre III des *Tusculanes*, sur la tristesse, est inspiré surtout du περὶ παθῶν de Chrysippe. — Le livre IV, sur les moyens de guérir les passions. Inexactitudes de Cicéron. Critique des Péripatéticiens. Le livre IV est, comme le livre III, inspiré de Chrysippe. Pourquoi les Stoïciens voulaient détruire les passions. — Le livre V : la vertu suffit au bonheur. Le commencement du livre vient de Posidonius, la fin d'un Épicurien récent, probablement Zénon. Brutus et la thèse soutenue dans la cinquième *Tusculane*. — Les *Tusculanes* ne sont pas imitées d'un seul auteur grec, Posidonius ou Philon. Caractère général des *Tusculanes*.

LE LIVRE III DES « TUSCULANES ».

La troisième *Tusculane* n'est guère différente de la seconde : elle indique les moyens de supporter, non plus la douleur, mais la tristesse, ou la douleur morale. Cicéron pouvait ici s'abandonner à sa propre inspiration. Il n'était pas obligé, comme dans les sujets difficiles et purement techniques, de s'attacher étroitement à un modèle grec.

On voit, en lisant le livre III des *Tusculanes*, que Cicéron expose des idées empruntées à différents philosophes. Il n'avait pas eu besoin de recourir spécialement à leurs livres pour le cas présent, et il peut rapporter leurs opinions de mémoire. Aussi bien il avait traité précédemment un sujet analogue dans sa *Consolation*. Alors il s'était principalement inspiré du περὶ πένθους de Crantor. Dans le livre III des *Tusculanes* il cite aussi ce philosophe. Mais l'ouvrage dont il semble s'être surtout servi est le περὶ παθῶν de Chrysippe (1). Cet écrit avait quatre livres;

---

(1) Heine, introd. à la 3ᵉ éd. des *Tusc.*, p. XXI ; Kühner, prolégom. à l'éd. des *Tusc.*, p. 7.

les trois premiers traitaient de l'essence des passions et de leurs différentes espèces et s'appelaient λογικά; le quatrième, θεραπευτικόν ou ἠθικόν, indiquait les moyens de guerir les passions.

Dès l'introduction du livre III, on lit une comparaison de la philosophie avec la médecine qui rappelle des pensées de Chrysippe (1). Plus loin nous trouvons encore des idées empruntées à Chrysippe (2). Celui-ci enseignait que, si l'homme pouvait se développer conformément à la nature, sans action extérieure qui vînt le troubler, il arriverait de lui-même à la vertu parfaite. Cette opinion est vivement combattue par Galien (3). L'idée que, suivant la croyance du peuple romain, les passions étaient des maladies de l'âme, semble aussi exposée d'après un modèle stoïcien. « D'abord, dit Cicéron, discutons si vous voulez bien, à la manière des Stoïciens qui se plaisent à serrer leurs raisonnements; ensuite je me donnerai carrière, suivant ma coutume (4). » Ainsi il commencerait par s'attacher étroitement aux Stoïciens, comme on le voit en rapprochant le livre III des *Tusculanes* (5) et Stobée (6). Cela ne veut pas dire que plus tard Cicéron abandonne les Stoïciens. En effet Chrysippe reste toujours sa source principale. Il le cite plusieurs fois (7). La division des passions (8) est empruntée à Chrysippe, comme on le voit par Stobée (9), et par Diogène de Laerte (10). Les vers d'Euripide que nous trouvons dans la troisième *Tusculane* (11) viennent aussi de Chrysippe, comme le montre Galien (12). De même le mot d'Anaxagore qui, en apprenant la mort de son fils, répondit : « Je savais que j'avais engendré un mortel (13). » Tout ce qui est dit de l'opinion des Cyrénaïques appartient à Chrysippe (14). De même pour la preuve que le chagrin repose sur une imagination volontaire, quoiqu'ici Chrysippe ne soit pas expressément nommé (15).

(1) Galien, p. 437. — (2) *Tusc.*, III, 1, 2. — (3) P. 460. — (4) *Tusc.*, III, 6, 13. — (5) *Ibid.*, III, 8, 17. — (6) *Ecl. eth.*, p. 112. — (7) *Tusc.*, III, §§ 52, 59, 61. — (8) *Ibid.*, 11, 24. — (9) *Ecl. eth.*, p. 174.— (10) VII, 111. — (11) §§ 29, 59, 67. — (12) P. 418. — (13) *Tusc.*, III, 14, 30. — (14) *Tusc.*, III, 22, 52. Galien, p. 283. — (15) Cf. *Tusc.*, III, 28, 68; Galien, p. 417.

Cicéron critique (1) les Épicuriens, parce qu'ils combattaient le moyen de se consoler indiqué par les Cyrénaïques. Ce moyen consistait à s'attendre toujours à tous les malheurs possibles, en vertu de la maxime que « tout ce qui est soudain est plus violent, » maxime dont Chrysippe avait reconnu la justesse. Les passages des tragiques grecs cités dans toute cette partie paraissent empruntés à Chrysippe. On admet l'efficacité de la consolation recommandée par les Épicuriens, qui conseillaient de rappeler aux affligés les agréments de la vie ; mais c'est à condition qu'Épicure reconnaisse les mêmes agréments que les Stoïciens. Cicéron, dans cette critique d'Épicure, montre plus de liberté que dans le reste du livre ; on y retrouve des pensées déjà exprimées dans le livre II du *de finibus*. Le court exposé de la théorie péripatéticienne sur le chagrin (2) appartient certainement à Chrysippe. La conclusion, dans laquelle Cicéron montre que la doctrine des Péripatéticiens et des Épicuriens offre aussi la possibilité de guérir le chagrin, présente souvent des pensées analogues à celles qu'on trouve dans le livre IV (3) ; dans tous les cas elle est empruntée au livre IV du περὶ παθῶν de Chrysippe. Cicéron indique, à la fin du livre III des *Tusculanes,* les divers moyens de consolation proposés par les différents philosophes. Chrysippe suivait la même méthode.

Mais Cicéron n'a pas fait des emprunts au seul Chrysippe. Il cite la *Consolation* que Clitomaque avait envoyée aux Carthaginois, ses compatriotes, après la destruction de Carthage (4) ; il rappelle des pensées de Crantor (5) ; il nomme aussi Antiochus (6). Mais les citations qu'il fait d'Antiochus, Crantor, Clitomaque et autres philosophes sont isolées et n'indiquent pas une lecture immédiate de leurs ouvrages (7). Au contraire, les nombreuses traces qu'on trouve des opinions de Chrysippe ne

---

(1) *Tusc.*, III, §§ 28-51. — (2) *Tusc.*, III, §§ 71-74. — (3) Cf. III, 33, 79, et IV, 28, 60 ; III, 31, 76, et IV, 29, 63. — (4) III, 24, 54. — (5) III. §§ 12 et 71. — (6) III, 27, 59. — (7) On sait qu'après la mort de Tullie, Cicéron avait lu, dans la bibliothèque d'Atticus, tous les écrits qu'il avait trouvés sur les moyens d'adoucir le chagrin.

peuvent s'expliquer qu'en disant que Cicéron avait son traité sous les yeux.

Le livre IV.

La quatrième *Tusculane* examine les moyens de guérir les passions. Les Stoïciens avaient surtout étudié les passions et la manière de les combattre ; car ils les regardaient comme des causes de trouble et de souffrance pour l'âme.

On peut diviser le livre IV des *Tusculanes* en trois parties ; dans la première Cicéron expose rapidement la doctrine des Stoïciens sur les passions et sur les maladies de l'âme (1); dans la seconde il critique les Péripatéticiens (2), et dans la dernière il indique les remèdes aux passions proposés par les différents philosophes (3).

Cicéron annonce, au commencement de la première partie, qu'il suivra la description de Pythagore et de Platon, qui partagent l'âme en deux parties, l'une raisonnable, l'autre sans raison, et qui placent les passions dans la partie privée de raison. Nous avons vu, dans la première *Tusculane,* que Cicéron, pour la doctrine de l'immortalité de l'âme, s'était inspiré de Posidonius ; celui-ci, abandonnant les idées de son maître Panétius et des anciens Stoïciens, en était revenu à Pythagore et à Platon. Nous trouvons ici quelque chose d'analogue. Mais, en examinant les définitions que Cicéron donne ensuite des passions, on reconnaît qu'elles sont toutes empruntées aux anciens Stoïciens, qui regardaient les passions comme des jugements, et, par suite, les plaçaient dans la partie raisonnable de l'âme. Cicéron dit lui-même qu'il reproduit les définitions de Zénon et de Chrysippe ; en effet parmi ces définitions il en est beaucoup qui sont rapportées à ces philosophes par Diogène de Laerte et Stobée. On retrouve dans l'abrégé attribué à Andronicus de Rhodes les définitions données par Cicéron. Celui-ci s'est donc servi de cet abrégé ou du περὶ παθῶν de Chrysippe. Des fragments de ce dernier ouvrage sont cités par Galien, et répondent à certains passages de Cicéron (4).

(1) *Tusc.*, c. 4-15. — (2) C. 15-27. — (3) C. 27-30. — (4) Cf. Heine (3e éd. des *Tusc.*, introd., p. XXIII).

Dans la division des passions, Cicéron s'accorde d'ordinaire avec Diogène de Laerte, Stobée et Andronicus; mais lorsqu'il ne trouve pas de mots latins qui correspondent aux mots grecs, il omet certaines passions particulières; ou bien, au contraire, pour que la langue grecque ne paraisse pas plus riche que la langue latine, il en ajoute, qu'il définit un peu négligemment, et plutôt d'après son caprice que d'après l'usage (1).

La plus grande difficulté, c'est lorsque Cicéron parle des *morbi*, des *ægrotationes*, des *vitia* et des *proclivitates*. La faute est ici à lui et aux Stoïciens. Chrysippe s'était trop occupé de rapprocher les maladies du corps et celles de l'âme, et il était tombé dans des arguties (2); Cicéron n'avait pas compris Chrysippe; de plus, il donna une mauvaise disposition à son sujet. Ainsi, après avoir parlé du *morbus* et de l'*ægrotatio*, et les avoir comparés entre eux (3), il dit qu'il va passer à leur comparaison, ce qui est fait. Enfin il ne se sert pas de dénominations fixes et appliquées à un seul objet. Il oppose l'*ægrotatio* au *morbus* (4), et il définit l'*ægrotatio* (5) comme les

---

(1) Ainsi, parmi les passions qui dépendent du chagrin, Cicéron nomme d'abord les mêmes que les philosophes grecs (Cf. 8, 17; Stobée, *Ecl.*, II, 180; Diog., VII, 111), et il ajoute *ærumnam* ou *ægritudinem laboriosam*, *dolorem* ou *ægritudinem cruciantem*, *molestiam* ou *ægritudinem permanentem*, définition qui n'est ni claire ni conforme à l'étymologie et à l'usage. De même parmi les espèces de *metus* il compte *timorem* qu'il définit *metum mali appropinquantis*, oubliant que *metus*, dans la doctrine des Stoïciens, se rapporte toujours à un mal prochain (Cf. 7, 14). Dans ce même passage il appelle *conturbationem* une espèce de *metus*, tandis que, dans d'autres endroits (10, 22; *Top.*, 12, 52), il emploie *conturbatio* dans le même sens que *perturbatio*. Enfin il définit *formidinem* « *metum permanentem* », quoique ce mot paraisse plutôt signifier une crainte excessive qui paralyse (Cf. Barrault, *Synonymes latins*, p. 647). Parmi les espèces de *voluptas*, les Grecs définissaient la κήλησιν « ἡδονὴν δι'ὤτων καταχέουσαν » ; Cicéron donne un sens trop restreint au mot correspondant *delectatio*, en l'appelant « *voluptatem suavitate auditus animum delenientem* ». De même il s'est laissé tromper par les Stoïciens, qui définissaient le πόθον « ἐπιθυμίαν κατ'ἔρωτα τοῦ ἀπόντος », et il appelle le *desiderium* « *libidinem ejus qui nondum adsit videndi* ». *Desiderium* c'est proprement le regret des choses dont on jouissait et qu'on ne possède plus. — (2) *Tusc.*, IV, 10, 23. Galien, p. 432 et 437. — (3) *Tusc.*, IV, ch. 10. — (4) *Tusc.*, IV, 10, 23 et 13, 29. — (5) *Ibid.*, 11, 26.

Grecs faisaient le *morbus*. Plus loin il appelle les *proclivitates* *ægrotationes* (1). » De plus, son langage est souvent très négligé (2).

Jusqu'à présent Cicéron a peut-être abrégé ce qui se trouvait dans les ouvrages des Stoïciens; mais il n'est pas douteux qu'il rende leurs pensées mot pour mot. Dans la seconde partie (3) il cherche moins à convaincre le lecteur qu'à lui plaire et à l'amener à son opinion par toutes sortes d'ornements oratoires. Mais ici, quoique Cicéron se montre plus libre, il s'inspire encore d'un modèle stoïcien. On le voit par la façon dont il reproche aux Péripatéticiens de vouloir tirer parti des passions au lieu de les détruire, comme fait le Portique. Il leur reproche aussi d'avoir dit que « la jalousie est avantageuse, soit qu'elle vienne de ce qu'un autre jouit comme nous d'un bien que nous possédons, soit qu'elle vienne de ce que nous ne possédons pas un bien dont un autre jouit (4). » Aristote reconnaissait entre l'envie φθόνον, et la malveillance, ἐπιχαιρεκακίαν, une vertu nommée indignation, νέμεσιν, qui est le juste dégoût qu'on éprouve en voyant le bonheur immérité d'autrui. — Ce n'est qu'en se plaçant au point de vue stoïcien que Cicéron a pu combattre la doctrine d'Aristote sur les passions. D'ailleurs il n'expose que quelques particularités de cette doctrine, et il est clair qu'il les emprunte au Stoïcien dont il se sert pour les réfuter.

C'est seulement de la colère que Cicéron a parlé avec quelque soin; il ne dit que quelques mots des autres passions. On trouve ici beaucoup de rapport avec le livre III. Si l'on compare les passages analogues dans les deux livres, on est amené à croire qu'ils sont empruntés au même ouvrage stoïcien, tant la manière générale d'étudier le sujet et les arguments pris à part se ressemblent.

Dans la troisième partie (5), où il examine les moyens d'apaiser les passions, Cicéron semble s'être servi de l'ouvrage d'un rhéteur plutôt que d'un philosophe. Mais il ne faut pas oublier que le livre IV de l'ouvrage de Chrysippe sur *les passions*

---

(1) *Tusc.*, IV, 12, 28. — (2) *Ibid.*, 11, 25 — (3) Cf. 15-27. — (4) *Tusc.*, IV, 21, 46. — (5) Ch. 27-37.

était consacré au sujet même que traite Cicéron. On trouve dans cette partie beaucoup de pensées d'origine stoïcienne. Par exemple, Cicéron dit que toutes les passions sont volontaires et le résultat d'un jugement (1) ; il prouve (2) que la colère résiste à la raison presque par les mêmes arguments que plus haut (3). Cependant il déclare qu'il ne veut pas reproduire la théorie des Stoïciens, mais parler comme tout le monde. Il ne cherche pas les raisons qu'une école particulière a données pour apaiser les passions, mais celles qui sont le plus capables de persuader les esprits, et qui sont communes à tous les philosophes, qu'ils placent le souverain bien dans l'honnête, dans le plaisir ou dans l'union de l'honnête et du plaisir (4).

La quatrième *Tusculane* n'a pas l'allure aisée de la seconde et de la troisième. On sent que Cicéron s'attache davantage à un modèle grec, à qui il emprunte la définition des diverses passions. On trouve dans la quatrième *Tusculane* beaucoup de pensées qu'on lit déjà dans la troisième. Cicéron se félicite d'avoir parlé les deux premiers jours de la mort et de la douleur, soit hasard, soit dessein réfléchi (5); mais il aurait dû fondre en un seul les livres III et IV, en laissant de côté l'énumération des passions qui est bien subtile et bien sèche. Il donne tous ces détails d'après l'ouvrage de Chrysippe sur *les passions*; c'est aussi d'après lui qu'il critique la doctrine d'Aristote, qui est cependant plus raisonnable que celle du Portique. Mais Cicéron a reproduit les idées principales du modèle qu'il avait sous les

---

(1) *Tusc.*, IV, 31, 65. — (2) *Ibid.*, 37, 79. — (3) *Ibid.*, 17, 39. — (4) Il faut noter seulement que Cicéron porte sur l'amour un jugement plus sévère que ne faisaient la plupart des Stoïciens. En effet il dit (34, 72) qu'il n'y a pas d'amour qui soit exempt de trouble et digne de la constance du sage. Les Stoïciens, au contraire, voulaient qu'il y eût deux sortes d'amour, l'un impudique, plein de soucis et d'angoisses, l'autre, l'amour du sage, conforme aux préceptes de la sagesse et qu'ils définissaient : « L'effort pour lier amitié, produit par la vue de la beauté » (Cf. Stobée, *Ecl.*, II, 118 ; Diog. Laert., VII, 113 et 130). Peut-être les paroles de Cicéron sont-elles une preuve nouvelle qu'il a imité dans la quatrième *Tusculane* un des Stoïciens primitifs, comme Chrysippe, qui étaient beaucoup plus rigides que les Stoïciens postérieurs. — (5) *Tusc*, IV, 30, 67.

yeux, sans y rien changer, en se contentant d'omettre ce qui était trop épineux, et d'égayer la tristesse du sujet par quelques développements personnels.

Aussi bien le précepte stoïcien qui recommandait d'anéantir les passions pouvait être alors de quelque utilité. On comprend qu'Aristote, qui faisait consister la vertu dans le développement régulier de toutes les tendances de notre nature, ait prescrit de maîtriser les passions, non de les détruire. La morale d'Aristote est l'expression la plus complète de l'esprit d'ordre et de mesure qui apparaît surtout dans l'histoire d'Athènes sous Périclès. Mais, après Alexandre, l'influence d'Athènes dut le céder à celle de l'Orient, dont les nouveaux maîtres de la Grèce portèrent sur le trône les mœurs dissolues et les habitudes despotiques. C'était également d'Asie qu'étaient venus les premiers philosophes du Portique. On a voulu (1) voir là la cause du caractère particulier de leur doctrine qui fait, pour ainsi dire, violence à la nature et se raidit contre elle, au lieu de l'ordonner de la façon la plus harmonieuse et la plus belle, comme dans la *Morale à Nicomaque*.

C'était, dit-on, une réaction contre le relâchement d'Épicure. Mais c'était aussi une protestation contre l'esprit général du temps qui portait les forts à abuser de leur pouvoir et les faibles à souffrir les insolences des puissants. Revendiquer les droits des petits n'eût servi de rien ; il fallait faire peur aux grands, et le meilleur moyen de prévenir les suites terribles de leurs passions, c'était, semble-t-il, de les anéantir. Ainsi s'explique le paradoxe stoïcien de l'égalité de toutes les fautes. Nous ne croyons pas aujourd'hui que ce soit la même chose d'égorger son père et de mettre à mort un poulet. Mais alors un esclave était moins pour son maître qu'un cheval de prix ; le maître avait sur l'esclave droit de vie et droit de mort, droit de torture et droit d'outrage. On comprend dès lors quels funestes effets pouvaient avoir les passions des puissants, et comment les Stoïciens essayaient de prévenir ces effets en prêchant l'ataraxie et l'insensibilité. Il ne faut pas oublier non plus que

---

(1) L. Ollé-Laprune, *la Morale d'Aristote*, p. 69, sq.

tout le monde alors était plus ou moins esclave, hormis les rois et les tyrans.

En passant à Rome on trouvait le même état de choses. Les citoyens romains conservaient entre eux une sorte d'égalité ; mais les proconsuls qu'on envoyait gouverner les peuples vaincus étaient des rois par l'orgueil et par un pouvoir sans limites, dont ils se sentaient d'autant plus disposés à abuser qu'ils ne devaient pas en jouir longtemps. Les pires attentats contre les habitants de la Sicile étaient peu de chose aux yeux d'un Verrès, et il ne reculait devant rien pour satisfaire ses passions. Ici encore le dogme stoïcien de l'égalité des fautes et de l'impassibilité du sage trouvait son application.

Sans doute la doctrine stoïcienne sur les passions conduisait à l'apathie et au renoncement, et La Fontaine a eu raison de dire en parlant des philosophes du Portique que

> Ils font cesser de vivre avant que l'on soit mort.

Mais la vie semblait alors bien peu digne d'être vécue. On trouve dans les *Tusculanes* je ne sais quel air de tristesse et de découragement. C'est là que Cicéron nous dit après Platon que « la vie n'est que la méditation de la mort. » Combien Spinoza était plus dans le vrai lorsqu'il soutenait que la vie devait être la méditation non de la mort, mais de la vie (1). Le caractère mélancolique des *Tusculanes* indique bien l'époque où elles furent écrites. C'était sous la domination de César, alors que pour beaucoup l'existence n'avait plus guère de prix, parce qu'on en avait retranché tout ce qui en faisait le charme, je veux dire le maniement des affaires et les luttes d'ambition au forum. Voilà pourquoi Cicéron dans les *Tusculanes* s'abandonne aux idées ascétiques. Mais ce n'était ici qu'un accident dans sa vie et qu'un coin de son esprit. Cicéron était prompt à désespérer et à écrire à ses amis que tout était perdu ; mais il renaissait vite à l'espérance et montrait plus d'entrain et d'ar-

---

(1) « La pensée de la mort n'est salutaire que quand elle ne fait pas oublier de vivre. » (Cf. V. Duruy, *Une dernière page d'histoire romaine*, Revue des Deux-Mondes, 15 mai 1884).

deur que de plus jeunes que lui, comme Brutus. « On peut dire même que l'enthousiasme austère et l'abnégation mélancolique sont plutôt dans son imagination que dans sa nature. Sa vraie morale n'est pas celle des *Entretiens de Tusculum*; elle est celle du livre sur les *Devoirs de la vie*, qu'il a écrit pour son fils et où il n'a mis qu'une sagesse également élevée et raisonnable (1) ».

LE LIVRE V.

Dans la cinquième *Tusculane* Cicéron essaye de prouver que la vertu suffit au bonheur. C'est une proposition qui, comme nous le verrons plus loin, était commune aux philosophes les plus opposés, par exemple les Stoïciens et les Épicuriens. Après avoir combattu les différentes causes de souffrance, comme la crainte de la mort, la douleur, la tristesse, les passions, Cicéron indique le véritable moyen d'être heureux, qui est la vertu.

Le livre V des *Tusculanes*, comme les livres II et III, est précédé d'un préambule. Ces préambules doivent être empruntés à des modèles grecs. Le commencement du § 5 offre une certaine ressemblance avec ce que dit Sénèque des consolations que procure la philosophie (2). Cicéron attribue à la philosophie l'invention des premiers liens sociaux, la construction des maisons et l'institution du mariage; nous reconnaissons ici des idées de Posidonius, que nous trouvons développées chez Sénèque (3). Nous lisons chez Sénèque, qui l'attribue à Posidonius, cette belle pensée : « Un seul jour du sage est plus long que la plus longue vie de l'ignorant (4). » Elle rappelle une phrase analogue de Cicéron : « Un seul jour bien employé conformément à tes préceptes (de la philosophie) est préférable à une vie infinie d'erreurs et de fautes (5). » Ces idées sur le rôle et les bienfaits de la philosophie avaient sans doute été développées dans l'*Hortensius*. Comme le commencement du

---

(1) E. Havet, *le christ. et ses orig.*, II, 127. — (2) *Ep.*, 78, 28. — (3) *Ep.*, 90, 5. — (4) *Ep.*, 78, 28. — (5) *Tusc.*, V, 2, 5.

livre V des *Tusculanes*, l'*Hortensius* était peut-être imité du προτρεπτικός de Posidonius. Ajoutons que l'on retrouve chez les Stoïciens cette définition : « La philosophie est la science des choses divines et humaines, des principes et des causes où elles sont contenues (1). »

Cicéron passe ensuite à l'objet du livre V, qui est de prouver que la vertu suffit au bonheur, ce qui était une doctrine propre au Portique. « Les premières preuves (2) sont les arguments ordinaires du Portique. Cicéron doit les exposer de mémoire ; car il avait souvent discuté avec Antiochus et Aristus à Athènes sur la question de savoir si la vertu suffisait à rendre la vie heureuse. La réfutation des Péripatéticiens et des anciens Académiciens (3) paraît aussi ne pas être empruntée à une source particulière, mais aux souvenirs personnels de Cicéron. Celui-ci ne veut pas s'en tenir aux Stoïciens, mais avoir aussi recours à Platon (4) : il traduit deux passages du *Gorgias* et du *Ménexène*, qui montrent que pour Platon la vertu seule était un bien. Déjà les anciens Stoïciens aimaient à appuyer leur doctrine sur l'autorité de Platon (5). La même tendance apparaissait encore davantage chez Panétius et Posidonius. Il n'est donc pas invraisemblable que Cicéron ait pris ces citations de Platon dans un ouvrage stoïcien. Ce qu'il y a de sûr, c'est que les raisonnements qui suivent (6) sont empruntés au Portique (7). »

Quel est le Stoïcien qu'a imité Cicéron? Au premier abord on pourrait croire que c'est Chrysippe ; en effet on trouve dans la cinquième *Tusculane* beaucoup de pensées que les anciens lui attribuaient. Mais n'oublions pas qu'il avait laissé presque toutes les parties de la doctrine stoïcienne si achevées qu'il semblait renfermer en sa personne tout le Portique. C'est à lui qu'on devait les raisonnements et les divisions dont les Stoïciens postérieurs aimaient à se servir. Il ne faut donc pas

---

(1) *De off.*, I, 43, 133, et II, 2, 5. — (2) V, 5, 12-7, 20. — (3) Ch. 8-10. — (4) V, §§ 34 ; 37. Cf. 76. — (5) Le disciple de Zénon, Ariston de Chios, avait écrit trois livres pour prouver que suivant Platon il n'y avait de bien que l'honnête. — (6) Ch. 13-18. — (7) Heine, *Introd.* à la 3ᵉ éd. des *Tusc.*, p. XXIV

s'étonner de trouver dans le livre de Cicéron des définitions employées pour la première fois par Chrysippe.

Il est au contraire très important de rencontrer quelques détails qui ne conviennent qu'aux Stoïciens postérieurs; car Cicéron avait dû lire leurs écrits plutôt que ceux de Chrysippe.

Les Stoïciens, comme on sait, ajoutaient à leurs raisonnements et à leurs définitions la réfutation des autres doctrines, si bien que chaque Stoïcien critique le système d'un philosophe contemporain. Ainsi Zénon attaque Arcésilas, Chrysippe Épicure, Antipater Carnéade. De même le Stoïcien dont Cicéron s'est inspiré semble avoir écrit contre un Péripatéticien ou un Académicien. En effet Cicéron ne nomme qu'en passant les Épicuriens, et il accuse les Académiciens et les Péripatéticiens du même défaut d'inconséquence. Toute la discussion semble avoir pour but de les réfuter. Cette particularité conviendrait à un Stoïcien contemporain de Carnéade ou postérieur à lui. Carnéade soutint le premier que les Stoïciens appelant προηγμένα ce que les Péripatéticiens appelaient ἀγαθά, et les Péripatéticiens n'accordant pas plus d'importance que les Stoïciens à la richesse, à la santé et aux autres biens naturels, il n'y avait entre les deux écoles qu'une différence de mots, ce qui n'était pas un motif suffisant pour amener une séparation. Le Stoïcien qui a servi de modèle à Cicéron répond à Carnéade qu'il y a une grande divergence d'opinions entre les Stoïciens et les Péripatéticiens: les premiers nient que les biens extérieurs achèvent le bonheur; les Péripatéticiens, au contraire, disent que sans les biens extérieurs il n'y a pas de bonheur parfait. On critique surtout un philosophe qui avait soutenu que la vertu suffisait à rendre la vie heureuse, mais non complètement heureuse (1).

Quel était ce philosophe ? Si nous en croyons Cicéron, il y en avait non pas un, mais plusieurs qui avaient professé cette doctrine : Aristote, Speusippe, Xénocrate, Pyrrhon, Antiochus. Ce rapprochement des anciens philosophes (2) et d'Antiochus

---

(1) *Tusc.*, V, §§ 23, 29, 40, 47. — (2) Les anciens philosophes n'ont jamais enseigné rien de pareil. C'est ce qui est certain pour Aristote. Quant

est l'œuvre d'Antiochus lui-même, comme on le voit par Sénèque (1). Mais pourquoi le philosophe suivi par Cicéron, assez récent pour connaître Carnéade et Critolaüs (2), réfute-t-il cette opinion qui n'était défendue par aucun philosophe de cette époque ? Il ne peut l'avoir fait que s'il a été le contemporain d'Antiochus qui renouvela cette doctrine et la remit en honneur, ou l'inventa en la prêtant aux anciens philosophes. Le modèle de Cicéron pour la première partie de la cinquième *Tusculane* a dû être Posidonius.

Nous arrivons à la même conclusion par une autre voie. Cicéron énumère les trois parties de la philosophie (3) ; il nomme d'abord la physique, ensuite la morale, enfin la logique. C'est ici l'ordre suivi par Panétius et par Posidonius (4).

Une autre particularité digne de remarque, c'est que Cicéron, au moment d'aborder son sujet, invoque le témoignage de Platon (5), et dit que tout son discours découlera de cette source auguste et sainte, quoique les arguments qui suivent soient purement stoïciens. Cicéron emprunte, comme le reste, ce témoignage au Stoïcien qui lui sert de modèle. Panétius comblait de louanges Platon ; Galien raconte la même chose de Posidonius (6).

à Polémon, il disait que le bonheur consiste dans les biens naturels les plus nombreux et les plus grands ; Speusippe, dans un état parfait au sein des biens naturels ; Xénocrate, dans la vertu unie à la jouissance de ce dont la nature nous inspire primitivement le désir. Ces philosophes plaçaient donc le souverain bien dans des choses complétement différentes, et ils n'avaient pas, comme le veut Antiochus, distingué entre la vie heureuse et complétement heureuse.

(1) *Ep.*, 85, 15. — (2) Critolaüs est nommé dans un passage si bien engagé dans le raisonnement stoïcien qu'il est indubitable que l'auteur suivi par Cicéron a fait aussi mention de Critolaüs (*Tusc.*, V, 17, 51). — (3) *Ibid.*, §§ 68-72. — (4) Les Stoïciens ne s'accordaient pas entre eux sur l'ordre à donner aux différentes parties de la philosophie. Chrysippe, Archédème et Eudromus plaçaient en premier lieu la logique, puis la physique, enfin l'éthique. Diogène de Ptolémaïs commençait par la morale, qu'Apollodore mettait à la seconde place, d'accord avec Panétius et Posidonius. Ceux-ci, suivant Phanias, ami de Posidonius, donnaient le premier rang à la physique. Ce témoignage, quant à Posidonius, est confirmé par Sénèque (*Ep.*, 88, 20). — (5) *Tusc.*, V, §§ 34-37. — (6) IV, 7, p. 421.

Sans aucun doute Posidonius, le contemporain d'Antiochus, s'éleva contre les nouveautés de sa doctrine, pour défendre les principes stoïciens. Sur d'autres points, par exemple la théorie des passions, il se rapprochait de Platon et d'Aristote; mais pour la question du souverain bien et du bonheur il s'attacha beaucoup plus rigoureusement que son maître Panétius à la doctrine stoïcienne, et il essayait de prouver par divers raisonnements que la vertu était le seul bien (1).

La première partie du livre V des *Tusculanes* semble donc empruntée à un ouvrage de Posidonius, probablemnnt son ἠθικὸς λόγος, qui, suivant Diogène de Laerte, comptait plusieurs livres (2). Cicéron pensa qu'il pouvait en même temps qu'Antiochus réfuter les anciens Académiciens et les Péripatéticiens, dont il croyait la doctrine semblable à celle d'Antiochus, comme le disait ce dernier. Ou bien l'erreur vient de Cicéron lui-même. Antiochus, comme on le voit par les livres IV et V du *de finibus*, semble s'être contenté de dire que les anciens philosophes avaient des doctrines identiques, qu'il voulait remettre en honneur. Cicéron en conclut que, sur la vie heureuse, les anciens philosophes pensaient comme Antiochus. Aussi, en plusieurs endroits, joint-il leurs noms à celui d'Antiochus, ou même les cite-t-il seuls à sa place. Il n'avait pas consulté leurs écrits. De même il est peu vraisemblable qu'en composant le livre V des *Tusculanes* il avait sous les yeux les ouvrages d'Antiochus.

Du ch. 19 au ch. 29 Cicéron donne des exemples pour prouver que seule la vertu rend heureux. Il est probable qu'il ne suit plus ici de modèle grec et s'abandonne à son inspiration et à ses souvenirs.

La tâche que Cicéron s'était imposée de montrer que la vertu suffit au bonheur est remplie. Mais il se fait adresser par l'auditeur une demande qui va l'entraîner dans des développements nouveaux. « Comme vous n'êtes lié par aucun système, et que vous prenez dans chacun ce qu'il y a de plus vraisemblable, enseignez-moi, je vous prie, comment vous avez pu exhorter les Péripatéticiens et l'ancienne Académie à déclarer

---

(1) Sénèque, *Ep.*, 87, 31, 34, 36. — (2) VII, 91.

hardiment, sans renoncer à leurs principes, que le sage est toujours souverainement heureux. » Dans les chapitres suivants (1) Cicéron semble se préparer à faire ce qu'on désire. Il nomme à plusieurs reprises Carnéade (2) ; mais il n'a pas emprunté ces idées à Clitomaque ; il les doit à Antiochus qui, faisant un choix dans les doctrines de tous les philosophes, en avait pris quelques-unes à Carnéade, entre autres la division des différentes écoles sur la question du souverain bien (3). Cicéron n'a pas dû avoir recours à l'original grec, et il se contente sans doute de se reporter au livre V du *de finibus*, ou même simplement à ses souvenirs.

On s'attendrait ici à ce que Cicéron développât ce qu'il n'a fait qu'indiquer, et qu'il soumît à une critique approfondie chacune des opinions qu'il vient de passer en revue, ou bien qu'il s'arrêtât complétement. Il semble prendre le premier parti. « Commençons, dit-il, par celui que nous traitons d'efféminé et de voluptueux. » Mais il s'est borné à l'appréciation de la doctrine d'Épicure (4).

Les idées que Cicéron attribue à Épicure sur la mort et la douleur se trouvent déjà mentionnées dans le livre II du *de finibus*. On s'étonne de voir Cicéron se contredire en critiquant les Stoïciens dont il vient de défendre la doctrine, et en louant Épicure qu'il a traité si sévèrement. Il vante la sobriété et la modération d'Épicure ; il divise les passions comme Épicure a fait dans les κύριαι δόξαι (5) ; il rappelle son opinion sur la frugalité. Tous les exemples donnés viennent d'un philosophe épicurien. Cicéron semble lui-même l'avouer : il préfère, dit-il, citer des exemples grecs plutôt que des faits de l'histoire romaine. Démosthène est appelé « *leviculus* » (6), quoique Cicéron ne nomme nulle part ailleurs le grand orateur athénien sans le combler d'éloges (7). Les exemples de Démocrite et d'Héraclite (8) ont dû être empruntés à l'ouvrage grec qui sert de

---

(1) Ch. 29-31. — (2) *Tusc.*, V, 29, 83-84. — (3) *De fin.*, V, 6, 16. — (4) *Tusc.*, V, 31, 88, sq. — (5) Diog. Laert., X, 149. — (6) *Tusc.*, V, 36, 103. — (7) Le mot « *leviculus* » paraît être la traduction exacte de κουφότερος ; Élien, rapportant le même trait de Démosthène, blâme aussi sa vanité, κουφότητα. — (8) *Tusc.*, V, 36, 104-105.

modèle à Cicéron. Celui-ci ajoute : « Quels soucis s'épargnent ceux qui n'ont rien à démêler avec le peuple ! » C'est la maxime épicurienne λάθε βιώσας, la doctrine de l'indifférence et de l'abstention politique, que Cicéron reproche partout ailleurs aux Épicuriens. On voit qu'il reproduit exactement son modèle, puisqu'il semble approuver des choses qu'en réalité il condamne. Il en est de même lorsqu'il loue les maximes épicuriennes sur l'exil, et le mot de Teucer : « La patrie est où l'on est bien (1). »

Quel est l'auteur qui a servi de modèle à Cicéron pour la dernière partie du livre V des *Tusculanes* ? Est-ce Épicure ou l'un de ses disciples ? Nous avons des motifs de préférer la seconde supposition. Lorsque Cicéron dit « *nostrates philosophi* (2) », il faut entendre par là les Grecs et les Romains opposés aux barbares. Mais il est probable qu'il a trouvé cette expression dans son modèle grec, et qu'elle avait alors un autre sens. Dans la bouche d'Épicure elle aurait signifié « les philosophes de mon parti » ; mais il est plus vraisemblable qu'elle a été employée par un philosophe épicurien plus récent pour désigner ceux qui suivaient avec lui la doctrine d'Épicure. Nous avons dit que la division des passions indiquée par Cicéron se trouve dans les κύριαι δόξαι ; mais elle est également donnée par Torquatus dans le livre I du *de finibus* (3). Or nous avons vu que ce livre est emprunté à Zénon ou un Épicurien récent. Dans le livre II du *de finibus*, Cicéron critique cette division ; il en voudrait une autre qu'Épicure donne dans la lettre à Ménécée (4). On peut conclure de ce fait que si l'auteur latin avait examiné les écrits d'Épicure, et si la dernière partie du livre V des *Tusculanes* était empruntée à l'un de ces écrits, la division citée serait celle que Cicéron préfère et non celle qu'il blâme.

L'opinion qui voit dans Zénon ou un autre Épicurien récent l'inspirateur de Cicéron est confirmée par d'autres remarques. Cicéron dit que le sage est toujours heureux, même quand il

(1) *Tusc.*, V, 37, 106. — (2) *Tusc.*, V, 32, 90. — (3) 13, 45. — (4) Diog. Laert., X, 127.

est privé de quelque sens : « Quoi, direz-vous, fût-il sourd et aveugle ? — Oui ; car le sage ne s'en inquiète point. Et de quels plaisirs est donc privé l'aveugle qu'on croit si fort à plaindre ? Selon quelques physiciens, il n'en est pas de la vue comme des autres sens ; les plaisirs du goût, de l'ouïe, de l'odorat, du toucher résident dans les organes de ces sens ; mais l'agrément que procure la vue, ce n'est point à l'œil qu'il se fait sentir, c'est à l'âme (1). » Suivant Épicure, les affections et les sensations résidaient dans les parties affectées, parce que, disait-il, la partie dirigeante est impassible, τὸ γὰρ ἡγεμονικὸν ἀπαθές (2). Cicéron, dans le passage cité plus haut (3), n'attribue pas à Épicure, mais à d'autres (*quidam*), sans doute aux Épicuriens récents, l'opinion que les plaisirs de la vue sont perçus par l'âme et non sentis par l'œil. Nous avons remarqué, dans le livre I du *de finibus*, que la doctrine d'Épicure qui, au premier abord, semble immuable, s'était cependant modifiée dans le cours des temps. Nous nous trouvons ici en présence d'une de ces modifications, qu'on ne peut attribuer qu'à un Épicurien postérieur.

« Si les douleurs, dit Cicéron (4), sont en même temps et si longues et si violentes qu'on ne les trouve plus supportables, pourquoi tant souffrir ? Une mort volontaire nous offre un port qui nous mettra pour toujours à l'abri de tous les maux. » Nous retrouvons la même idée dans le livre I du *de finibus* (5). Mais nous ne lisons nulle part ailleurs qu'Épicure ait conseillé de se donner la mort. Il dit, au contraire, que, si la douleur est longue, elle est légère, et que, si elle est vive, elle dure peu. Il blâme le vers qui veut que le mieux pour l'homme soit de n'être pas né, et, lorsqu'il est né, de mourir le plus tôt possible. Peut-être serait-il assez raisonnable de penser que la doctrine d'Épicure sur ce point a été modifiée par un disciple postérieur et rapprochée des principes stoïciens.

Il y a entre le livre V des *Tusculanes* et le livre II du *de finibus* une ressemblance qui ne saurait être fortuite. Dans le

---

(1) *Tusc.*, V, 38, 110. — (2) *Plutarchi Placita*, IV, 23, 2. — (3) *Tusc.*, V, 38, 110. — (4) *Tusc.*, V, 40, 117. — (5) 15, 49.

premier de ces ouvrages Cicéron loue la doctrine d'Épicure sur la tempérance ; dans le second il la critique ; mais on trouve dans tous deux l'exemple de Socrate, le jugement de Platon sur la délicatesse des festins de Syracuse, et l'opinion des anciens Perses qui regardaient le cresson comme le meilleur des assaisonnements. On trouve également les paroles d'Aristote sur l'inscription funéraire de Sardanapale. Tout ceci semble bien prouver que l'auteur épicurien imité dans le livre V des *Tusculanes* est le même que celui qui est critiqué dans le livre II du *de finibus*, c'est-à-dire Zénon.

En résumé, le commencement de la cinquième *Tusculane* semble emprunté à Posidonius, et la fin à un Épicurien récent, probablement Zénon. Mais il ne faut pas oublier que ces imitations sont probablement de simples réminiscences. Pour les questions de morale courante traitées dans les *Tusculanes*, à l'exception de certains détails techniques des livres III et IV, Cicéron n'avait guère qu'à s'abandonner à ses souvenirs et à sa facilité naturelle.

Cicéron, dans la cinquième *Tusculane*, qui est comme la conclusion et le couronnement de tout l'ouvrage, veut prouver que seule la vertu suffit au bonheur. Cette idée était commune à l'école de Zénon et à celle d'Épicure. Toutes deux, parties de principes différents, poursuivaient le même but, nous détacher des biens extérieurs qui peuvent tout à coup nous manquer, puisqu'ils ne sont pas en notre pouvoir, et nous laisser ainsi malheureux. Il semble que ce soit une exagération de dire que les avantages physiques, comme la santé, ou matériels, comme les richesses, ne sont pas des biens. Cependant, si l'on veut rendre l'homme tout à fait indépendant de la fortune, il faut soutenir ce paradoxe. Dès lors la philosophie peut toujours nous fournir les moyens d'être heureux, puisque, pour cela, le sage n'a besoin que de lui seul (1).

(1) Cicéron écrit à Aulus Torquatus : « Tenons-nous-en à cette règle de raison et de vérité qu'il faut avant tout se conserver exempt de reproche, et qu'une fois en paix avec sa conscience il n'est point de mal sur terre qu'on ne puisse aisément supporter. J'en conclus qu'au milieu même d'un

La thèse défendue dans la cinquième *Tusculane* convenait à l'époque où fut écrit l'ouvrage de Cicéron. Dans les temps de trouble qui précédèrent et qui suivirent la mort de César, il n'était plus guère permis de compter sur les biens extérieurs qu'on courait risque à chaque instant de se voir enlever avec la vie elle-même. Bien plus, on ne pouvait faire son devoir qu'en les méprisant ; craindre de les perdre était une première servitude qui préparait toutes les autres. Plus on s'attachait à ses avantages particuliers, moins on s'inquiétait de l'intérêt public. « Croyez-moi, écrivait Brutus à Atticus, nous craignons trop l'exil, la mort, la pauvreté. » (1) Il fallait élever les âmes à la hauteur des circonstances. Si la morale de Sénèque nous semble excessive, c'est que nous oublions qu'il écrit sous Néron. De même la cinquième *Tusculane* était faite pour ceux qui la lurent. Qu'ils préférassent le système de Zénon ou celui d'Épicure, ils apprenaient à ne compter que sur eux-mêmes pour être heureux.

La thèse de Cicéron dans la cinquième *Tusculane* avait été déjà soutenue par Brutus dans son livre sur *la vertu*. Cicéron, dans ses traités philosophiques, a parfois l'air d'un avocat qui plaide une cause sans partager l'opinion qu'il défend. Ce qui frappait au contraire à la lecture du livre de Brutus, c'était un ton d'absolue sincérité. On sentait qu'il ne développait pas une proposition prise au hasard, mais qu'il exposait sa conviction intime. Brutus avait fait comme son oncle Caton, qui n'avait pas étudié la philosophie pour exercer son esprit, mais pour diriger sa vie. On ne peut dire que la maxime « la vertu seule suffit au bonheur » était purement abstraite et retentissait seulement dans les écoles, lorsqu'on voit Brutus y conformer sa conduite. Il savait toujours s'isoler et chercher au dedans de lui-même un refuge. C'était tout le contraire de Cicéron sur qui les événements extérieurs avaient tant d'influence. Brutus était tranquille dans les circonstances les plus graves, comme la veille

---

naufrage universel, la vertu seule est encore une planche de salut. » (*Ad fam.*, VI, 1.)

(1) *Epist. Bruti*, I, 17.

de Pharsale, où il lisait gravement Polybe en prenant des notes, calme dans les plus grands dangers, comme lorsque, après les ides de mars, « chassé de Rome, menacé par les vétérans de César, il se consolait de tout en disant : « Il n'y a rien de mieux que de s'enfermer dans le souvenir de ses bonnes actions et de ne pas s'occuper des événements ni des hommes. » (1)

L'étude des différents livres des *Tusculanes* nous a fait croire que Cicéron, pour ce traité, avait eu recours à plusieurs modèles. On a soutenu dans ces derniers temps qu'il n'avait eu sous les yeux qu'un seul ouvrage. Cicéron, avec sa manière rapide de travailler, n'a pas dû, dit-on, se donner la peine de consulter plusieurs auteurs, mais s'en tenir à un seul. De plus, les *Tusculanes* forment un ouvrage bien ordonné dont toutes les parties concourent à un même but, nous apprendre les moyens d'arriver au bonheur. Or il ne manquait pas de philosophes qui avaient écrit des traités sur le même sujet. Il est naturel que Cicéron ait imité l'un de ces ouvrages dans son entier, au lieu de consulter des modèles différents.

On peut répondre d'abord qu'il est peu vraisemblable que Cicéron se soit inspiré d'un seul ouvrage. Il ne le dit nulle part, et l'on eût trop facilement reconnu le plagiat. Comment sur une question qui avait été l'objet de tant de travaux Cicéron aurait-il imité un seul auteur, en négligeant les autres, dont plusieurs avaient été ses maîtres ou ses amis ?

Nous avons déjà vu qu'on avait essayé de rapporter la première *Tusculane* au seul Posidonius (2). Il serait le modèle non seulement de la première *Tusculane*, mais encore de toutes les autres (3). — On peut l'accorder pour le commencement de la cinquième *Tusculane* ; mais en est-il de même pour les trois qui précèdent et surtout pour la troisième et la quatrième, où l'on reconnaît clairement l'influence de Chrysippe ?

Il est peu probable, dit-on, que Cicéron ait lu les quatre livres du περὶ παθῶν de Chrysippe ; car Galien se plaint souvent

---

(1) G. Boissier, *Cic. et ses amis*, 334. — (2) P. Corssen, *Rhein. Mus.*, 1881, p. 506, sq. — (3) Poppelreuter : *Quæ ratio intercedat inter Posidonii περὶ παθῶν πραγματίας et Tusculanas disputationes Ciceronis*, Bonn, 1883.

de leur longueur et de leur obscurité (1). Cicéron imite Posidonius. Il dit que dans l'explication des passions il suivra l'opinion de Pythagore et de Platon. Or Posidonius aimait à invoquer l'autorité de ces philosophes (2). Les définitions des passions données par Cicéron se trouvaient dans l'ouvrage de Posidonius ; c'est là que Cicéron les aurait prises. Certains arguments de Cicéron doivent être attribués à Posidonius, parce qu'ils présentent une rigueur toute scientifique ; en effet, Galien loue Posidonius d'employer des démonstrations dignes d'un philosophe, tandis que Chrysippe s'en inquiétait peu (3).

Tous ces arguments prouvent que Cicéron a *pu*, non qu'il a *dû* se servir de Posidonius pour les livres III et IV des *Tusculanes*. Mais il y a une raison qui détruit absolument cette possibilité. Posidonius ne saurait avoir été le modèle de Cicéron dans les livres cités ; car la discussion repose en grande partie sur ce principe que le chagrin ne réside pas dans la nature ou dans les choses, mais dans une certaine opinion. C'est ici la doctrine fondamentale de Chrysippe que Posidonius, suivant le témoignage de Galien, avait combattue de toutes ses forces. Cette seule observation suffit à montrer que Posidonius n'a pas été le modèle de Cicéron pour le livre III des *Tusculanes*, et par suite pour le livre IV, qui offre beaucoup de rapports avec le précédent (4).

Bien plus, ce ne serait pas de Posidonius que viendrait le commencement de la première et de la cinquième *Tusculanes*. On trouve dans la première *Tusculane* (5) l'éloge de la philosophie, mère de tous les arts. Cet éloge reparaît au commencement de la cinquième *Tusculane* (6). Ces idées sont aussi exprimées dans Sénèque (7). On rencontre dans les deux auteurs la même phrase : « Un seul jour bien employé suivant les préceptes de la philosophie est préférable à l'immortalité qu'on passerait à commettre des fautes (8) ». Sénèque s'inspire beaucoup de Posidonius ; c'est de son προτρεπτικός que semble tiré l'éloge de la

---

(1) *De placit. Hippocr. et Platonis*, p. 351, 459. — (2) Poppelreuter, *ibid.*, 8. — (3) *Idem.*, p. 28. — (4) Hirzel, III, 415. — (5) § 62, sq. — (6) § 5, sq. — (7) *Ep.*, 90. — (8) *Tusc.*, V, 2, 5 ; Sen., *Ep.*, 78, 28.

philosophie. Mais, a-t-on dit (1), comment le προτρεπτικός de Posidonius peut-il avoir été le modèle de Cicéron pour la première *Tusculane* ? Il ne s'agit pas alors de nous exhorter à la philosophie. L'éloge de la philosophie dans la première *Tusculane* est une digression qu'on peut enlever sans nuire à la suite des idées; dans la cinquième *Tusculane* il se trouve au commencement du livre, où il est probable que Cicéron ne fait encore qu'exprimer ses propres idées. Elles n'étaient sans doute qu'un souvenir de l'époque où il composa l'*Hortensius*; il dut à cette occasion lire le προτρεπτικός de Posidonius.

Dans la première *Tusculane* Cicéron nous promet des preuves platoniciennes (2); mais toutes celles qu'il donne seraient empruntées aux Stoïciens. Cependant la légèreté qu'on attribue à Cicéron doit avoir des bornes, et il semble difficile qu'il s'inspire de Posidonius au moment même où il annonce qu'il va reproduire Platon (3).

Mais Posidonius tenait en haute estime Platon; il devait lui avoir emprunté beaucoup; donc Cicéron, en copiant Posidonius, pouvait croire qu'il imitait Platon. On ne saurait nier non plus que la doctrine qui fait venir les passions de l'union de l'âme avec le corps (4) ne soit particulière à Posidonius et contraire à l'opinion générale des Stoïciens. Il en est de même lorsque Cicéron dit que les sens sont des obstacles à la découverte de la vérité et que l'âme ne percevra clairement les choses qu'après qu'elle sera séparée d'eux. C'était ici la théorie de Posidonius, tandis que les Stoïciens faisaient venir des sens toute connaissance et toute science. Comme on ne saurait guère nier que le passage où Cicéron fait l'éloge de la philosophie ne soit emprunté de Posidonius, on peut continuer de croire que la première partie de la première *Tusculane* est imitée d'un livre de ce philosophe.

La seconde *Tusculane*, dit-on, ne saurait venir de la lettre de Panétius à Tubéron; en effet Cicéron déclare que les passions qui font que nous accordons trop à la douleur reposent

(1) Hirzel, III, 348. — (2) I, 17, 40. — (3) Hirzel, III, 357. — (4) *Tusc.*, I, 19, 44.

essentiellement sur une opinion fausse (1). Or Panétius se serait ici séparé de la doctrine générale des Stoïciens (2). — Mais c'est prêter à Panétius ce qui n'est vrai que de Posidonius. Aucun témoignage ne nous apprend que sur ce point le maître ait devancé son disciple.

Cicéron, pour la troisième *Tusculane*, ne se serait pas inspiré de Chrysippe. Nous lisons dans ce livre que c'est à force de penser qu'il n'y a pas de mal dans ce qui d'abord nous paraissait un malheur que nous arrivons à nous consoler, et non par suite de la longueur du temps (3). Suivant Galien, au contraire, Chrysippe soutenait qu'on ne cessait pas de s'affliger parce qu'on changeait d'opinion sur la nature du malheur qui nous avait frappé (4). Chrysippe, qui n'est pas le modèle de la troisième *Tusculane*, n'est pas non plus celui de la quatrième, où l'on trouve la même inspiration que dans la troisième et les mêmes idées (5). — Mais que peut-on conclure d'un mince désaccord, qui est probablement une remarque personnelle de Cicéron, lorsque tant de définitions dans la troisième et la quatrième *Tusculanes* sont manifestement empruntées à Chrysippe, comme Cicéron l'avoue lui-même ?

On trouve étrange que Cicéron pour la cinquième *Tusculane* se soit inspiré d'abord d'un écrit de Posidonius, puis du livre d'un Épicurien récent (6). — Mais n'est-il pas vraisemblable que Cicéron, qui empruntait de toutes parts ce qui était utile à sa cause, ait eu recours à plusieurs modèles pour un seul livre, plutôt qu'à un seul pour tout l'ensemble des *Tusculanes* ?

Nous venons de voir que cette dernière thèse ne réussit guère à montrer que toutes les autres suppositions sont inadmissibles. C'était là, pour ainsi dire, la partie négative de la démonstration. Peut-on apporter des arguments plus décisifs dans la partie positive, où l'on doit prouver la réalité de l'opinion nouvelle qu'on défend ?

Cicéron, pour les *Tusculanes*, se serait inspiré non de philosophes dogmatiques, mais d'un ouvrage sceptique. Une pre-

---

(1) *Tusc.*, II, 22, 52. — (2) Hirzel, III, 408. — (3) *Tusc.*, III, 30, 74. — (4) *Placit. Hipp. et Plat.*, 419. — (5) Hirzel, III, 421. — (6) *Ibid.*, 468.

mière présomption en faveur de cette idée, ce seraient les préférences philosophiques de Cicéron qui se rattachait à la nouvelle Académie (1). De plus, on expliquerait ainsi facilement les nombreux passages où Cicéron déclare qu'il veut atteindre non le vrai, mais le vraisemblable (2), où il fait allusion à son scepticisme académique (3), où il s'abstient de prononcer entre des opinions contraires (4), où il exprime le désir d'être réfuté (5). La méthode que préfère Cicéron pour les *Tusculanes* est aussi empruntée à la nouvelle Académie : il se fait poser des questions auxquelles il essaye de répondre.

L'auteur unique dont Cicéron se serait inspiré pour les *Tusculanes* ne serait autre que Philon, qui avait composé un livre sur la philosophie (6). Cicéron imite (7) l'habitude de Philon de mêler à son discours des citations empruntées aux poètes, et il dit expressément qu'il suit en cela son exemple (8). Comme Philon avait coutume de le faire, il consacre la matinée à des exercices de rhétorique, le soir à des discussions de philosophie (9).

Mais toutes ces preuves sont purement extérieures. On devrait s'étonner que dans la troisième et la quatrième *Tusculanes* Cicéron accepte sans réserve les doctrines stoïciennes, si son modèle était un ouvrage sceptique. On ne fait pas une réponse suffisante en disant que le doute académique pouvait prendre plusieurs formes et que Philon inclinait beaucoup vers la philosophie stoïcienne ; car ceci est vrai d'Antiochus plutôt que de Philon. — Le respect que Cicéron montre pour les doctrines de Pythagore et de Platon rappelle Posidonius. Rien n'empêche, dit-on, que Philon ait imité Posidonius (10). Mais c'est une supposition purement gratuite. — Cicéron blâme l'éloge que Platon fait de l'amour (11). Ce blâme semble plutôt venir des Stoïciens primitifs que de

---

(1) Hirzel, III, 378, sq. — (2) *Tusc.*, I, 9, 17 ; V, 4, 11 ; III, 7-8, 14 et 16. — (3) *Tusc.*, III, §§ 7, 47, 53, 82. — (4) I, §§ 40, sq., 50, 67 ; III, §§ 77 et 80. — (5) III, 20, 46. — (6) Stobée, *Ecl.*, II. 40, sq. — (7) *Tusc.*, II, III, IV. — (8) *Tusc.*, I, § 26. — (9) *Tusc.*, II, § 9. — (10) Hirzel, III, 459, 2. — (11) *Tusc.*, IV, 34, 71.

Philon. — L'ouvrage de Philon dont on veut que les *Tusculanes* soient imitées, paraît avoir été surtout une introduction à la philosophie (1). Stobée ne nous dit pas qu'il ait contenu un fragment sur les passions, ce qui est l'objet propre de la plus grande partie du traité de Cicéron.

Le ton général des *Tusculanes* est celui du dogmatisme stoïcien, et Cicéron ne saurait l'avoir pris dans un livre sceptique. Sans doute Cicéron expose à côté des doctrines stoïciennes celles des autres écoles ; mais il n'avait pas besoin pour cela d'imiter un modèle sceptique ; il lui suffisait de se conformer à la pratique des Romains, qui adoptaient les idées comme les institutions utiles, sans s'inquiéter de leur provenance, et qui étaient éclectiques en philosophie comme dans la vie civile.

En résumé, l'opinion qui prétend que Cicéron dans les *Tusculanes* n'a suivi qu'un seul modèle est contredite par l'étude minutieuse de l'ouvrage latin. Elle semble venir d'une idée préconçue qui essaye ensuite de plier les faits au gré de ses désirs. Mais elle ne réussit pas à sortir de la possibilité pour entrer dans le domaine de la probabilité. Elle n'a même pu se produire que parce que les *Tusculanes* sont moins un traité sévèrement philosophique qu'une suite de dissertations morales dont il est bien difficile d'indiquer l'origine. On ne saurait dire avec précision quelles ont été ici les sources de Cicéron, parce que les ouvrages grecs dont il s'est servi sont aujourd'hui perdus, qu'il pouvait suivre presque indifféremment l'un ou l'autre de ces ouvrages, et qu'il a dû s'inspirer ou se souvenir de tous à la fois.

Les *Tusculanes* présentent un caractère particulier. Elles ne sont pas proprement un traité philosophique, mais plutôt un recueil de dissertations morales. Elles ressemblent assez à certains ouvrages modernes auxquels on a donné le titre de *sermons laïques*. Dans ces ouvrages on s'inquiète moins de développer avec rigueur une doctrine philosophique que de

---

(1) Voir notre thèse latine : *De Iohannis Stobaei Eclogis earumque fontibus*, VI, § 1.

prêcher un point de morale. Pour produire la conviction, Cicéron change d'arguments en changeant d'auditeurs. Ainsi il essaye de prouver que l'âme est immortelle au commencement de la première *Tusculane*, et à la fin il admet qu'elle meurt avec le corps; dans la troisième *Tusculane* il passe en revue les différentes raisons de se consoler proposées par les philosophes, et il les approuve à peu près toutes ; dans la quatrième il veut détruire les passions avec les Stoïciens, et il reproche aux Péripatéticiens de les régler sans les anéantir, oubliant qu'au livre précédent (1) il refuse de louer l'absence de sensibilité et même de la regarder comme possible. Dans la cinquième *Tusculane* il prétend prouver que la vertu suffit au bonheur, tandis que dans la seconde (2) il reproche aux Stoïciens d'avoir dit qu'il n'y a de bien que ce qui est honnête, de mal que ce qui est honteux.

Les *Tusculanes* ressemblent à ces thèses qu'on soutenait dans les écoles pour s'exercer. Un critique allemand (3) a même cru démêler dans les *Tusculanes* les différentes parties de l'amplification oratoire. Cicéron annonce lui-même, à la fin du premier livre, qu'il passe à l'épilogue ou à la péroraison de son discours (4).

Les *Tusculanes* présentent les marques d'une composition précipitée. Il n'y a plus trace ici, je ne dirai pas de l'art consommé de Platon, qui produit l'illusion d'une conversation véritable, mais de la mise en scène habile des *Dialogues* d'Aristote, imitée dans le *de finibus*. Cicéron et un auditeur anonyme sont seuls en présence et le premier se contente de répondre aux questions que le second lui adresse. Les *Tusculanes* ne forment pas un tout bien ordonné comme le *de finibus*. Cicéron semble le reconnaître lui-même ; pour s'excuser il dit à l'*Auditeur;* « Ce n'est pas un effet du hasard, mais d'après le plan que vous m'avez indiqué avec raison que j'ai parlé séparément de la tristesse et des autres passions (5) ». Les introduc-

---

(1) III, 6, 12. — (2) 13, 30. — (3) Muther, *sur la composition des livres I et V des Tusculanes.* Cobourg, 1862. — (4) I, 4, 8. Ailleurs il appelle les *Tusculanes* « des déclamations », I, 47, 112. — (5) IV, 38, 83.

tions de chaque livre sont des hors d'œuvre qui ne se lient pas bien à ce qui suit. On sent trop que Cicéron les emprunte à son recueil d'exordes (1).

Il en est un peu du contenu des *Tusculanes* comme de leurs introductions. Cicéron reproduit dans le livre I des idées qui se trouvaient déjà dans le *Songe de Scipion* et la *Consolation* ; il reprend aussi le sujet de ce dernier ouvrage dans la seconde et la troisième *Tusculanes* ; enfin dans la cinquième, la thèse que la vertu suffit au bonheur avait été déjà défendue par Caton dans le troisième livre du *de finibus* et combattue par Cicéron lui-même et par Pison dans le quatrième et le cinquième livres du même ouvrage.

On remarque en outre dans les *Tusculanes* des confusions, comme lorsque l'auteur ne distingue pas l'immortalité indéfinie telle que l'entendait Platon de l'immortalité purement temporaire des Stoïciens, des longueurs (2), des répétitions (3), ou des exemples peu probants (4). Tous ces défauts s'expliquent facilement si l'on songe comment Cicéron a composé son ouvrage. Il ne l'a pas écrit dans le silence du cabinet, mais presque sur les grandes routes.

Les *Tusculanes* sont l'exposé des raisonnements que Cicéron se faisait à lui-même lorsqu'il voulait s'exhorter au courage. Voyant César se charger seul de toutes les affaires il comprit que, puisqu'on se passait de lui, il devait apprendre à se passer de tout le reste, se détacher de ce qui jetait le trouble et l'inquiétude dans son âme et surtout s'habituer à ne pas crain-

---

(1) C'est à cette époque qu'il mit par mégarde, en tête de son opuscule sur *la gloire*, une préface qui se trouvait déjà dans le troisième livre des *secondes Académiques*. Il s'aperçut de sa méprise en lisant en mer les *Académiques* ; il se hâta d'écrire une nouvelle préface et de l'envoyer à Atticus : « Vous couperez la première, lui écrit-il, et vous collerez à la place la seconde, *tu illud desecabis, hoc agglutinabis.* » (*Ad Att.*, XVI, 6, 4.) — (2) I, 24, 59 ; 30, 74, et surtout V, ch. 20, sq. le long morceau sur Denys. — (3) V, ch. 24, sq. et I, 19, 44, sq. — (4) « C'est une chose pitoyable que toutes ces prétendues preuves de l'immortalité de l'âme alléguées par Platon. Ce qu'il y a de plus pitoyable peut-être est la confiance avec laquelle Cicéron les rapporte. » (Voltaire, lettre à l'abbé d'Olivet, 12 fév. 1736.)

dre la mort qu'il sentait prochaine. Pour écrire les *Tusculanes* Cicéron n'avait pas besoin de modèles ; il n'avait qu'à reproduire ses propres pensées, en y joignant ses souvenirs.

Les questions qu'il traite nous paraissent aujourd'hui des lieux communs. Elles n'en étaient pas alors : c'étaient les problèmes que se posaient avec Cicéron les principaux citoyens de Rome. De là l'intérêt des *Tusculanes* pour les contemporains ; de là aussi l'accent de sincérité qu'on y remarque, et le zèle éclectique qui fait que Cicéron emprunte de toutes parts des pensées salutaires sans s'inquiéter de leur provenance.

CHAPITRE VII

Le « de amicitia » et le « de senectute ».

Le *Caton l'Ancien*. Rapport avec divers ouvrages grecs. Le § 77 n'est pas inspiré du *Timée*, ni le § 78 copié de Platon. Le Caton du *de senectute* et le Caton de l'histoire. La vieillesse suivant Cicéron et suivant les modernes.— Le *Lælius*. L'amitié chez les anciens philosophes grecs, Socrate, Platon, Aristote, Théophraste, les Stoïciens, les Épicuriens. Le *de amicitia* est-il imité de Théophraste ? Théorie de l'amitié chez Cicéron et chez Montaigne. Cicéron et Atticus.

Le « Caton l'Ancien ou de la vieillesse » (1).

Dans une lettre à Atticus (2), Cicéron dit : « Il me faut lire souvent le *Caton l'Ancien* ; car la vieillesse me donne plus d'amertume, et je m'irrite de tout. » Cette lettre est du 12 mai 44 av. J.-C. (710). Le *de senectute* a dû être écrit avant cette époque, au mois d'avril 44. A l'appui de cette opinion on peut citer le commencement du dialogue : « Et cependant je soupçonne que vous êtes parfois plus inquiet encore que moi sur les mêmes sujets. » C'est une allusion discrète aux circonstances d'alors, au manque de sécurité où était la république après le meurtre de César et l'arrivée d'Antoine aux affaires. Nous lisons dans la revue que Cicéron fait de ses travaux, au commencement du livre II du *de divinatione* : « Entre ces ouvrages j'ai publié dernièrement, *interjectus est nuper*, le traité de la vieillesse dédié à mon ami Atticus (3). » Par l'expression « *interjectus* » il faut entendre que Cicéron a

---

(1) Les dialogues sur la *vieillesse* et sur *l'amitié* ont été composés après le *de natura deorum*. Mais, pour le sujet, ils se rapprochent des *Tusculanes*. Nous les plaçons donc après ce dernier ouvrage. — (2) XIV, 21. — (3) *De divin.*, II, 1; 3.

inséré de petits écrits entre les traités philosophiques étendus, comme les livres sur *la nature des dieux*, qui étaient déjà édités, et ceux sur *la divination*, qui allaient l'être. Le traité sur *la nature des dieux* avait été publié avant le meurtre de César, aux ides de mars 44. C'est une preuve nouvelle que la date du mois d'avril pour la composition du dialogue sur *la vieillesse* est exacte. L'expression « *interjectus est nuper* » se justifie par ceci que le livre II du *de divinatione* ne fut pas terminé avant la fin de septembre, ou le commencement d'octobre 44, et que le tout fut alors publié, comme on peut le conclure de la phrase : « Maintenant qu'on a recommencé à me consulter sur les affaires de l'État, tout mon temps, toutes mes pensées, tous mes soins appartiennent à la république (1). »

Le dialogue sur *la vieillesse* et celui sur *l'amitié*, comme les *Tusculanes*, sont des sortes de dissertations philosophiques assez semblables aux sujets qui étaient traités dans les écoles. Cicéron appelle lui-même les *Tusculanes* « *quinque dierum scholas* » et « *seniles declamationes* (2) ». Pour de telles compositions, il n'était pas besoin d'avoir recours à un livre original d'un philosophe grec; il suffisait de réunir en un seul corps les idées qu'on avait recueillies de divers côtés; c'était là plutôt un exercice de rhéteur qu'une œuvre de philosophe (3).

---

(1) *Ibid.*, I, 2, 7. On a prétendu récemment que le *de senectute* avait été écrit avant la mort de César (Th. Maurer, *Neues Iahrb.*, 1884, 6, p. 386, sq.). Lorsque Cicéron dit qu' « il soupçonne que parfois Atticus est plus inquiet encore que lui-même sur les mêmes sujets, » il ferait allusion à la dictature de César. Mais cette dictature ne pouvait causer d'inquiétude à Atticus. Il s'agit bien plutôt des événements qui suivirent les ides de mars. En effet dans la dernière lettre de Cicéron à Atticus nous avons la preuve des démarches actives que Cicéron avait faites pour sauver une partie de la fortune de son ami, compromise après le meurtre de César. — (2) *Tusc.*, I, 4, 7 et 8. — (3) « Dans l'antiquité, les exercices de rhétorique étaient en grand honneur. S'agissait-il de prouver que la vie était un mal, la mort un bien, les mêmes fables, les mêmes pensées, les mêmes vers venaient sous la plume des écrivains grecs et romains, d'Aristote dans l'*Eudème*, de Théophraste dans le *Callisthène*, de Crantor dans son opuscule sur *le deuil*, de l'auteur de l'*Axiochus*, de Plutarque dans la *Consolation à Apollonius*, de Sextus Empi-

On trouve dans le dialogue sur *la vieillesse* plusieurs passages traduits ou inspirés des philosophes grecs. Ainsi, au commencement de l'ouvrage, Cicéron imite d'une manière discrète la conversation entre Socrate et Céphale rapportée par Platon au début de la *République* (1). Lorsque Caton dit qu'il est reconnaissant à la vieillesse d'avoir diminué chez lui les plaisirs du boire et du manger, pour augmenter ceux de la conversation (2), et lorsqu'il rapporte la réponse de Sophocle à ceux qui lui demandaient s'il usait encore des plaisirs de l'amour, Cicéron traduit littéralement des phrases de Platon (3). Plus loin (4), il cite une page des *Économiques* de Xénophon (5) : il transcrit (6) le discours que Cyrus à son lit de mort tient à ses enfants dans la *Cyropédie* (7). Le passage le plus important est celui sur l'immortalité de l'âme (8).

Outre ces emprunts particuliers, Cicéron a pu prendre à quelque ouvrage grec sur la vieillesse le plan général et une partie des arguments de son *Caton l'Ancien*. Le dialogue sur *la vieillesse*, où Ariston de Céos faisait parler Tithon, est mentionné en passant (9). Mais dans quelle mesure l'auteur latin l'a-t-il mis à profit, c'est ce qu'il est impossible de déterminer. Théophraste et Démétrius de Phalère avaient aussi écrit sur la vieillesse (10) des traités dont Cicéron a pu se servir. Enfin une phrase du *de senectute* : « Les jeunes gens sont exposés à plus de maladies (que les vieillards), les éprouvent bien plus violentes, et se remettent beaucoup plus difficilement, » serait, suivant Drakenborch, l'imitation d'un passage

---

rieus, de Sénèque dans la *Consolation à Polybe*. On sait qu'à Rome, à l'époque de Cicéron, en Grèce longtemps auparavant, la rhétorique avait si bien su tirer parti de toutes les découvertes faites dans les sciences morales et politiques, que ces découvertes semblaient lui appartenir. Les thèses des philosophes introduisirent la philosophie dans les écoles de rhétorique. » (Heylbut, *les livres sur l'amitié de Théophraste*, Bonn, 1876, p. 36.)

(1) 328 E. — (2) 14, 46. — (3) *Repub.*, 328 D et 329 B. — (4) § 59. — (5) IV, 20-23. Cicéron, dans sa jeunesse, avait traduit les *Économiques*. Le passage cité est probablement emprunté à cette traduction. — (6) §§ 79-81. — (7) VIII, 7, 17-22. — (8) §§ 77-78. — (9) § 3. — (10) Diog. Laert., V, 43.

d'Hippocrate ; mais il est probable que cette ressemblance est purement accidentelle (1).

Nous allons examiner les §§ 77 et 78 (2). — Le § 77 indique quelle est la condition de l'âme dans le corps, et pourquoi les dieux l'y ont placée. On a cru que ce passage était inspiré du *Timée* de Platon. « Tant que nous sommes enfermés dans cet assemblage corporel, dit Caton, *dum sumus inclusi in his compagibus corporis.* » En employant le mot « *compages* » Cicéron aurait eu présent à l'esprit un passage du *Timée* (3). Mais il n'y a aucun rapport entre la description fantastique du dialogue grec et la phrase de Cicéron. Tout au plus pourrait-on prétendre que ce dernier s'est rappelé le récit du *Timée*, s'il était prouvé que la traduction du commencement de ce dialogue qui nous est parvenue sous le nom et parmi les œuvres de Cicéron a été faite par l'écrivain latin à l'époque où il composait le *de senectute*.

« Tant que nous sommes enfermés dans cet assemblage corporel, dit Caton, nous avons à remplir de dures fonctions, et nous sommes, en quelque sorte, sous la verge de la nécessité. » Cette nécessité serait celle dont il est parlé dans le *Timée*, et qui consiste pour les âmes à descendre de leur état de perfection et de la sphère des étoiles fixes, pour entrer sur la terre dans des corps mortels, afin qu'il n'y ait pas de lacune dans le monde, et qu'à chaque idée céleste corresponde une réalité terrestre. La perfection du tout est la suprême loi. De même que dans l'État chaque classe, en particulier la classe des sur-

---

(1) Reid, éd. du *Cat. Maj.*, introd., p. 12. — (2) Cf. Schneider, *Zeitsch. f. das Gymn.*, 1879, p. 689, sq. — (3) 42 E. Voici ce passage, comme l'a traduit Cicéron lui-même : « Les dieux inférieurs prennent d'abord le principe immortel de l'animal mortel, et, imitant leur créateur, ils empruntent au monde des parties de feu, d'air, de terre et d'eau qui devaient un jour lui être rendues ; ils les unissent, non par des liens indissolubles, comme ceux qui avaient servi à les former eux-mêmes, mais au moyen de nœuds imperceptibles, à cause de leur petitesse, et d'une foule de minces chevilles ; ils composent de ces divers éléments chaque corps particulier ; et dans ce corps, dont les parties s'écoulent et se renouvellent sans cesse, ils placent les cercles de l'âme immortelle. » (*Timée*, c. 13.)

veillants, doit sacrifier son bonheur au bien de toutes les autres, de même les âmes doivent sacrifier leur perfection à celle de l'ensemble. — Mais ne suffit-il pas de regarder le corps comme un obstacle à l'activité de l'âme, et la fatalité corporelle comme la première et la plus grande de toutes, pour exprimer les mêmes idées que Cicéron ? Ce langage ne devait-il pas être, par exemple, celui d'un Stoïcien qui, sans admettre l'immortalité personnelle, ne croyait cependant pas à l'anéantissement des âmes après la mort, comme voulait Panétius, mais à leur survivance temporaire, et à leur retour au sein de l'âme universelle, au moment d'un des grands embrasements du monde ?

« Notre âme d'origine céleste, continue Caton, est précipitée de ce séjour élevé, et comme ensevelie sous la terre, loin de cette nature divine et éternelle. » Ce serait la chute des âmes du monde des étoiles fixes sur la terre, telle que la mentionne le *Timée*. — Mais Cicéron ne fait ici qu'exprimer des idées conformes à toutes les croyances populaires, qui placent dans le ciel le séjour de Dieu et des bienheureux.

« Je crois, continue Caton, que les dieux ont répandu (*sparsisse*) les âmes dans les corps humains, afin qu'il y eût des êtres pour considérer la terre, pour contempler l'ordre des corps célestes et pour l'imiter par la parfaite régularité de leur vie. » Platon, dans le *Timée*, emploie le mot σπείρειν (*spargere*) pour désigner la descente des âmes dans les planètes ; lorsqu'il veut parler de l'entrée des âmes dans les corps, il se sert de l'expression ἐμφυτεύειν (1). C'est une preuve que Cicéron ne pense ici à aucun passage du *Timée* en particulier (2).

Toute l'explication que donne Caton de l'entrée des âmes dans les corps humains ferait songer à la théorie du *Timée*, que Cicéron avait présente à l'esprit (3). Les mouvements réguliers de la raison, ou de la divinité dans le ciel, ne seraient pas

---

(1) *Timée*, 42 A, 44 B. — (2) Iwan Müller, *Jahresb. de Bursian*, 1881, p. 127, sq. — (3) 47 B. « Ce que nous dirons, nous, c'est que Dieu, en créant la vie et nous la donnant, n'a eu d'autre but que de nous mettre en état, après avoir contemplé dans le ciel les révolutions de l'intelligence, d'en tirer parti pour les révolutions de notre propre pensée, lesquelles, toutes désordonnées qu'elles sont, ont la même nature que les premières, si bien ordonnées

différents de l'ordre et de l'harmonie des corps célestes, dont parle Caton. Certains traducteurs avaient déjà supposé que Cicéron s'était souvenu du *Timée*. Mais il est bien plus naturel de croire que Cicéron ne fait ici qu'énoncer une opinion de couleur stoïcienne, qui peut toutefois avoir pour point de départ une doctrine de Platon. Il ne faut pas oublier que Cicéron écrivit le dialogue sur *la vieillesse* après le livre I des *Tusculanes*, le livre II du *de natura deorum* et le livre I du *de divinatione*. Or pour tous ces livres Cicéron s'est inspiré, comme on le reconnait chaque jour davantage, de Posidonius, qui avait adopté en partie les idées de Platon.

Le § 78 contient, en abrégé, plusieurs preuves de l'existence de Dieu déjà citées dans d'autres ouvrages de Cicéron, particulièrement dans le *Songe de Scipion* et les *Tusculanes*. Quelle a été l'exactitude de Cicéron dans ce résumé, et ces preuves sont-elles empruntées directement à Platon ?

Caton commence par un argument qui paraît venir des Pythagoriciens. « J'avais appris, dit-il, que Pythagore et les Pythagoriciens tenaient pour certain que nos âmes sont des parcelles diverses d'une grande âme universelle. » Les âmes humaines, émanations (ἀποσπάσματα, ἀπόρροιαι) de l'âme du monde, sont, par suite, immortelles. Mais c'est ici une croyance moins pythagoricienne que stoïcienne. Il est vrai qu'elle pouvait avoir son origine dans la doctrine de Pythagore, à qui Platon et les Stoïciens avaient fait beaucoup d'emprunts, mais avec des modifications et des transformations. Il est certain toutefois que cette preuve n'est point platonicienne : dans le *Timée* le dieu créateur forme les âmes humaines de la même matière que l'âme du monde, mais avec une pureté moins grande. Cette preuve n'est pas non plus indiquée dans le *Phédon*. On trouve la même doctrine dans les *Tusculanes* (1), et il est probable qu'ici comme alors Cicéron s'est inspiré des Stoïciens, particulièrement de Posidonius.

qu'elles soient ; de la sorte, instruits par ce spectacle, prenant part à la rectitude naturelle de la raison, nous apprendrions, en imitant les mouvements parfaitement réguliers de la divinité, à corriger l'irrégularité des nôtres. »

(1) *Tusc.*, I, 16, 38.

Quant aux autres preuves, elles seraient empruntées à Socrate, dans l'entretien qu'il eut avec ses disciples le jour de sa mort, et qui est raconté dans le *Phédon*. « Je me suis persuadé et je crois fermement, dit Caton, en voyant l'activité prodigieuse de l'esprit, cette mémoire admirable du passé, cette prévoyance de l'avenir, tous nos arts, toutes nos sciences, toutes les inventions des hommes, que la nature qui contient tout cela ne saurait être mortelle. » Cet argument paraît contestable, parce que la vie et toutes ses manifestations sont pour notre pensée quelque chose d'extraordinaire et d'inconcevable. Pour donner à cette preuve un fondement platonicien, il faudrait l'appuyer sur la considération de la science. La science, dans la doctrine de Platon, repose sur des éléments qui ne peuvent venir des sens et qui sont propres à l'âme. L'âme est donc un principe indépendant qui peut exister sans le corps. Bien plus, le corps, suivant Platon, est pour l'âme moins un secours qu'un obstacle et une cause de trouble. Aussi, lorsque l'âme se sépare du corps, loin d'être anéantie, elle jouit d'une existence plus parfaite. Mais Cicéron, en disant « la nature qui contient tout cela, » n'a pas voulu prétendre que les principes résidaient surtout dans l'âme. Il pense plutôt aux aptitudes et aux facultés de l'esprit, comme on le voit par un raisonnement analogue dans les *Tusculanes* (1).

La troisième preuve donnée par Caton est un argument métaphysique, ou plutôt ontologique, qui part du seul concept de l'âme considérée comme se mouvant elle-même. Ce n'est qu'un résumé incomplet de la preuve développée dans le *Phèdre* (2), et qui est traduite presque mot à mot dans le *Songe de Scipion* (3) et reproduite exactement dans les *Tusculanes* (4). Caton ne nous dit pas pourquoi l'âme se meut elle-même, ce qui reste une pure supposition. Cicéron cite ce raisonnement de mémoire. La première *Tusculane* et le *Songe de Scipion* semblent inspirés d'un philosophe stoïcien, probablement Posidonius, qui avait reproduit le raisonnement de Platon. Cicéron,

(1) *Tusc.*, I, 28, 70. — (2) 245 C. — (3) *De repub.*, c. 25-26. — (4) I, 23, 53.

en faisant parler Caton, n'avait plus sous les yeux l'ouvrage du philosophe stoïcien, et se souvenait seulement de l'avoir cité autrefois.

La quatrième preuve, également métaphysique, est tirée de la comparaison de l'âme avec le corps. « L'âme, de sa nature, est simple, et ne porte en elle aucun mélange hétérogène ; elle ne peut donc être divisée, et, par conséquent, elle ne saurait périr (1). On trouve le même raisonnement dans les *Tusculanes*. Mais le défaut de la preuve telle qu'elle est exposée par Caton, c'est qu'elle suppose l'unité et l'identité de l'âme sans les démontrer. Cette même preuve se trouve dans le *Phédon* (2) ; la simplicité et l'identité de l'âme sont prouvées par l'existence des idées qu'elle renferme en elle.

La cinquième preuve est fondée sur la réminiscence platonicienne. « Un grand argument en faveur de l'immortalité de l'âme, c'est, dit Caton, que les hommes apportent en naissant une foule de connaissances reçues dans une vie antérieure. Ainsi les enfants, appliqués à des études difficiles, saisissent tout un monde de vérités avec une telle promptitude qu'ils paraissent bien ne pas les entendre pour la première fois, mais seulement se les rappeler. » La réminiscence platonicienne a surtout pour objet les principes. Cette preuve a donc beaucoup de rapport avec la seconde. Les dernières paroles de Caton montrent que Cicéron a dû se souvenir ici du passage du *Ménon*, où Socrate, en interrogeant un jeune esclave, fait voir qu'il sait les premières propositions de la géométrie. Bien interrogé l'esclave trouverait les autres démonstrations géométriques et celles de toutes les sciences. Or il n'a jamais étudié la géométrie ; donc les propositions géométriques et toutes les sciences étaient dans son esprit ; il fallait seulement les en tirer. Ainsi l'âme est indépendante du corps, et lui préexiste, puisqu'elle contient des connaissances qui précèdent l'expérience ; par suite elle ne saurait mourir avec le corps. Cette preuve dépasse le but, en ce qu'elle démontre non seulement l'immortalité, mais l'antériorité de l'âme, non seulement sa survivance, mais sa préexistence au corps.

(1) I, 29, 71. — (2) 78 B.

Cicéron entend cette preuve un peu différemment. Il considère non le pouvoir de découvrir des vérités, mais la facilité avec laquelle les enfants apprennent des choses difficiles. Il semble qu'il a rendu plus fidèlement la pensée de Platon dans les *Tusculanes* (1). « Platon, dit-il, fait parler dans le *Ménon* un jeune esclave que Socrate interroge sur les dimensions du carré ; l'esclave répond comme son âge le permet, et, les questions étant toujours à sa portée, il va, de réponse en réponse, si avant qu'enfin il semble avoir étudié la géométrie. De là Socrate conclut qu'apprendre, c'est seulement se ressouvenir. » Toutefois ce qui importe à Platon ce n'est pas que les demandes soient faciles ou difficiles, mais que les réponses soient personnelles et exactes. Sans doute Socrate suggère chaque fois à l'esclave la réponse juste ; mais la pensée fondamentale de tout le passage, c'est que l'esclave ne trouverait pas les propositions vraies, si antérieurement elles n'avaient sommeillé dans son esprit.

La conclusion de cette étude des preuves de l'immortalité de l'âme que Cicéron aurait empruntées à Platon, c'est que, pour le § 78, l'auteur latin s'écarte beaucoup du philosophe grec dans le court résumé qu'il donne de ses arguments, et que, pour le § 77, il ne paraît pas avoir eu recours au *Timée*.

Nous avons vu que Cicéron avait imité ou copié différents passages de la *République* de Platon, des *Économiques* et de la *Cyropédie* de Xénophon. Il lui était facile de le faire directement. D'autre part, dans les §§ 77 et 78, il semble se souvenir d'un écrit stoïcien, probablement de Posidonius, dont il s'était servi autrefois. On ne trouve donc rien dans le dialogue sur *la vieillesse* qui indique que Cicéron se soit inspiré d'un traité grec sur le même sujet. Cicéron paraît ne devoir qu'à lui-même les idées, et peut-être même le plan de son dialogue (2).

Une preuve que le dialogue sur *la vieillesse* appartiendrait

(1) I, 24, 57. — (2) Le titre des dialogues de Cicéron : *Lælius, de amicitia; Cato Major, de senectute*, ressemble tout à fait à celui des *Logistorici* de Varron (*Cato, de liberis educandis; Tubero, de origine humana*). Cette ressemblance paraît indiquer que la forme des livres et le procédé de composition étaient les mêmes (Cf. G. Boissier, *Vie et ouvrages de M. Terentius Varron*, p. 103).

bien en propre à Cicéron, c'est que celui-ci commet une méprise étrange. Il confond l'*examen de conscience* recommandé par Pythagore avec un exercice mnémonique; « il fait dire au vieux censeur, par une allusion visible au précepte des *Vers d'or :* « A la manière des Pythagoriciens, je rappelle le soir tout « ce que j'ai fait, dit ou entendu dans la journée, pour exercer ma « mémoire. » (1) Il est vrai que cette interprétation n'est pas donnée par Cicéron seul et qu'elle était commune à la plupart des écrivains de l'antiquité.

Caton distingue (2) quatre causes qui font qu'on croit la vieillesse malheureuse : elle éloigne du maniement des affaires, elle rend le corps infirme, elle prive de presque tous les plaisirs, enfin elle est proche de la mort. Cicéron avait peut-être lu cette énumération dans quelque traité grec ; mais elle n'est pas si difficile qu'il n'ait pu la trouver lui-même. Le discours de Caton n'est que la réponse à ces quatre chefs d'accusation contre la vieillesse. La plupart des exemples et des arguments sont empruntés à l'histoire de Rome, ce qui prouve que Cicéron ne les doit qu'à lui-même, et ne les a pas pris dans un ouvrage grec.

Aussi bien c'est Cicéron qui parle dans le *de senectute*. Il nous dit que, dans les derniers temps de sa vie, Caton avait dépouillé sa rudesse primitive par l'étude des lettres grecques (3). Mais ce langage harmonieux et périodique, cet emploi habile des précautions oratoires (4), le ton modeste avec lequel Caton rappelle ses hauts faits ne conviennent pas au rude paysan de Tusculum, ni à sa parole acerbe et tranchante, à son habitude de se décerner libéralement à lui-même les louanges qu'il croyait mériter. Il remarque avec satisfaction qu'il a parlé dans ses livres sur l'agriculture du bon usage de fumer les champs, tandis qu'Hésiode n'en dit pas un mot. Cependant, ajoute-t-il (5), Homère, qui vivait plusieurs siècles avant Hésiode, nous montre Laerte calmant le chagrin que lui causait l'absence de

---

(1) *Cat. Maj.*, c. 11. — C. Martha (*Études morales sur l'antiquité*, p. 197). — (2) *Cat. Maj.*, V, 15. — (3) I, 3. — (4) IX, 30.— (5) XV, 54.

son fils en cultivant ses terres et en les fumant. Tant d'érudition étonne chez Caton (1).

Cicéron fait du rude auteur du *de re rustica* une sorte de vieillard de Tarente qui aime la campagne pour elle-même, et non pour ce qu'elle rapporte. Il est probable cependant que Caton oubliait d'admirer les blés d'or et les grappes vermeilles pour supputer combien il en ferait de sacs de blé et de tonneaux de vin. Celui que Cicéron met en scène dans le *de senectute* est un de ces sages de Platon ou de Xénophon qui se plaisent aux longs festins, où l'on néglige le service pour la conversation, et où l'on boit à petits coups dans de petits verres qui ne font qu'humecter le gosier, pendant que le voisin prend la parole à son tour. Nous savons par Horace que Caton n'était pas si sobre (2). C'était l'habitude d'Horace de s'entretenir avec ses amis de la Sabine de questions morales (3); Caton devait plutôt discuter avec les rudes fermiers d'alentour si les pâturages rapportaient plus que les plantations, et s'il ne valait pas mieux placer son argent dans des entreprises maritimes que de l'employer à des acquisitions de terres.

Mais ce qui eût bien étonné le vieux censeur, ce sont les idées que Cicéron lui prête, à la fin du livre, sur l'immortalité

---

(1) Varron avait déjà mis en scène Caton dans son traité sur l'*éducation des enfants,* et il avait également adouci ce que la figure du vieux censeur pouvait avoir de trop grossier et de désagréable. Le Caton de Varron n'était pas plus vrai que celui de Cicéron (Cf. G. Boissier, *Vie et ouvrages de M. Terentius Varron,* p. 119).

(2)   *Narratur et prisci Catonis*
  Sœpe mero caluisse virtus. Carm., III, 21
  Les vertus du vieux Caton,
  Chez les Romains tant vantées,
  Étaient souvent, nous dit-on,
  De falerne enluminées. (J.-B. Rousseau, *Odes,* II, 2.)

(3) « On cause à table non pas de la terre du voisin, ou de sa maison, ou d'un mime qui danse bien ou mal, mais de sujets qui nous touchent davantage et sur lesquels il est plus fâcheux d'être ignorant : si c'est la fortune qui fait le bonheur, ou la vertu; si c'est l'utile ou l'honnête qui est le principe de l'amitié; enfin quelle est l'essence du bien et qu'est-ce qu'il faut appeler bien suprême » (*Sat.,* II, VI, 70, sq.)

de l'âme. Le Caton du dialogue envisage sans crainte et presque avec joie sa mort prochaine ; car elle va le réunir à son cher Marcus, qu'il a perdu. On sent que Cicéron se souvient de sa fille et ne peut se consoler de sa mort. Le vrai Caton, les premiers moments de douleur passés, dut se dire qu'il ne servait à rien de s'attrister, et qu'il faut éviter ce qui ne sert à rien. Quant à l'immortalité de l'âme, si on lui avait demandé ce qu'il en pensait, il aurait répondu qu'il n'en pensait rien, parce qu'il n'y pensait pas. C'est dans la bouche de Socrate que Platon a mis dans le *Phédon* ses idées sur la survivance de l'âme et sur l'autre vie. Or Socrate est un des philosophes que Caton semble avoir surtout haï, à cause de sa théorie du bien impersonnel et immuable. Le bien et le juste pour Caton n'étaient que l'utile, qui varie d'un peuple à l'autre et même entre les différents individus de la même nation. Celui qui recommandait au cultivateur de vendre les vieux esclaves avec la ferraille ne devait pas faire grand cas de l'âme immortelle.

Le *de senectute* fut composé après le meurtre de César, c'est-à-dire à l'une des époques les plus malheureuses de la vie de Cicéron. Inquiet pour sa cause et pour ses amis, comme Brutus, inquiet même pour sa vie, il essayait de se distraire en indiquant aux autres les moyens d'arriver à ce calme de l'âme et à cette absence de regrets, de craintes et de passions que, pour son compte, il était incapable d'atteindre. Le *de senectute* n'est pas différent des *Tusculanes*. Comme elles, il enseigne les moyens d'être heureux ; seulement il s'adresse spécialement aux vieillards, non plus aux hommes en général. Les consolations écrites par les philosophes grecs étudiaient les diverses causes de chagrin, la vieillesse ou l'exil aussi bien que la crainte de la mort ou la perte d'une personne aimée. La *Consolation* de Cicéron, ses *Tusculanes* et son *de senectute* appartiennent donc au même ordre d'ouvrages.

Au moment où il écrivit le *de senectute* Cicéron sentait avec tristesse qu'il devenait vieux, lui qui était resté si jeune par le caractère, et qui, après le meurtre de César, montra plus de décision et d'audace que Brutus, qui aurait pu être son fils. Dans la lettre à Atticus où il lui dit qu'il a besoin de relire souvent le *Caton l'Ancien*, Cicéron ajoute : « C'est fini pour moi ; au tour des jeunes maintenant ! (1) »

Au XVIIe siècle, après avoir passé sa jeunesse et son âge mûr au milieu des intrigues et des dissipations du monde, on se réservait quelque temps pour se recueillir, avant que la mort n'arrivât. On revenait à la religion et aux croyances de sa jeunesse qu'on avait négligées plutôt qu'oubliées. Dans l'antiquité on ne pouvait s'adresser qu'à la philosophie. Quelles consolations elle donnait, on le voit par l'effusion ou plutôt la prière qui se trouve au début de la cinquième *Tusculane* (2). Nul ne sentait mieux que Cicéron toute la force consolante qu'il y a dans la philosophie, lorsqu'il lisait les livres des sages de la Grèce, ou qu'il en écrivait lui-même à leur imitation. Il a pleinement goûté pendant la composition du *Cato Major* ce calme et cette sérénité dont jouit un vieillard qui se rappelle une longue vie glorieuse. Cicéron possédait une merveilleuse faculté de s'arracher aux misères et aux périls du présent, pour vivre, du moins en pensée et pour quelque temps, dans le passé. C'est pour renouveler cette bienfaisante influence qu'il relisait le *Cato Major*.

La croyance émue en l'immortalité de l'âme qu'il prête à Caton dans les derniers chapitres ne doit pas nous étonner. On n'admettait plus guère à l'époque de Cicéron les idées des anciens Romains sur la vie future ; mais les négations d'Épicure répugnaient aux âmes généreuses. Restaient les poétiques rêveries de Platon et ses promesses d'immortalité, qui étaient sinon des certitudes, du moins de belles espérances. On peut dire que Cicéron ne croit pas absolument à l'immortalité de l'âme, mais qu'il voudrait y croire. Il avait déjà exprimé les

---

(1) XIV, 21. *Sed mihi quidem βεβιώται ; viderint juvenes !* — (2) « Philosophie, lumière de la vie, toi par qui nous parvenons à la vertu et nous échappons au vice, que serais-je sans toi, ou plutôt que serait le genre humain tout entier ?... C'est à toi que je recours, c'est toi que j'appelle à mon aide ; je me donne aujourd'hui absolument et tout entier. Un seul jour dans le bien et dans l'obéissance à tes lois vaut mieux que l'immortalité dans le mal. Et sur qui pourrais-je m'appuyer plutôt que sur toi qui m'as donné la tranquillité de la vie et qui m'as ôté la crainte de la mort ? » (V, 2, 5).

mêmes idées dans le *Songe de Scipion*, dans la *Consolation*, dans la première *Tusculane*, peut-être aussi dans l'*Hortensius*. Ces idées lui étaient devenues familières ; pour les exposer, il n'avait pas besoin de recourir aux livres de Platon ; il avait mêlé à la doctrine du chef de l'Académie celle des Stoïciens, du moins de Posidonius.

« Horace dit de la mort : *In æternum exsilium*, partir pour l'éternel exil ; et le chrétien dit : S'en retourner *dans la patrie éternelle* (1). » On s'est autorisé de ces paroles pour exalter la doctrine chrétienne sur la vieillesse et la mort aux dépens des philosophes anciens (2). Mais les idées de Cicéron ne sont pas celles d'Horace : le vieux Caton ne croit pas qu'à la mort il partira pour l'exil, mais qu'il ira retrouver son fils. Elles ne sont pas non plus les idées chrétiennes. Cicéron ne pense pas que la vieillesse soit l'âge le plus beau de la vie. Si c'était vrai, personne n'en demanderait la preuve et personne ne songerait à la donner. Jamais un jeune homme de loisir ne s'est avisé d'écrire un traité pour démontrer que vingt ans sont le plus bel âge de la vie ; tout le monde le sait bien, ceux qui l'ont et mieux encore ceux qui ne l'ont plus. « Pourquoi les dieux se sont-ils réservés l'immortalité ? » répondait Sapho à celui qui voulait lui prouver que la mort valait mieux que la vie. De même, pourquoi leur attribue-t-on une éternelle jeunesse, si la vieillesse est un si bel âge ? Le sort le plus heureux serait alors celui de Tithon, pour qui Thétis avait demandé l'immortalité sans parler de la jeunesse (3). Cicéron serait de l'avis de Montaigne qui pensait que la vieillesse n'est pas le *but*, mais le *bout* de l'existence terrestre ; il conviendrait qu'il est ennuyeux

---

(1) Sainte-Beuve, *Portraits littéraires*, III, 436. — (2) « Cicéron distrayait sa vieillesse par l'étude qu'il en faisait, et ce travail la rendait douce et agréable à ses yeux. Nous avons mieux que Cicéron ! Sous les yeux de Jésus-Christ, nous pouvons faire descendre quelques rayons de soleil pour éclairer, ranimer, réchauffer le soir de notre vie. » (Mme Schwetchine, traité de *la vieillesse*, au commencement.) — (3) Les philosophes, disait d'Alembert, se sont donné beaucoup de mal pour faire des traités de la vieillesse et de l'amitié, tandis que la nature fait toute seule ceux de la jeunesse et de l'amour.

de vieillir (1), mais il ferait remarquer que c'est encore le seul moyen qu'on ait trouvé de vivre longtemps. Il laisserait à ceux qui regardent la santé du corps comme un obstacle à celle de l'âme, et la maladie comme l'état privilégié du chrétien, les poétiques comparaisons par lesquelles ils essayent de glorifier la vieillesse (2). Mais il soutient avec raison que la vieillesse, cet âge où les passions frileuses remplacent les passions ardentes, n'est cependant pas privée de tout plaisir. Il y a, comme on l'a fait remarquer, « une certaine coquetterie permise à vivre plus longtemps que les autres.... Quand on a parcouru une noble carrière, n'est-ce point une joie de pouvoir la parcourir encore du regard, de se rappeler ce qu'on a fait pour les autres, ce que les autres ont fait pour vous et même contre vous, de songer aux honneurs qu'on vous a rendus, aux disgrâces souvent non moins douces au souvenir que les honneurs, de se sentir plus de raison et d'expérience, enfin de pouvoir du haut de ses années accumulées embrasser un plus vaste horizon moral (3). »

De là vient qu'on est quelquefois porté à s'exagérer les avantages de la vieillesse. Caton se félicite de ne pouvoir plus manger et boire que modérément, parce qu'il n'a plus à redouter les indigestions ; c'est comme si on félicitait quelqu'un qui a les deux jambes amputées de n'avoir plus à craindre les entorses. Il rapporte les paroles de Sophocle qui est heureux d'être guéri des tourments de l'amour ; beaucoup répondraient qu'ils aiment autant la maladie que le remède (4).

(1) « Pourquoi, écrivait Cicéron, me promener avec un masque sur le visage ? la figure de la vieillesse est déjà bien assez laide. » (*Ad Att.*, XV, 1.) — (2) « La vieillesse est le *Samedi Saint* de la vie, veille de la Pâque ou de la résurrection glorieuse ; la vieillesse est la nuit de la vie ; la nuit est la vieillesse de la journée, et néanmoins la nuit est pleine de magnificence, et, pour bien des êtres, elle est plus brillante que le jour. » (Mme Schwetchine, *ibid.*) — (3) C. Martha (*Études morales sur l'antiquité*, p. 148). — (4) Le vieillard, dit Mme Schwetchine, a des insomnies cruelles ; tant mieux ! c'est un bienfait de plus ; c'est la Providence qui lui ménage des veilles et qui le tient sur un *qui-vive* perpétuel aux limites de la vie, aux abords de l'éternité. Cette insomnie veut dire : Veillez et priez (Sainte-Beuve, *Nou-*

Du moins Cicéron ne dépasse guère le point de vue naturel et humain. Il écrivit le *Cato Major* pour égayer sa vieillesse par le tableau d'une existence idéale à laquelle il ne lui serait pas donné de parvenir. On se console en faisant appel au sentiment plutôt qu'au raisonnement. On a dit que pour accomplir les dévouements héroïques il fallait se chanter tout bas quelque chose qui enlève, comme la musique entraîne à la mort les régiments. C'est pour cela que Cicéron relisait le traité de *la vieillesse* lorsqu'il se sentait aigri. Il oubliait alors l'époque où il vivait pour remonter en arrière à l'âge des Scipion et des Lélius, où il aurait placé sa naissance, s'il avait été libre de choisir son heure et son temps. Il aurait aimé, après une vie glorieuse, jouir longtemps, comme Caton, d'une vieillesse honorée. Atticus comprenait bien le vœu secret de son ami lorsqu'il lui rappelait le mot de Caton lui-même. « Il est très-beau de vieillir au service de la patrie, ἐγγήραμα κάλλιστον τὴν πολιτείαν (1) ».

LE « LÆLIUS OU DE L'AMITIÉ ».

Il est clair, d'après le *de divinatione* (2), qu'à l'époque où ce dernier traité parut, le *Lælius* n'était pas encore composé, tandis que le public possédait déjà le *Caton l'Ancien*. Dans le le *de officiis* (3), dont il n'est pas fait mention dans le *de divinatione*, il y a un renvoi au *Lælius*. Le *Caton l'Ancien* fut écrit au printemps de 44 av. J. C., peu de temps après la mort de César, et le *de officiis* fut achevé en novembre de la même année. Comme Cicéron voyageait pendant les mois de juillet et août, qu'en septembre et octobre il était occupé au *de officiis*, et probablement au *de divinatione* en avril et mai, on ne peut

---

veaux Lundis, 5e éd., I, p. 244). Ceci remet en mémoire le mot de Scarron : « Je me réjouis, lui disait un religieux, de ce que le bon Dieu vous visite plus souvent qu'un autre. » — « Eh ! mon père, répondit Scarron, le bon Dieu me fait trop d'honneur ! »

(1) Cf. *ad Att.*, XII, 25. — (2) II, 1, 3. — (3) II, 9, 31.

se tromper de beaucoup en supposant que le *Lælius* fut composé en juin 44 (710) (1).

Les premiers philosophes de la Grèce avaient entendu l'amitié dans un sens purement physique. Ainsi, pour Empédocle, c'est l'amitié qui unit les choses, tandis que la haine les sépare. Socrate considéra davantage l'amitié au point de vue moral (2). Dans l'étude de ce sentiment, Platon suivit une double voie. Dans le *Lysis* il chercha quelle était l'essence de l'amitié en se plaçant au point de vue d'Héraclite et d'Empédocle, qui regardaient l'harmonie comme résultant le premier de la discorde, le second de l'amitié. C'est en quelque sorte le côté métaphysique de la question. Dans le *Phèdre* Platon examine plus particulièrement le côté psychologique ; il ne sépare pas l'amitié de l'amour, et il en parle avec une chaleur et un enthousiasme tout poétiques.

Mais Platon était trop poète et métaphysicien pour donner de l'amitié une théorie exclusivement morale. Cet honneur était réservé à son disciple Aristote, qui consacre à l'amitié les livres VIII et IX de l'*Éthique à Nicomaque* (3). Aristote, avec son esprit sévèrement scientifique, ne se perd pas dans des rêves de poète, comme Platon ; l'auteur de la *Métaphysique* ne rattache pas non plus l'étude de l'amitié à des considérations sur la nature des choses, comme les premiers philosophes grecs ; il se tient dans le domaine de la vie réelle. Mais il fait rentrer dans la φιλία beaucoup de sentiments que nous appellerions aujourd'hui d'un autre nom, par exemple l'affection conjugale, filiale, celle des sujets pour le souverain. D'un autre côté, il refuse de considérer dans l'amitié ce qui en est pour nous le caractère propre, l'attachement exclusif d'une âme à une autre. Il serait plutôt

---

(1) Reid, éd. du *Lælius*, préface, p. 13. — (2) Xénoph., *Memor.*, II, 4-6. — (3) Cf. E. Krantz, *de amicitia apud Aristotelem*, Paris, 1882. On s'étonne d'abord que l'amitié ait une place, et une place si grande, dans un traité de pure morale. L'étude de ce sentiment semble revenir à ceux qui s'occupent des mœurs et non de la morale proprement dite. Mais la morale pour les anciens était moins la science du devoir que celle du bonheur. Or il n'y a pas de bonheur dans la vie, ou seulement bonheur incomplet, sans l'amitié.

porté à voir là une sorte d'excès, comme il le dit-lui-même, ὑπερβολή τις (1).

Il étudie l'amitié dans son sens le plus général et ne la regarde pas comme n'existant qu'entre gens de bien. En effet, de qui ne dit-on pas qu'il a un ami ? L'amitié est produite par l'intérêt, le plaisir ou la vertu. Dans l'analyse des causes qui font naitre l'amitié, l'augmentent ou la détruisent, on reconnait partout l'auteur de la *Rhétorique* et du tableau des différents âges. Il faut remarquer qu'Aristote réclame entre les amis une sorte d'égalité. Mais il est forcé d'avouer qu'on ne saurait soumettre l'amitié aux proportions inflexibles que demande la justice (2). Il dit même ailleurs qu'en se sacrifiant pour son ami on s'aime le mieux soi-même, et qu' « on choisit la plus belle part (3). »

En rapprochant l'amitié de la justice Aristote songeait à la grande règle qui doit présider aux rapports entre les citoyens, rapports dont l'amitié n'est qu'une espèce particulière. Aristote considère surtout l'amitié entre les citoyens vivant dans un même État, ayant les mêmes devoirs et jouissant des mêmes droits. La théorie de l'amitié sert ainsi de transition naturelle entre l'éthique proprement dite et l'économique d'une part et la politique de l'autre, entre la science de la vie individuelle et celle de la vie domestique et sociale.

Après Aristote les philosophes grecs s'occupèrent souvent encore de l'amitié. Théophraste écrivit un ouvrage en trois livres où il mettait l'amitié au-dessus de l'amour. On n'y trouvait pas sans doute la largeur de vue, l'analyse exacte et profonde de l'*Ethique à Nicomaque ;* mais on y lisait certainement des remarques fines et des observations délicates dignes de l'auteur des *Caractères* et du contemporain de Ménandre.

Les deux grandes écoles philosophiques venues après Platon et Aristote, celle de Zénon et d'Épicure, ne négligèrent pas l'amitié. Les Stoïciens exagérant les idées d'Aristote, qui avait pris garde de trop rapprocher l'amitié de l'amour, refusaient de placer dans l'amitié cette vive et tendre affection que Kant

(1) *Eth. Nic.*, VIII, 6, 2 ; IX, 4, 6. — (2) *Ibid.*, VIII, 7, 3. — (3) *Ibid.*, IX, 8.

devait plus tard flétrir en morale du nom de *sentiment pathologique*. Les Stoïciens avaient tort de vouloir étouffer le cœur au profit de la raison; mais on ne saurait nier qu'ils aient donné, surtout sous l'empire romain, d'admirables exemples de fidélité à leurs amis.

Contrairement aux Stoïciens, Épicure, dans l'amitié, n'avait en vue que le sentiment. Renonçant à toutes les passions et se défiant de l'amour, il voulait au moins jouir pleinement de l'amitié. Par là il se prouvait à lui-même que son cœur n'avait pas complètement cessé de battre, et n'était pas tout à fait mort. L'amitié d'Épicure pour Métrodore était célèbre; les dernières pensées du philosophe mourant avaient été pour son ami dont il avait recommandé les enfants à ses disciples. Les Épicuriens avaient suivi l'exemple de leur maître. On citait avec admiration leur attachement réciproque; on vantait la douceur et les charmes de leur commerce; s'ils s'éclipsaient dans les grands périls où il faut se sacrifier pour son ami, les Épicuriens montraient un grand empressement à rendre service dans toutes les autres circonstances de la vie.

On avait donc beaucoup étudié la nature de l'amitié avant Cicéron, et il pouvait facilement trouver dans les écrits des philosophes grecs des modèles et des idées pour son *Lælius*.

Suivant Aulu-Gelle (1), Cicéron avait imité le traité de Théophraste περὶ φιλίας, qui paraît avoir été un des plus fameux des nombreux ouvrages sur ce sujet. L'imitation, dit Aulu-Gelle, était extrêmement libre. Théophraste parlait en son propre nom et pour des philosophes; Cicéron, au contraire, écrivait pour tout le monde et mettait en scène Lélius, général et homme d'État, qui ne pouvait entrer trop à fond dans les questions philosophiques. — Outre cette imitation de Théophraste, on en trouve encore une ou deux d'un discours de Socrate sur l'amitié, reproduit par Xénophon (2); de plus, on remarque un léger rapport avec le *Théétète* de Platon. A part ces détails, il est impossible de discerner dans le *Lælius* l'emploi d'originaux grecs. Il est extrêmement douteux, et peut-être plus que dou-

(1) *Nuits attiques*, I, 3, 10. — (2) *Mém.*, II, 4, 10.

teux que Cicéron se soit servi de l'*Ethique à Nicomaque*. Les quelques ressemblances qu'on remarque entre le *Lælius* et ce traité s'expliquent facilement; car beaucoup des idées d'Aristote sur la morale étaient devenues des lieux communs. Il est probable que Cicéron connaissait le *Lysis* de Platon; mais on ne saurait indiquer aucune imitation directe de ce dialogue. Cicéron fait allusion à des vers d'Euripide (1), que Chrysippe, au dire de Plutarque, avait commentés dans son ouvrage περὶ φιλίας; mais les vers sont si connus qu'ils ne prouvent pas une imitation (2).

On a essayé de déterminer avec plus de précision le rapport entre la *Morale à Nicomaque* et les trois livres du traité de Théophraste sur *l'amitié* d'une part et le *Lælius* de l'autre (3). Aulu-Gelle dit qu'à commencer par Chilon, beaucoup de philosophes ont cherché si l'on doit parfois, en faveur d'un ami, faire quelque chose contre les lois et la coutume, dans quel cas et dans quelle mesure, et il ajoute: « Cette question est étudiée avec beaucoup de soin par Théophraste... dans le premier livre sur *l'amitié*. Il semble que Cicéron ait lu ce livre, lorsqu'il composait lui-même son *Lælius*. Pour tout ce qu'il a cru devoir encore emprunter à Théophraste, il l'a inséré dans son opuscule avec beaucoup d'art et d'habileté. Mais dans cet endroit il s'est hâté de passer outre. » Peut-être le témoignage d'Aulu-Gelle est-il confirmé par des indications de Cicéron lui-même. On sait que dans ses lettres à Atticus il lui demande souvent de lui envoyer des ouvrages grecs qui se rapportent aux traités qu'il veut écrire. On lit dans le *codex Mediceus :* « Apportez-moi des livres de mon frère Quintus le traité de Théophraste περὶ

---

(1) 13, 45. — (2) Reid., *ibid.* — (3) Braxator: *En quoi les livres sur l'amitié de la Morale à Nicomaque ont-ils servi à Cicéron pour composer le Lælius* (Halle, 1871), et surtout Heylbut : *les livres sur l'amitié de Théophraste* (Bonn, 1876). Dans ce dernier travail, très soigné, on prouve que Théophraste ne donnait pas ses propres idées, mais s'attachait étroitement à celles de son maître. Les rapports qu'on trouve entre le *Lælius* et les livres VIII et IX de la *Morale à Nicomaque* ont été rassemblés par Baumhauer (*de vi Aristotelia in Ciceronis scriptis*, p. 136).

φιλοτείας (1). » Victorius a proposé περὶ φιλοτιμίας, conjecture qui a été généralement adoptée. Mais Cicéron ne fait nulle part ailleurs mention du περὶ φιλοτιμίας, et les fragments de son propre traité sur *la gloire* ne contiennent rien qui vienne à l'appui de la supposition de Victorius. Celui-ci paraît n'avoir été guidé que par l'analogie de l'écriture (2). Peut-être faudrait-il lire περὶ φιλίας ; mais la lettre est de 60 avant J.-C., seize ans avant la composition du *Laelius*. On ne saurait donc voir là une preuve que Cicéron ait eu entre les mains l'ouvrage de Théophraste au moment où il écrivait son traité sur *l'amitié*.

Nous avons perdu le περὶ φιλίας de Théophraste. En parcourant les fragments qui nous en restent, on ne saurait méconnaître que la plupart du temps Théophraste s'attache étroitement aux opinions d'Aristote. Il était impossible pour ceux qui écrivaient sur l'amitié de ne pas se rencontrer sur plusieurs points. Mais l'accord entre Aristote et Théophraste est si grand qu'on peut se servir de ce que dit Aristote dans les livres VIII et IX de la *Morale à Nicomaque* pour éclaircir les fragments de l'ouvrage de Théophraste sur *l'amitié* (3). Seulement Théophraste a développé certains points d'une façon moins sévère et plus rapprochée du sens commun que ne l'avait fait Aristote (4). On sait aussi que le style de Théophraste était beaucoup plus agréable et plus facile que celui d'Aristote (5). Cicéron a dû s'en tenir au traité élégant et populaire de Théophraste.

(1) *Ad Att.*, II, 3, 3. — (2) Cependant il faut dire que le *de gloria* de Cicéron avait deux livres *(de off.*, II, 9, 31), comme le περὶ φιλοτιμίας de Théophraste (Diog. Laer., V, 45). De plus, Cicéron avait adopté dans son ouvrage la façon de discuter des Péripatéticiens *(Ad Att.*, XV, 27, 2). Mais, suivant Osann (*Beiträge*, II, 29), le traité de Cicéron sur *la gloire* aurait été emprunté au τριπολιτικός de Dicéarque, ouvrage que Cicéron demande à Atticus (XIII, 32). — (3) Cet accord entre Aristote et Théophraste fait qu'il est difficile de distinguer chez les écrivains postérieurs ce qui appartient au premier de ce qui est propre au second. — (4) Ainsi Aristote n'a jamais examiné la question à propos de laquelle Aulu-Gelle mentionne le traité de Théophraste, et il n'aurait pas admis que dans certains cas on pût commettre l'injustice en faveur d'un ami. Son opinion sur ce point était inexorable. (Cf. *Eth. à Nic.*, IV, 12.) Il aimait mieux qu'on causât de la peine à son ami que de lui faire plaisir par une injustice. — (5) « Théophraste, dit

On a plusieurs opuscules de Plutarque sur l'amitié (1). Le nom d'Aristote n'y est pas cité, et celui de Théophraste y revient deux fois. Il semble que Plutarque n'ait fait que très rarement des emprunts à Aristote. Au contraire, il s'est servi de Théophraste sans le dire toujours, mais comme on peut le reconnaître. Le traité de Théophraste sur *l'amitié* semble avoir été connu de Plutarque ; car il en rappelle le contenu dans les *Vies parallèles*. On pourrait donc attribuer à Théophraste ce qu'on trouve de commun sur l'amitié dans Cicéron et Plutarque (2)

Cicéron, ne plaît-il pas beaucoup lorsqu'il traite les questions déjà étudiées avant lui par Aristote? » *(De fin., I, 2, 6.)*

(1) *Sur le grand nombre des amis ; sur les moyens de distinguer le flatteur de l'ami ; sur l'amour fraternel.* — (2) Toute la force de l'amitié, dit Cicéron, consiste dans un accord parfait de volontés, de goûts, d'opinions (§ 15). Plutarque définit de même l'amitié *(de adul. et amico,* 5). Mais ces définitions sont telles que chacun pouvait les donner de lui-même, comme on le voit par Salluste, qui dit que « être d'accord sur ce qu'on veut et sur ce qu'on ne veut pas est le propre de la véritable amitié ». — Suivant Cicéron, il faut commencer par être homme de bien, puis chercher quelqu'un qui nous ressemble (§ 82). C'est l'avis d'Aristote, qui déclare que la véritable amitié n'existe qu'entre gens de bien. Mais que penser des paroles de Cicéron : « Il ne faut pas trop exiger cette vertu parfaite, sans laquelle il n'y a pas, suivant Aristote, de véritable amitié » (Cf §§ 18, 21, 38). Ceci ne peut s'expliquer que par un adoucissement apporté par Théophraste à la sévérité aristotélicienne. Ou bien, ce qui est plus probable, Cicéron en était revenu à l'opinion commune, laissant là la vertu parfaite des philosophes. — Aristote *(Eth. à Nic.,* IX, 4) et Théophraste avaient dit qu'un ami est un autre nous-même. La même expression se retrouve chez Plutarque *(de amic. multitud.,* 2) et chez Cicéron (§ 80). Un autre proverbe, c'est que dans l'amitié il n'y a qu'une seule âme dans plusieurs corps *(Éth. à Nic.,* IX, 8). On lit la même idée chez Plutarque *(ibid.,* 8) et chez Cicéron (§§ 81 et 92). Si l'on ne doit pas rechercher l'amitié par intérêt, l'intérêt accompagne l'amitié. On rencontre cette pensée à la fois chez Plutarque *(de adul. et amico,* 8) et chez Cicéron (§§ 51 et 86). De même pour le proverbe : l'amitié est plus nécessaire que le feu et que l'eau. Il n'est pas douteux qu'il vienne de Théophraste. — Aristote prétend que les amitiés fondées sur le plaisir et sur l'intérêt ne sont pas durables (VIII, 3) ; Cicéron, que si l'intérêt faisait l'amitié, elle périrait avec lui (§ 32). L'expression *conglutinare* dont se sert Cicéron, rappelle celle employée par Plutarque, κόλλησις *(de amic. multitud.,* 4). — Il faut être prudent dans l'amitié et ne pas trop se hâter, disaient les Péripatéticiens ; c'est aussi l'opinion de Cicéron

Aussi bien ces recherches minutieuses aboutissent à un assez mince résultat. On ne saurait affirmer que Plutarque, lorsqu'il écrivit ses opuscules sur l'amitié, avait entre les mains le traité de Théophraste, et nous ne voulons pas décider s'il s'est servi de plusieurs auteurs ou d'un seul. Il y a chez Plutarque beaucoup de choses si opposées à l'esprit de Théophraste qu'elles décèlent une origine stoïcienne. Cicéron, de son côté, examine tantôt telle question, tantôt telle autre ; cette absence de plan porte à croire qu'il n'a pas imité d'ouvrage grec. Nous arrivons ainsi à une conclusion tout à fait opposée au témoignage d'Aulu-Gelle. Mais il faut remarquer que c'est un défaut des érudits de vouloir trouver des rapports entre des ouvrages complétement indépendants l'un de l'autre. Aulu-Gelle dit que Cicéron a inséré dans son dialogue avec beaucoup d'art et d'habileté ce qu'il empruntait à Théophraste. L'habileté n'existait peut-être qu'aux yeux d'un critique prévenu, et Cicéron n'avait pas songé au traité grec, ou même ne le connaissait pas. Quoi qu'il en soit, nous ne pouvons aujourd'hui vérifier le dire d'Aulu-Gelle, puisque l'ouvrage de Théophraste est perdu. Mais les fragments qui en restent n'ont qu'un rapport éloigné avec le dialogue de Cicéron sur *l'amitié*.

Si l'on étudie le Laelius, on n'y trouve ni la sévère analyse d'Aristote, ni les fines remarques psychologiques qu'avait dû faire Théophraste. Cicéron ne mentionne pas nettement les trois sortes d'amitié fondées sur le plaisir, l'intérêt ou la vertu. Il se contente de dire qu'il ne peut y avoir amitié qu'entre gens de

---

qui fait remarquer par Scipion que chacun peut dire combien il a de chèvres et de brebis, personne combien il a d'amis. — Une parole célèbre de Théophraste, rapportée par Plutarque (*de frat. amore*, 8), c'est qu'il ne faut pas aimer avant de juger, mais juger avant d'aimer ; Cicéron exprime la même pensée (§ 85). — Pour engager à ne pas aimer trop vite, Aristote rappelle le proverbe qui dit que pour bien se connaître il faut avoir mangé ensemble plusieurs boisseaux de sel. On retrouve le même proverbe chez Cicéron (§ 67) et chez Plutarque (*de frat. amore*, 8). Comme il vient ici immédiatement après la pensée de Théophraste citée plus haut, il est probable qu'il se trouvait aussi chez ce philosophe.

bien (1). Il prouve cette proposition pendant tout le discours de Lélius, mais cela sans ordre et au hasard. Il déclare que l'amitié n'est pas fondée sur l'intérêt (2), et il annonce (3) qu'il va passer aux amitiés *vulgaires,* qu'il appelle aussi communes ou *légères* (4); mais il ne les étudie pas avec la pénétration et l'exactitude d'Aristote. Il dit (5) qu'il y a dans l'homme un sentiment inné qui fait que les âmes se lient entre elles. Un peu plus haut (6), il avait rappelé la doctrine d'Empédocle sur l'amitié et la discorde. Mais il n'a cherché ni le principe métaphysique, ni l'origine naturelle de l'amitié.

Dans le *de senectute* Cicéron prête à Caton des idées et des sentiments que le vieux censeur n'a jamais eus; Lélius, au contraire, a pu penser tout ce qu'il dit. Il considère l'amitié sous le point de vue civil et politique (7). Aristote avait déjà cru que l'amitié véritable ne pouvait exister qu'entre citoyens d'un même État. Lélius a surtout en vue les liaisons entre hommes politiques, comme celle qui existait entre lui et Scipion. Il recommande vivement de ne pas sacrifier l'avantage de l'État au plaisir ou à l'intérêt de nos amis (8).

Montaigne cite (9), après Cicéron, la réponse de cet ami de Tibérius Gracchus, qui avouait qu'il aurait mis le feu au Capitole, si Gracchus le lui avait demandé; mais, au lieu de blâmer cette parole, comme fait Lélius, il l'approuve. « Ils étaient, dit-il, plus amis que citoyens, plus amis qu'amis ou qu'ennemis de leur pays, qu'amis d'ambition et de trouble. » La différence des deux points de vue, antique et moderne, sur l'amitié se marque nettement ici. Aux yeux des anciens, l'amitié n'est qu'une association fondée sur le plaisir, l'intérêt ou la vertu, mais qui doit toujours être subordonnée au bien de l'État (10). Pour les modernes, l'amitié, quelle qu'en soit l'origine, n'envisage qu'elle-même.

---

(1) V, 18. — (2) VIII, 26. — (3) XXI, 76. — (4) *Leves,* XXVI, 100. — (5) VIII, 27. — (6) VII, 24. — (7) Nos concitoyens, dit-il, doivent nous être plus chers que les étrangers, nos proches que ceux qui ne nous sont de rien (V, 19). — (8) XI, 36. — (9) *Essais,* I, 27. — (10) C'était l'objection qu'on faisait à Matius, resté fidèle, après les ides de mars, à la mémoire de César (*Ad fam.*, XI, 28).

Non seulement elle n'exige plus une sorte d'égalité, mais elle peut exister entre des personnes de sexe différent.

Cicéron recommande d'arrêter l'élan de l'âme qui se porte à aimer, et de commencer par connaître le caractère de l'homme dont nous voulons faire notre ami (1). Déjà, avant Cicéron, Aristote disait que pour être amis il fallait avoir mangé ensemble plusieurs boisseaux de sel. Les modernes, au contraire, admettent qu'en certains cas l'amitié peut naître tout à coup. Telle fut l'amitié de Montaigne et de la Boétie. « Nous nous cherchions, dit Montaigne, avant que nous être vus. Nous nous embrassions par nos noms. Et à notre première rencontre nous nous trouvâmes si pris, si connus, si obligés entre nous que rien dès lors ne nous fut si proche que l'un à l'autre. » C'est ici un exemple de l'amitié-passion ; dans les amitiés de cette sorte, on ne saurait admettre le mot d'Aristote : « O mes amis, il n'y a point d'amis ! » ni le précepte de Bias: aimer comme si l'on devait haïr un jour, haïr comme si l'on devait aimer.

Pour composer le *de amicitia* Cicéron n'a pas dû se servir d'un modèle grec; car l'ouvrage latin ne renferme que des idées communes, développées sans ordre, avec des amplifications et des répétitions tout oratoires. Cicéron, encouragé par le succès de son *de senectute* (2), voulut écrire un opuscule semblable sur l'amitié. Mais ce sujet était plus difficile. Alors il suffisait de connaître, pour les avoir éprouvés déjà, ou pour être menacé de les éprouver bientôt, les ennuis et les compensations de la vieillesse, et un talent souple et gracieux comme celui de Cicéron pouvait trouver sur l'âge ingrat d'ingénieux développements. Mais la nature de l'amitié est proprement un problème moral ; pour le traiter il faut la pénétration et l'exactitude d'un psychologue. De plus Aristote avait presque épuisé la question et probablement Théophraste n'avait plus rien laissé à glaner dans le champ de l'amitié. Il ne restait donc à Cicéron qu'à

---

(1) XVII, 63. — (2) « Vous me dites, écrit-il à Atticus (XVI, 3), qu'en lisant : « O mon cher Titus, si jamais... » (premières paroles du *de senectute*), vous y trouvez un charme toujours nouveau. Eh bien ! voilà qui me met tout à fait en verve. »

exposer les idées de tout le monde en les relevant par la beauté de son style. Aussi bien il n'avait pas connu ni éprouvé une de ces amitiés exclusives qui font qu'on découvre dans ce sentiment des profondeurs inconnues : il n'avait pas, comme Montaigne, eu son La Boétie.

Cependant l'amitié de Cicéron et d'Atticus est bien connue. C'est à Atticus que Cicéron dédia le *Lælius*, comme le *Caton l'Ancien*. Atticus parvint à la vieillesse, non pas en servant la république, comme le vieux censeur, mais en se tenant à l'écart du gouvernement. Comment Cicéron pouvait-il approuver cette conduite, lui qui impose à tous les citoyens l'obligation de s'occuper des affaires de leur pays ? C'est qu'Atticus sut résoudre le difficile problème d'inspirer de solides affections en restant en deçà du sacrifice pour ses amis, et se faire pardonner sa neutralité en politique par des chefs de parti, comme Cicéron et Brutus (1). Pour cela il ne ménagea ni son temps ni sa peine. Il ne se mêla des discordes civiles que pour faire effacer quelques noms des listes de proscription, ce qui lui était facile, car il avait à la fois des amis parmi les proscripteurs et parmi les proscrits. Ce ne sont pas là de grands sacrifices, ni un dévouement héroïque. Il ne faut pas oublier toutefois que la bonne volonté d'Atticus était de tous les jours et qu'elle touchait peut-être plus les contemporains que les services éclatants qui ne peuvent être que rares. Mais leur rareté même et leur éclat font que seuls ils viennent à la connaissance de la postérité, tandis qu'elle ne sait rien des bons offices de chaque instant.

Atticus dut mettre sa gloire à survivre à tant de guerres civiles qui avaient emporté les plus illustres citoyens. Cependant il faut convenir qu'il vaut mieux périr victime de son dévouement à son parti, comme Cicéron, que de se laisser mourir de faim quand on est attaqué d'une maladie incurable,

---

(1) Cependant Cicéron lui écrivait (XIV, 20) : « Osez-vous bien citer Épicure, et vous écrier : Point de politique ! Eh ! ne voyez-vous pas la mine que ferait Brutus à de tels propos ? »

comme fit Atticus. Celui-ci aussi aurait pu se montrer un peu moins empressé de fréquenter la maison d'Antoine et celle d'Octave après le meurtre de Cicéron ; il y a certaines amitiés qui imposent de la réserve. Le sévère Aristote n'aurait pas vu dans Atticus celui dont on peut dire qu'il est *un autre nous-même*.

CHAPITRE VIII.

Le livre I du « de natura deorum ».

Le *de natura deorum*. — Le livre I. L'exposition de Velleius et le fragment du περὶ εὐσεβείας de Philodème. Le passage correspondant de Cicéron vient du modèle de Philodème, probablement Zénon l'Épicurien. Le début du discours de Velleius semble imité de Phèdre. La critique de Cotta est inspirée d'un Stoïcien récent comme Posidonius, plutôt que d'Antiochus.

LE « DE NATURA DEORUM ».

Le *de natura deorum*, où Cicéron fait exposer la théologie des Épicuriens par Velleius, et celle des Stoïciens par Balbus, qui sont ensuite successivement critiqués par Cotta, a été composé avant le meurtre de César, c'est-à-dire avant les ides de mars 710 (44 av. J.-C.), comme on le voit par la façon dont il est parlé de la dictature de César (1). Dans une lettre à Atticus, écrite au mois de juin 709 (2), Cicéron demande qu'on lui envoie l'ouvrage de Phèdre sur *les dieux*, Φαίδρου περὶ θεῶν (3), dont il voulait probablement se servir pour le *de natura*

---

(1) *De nat. deor.*, I, 4, 7. — (2) XIII, 39. — (3) Certains manuscrits portent περισσῶν, Victorius et Manuce, dans leurs éditions, donnent déjà la leçon περὶ θεῶν. J.-V. Le Clerc entendait le *Phèdre*, dialogue de Platon, et non Phèdre, le philosophe épicurien. L'ouvrage que Cicéron demande à Atticus n'aurait pas été composé par Phèdre, mais par Dicéarque. Celui-ci n'aimait pas le style de Platon auquel il reprochait sa redondance (φορτικὸς τρόπος. Diog. Laert., III, 38). Il avait exposé ses critiques dans un livre intitulé Φαίδρου περισσῶν, *de iis quæ redundant in Phædro Platonis*. Cette opinion est déjà mentionnée par Krische (*Forschungen auf dem Gebiete der alten Philosophie*, p. 28); mais il semble, comme on le fait généralement aujourd'hui, préférer la leçon περὶ θεῶν. Petersen remarque que, si l'on emploie des lettres majuscules, les deux leçons présentent à peu près la même apparence.

deorum. Il a donc travaillé à cet écrit pendant l'automne de 709.

Le *de natura deorum* est un des ouvrages les plus importants où l'antiquité nous ait appris elle-même quelles étaient ses croyances religieuses. Les dieux païens étaient une création de l'imagination populaire. Leur figure et leur histoire se précisèrent et se fixèrent dans les récits des poètes primitifs. Mais il vint un temps où les hommes qui réfléchissaient ne se contentèrent plus de croire. Il était permis d'avoir sur les dieux, leur origine et leur nature des idées toutes personnelles et complétement différentes de l'opinion générale, pourvu que, par les pratiques extérieures, on ne se distinguât pas de la foule. Aussi bien les premiers philosophes mirent leur cosmogonie d'accord avec la théogonie des poètes. Ainsi Thalès faisait tout sortir de l'eau, comme Homère voyait dans l'Océan le père des dieux ; de même l'air primordial d'Anaximène répondait au chaos d'Hésiode. Mais plus tard les philosophes ne craignirent pas de rejeter les récits mythologiques des poètes.

L'expression πολλὰ ψεύδονται ἀοιδοί était devenue proverbiale (1), et Xénophane se moquait de l'anthropomorphisme des poètes (2). C'est qu'il n'y avait pas d'autorité religieuse qui imposât à la croyance de tous un dogme bien défini. Anaxagore, il est vrai, fut accusé d'impiété parce qu'il regardait le soleil non comme un dieu, mais comme une masse de pierre incandescente, et l'accusation portée contre Socrate lui reprochait entre autres choses de ne pas reconnaître les dieux de l'État. Toutefois, celui qu'on voulait frapper dans Anaxagore ce n'était pas le libre-penseur, mais le conseiller et l'ami de Périclès. Quant à Socrate, on le confondait avec les sophistes.

Ceux-ci combattaient ouvertement la religion populaire. Ou

---

(1) Aristot., *Métaphys.*, A 2, p. 983. — (2) « Ce sont les hommes qui semblent avoir produit les dieux et leur avoir donné leurs sentiments, leur voix et leur air... Si les bœufs ou les lions avaient des mains, s'ils savaient peindre et faire des ouvrages comme les hommes, les chevaux se serviraient des chevaux et les bœufs des bœufs pour représenter leurs idées des dieux, et ils leur donneraient des corps tels que ceux qu'ils ont eux-mêmes. » (Mullach, *fragm. philos. grœc.*, I, 101, sq.).

bien ils soutenaient qu'on ne pouvait dire des dieux s'ils étaient ou s'ils n'étaient pas ; ou bien, comme Diagoras, ils en niaient sans détour l'existence. Comme ce scepticisme ou ces négations dans l'ordre religieux étaient accompagnés de hardiesses semblables dans les questions de politique et de gouvernement, on comprend que les *conservateurs* de l'époque aient voulu défendre à la fois l'ancienne constitution et la religion nationale : Socrate but la ciguë et Protagoras n'évita un sort pareil que par la fuite.

Mais ces rigueurs ne sauvèrent pas la vieille religion. Évémère enseigna bientôt que les dieux n'étaient que des hommes divinisés. Si la poétique imagination de Platon s'efforçait de trouver dans les légendes mythologiques un sens raisonnable en les interprétant, le sévère Aristote dédaigna la parcelle de vérité qui pouvait être contenue dans les récits sur les dieux, parce que cette parcelle de vérité était mêlée à trop d'erreurs.

La religion primitive des Romains était sèche et tout abstraite, comme il convenait à un peuple sans imagination, et dont l'esprit était tout entier tourné vers l'utile. Ils avaient divinisé les forces de la nature et les diverses manifestations de l'activité humaine. Leurs dieux étaient plutôt des abstractions que des personnes véritables, comme les divinités grecques. Aussi les dieux de l'ancienne Rome se laissèrent-ils facilement déposséder par ceux de la Grèce, lorsque ceux-ci firent invasion en Italie, à l'époque des guerres puniques.

Il ne resta de divinité latine que Janus. « Et derrière lui continuèrent de vivre une multitude de petits dieux qui faisaient leur tâche de tous les jours dans la maison ou dans les champs. » (1)

Mais, en même temps que les dieux de la Grèce, entraient à Rome les écrits des philosophes qui avaient ruiné la mythologie en prétendant l'expliquer. Ennius traduisait le livre d'Évémère, et celui d'Épicharme où les dieux n'étaient plus que la personnification des forces de la nature. Le poète grec qu'ont

---

(1) E. Havet, *le christ. et ses orig.*, II, 55.

surtout imité les premiers auteurs latins est Euripide, un philosophe et un sceptique, dont les pièces de théâtre sont parsemées de maximes incrédules. Ennius faisait dire à un personnage d'une de ses tragédies : « J'ai toujours soutenu et je soutiendrai toujours qu'il y a des dieux ; mais je crois qu'ils ne s'inquiètent pas de ce que fait le genre humain. » (1)

Le livre I.

La pensée d'Ennius était la doctrine fondamentale de la théologie épicurienne. Épicure n'avait pas voulu nier les dieux, comme avaient fait les sophistes ; il avait craint, dit-on, de troubler son repos, ceux qui avouaient leur athéisme ayant été parfois condamnés à la mort ou à l'exil. Mais il est plus probable que les négations radicales des sophistes répugnaient à Épicure. Nous croyons voir les dieux en songe. Or toute image, selon Épicure, provient d'un modèle réel. Donc les dieux existaient.

Aussi bien on a eu raison de dire que l'antiquité, surtout en Grèce,

Marchait et respirait dans un peuple de dieux.

« Dès que les yeux d'un Grec s'étaient ouverts, il avait vu Zeus, Pallas, Aphrodite ; il les retrouvait tous les jours dans des peintures, dans des marbres, dans des tapisseries... Comment croire que les dieux n'existaient pas, quand on vivait au milieu d'eux autant qu'au milieu des hommes et avec plus de plaisir ; quand on les voyait si beaux et qu'on avait les sens pleins de leurs formes divines ? » (2) C'était une sorte de foi esthétique.

Mais tout n'était pas riant dans les religions de l'antiquité. Elles avaient aussi leurs croyances sombres. Ces dieux que la sculpture montrait si calmes, on se les représentait souvent comme farouches et inexorables. La crainte des dieux, disait Lucrèce, ne laissait goûter aucune joie pure et sans mélange. Pour détruire cette crainte, Épicure rendit les dieux inoffensifs, incapables d'amour ni de haine pour l'homme, parce qu'ils ne

---

(1) *Télamon*, frag. — (2) E. Havet, *ibid.*, I, 338.

s'occupent pas de lui. Épicure commençait sans doute par faire la critique des doctrines religieuses. Nous savons qu'il traitait avec beaucoup de dédain et d'insolence les philosophes des autres écoles. Ses disciples avaient dû l'imiter sur ce point et même le surpasser, comme nous le voyons dans l'exposition de la théologie épicurienne par Velleius, au livre I du *de natura deorum*.

LE DISCOURS DE VELLEIUS.

On a trouvé à Herculanum, dans une maison qu'on croit être celle de Pison, le beau-père de César (1), les fragments d'un traité grec attribué d'abord à Phèdre, puis à Philodème, qui aurait été le modèle de Cicéron dans la partie du *de natura deorum* où Velleius passe en revue les opinions des principaux philosophes sur la nature des dieux (2). Mais dans ces derniers temps

(1) L'emplacement de cette maison répond aux paroles de Cicéron qui nous dit qu'on voyait la maison de Pison de sa propre villa à Pouzzoles. De plus, presque tous les manuscrits qu'on y a trouvés appartiennent à l'école épicurienne, dont Pison partageait les doctrines, et beaucoup d'entre eux portent le nom de Philodème, l'ami intime et l'ancien tuteur de Pison (Mayor, éd. du *de nat. deor.*, I, introd., XLIII). — (2) « En 1806 de Mürr annonça, dans l'avertissement placé en tête du traité de Philodème sur *la musique*, que, parmi les papyrus découverts à Herculanum, le 3 novembre 1753, il y avait un ouvrage intitulé « *Phèdre, sur la nature des dieux.* » Il ajoutait : « Phèdre était un ami de Cicéron, qui lui emprunta beaucoup dans son *de natura deorum.* » De Mürr avait obtenu ces détails sur le contenu de certains manuscrits des savants napolitains, ses correspondants.... Mais ce n'étaient là que des ouï-dire. Les éditeurs napolitains et anglais des manuscrits d'Herculanum ne connaissent pas Phèdre ;.... le titre de son ouvrage, de même que le titre pareil du traité de Cornutus, n'est pas un titre grec, mais la traduction littérale d'un titre latin, probablement celui de l'écrit de Cicéron. En 1810 parut en Angleterre une impression de l'ouvrage découvert à Herculanum avec une restauration, souvent fautive, due aux Napolitains. Chr. Petersen donna en 1833, à Hambourg, une nouvelle édition restituée et expliquée. » (Krische, *ibid.*, p. 29.)

Ce qui faisait attribuer à Phèdre ces fragments, c'est que Cicéron demande à Atticus (XIII, 39) de lui envoyer le περὶ θεῶν de Phèdre. Mais Blomfield (ad Œsch. *Agamem.*, p. 209) et Meier (article *Diagoras*, dans l'encycl. d'Ersch et Gruber) rapportèrent cet écrit à Philodème. On s'accorde généralement aujourd'hui à reconnaître comme vraie l'opinion de Blomfield et de Meier, et à voir dans les fragments en question des débris du περὶ εὐσεβείας de Philodème. (Cf. Nauck, *Mélanges gréco-romains*, II, 585-638.)

M. Gomperz, dans une lettre à M. Diels (*dox. græci*, p. 529), donne les détails suivants sur le titre véritable des fragments trouvés à Herculanum.

des doutes se sont élevés à ce sujet(1). Que Cicéron se soit servi du περὶ εὐσεβείας, c'est ce que l'accord de certains passages rend très vraisemblable, mais ne permet pas d'affirmer avec une

« On peut voir, ou du moins on pouvait voir en 1867 quelque chose du titre περὶ εὐσεβείας. Voici ce qui reste $\overset{\Phi}{\Pi EPI}$. quoique l'I, dans l'édition paraisse effacé et soit représenté par des points, de même que ΙΛΟΔΗΜΟΥ et ΕΥΣΕΒΕΙΑΣ. On ne peut plus en voir davantage dans l'original. Aussi, comme me le disaient alors les dessinateurs, la restitution du titre n'est qu'une conjecture. Que restait-il de ce titre à l'époque de Hayter, envoyé à Naples par Georges, prince de Galles, au commencement du XIX⁰ siècle? « Il y a, dit-il, un Φ mutilé, avec la trace très apparente de six lettres qui le suivent. Sous le Φ et les six lettres effacées il y a u. Γ., suivi de trois signes effacés. Ensuite vient un Θ endommagé, après lequel on voit une lettre effacée, puis un reste d'Ω et un autre signe effacé. Ce fragment, qui ne fait qu'énumérer les opinions des autres philosophes sur les dieux, me justifie, je crois, d'avoir restitué le titre Φαίδρου περὶ θεῶν. » Hayter avait donc lu $\overset{\Phi}{\Pi}...\Theta.C$, quoiqu'on ne s'explique pas qu'il n'ait pas lu complètement ΠΕΡΙ. « Ce fragment, continue Hayter, n'a pas été trouvé dans la liasse de manuscrits qui contient les ouvrages de Philodème. Après le Φ il n'y a que six lettres effacées et non neuf. En outre le style est tout à fait différent de celui de Philodème dans ses autres écrits. » « Mais Hayter, dit M. H. Sauppe, dans son *Commentaire sur le traité de la piété de Philodème* (Gottingue, 1864, p. 4), oubliait souvent certaines lettres par négligence; parfois, trompé par ses conjectures, il croyait qu'il y avait dans le manuscrit des choses qui n'y étaient pas. » « Dans toutes les affirmations de Hayter, dit de son côté M. Gomperz, on voit clairement l'idée préconçue qui les a suggérées. Vous êtes aussi persuadé que moi que ces fragments appartiennent à l'écrit de Philodème. Mais il ne faudrait pas s'imaginer que ce fait soit primitivement attesté par les manuscrits, comme le titre des Napolitains pourrait le faire croire à tort. C'est une conjecture, quoiqu'elle soit vraisemblable au plus haut degré. »
Outre les écrits cités, on peut lire sur cette question l'opuscule de L. Spengel: *Aus den Herculanischen Rollen Philodemus* περὶ εὐσεβείας, Munich, 1863. Les fragments connus jusqu'alors ont été complétés et publiés à Naples (*Herculanensium collectio altera*, II). M. Gomperz a donné à Leipsick, en 1866, sous le titre: *Herculanischen Studien* une édition des fragments du livre de Philodème sur la piété et du περὶ σημείων καὶ σημειώσεων. Krische avait publié, en 1840, à Gottingue, l'ouvrage cité plus haut, où il étudiait avec science et sagacité les fragments de Philodème. Cette étude a été reprise, mais peut-être d'une façon moins heureuse, par Lengnick: *Ad emendandos explicandosque libros de natura deorum*, etc., Halle, 1871. M. Diels (*dox. graeci*, p. 531) rapproche les fragments de Philodème (éd. Gomperz, des passages correspondants de Cicéron (*de natura deor.*, 1, 10, 25, sq.).

(1) Schömann, 4⁰ éd. du *de nat. deor.*, introd., p. 18.

complète certitude; car les données et les jugements contenus dans l'écrit de Philodème devaient se retrouver dans maint autre traité épicurien.

Mais parler de l'accord de quelques passages seulement, c'est oublier que l'écrit de Philodème ne nous est parvenu que mutilé, et que, si nous l'avions conservé sous une forme plus complète, nous remarquerions certainement le même accord sur un plus grand nombre de points (1). D'ailleurs si la ressemblance est d'un certain genre, un petit nombre de rapports suffit pour prouver qu'un ouvrage dépend d'un autre. Il semble qu'il y ait une parenté de cette espèce si Philodème et Cicéron citent plusieurs fois les mêmes écrits d'autres philosophes et dans ces écrits les mêmes passages. On ne saurait croire que dans maint autre traité épicurien on ait mentionné l'ouvrage sur la nature (φύσικος) d'Antisthènes (2), plus loin le livre III du dialogue d'Aristote sur *la philosophie* (3); puis les mêmes endroits des livres I et II de l'ouvrage de Chrysippe sur *les dieux* (4); enfin l'écrit du Stoïcien Diogène de Babylone περὶ τῆς Ἀθηνᾶς (5).

Mais Cicéron et Philodème n'ont-ils pu emprunter les mêmes citations à un ouvrage commun qu'ils auraient copié tous deux? Nous savons par Cicéron que Philodème était très érudit. Depuis Aristote on appliquait la maxime: κοινὰ τὰ τῶν φίλων. Personne ne craignait de piller ses maîtres le plus qu'il pouvait (6).

Il y a peut-être entre l'exposé de Philodème et celui de Cicéron des différences qui empêchent de croire que le philosophe

---

(1) Hirzel, I, p. 5. — (2) Philod., éd. Gomperz, 72, 7ᵃ, et Cicéron *de nat. deor.*, I, 13, 32. — (3) Philod., 72, 7ᵇ; Cic. I, 13, 33. — (4) Philod., 77, 15-80, 26; Cic., I, 15, 39.— (5) Philod., 82, 14; Cic., I, 15, 41. — (6) Cicéron (I, 12, 31) et Philodème (71, 6ᵈ) feraient tous deux une citation inexacte des *Mémorables* de Xénophon. Mais la faute vient ici de Cicéron. Celui-ci, dans son résumé en peu de mots, *paucioribus verbis*, n'a pas reproduit, mais dénaturé la pensée de Xénophon, dont Philodème, en une demi-page, avait rendu l'opinion avec détail. Le seul changement fait par Philodème était d'avoir remplacé des pluriels τὰς μορφὰς τῶν θεῶν par des singuliers τοῦ θεοῦ τὴν μορφήν. Cicéron, en ajoutant *oportere* (*formam Dei quæri non oportere*) a modifié le sens de la pensée.

grec ait servi de modèle à l'auteur latin. On trouve chez Philodème des détails qui manquent chez Cicéron et réciproquement. L'ordre suivi par le premier n'est pa reproduit par le second (1).

Une autre différence entre Philodème et Cicéron, c'est que le premier dans son récit garde toujours beaucoup d'impartialité et de mesure, tandis que Velleius calomnie et injurie les philosophes dont il rapporte, parfois avec inexactitude, les opinions (2). C'était peut-être pour Cicéron une manière de rendre plus

(1) Suivant M. Schwenke (*sur les sources de Cicéron dans le de nat. deor.*, Fleck. Jahrb., 1879, tome 119, p. 50, sq), on ne trouve chez Cicéron rien qui corresponde aux passages de Philodème, 77, 1-12 ; 20-25. 79, 3-19; 28-35. 80, 26-82, 13. Diogène de Babylone, dont Philodème nous parle assez longuement (82, 14-84, 8), n'a que trois lignes chez Cicéron. Nous ne trouvons chez celui-ci aucune trace de la critique générale que l'auteur grec fait des Stoïciens (84, 8-88, 24), tandis qu'on lit chez Cicéron une sortie contre Chrysippe. Par contre, nous rencontrons chez Cicéron des détails qui manquent chez Philodème. Ainsi nous lisons (*de nat. deor.*, I, 15, 39) : « Dieu c'est le feu et cet éther dont j'ai déjà parlé. Ce sont aussi les éléments dont il est la source et qui en découlent naturellement, l'eau, la terre, l'air. » Et plus loin (*ibid.*, 40) : « Chrysippe dit que Jupiter est aussi cette loi éternelle, invariable, qui est notre guide et la règle de nos devoirs, loi qu'il appelle nécessité fatale, éternelle vérité des choses futures. » Cicéron développe ici ce que Philodème ne fait qu'indiquer par les mots καὶ τὸν νόμον. Le second passage est d'autant plus remarquable que l'εἱμαρμένη, considérée comme vérité éternelle, est aussi combattue plus loin (I, 20, 55), et que nous retrouvons la même définition dans le *de divinatione* (I, 55, 125). Chez Philodème, la critique des superstitions populaires et religieuses tient soixante pages ; elle précède celle des différents philosophes, tandis qu'elle la suit chez Cicéron, où elle est condensée en douze lignes. On ne saurait guère dire, avec M. Lengnick, que l'ordre dans lequel sont placés les fragments de Philodème est purement arbitraire et dû aux éditeurs modernes; car à la critique des Stoïciens succède tout naturellement l'exposition des doctrines religieuses des Épicuriens. Il est vrai que Cicéron nous avertit qu'il ne doit qu'à lui-même la disposition de ses écrits philosophiques (*de fin.*, I, 2, 6). — (2) Il y a longtemps qu'on s'étonne de l'ignorance et de l'injustice de Cicéron dans cette partie de son livre. On a rejeté l'odieux de ce procédé sur le pauvre auteur grec qui était devenu l'objet du mépris des savants. Un Épicurien, dit-on, aveuglé par sa propre doctrine, ne peut ni bien comprendre les autres, ni rapporter exactement leurs opinions. Cicéron était un

facile la critique faite par Velleius (1). Ainsi Velleius prétend qu'Anaximène a dit que l'âme prenait naissance, pour qu'il puisse se moquer d'un dieu mortel. Il est possible que Cicéron ait prêté à dessein cette légèreté à Velleius. On dirait qu'il l'annonce par avance : « Velleius commença son discours avec cet air d'assurance qui se voit chez les philosophes de son parti, ne craignant rien tant que de paraître douter, en un mot comme s'il n'eût fait que revenir à l'heure même de l'assemblée

homme indulgent, mais très pressé; il a reproduit fidèlement cet amas de sottises et d'injures, comme tout le reste. Telle est l'opinion de M. Lengnick (p. 16); mais plus loin (p. 42) il avoue qu'il est impossible d'attribuer ce qu'il y a de trop acerbe dans l'exposition de Velleius à Philodème, qui, comme nous le savons, était un homme élégant et poli, tout à fait étranger à ce goût de raillerie amère. Philodème en est si éloigné qu'il se montre même trop doux en présence des attaques des Stoïciens. Ceux-ci se moquaient des Épicuriens et de leur façon puérile de parler des dieux, de les décrire, de se les représenter sous la forme humaine (Gomperz, p. 79, 28). Philodème se contente de répondre que les Stoïciens forcent la mythologie pour l'accommoder à leur système. Dans le reste il s'abstient presque toujours de juger, et rien en lui n'indique l'Épicurien, si ce n'est deux ou trois fois une ironie pleine d'urbanité. (Cf. 84, 5; 75, 5.) — La critique de Velleius est tout autre. (Cf. I, 15, 38, où il traite d'*absurde* la coutume de diviniser les hommes illustres après leur mort.) On n'a qu'à comparer ce que dit Philodème d'Anaxagore, de Protagoras, de Persée, de Parménide et d'Empédocle (88, 24) avec les passages correspondants de Cicéron pour admirer la modération du philosophe grec en voyant les paroles injurieuses de Velleius. On ne saurait croire que tous ces propos outrageants soient empruntés à Philodème. Celui-ci se contente de blâmer légèrement le Stoïcien Persée : « Il est évident, dit-il, que Persée fait évanouir la divinité, ou qu'il ne sait rien sur sa nature. » (75, 5.) Au contraire Velleius ne mentionne aucun philosophe sans l'accabler d'outrages.

(1) Parfois Cicéron fait donner à Velleius de fausses explications de choses qu'il connaissait bien. Nous lisons, *de nat. deor.*, I, 12, 29 : « Que dire de Démocrite qui met au nombre des dieux les images et leurs détours, la nature qui produit et émet ces images, notre connaissance et notre intelligence? Cette doctrine n'est-elle pas complètement erronée? » L'expression « les images et leurs détours » est, dit Schömann (p. 55, note), une hendiadyse bizarre choisie pour faire ressortir par l'étrangeté de l'expression l'étrangeté des choses. De même les expressions abstraites « notre science et notre intelligence » sont mises à dessein pour « notre esprit qui voit et qui comprend ». De plus, Velleius attaque ici une opinion partagée par les Épicuriens. Ceux-

des dieux et des intermondes d'Épicure (1). » Plus loin il fait dire à Velleius par Cotta (2) : « Vous-même tout à l'heure, quand vous avez comme assemblé un sénat de philosophes, et recueilli leurs diverses opinions, vous disiez que ces grands hommes n'avaient pas le sens commun, que c'étaient des visionnaires, de vrais fous. »

Les différences entre Philodème et Cicéron sont en partie inexplicables si l'on suppose que le premier a copié le second, tandis qu'elles s'expliquent très facilement si tous deux ont puisé à un original commun et plus développé, dont l'un et l'autre se servit en y faisant plusieurs modifications, en partie accidentelles, en partie volontaires. Mais, avant d'étudier cette hypothèse, il faut chercher quel a été le modèle de Cicéron pour la partie non historique de l'exposition de Velleius ; car nous n'avons peut-être pas affaire à une source autre que pour le fragment historique.

Entre le premier fragment et la partie historique il semble qu'il n'y ait aucune liaison (3). Après une critique des Stoïciens, Velleius passe à Thalès (4), puis il revient aux Stoïciens et combat les doctrines religieuses de Zénon, Ariston, Cléanthe, Persée, Chrysippe et Diogène de Babylone, comme s'il n'avait pas encore parlé du Portique. De même il critique deux fois la théologie de Platon. On ne peut expliquer ces répétitions qu'en disant que la revue historique est un morceau étranger inséré après coup.

Mais la partie historique ne peut avoir été ajoutée après l'achèvement du livre : Cotta la mentionne en trois endroits différents (5). Qu'il ne réfute pas dans le détail la critique de Velleius, c'est ce qui se comprend facilement. Cicéron n'avait

---

ci disaient que la nature divine produisait et émettait des images. — Les Ioniens croyaient que Dieu était immanent à la matière. Velleius leur fait dire que Dieu, quant à sa présence et à son action, était séparé de la matière, et dès lors il lui est facile de les réfuter. — Suivant Velleius (I, 16, 26), pour Anaxagore l'intelligence était infinie. Philodème dit que, selon Anaxagore, c'est l'intelligence qui a mis l'ordre dans le chaos où tout était mêlé à l'infini (66, 4ᵃ).

(1) I, 8, 18. — (2) I, 34, 94. — (3) Krische, *ibid.*, p. 23. — (4) I, 10, 25. (5) I, §§ 63, 91, 94.

sous les yeux pour le discours de Cotta aucun modèle où il trouvât cette réfutation. Aussi bien il ne regardait pas comme nécessaire de redresser les erreurs et les méprises historiques des Épicuriens.

Le fragment historique ne peut non plus avoir été introduit après la composition du discours de Velleius : on ne comprendrait pas alors la brièveté de la première partie dogmatique. Le mot *exposui* (1) ne saurait guère se rapporter aux chapitres qui précèdent ce fragment (2) ; car on n'y trouve pas comme ensuite une exposition de doctrines théologiques, mais une critique dédaigneuse de théories qu'on suppose déjà connues.

Mais, si le fragment historique n'a pas été ajouté après coup, ce qui précède (3) paraît emprunté à une autre source que ce fragment (4). On ne voit pas comment ce peut être la faute de Cicéron seul si dans son livre nous trouvons deux fois la critique de Platon et des Stoïciens. C'est un grave défaut de composition. On cite quelque chose d'analogue dans le *de divinatione* (5) ; mais alors la répétition vient évidemment de la rapidité avec laquelle Cicéron composait. Ici le seul moyen d'explication, c'est de dire qu'à la première critique Cicéron en a joint une seconde empruntée d'ailleurs. On ne saurait croire que cette première critique et le fragment historique qui suit aient pu se trouver dans un écrit bien ordonné, tel que nous devons supposer qu'était le modèle de Cicéron. Ou l'auteur grec voulait combattre successivement les doctrines théologiques des philosophes les plus considérables, comme c'est le cas dans le fragment historique de Cicéron et chez Philodème, ou bien il voulait seulement réfuter les Stoïciens et ceux dont ils s'inspiraient, comme fait Velleius dans la partie qui précède le fragment historique. Cicéron, pour les deux premières parties de l'exposition de Velleius, semble s'être servi de sources différentes.

La seconde partie dogmatique (6) du discours de Velleius, paraît ne pas avoir la même origine que la première (7). En

---

(1) I, 16, 42. — (2) I, §§ 18, 24. — (3) *Ibid.* — (4) Schiche, *Zeitschrift für das Gymn*, 1880, p. 374. — (5) II, 22, 49. — (6) *De nat. deor.*, I, §§ 42-57. — (7) I, §§ 18-24.

effet Velleius dans les deux cas argumente contre les Stoïciens. Il n'est pas vraisemblable que l'auteur épicurien, après avoir d'abord rassemblé les principales critiques qu'on pouvait faire à la théologie des Stoïciens et à celle de Platon, qui leur avait servi de modèle (1), se soit appesanti de nouveau (2) dans l'exposition de sa propre théorie sur les doctrines religieuses de Platon et des Stoïciens. On pourrait le supposer de Cicéron, à cause des circonstances et de la rapidité avec laquelle il travaillait ; mais nous ne devons pas admettre dans l'écrivain grec une pareille négligence sans motifs qui nous y forcent.

Si les deux parties dogmatiques étaient puisées à la même source, nous trouverions deux fois la critique des Stoïciens presque dans les mêmes termes (3).

Les deux parties dogmatiques paraissent empruntées à des sources différentes ; mais peut-être le fragment historique et ce qui suit appartiennent-ils au même modèle. La transition de l'un à l'autre établit entre eux un étroit enchaînement. On lit : « De là votre destin, *illa fatalis necessitas*, que vous appelez εἱμαρμένη ; tout ce qui nous arrive vient, dites-vous, de ce que l'éternelle vérité l'a décidé, et que tel est l'éternel enchaînement des choses (4). » Par le mot « *illa* » Velleius désigne quelque chose de connu et qu'on a considéré en première ligne. Après une exposition détaillée des doctrines théologiques des philosophes antérieurs, y compris les Stoïciens, il combat spécialement les Stoïciens ; ceci n'a rien d'étonnant parce que les théories religieuses de chacun des philosophes du Portique avaient été d'abord examinées séparément ; au contraire, dans la partie dogmatique qui suit, on réfute d'une façon sommaire les plus importantes d'entre elles, et celles qui étaient le plus

---

(1) *Ibid.* — (2) I, §§ 52-55. — (3) Nous lisons : « Si vous croyez que le monde est Dieu, tournant, comme il le fait, sans relâche autour de l'axe du ciel, et cela avec une étrange rapidité, peut-il avoir un instant de repos ? » (I, 20, 52.) Velleius avait déjà dit : « Et ce dieu rond, à quoi l'occupez-vous ? à se mouvoir d'une si grande vitesse que l'imagination même ne saurait y atteindre. Or, je ne vois pas qu'étant agité de la sorte, il puisse être heureux et avoir l'esprit tranquille » (I, 10, 24). — (4) *De nat. deor.*, I, 20, 55.

opposées à la théologie épicurienne, c'est-à-dire la création et la providence. C'est sur ce point qu'éclatait surtout l'opposition entre les Épicuriens et les Stoïciens et que portait leur polémique, comme on le voit par les remarques empruntées à Posidonius à la fin du livre I (1).

Le fragment historique est écourté, si l'on en juge par la comparaison avec Philodème. Ce qu'il y a surtout de surprenant, c'est la brièveté de Cicéron dans l'exposition de la doctrine épicurienne. Tandis que les Épicuriens la présentaient avec tous les développements possibles, Cicéron en dit à peine assez pour se faire bien comprendre (2). Il semble qu'à mesure qu'il avança dans la traduction de son modèle grec, Cicéron craignit toujours davantage de donner trop de place à la philosophie épicurienne, et que, par suite, il devint de plus en plus court. La rapidité avec laquelle il écrivait ne lui laissait pas le temps d'abréger son modèle; d'après la mauvaise méthode des faiseurs d'extraits, il traduisait complètement la première partie d'un exposé et passait ce qui venait ensuite (3). Le rapport de la troisième partie du discours de Velleius avec le contenu présumé de l'original grec est le même que le rapport du fragment historique avec le traité de Philodème.

(1) Ch. 44. Cf. I, 1, 2. — (2) Cf. I, 19, 49. — (3) Un exemple frappant de cette façon de procéder, c'est la manière dont Cicéron parle de Chrysippe (I, §§ 31-41), lorsqu'on la rapproche de ce que dit Philodème (77, 12 — 82, 13). Cicéron expose avec assez de développement le contenu du livre I du περὶ θεῶν de Chrysippe; pour le livre II, il est déjà plus court; quant aux autres écrits théologiques du philosophe grec, il les passe complètement sous silence. De même, dans les paragraphes qui précèdent, les philosophes pour lesquels Cicéron se trouve d'accord avec Philodème (Antisthènes, Aristote) appartiennent au commencement du fragment, tandis que pour les détails qu'on trouve ensuite chez Philodème (Speusippe, 72, 7 b, Cléanthe, 74 f, Persée, 77, 1-12) il n'y a rien de correspondant chez Cicéron. — Velleius promet de parler de la forme des dieux, de leur vie et des mouvements de leur intelligence; il n'a traité avec développement que le premier point, et encore il l'écourte tellement à la fin qu'il craint lui-même de n'être pas compris; quant au second point, il ne lui consacre que quelques lignes, si bien qu'il ne mentionne même pas la demeure des dieux dans les intermondes. (Cf. Schwenke, *ibid.*, p. 54.)

Les mots : « Ceux qui ont dit qu'il y avait des dieux sont partagés en tant d'opinions différentes qu'il serait ennuyeux de les compter (1) » ont l'air d'annoncer que Cicéron ne veut pas faire de revue historique. Mais elles montrent aussi qu'il avait entre les mains une revue de cette sorte. Cicéron commença par se servir d'un écrit épicurien où ne se trouvait pas cette revue historique, mais dans l'introduction duquel étaient critiquées les doctrines principales des théologies platonicienne et stoïcienne. C'est à cette source qu'est empruntée la première partie. Plus tard Cicéron se décida, pour des motifs que nous ne connaissons pas, à faire entrer dans son livre la revue historique. Alors il revint à l'écrit épicurien où il l'avait trouvée, et il continua de le suivre jusqu'à la fin de l'exposition de Velleius (2).

Il reste à chercher quel est le philosophe épicurien imité par Cicéron pour la première partie, et celui qu'il a choisi pour les deux autres. — Une conjecture très vraisemblable se présente tout d'abord en ce qui concerne la première partie (3). Nous avons vu que Cicéron écrivait à Atticus, à l'époque où il travaillait au *de natura deorum* : « Je désire que vous m'envoyiez les livres dont je vous parlais dans une de mes lettres précédentes, et surtout le περὶ θεῶν de Phèdre (4). » C'est à cet ouvrage de Phèdre que semble empruntée la première partie de l'exposition de Velleius. La doctrine de la πρόνοια y est critiquée. Cette particularité s'expliquerait en supposant que le livre de Phèdre était spécialement dirigé contre un Stoïcien qui avait exposé la théorie de la Providence et qui était tenu en haute estime par ses auditeurs romains. Ce Stoïcien ne serait autre que Panétius qui avait écrit un traité περὶ προνοίας. Phèdre s'était surtout proposé pour objet la critique de Panétius et n'avait pas voulu faire une exposition générale de la théologie épicurienne ; c'est pour cela que Cicéron, ne le trouvant pas propre à son dessein, l'abandonna pour un autre écrit épicurien,

---

(1) *De nat. deor.*, I, 1, 2. — (2) Cf. Schiche, *ibid.*, p. 376. — (3) I, §§ 18-24. — (4) XIII, 39.

auquel sont empruntées les deux dernières parties de l'exposition de Velleius.

A quel philosophe épicurien appartient cet écrit ? Ce ne doit pas être Philodème. Les différences entre le récit de Velleius et les fragments du περὶ εὐσεβείας sont, comme nous l'avons vu, trop considérables pour qu'on puisse dire que le premier s'est inspiré du second. Cicéron et Philodème ont plutôt puisé tous deux à un modèle commun.

Ce qui frappe surtout, quand on compare la revue historique chez Cicéron et les fragments de Philodème, c'est le calme et la politesse de ce dernier, tandis que Velleius se laisse aller aux injures et aux calomnies. Peut-être avons-nous là un signe qui nous permettra de trouver le philosophe épicurien que nous cherchons. Cicéron nous dit (1) que c'était l'habitude des Épicuriens, surtout de Zénon, d'injurier leurs adversaires. Zénon se distinguait de Phèdre par son irascibilité, tandis qu'il n'y avait personne de plus distingué que Phèdre, qui se fâchait lorsque Cicéron parlait avec trop de véhémence (2). L'irascibilité, chez Zénon, était devenue partie intégrante du caractère, et rendait plus difficiles les rapports avec lui. C'est ce que nous indique assez clairement Cicéron, lorsqu'il nous dit qu'Atticus admirait Phèdre et Zénon, mais que de plus il aimait Phèdre (3). Cicéron nous parle aussi de la passion avec laquelle Zénon soutenait ses idées (4). Cicéron et Philodème semblent avoir puisé également dans un ouvrage de Zénon ; seulement le premier a conservé l'animosité qui en faisait le caractère propre, tandis que le second a négligé tout ce qui blessait son bon goût et sa délicatesse (5).

(1) *De nat. deor.*, I, 34, 93. — (2) *Ibid.* — (3) *De fin.*, I, 5, 16. — (4) *Tusc.*, III, 17, 38. — (5) Quelle que soit l'opinion qu'on adopte sur l'origine immédiate du fragment historique, on peut se demander quelle en est l'origine première. On trouve des rapports entre le contenu de ce fragment et les *Placita* de Plutarque (I, 7, 4-10). Krische a exprimé l'opinion que le fragment historique était en grande partie emprunté à des *Placita*. C'est une erreur, dit M. Diels (*dox. graeci*, p. 128), si Krische a voulu parler des *Placita* de Plutarque ou d'Aétius; mais cette conjecture est vraie, ou certainement probable, s'il s'agit de *Placita*

Cotta loue Velleius de la clarté, de la distinction, de la beauté de son exposition (1), qualités qu'on ne trouvait presque jamais chez les Épicuriens. Or, c'est justement là ce que Cicéron admirait chez Zénon, qu'il avait entendu à Athènes, et il semble ainsi nous indiquer qu'elle était la source à laquelle il avait

plus anciens, par exemple le recueil des *diverses opinions des philosophes* fait par Théophraste. En effet, si l'on ôte, comme il est juste, les erreurs volontaires commises par Cicéron, la revue des philosophes est la même chez lui et dans les *Placita* d'Aétius, qui sont la source de ceux de Plutarque et des *Églogues physiques* de Stobée. On parle également dans les *Placita* d'Aétius de la couronne qui, suivant Parménide, entourait le ciel. Seulement Cicéron a rendu cette opinion d'une manière absurde. Il n'y a pas grande différence pour Empédocle et Démocrite; mais pour le reste, qui est la partie la plus considérable, il y a divergence évidente. Protagoras, Xénophon, Antisthènes, ne sont pas nommés dans les *Placita*. Philodème mentionne les Stoïciens en détail et dans l'ordre; on voit qu'il connaît leurs livres. On peut douter qu'il en soit de même pour les autres philosophes. Il n'a certainement pas lu Platon; il n'aurait pas trouvé chez lui la mention d'un Dieu ἀσωμάτου. On ne lisait plus à cette époque les anciens Ioniens, les Éléates, peut-être même Démocrite et Empédocle; il restait à peine quelques exemplaires des ouvrages de beaucoup d'entre eux, comme Anaximandre et Xénophane. Les détails que nous trouvons sur ces philosophes sont peut-être empruntés à différentes sources assez corrompues, qui découlaient toutes d'un même chapitre de Théophraste.

Mais la source commune de Cicéron et des *Placita* de Plutarque est moins ancienne. En effet on lit dans les *Placita* de Plutarque (I, 7, 11) que, pour Thalès, Dieu était l'intelligence du monde; ailleurs il dit qu'elle le parcourt en tous sens. Les expressions νοῦς τοῦ κόσμου et διήκειν appartiennent aux Stoïciens. Le modèle du fragment de Cicéron semble venir d'un ouvrage composé à l'époque de Diogène de Babylone, ou peu de temps après lui; car Diogène est le dernier philosophe dont l'opinion sur les dieux soit mentionnée. Suivant M. Mayor (*ibid.*, LII), nous devons remonter jusqu'à Apollodore, ὁ κηποτύραννος, le prédécesseur de Zénon dans la chaire d'Épicure. Il florissait vers la fin du second siècle avant J.-C., et composa, dit-on, plus de quatre cents volumes. M. Diels veut que l'auteur qui est la source commune de Cicéron et des *Placita* appartienne au temps où les idées stoïciennes commençaient à régner partout, c'est-à-dire à l'époque des éclectiques, dont les études inspiraient Cicéron, Varron, Aétius et toute la philosophie du premier siècle avant J.-C. Mais ce sont ici de simples conjectures dont il faut reconnaître l'incertitude, tout en admirant la sagacité de leur auteur.

(1) I, 21, 58.

puisé (1). Non seulement Cicéron avait entendu Zénon, mais encore il avait lu et connaissait ses écrits. Il nous dit : « Tel est le portrait de la béatitude épicurienne emprunté aux paroles (*verbis*) de Zénon, de telle sorte qu'il n'y a pas moyen de le nier (2). » Zénon avait étudié l'histoire de la philosophie, comme on le voit par Diogène de Laerte, qui mentionne le livre X τῆς τῶν φιλοσόφων συντάξεως (3). Cicéron citait Zénon et Phèdre comme les meilleurs interprètes de la doctrine épicurienne ; mais c'est à Zénon que Philon envoyait ses élèves pour leur faire bien connaître l'épicurisme (4). Cicéron peut donner à Phèdre le nom de « philosophe distingué, » louer la politesse et les connaissances de Philodème ; c'est Zénon qu'il place au premier rang des Épicuriens (5).

Le livre de Philodème, comme l'exposé de Velleius, fait succéder à la critique de la théologie des autres philosophes l'apologie de celle d'Épicure. Mais ici nous ne trouvons presque plus de rapports entre Philodème et Cicéron, ce qui prouve que ce dernier, à partir de là, se montre bien plus indépendant de son modèle grec et que peut-être il cesse de le reproduire pour s'abandonner à lui-même et à ses souvenirs personnels. Cicéron, pour la fin de l'exposition de Velleius, a pu s'inspirer de Zénon ; il ne semble pas qu'il l'ait copié.

---

(1) Il est vrai que Cicéron veut peut-être seulement faire remarquer son propre talent d'écrivain. — (2) *Tusc.*, III, 17, 38. — (3) X, 3. — (4) *De nat. deor.*, I, 21, 59. — (5) Zénon, dit M. Schiche, était pour Philodème une autorité. Philodème dans le περὶ εὐσεβείας (éd. Gomperz, p. 118, l. 18) se reporte à Zénon. Petersen (p. 8) mentionne un écrit de Philodème sous le titre latin : « *De moribus ac vitiis, opus ex libro Zenonis contractum* ». On trouve le nom de Zénon dans le titre mutilé d'un traité de Philodème (n° 1389, préface des *Herculanensia* publiés à Oxford, I, p. 5), et dans le περὶ σημείων (p. 24, 26, éd. Gomperz). Que pour la doctrine épicurienne sur les dieux Philodème se rattache directement à Zénon, c'est ce qu'on voit par le titre d'un ouvrage « περὶ τῶν θεῶν εὐστοχουμένης διαγωγῆς κατὰ Ζήνωνα », dont on trouve les restes dans le tome VI des *volumina Herculanensia* édités à Naples.

LA CRITIQUE DE COTTA.

A l'époque de Cicéron les Romains avaient depuis longtemps perdu toute croyance aux dieux de l'ancienne Rome ; mais on continuait d'observer scrupuleusement les rites du culte traditionnel parce que la religion était moins une affaire d'âme qu'un instrument politique. « Tandis qu'on poursuivait un grand personnage, M. Æmilius Scaurus, pour avoir négligé quelques sacrifices, on laissait César, grand pontife, nier en plein Sénat l'immortalité de l'âme (1). » C'est qu'on séparait complétement la conviction intime des pratiques extérieures. Les Romains, chez qui les pontifes étaient en même temps des magistrats, avaient toujours subordonné au culte la partie dogmatique et l'esprit à la lettre. L'importation à Rome des idées grecques à l'époque de Scipion et de Lélius n'affaiblit pas cette habitude. Polybe louait les Romains d'avoir su se faire une religion si peu chargée de dogmes ou de fables scandaleuses, et en même temps si favorable à leurs desseins politiques. Les hommes d'État romains se crurent obligés de maintenir, sans y rien changer, une institution qui avait tant servi à la grandeur de leur pays. Mais s'ils remplissaient avec une gravité antique leurs fonctions d'augures ou de pontifes, lorsqu'ils avaient dépouillé tout caractère officiel et s'entretenaient avec leurs amis, ils ne craignaient pas de laisser voir tout leur scepticisme. « Il est malaisé de nier l'existence des dieux dans l'assemblée du peuple, dit Cotta ; mais dans une conversation particulière rien n'est plus facile (2). »

L'incrédulité n'existait pas seulement dans les hautes classes et chez les gens éclairés : elle avait aussi pénétré chez le peuple. Les Plébéiens, qui n'avaient pas de foyer, n'avaient d'abord pas non plus de culte reconnu. Ils avaient toujours regardé d'un mauvais œil la religion officielle que les pontifes, choisis primitivement parmi les Patriciens, mettaient au service des intérêts de leur ordre. Plus tard on ne craignit pas de se moquer

---

(1) G. Boissier, *la relig. romaine*, I, 62. — (2) *De nat. deor.*, I, 22, 61.

sur le théâtre des dieux de la Grèce et de leurs aventures scandaleuses ; mais bientôt ces dieux se confondirent avec les sévères divinités du Latium, et le mépris dont les premiers étaient l'objet rejaillit sur les secondes. Celles-ci furent même bafouées directement. Le terrible railleur Lucilius, un des principaux membres du cercle des Scipions, se moquait des « inventions de Faunus et de Numa, » c'est-à-dire du culte national.

L'incrédulité la plus complète s'alliait très bien avec la superstition. « Sylla, qui avait volé les trésors de Delphes, portait sur lui une petite image d'Apollon, qu'il embrassait de temps en temps, comme Louis XI, et à laquelle il adressait de ferventes prières (1). » « César, depuis une chute qu'il avait faite, ne montait pas en voiture sans prononcer une parole magique qui devait le préserver de tout accident ; il raconte dans ses mémoires les prodiges qui avaient annoncé sa victoire de Pharsale, et il gardait précieusement le palmier noir qui ce jour-là, dit-il, avait percé tout à coup le pavé d'un temple (2). » Les apparitions troublaient parfois les plus fermes courages. Tel fut le spectre qui se présenta devant Brutus veillant dans sa tente et lui dit : « Je suis ton mauvais génie ; tu me reverras dans les plaines de Philippes. » Brutus fit part de cette vision à Cassius, qui lui expliqua, comme Lucrèce, la vanité des songes. Mais, à Philippes, Cassius, vaincu par Antoine, crut voir devant ses yeux le visage sanglant de César : « Je t'avais tué, cependant, » s'écria-t-il, et il se jeta sur la pointe de son épée. A la fin de la république romaine il y avait autant de superstitieux que d'incrédules.

C'est pour combattre les idées superstitieuses sur les dieux que Cicéron composa le *de natura deorum*. Dans cet ouvrage Cotta critique à la fois la théologie des Épicuriens et celle des Stoïciens. Les arguments pour prouver l'existence des dieux ne servent, dit-il, qu'à rendre cette question douteuse (3). C'est à faire aux philosophes de rendre compte de la religion ; mais, si

---

(1) G. Boissier, *ibid.*, I, 60. — (2) De Champagny, *les Césars*, 1/8, II, 198. — (3) *De nat. deor.*, III, 4, 10.

les preuves philosophiques ne sont pas décisives, on n'en doit pas moins croire aux dieux parce que les anciens Romains y ont cru (1). Cotta raisonne ici tout à fait comme un théologien de nos jours qui attaquerait l'autorité de la raison pour la remplacer par la foi. Mais il oublie qu'à ce moment la tradition était fort ébranlée à Rome : ce n'était pas lorsque la république était presque détruite qu'on pouvait en appeler à la tradition.

On dirait que Cicéron a été irrité par les deux dogmatismes en sens contraire des Épicuriens et des Stoïciens, et qu'il a voulu faire voir la vanité de leurs prétentions. En effet les Épicuriens semblaient ne douter de rien et parlaient des choses divines avec tant d'assurance qu'ils avaient l'air de revenir sur l'heure de l'assemblée des dieux (2). Aussi bien ces dieux, si Épicure n'ose pas les nier, il les réduit à leur plus simple expression. Ils n'ont ni sang ni corps, mais un semblant de corps et un semblant de sang. Épicure subtilise la substance de leur être au point de la détruire; ses dieux ressemblent à ces esquisses légères où l'on ne trouve que les lignes principales : ce sont des dieux au trait, *monogrammi*. Ce sont aussi des dieux fainéants : tranquilles dans leurs intermondes ils ne s'occupent pas de ce qui se passe dans l'univers. En présence de ces exagérations Cicéron dut ressentir l'impatience qui porte les esprits circonspects à dépasser dans leurs négations les bornes de leur conviction intime. Ainsi s'expliquerait la nuance d'athéisme qu'on trouve dans les paroles de Cotta.

Quel a été le modèle de Cicéron pour la critique faite par Cotta de l'exposition de Velleius? On a cru que le discours de Cotta au livre I comme au livre III du *de natura deorum* était emprunté à l'un des nombreux écrits de Clitomaque (3).

Mais dans le livre III Cotta cite souvent Carnéade; ici il ne le fait pas une seule fois. De plus, la polémique de Carnéade était surtout dirigée contre les Stoïciens; les Épicuriens et les autres philosophes ne venaient qu'en seconde ligne. Cotta montre pour le Portique une prédilection qui étonne chez un Académicien (4), et

---

(1) *De nat. deor.*, III, 2, 6. — (2) *Ibid.*, I, 8, 18. — (3) Schömann (introd. au *de nat. deor.*, p. 18). — (4) *De nat. deor.*, I, 36, 100; 44, 121.

qui ne peut s'expliquer que si l'on voit là l'indication du modèle de Cicéron. Enfin, au terme de son exposition, Cotta cite le livre V de l'ouvrage de Posidonius sur *les dieux*: c'est le seul écrit qu'il mentionne. Or il est naturel qu'il indique ses sources au commencement ou à la fin de son exposition. Le livre de Posidonius semble donc avoir été le modèle de Cicéron pour le discours de Cotta au livre I (1).— Laquelle de ces deux opinions est la plus vraie.

Cotta dit, à la fin de son discours (2), qu'en réalité Épicure ne croit pas à l'existence des dieux et n'a l'air de l'admettre que pour ne pas se faire haïr. Cotta s'appuie sur l'autorité de Posidonius pour confirmer son assertion. Mais, ailleurs, il soutient que les dieux ne sauraient avoir la forme humaine (3); or, suivant les Épicuriens, ils ne peuvent en avoir d'autre; on devrait dès lors nier leur existence. Épicure ne le fait pas par crainte, non du peuple, mais des dieux. Ce passage est en contradiction formelle avec celui cité plus haut. La partie où se trouve le second passage ne saurait donc être empruntée à Posidonius, comme la fin du discours de Cotta; elle vient plutôt de Clitomaque.

Une preuve que Cicéron s'est inspiré de Clitomaque, c'est qu'on lit chez Sextus Empiricus (4) la même opinion sur la piété d'Épicure que dans le *de natura deorum* (5). Cotta combat la doctrine de Démocrite, suivant qui nous connaîtrions les dieux par des images qui arrivent jusqu'à notre œil (6); il y a chez Sextus un passage analogue. Sextus, il est vrai, déclare que dans la critique des preuves de l'existence de Dieu, il ne veut pas s'attarder à suivre Clitomaque et les autres Académiciens, qui s'appesantissent sur les détails (7). Mais il ne tient pas parole, comme il l'avoue lui-même. Sextus reproduit les arguments de Carnéade. On peut croire que Cicéron fait de même; seulement il donnerait aux raisonnements sceptiques une forme

---

(1) Teuffel, *Hist. de la litt. rom.*, 3e éd., p. 347. — (2) *De nat. deor.*, I, 44, 123. — (3) I, 30, 85. — (4) IX, §§ 58 et 64. — (5) I, 30, 85. — (6) I, 38, 107. Cf. Sextus, IX, 42. — (7) Hartfelder, *Rhein. Mus.*, 1881, p. 228.

plus concise, et parfois, dans sa manière rapide de composer, il en négligerait quelques-uns.

Cotta nie que tous les hommes aient l'idée des dieux (1), ce qui était un argument des Stoïciens; ceux-ci accordaient la même valeur que les Épicuriens au consentement universel. Plus loin Cotta nomme Diagoras l'athée et Théodore (2). Le même rapprochement se trouve dans Sextus (3). Cotta et Sextus s'accordent aussi à ranger Protagoras parmi les athées. Il est vrai que ceux-ci sont cités en plus grand nombre par Sextus que par Cotta, et qu'ils racontent différemment la mort de Protagoras. Mais après la mention de Protagoras on trouve immédiatement chez Sextus le passage de Cicéron sur la piété d'Épicure (4). Cicéron ne nomme pas Critias parmi les athées, mais il explique son athéisme de la même façon que Sextus, qui le nomme. Sextus (5) et Cicéron (6) se servent des mêmes expressions. ὁσιότης, *pietas,* εὐσέβεια, *sanctitas*; ils définissent de même la piété « une sorte de justice à l'égard des dieux » et la sainteté « la science du culte à rendre aux dieux ».

Cotta prétend que les mystères d'Éleusis, de Samothrace et de Lemnos sont plutôt des phénomènes naturels que religieux (7). Ceci est tout à fait contraire à la doctrine des Stoïciens, qui s'efforçaient d'unir la philosophie à la mythologie. — Cicéron, comme exemples de fantômes imaginaires, nomme la Chimère, Scylla, les Centaures (8). Les mêmes exemples se retrouvent chez Sextus pour le même objet (9). Mais il semble qu'ils étaient passés en proverbe; car on les trouve cités dans le dialogue apocryphe de Platon, l'*Axiochus* (10), et Balbus dit : « Y a-t-il quelqu'un qui croie que l'hippocentaure ou la Chimère aient existé ? » (11) La réduction à l'absurde de la doctrine épicurienne qui attribue aux dieux la forme humaine (12) rappelle Sextus (13). On trouve chez Sextus (14) une phrase qui répond exactement à un passage de Cicéron : « Ils ont dit que

---

(1) I, 23, 62. — (2) I, 23, 63. — (3) IX, 55. — (4) I, 30, 85. — (5) IX, 123. — (6) I, 41, 116. — (7) I, 42, 119. — (8) I, 38, 105-108. — (9) IX, 49, 123-125. — (10) 369 C. — (11) *De nat. deor.*, II, 2, 5. — (12) I, 34, 94. — (13) IX, 178. — (14) IX, 14.

toute la doctrine sur les dieux immortels avait été imaginée par les sages. » (1)

Les deux derniers chapitres du livre I de Cicéron présentent une couleur stoïcienne ; mais ils renferment des idées déjà exprimées (2), et l'on y trouve encore, à propos de Démocrite, un rapport étroit avec Sextus (3). Celui-ci parle comme Cicéron de la société des hommes avec les dieux et des hommes entre eux (4). Cicéron nomme la bienfaisance et la bonté dont Sextus ne fait pas mention ; mais c'est qu'il reproduit son modèle avec plus de soin. Quant à l'absence de liaison entre les deux derniers chapitres et ce qui précède, ce serait une faute de composition résultant de la rapidité avec laquelle Cicéron a écrit son ouvrage.

L'opinion qui regarde Clitomaque comme le modèle de Cicéron lorsqu'il fait parler Cotta, à la fin du livre I du *de natura deorum,* semble donc prouvée. On ne pourrait, dit-on, infirmer le parallèle entre Cicéron et Sextus qu'en montrant que les principaux passages de Sextus se trouvent dans une exposition stoïcienne de la théologie (5).

Mais les ressemblances entre les deux auteurs sont peut-être moins frappantes qu'on ne le dit. A l'époque de Cicéron, on négligeait les différences entre les doctrines pour considérer surtout les rapports apparents.

On peut aussi donner des arguments considérables en faveur de l'opinion qui voit dans un Stoïcien le modèle dont s'est servi Cicéron pour le discours de Cotta (6). Cicéron se trouve parfois dans un accord aussi parfait avec Sextus Empiricus que plus haut avec Philodème. Malheureusement on ne peut pas reconnaître par l'exposition décousue et qui se répète souvent de Sextus quelle était la nature de la source à laquelle il a puisé. Aussi bien rien n'empêchait Posidonius de se servir d'un travail de Clitomaque pour son propre ouvrage sur les dieux, de même qu'un Sceptique postérieur, ou un compositeur de *Placita* pouvait employer le livre de Posidonius.

(1) I, 42, 118. — (2) I, 41, 115 et 36, 100. — (3) IX, 19. — (4) IX, 131. — (5) Hirzel, I, 45. — (6) Schwenke, *ibid.*, p. 55.

Posidonius est cité à la fin du discours de Cotta, et l'on est forcé d'avouer que les deux derniers chapitres ont une couleur stoïcienne. On peut attribuer à Posidonius la fin du livre depuis l'énumération des athées (1). On trouve en effet, indépendamment de la citation de Posidonius, des phrases qui indiquent une origine stoïcienne. On dit à Épicure que sa vénération pour les dieux est sans objet; c'est aussi le reproche qui lui est fait dans Plutarque (2). — Nous lisons dans Cicéron les mêmes définitions de la piété et de la sainteté que dans Sextus. Mais ces définitions sont données dans l'exposition de la morale stoïcienne chez Stobée (3). Qu'elles se retrouvent chez Sextus dans les preuves de l'existence de Dieu, c'est peut-être un signe qu'elles sont empruntées aux Stoïciens, et non que Cicéron s'inspire ici d'un Sceptique. — La distinction de la religion et de la superstition (4) appartient aux Stoïciens, comme on le voit par Cicéron lui-même (5) et par Cornutus (6). Le reproche que Cotta fait aux Épicuriens de ne pas placer en Dieu la bonté et la bienfaisance (7) est aussi emprunté aux Stoïciens.

« Combien la doctrine des Stoïciens est préférable (à celle d'Épicure), dit Cotta (9); ils pensent que les sages sont les amis des sages, même lorsqu'ils ne les connaissent pas. » On oppose ici l'amitié de personnes qui ne se connaissent pas et qui sont éloignées les unes des autres à l'impossibilité dans la doctrine d'Épicure de dispositions bienveillantes; même entre gens qui vivent ensemble, hommes ou dieux. Il faut par conséquent attribuer cette doctrine à un Stoïcien, c'est-à-dire à Posidonius, plutôt qu'à un Académicien.

Cependant nous devrions admettre la seconde supposition, si nous trouvions dans ces passages quelque opinion non stoïcienne qui indiquerait réellement une source sceptique. Mais tel n'est pas le cas ici. — Un Stoïcien, dit-on, ne saurait avoir parlé des mystères comme le fait Cotta (10). Mais il faut mettre ce pas-

(1) I, 41, 115. — (2) *Stoic. repug.*, ch. 6, 3. — (3) *Ecl.*, II, 124 Heer. Cf. Diog. Laert., VII, 119. — (4) I, 42, 117. — (5) II, 28, 71. — (6) *De nat. deor.*, éd. Gale, p. 236 : εἰς τὸ εὐσεβεῖν, ἀλλὰ μὴ εἰς τὸ δεισιδαιμονεῖν. — (7) I, 43, 121. — (8) Plut., *de com. not.*, ch. 32, 1. — (9) I, 43, 121. — (10) I, 42, 119.

sage au compte de Cicéron seul; car il n'est pas du tout à sa place, et il trouble la suite des idées. On trouve des pensées semblables dans Sextus ; mais l'auteur grec ne parle pas des mystères ; il n'en était sans doute pas question non plus dans le modèle de Cicéron ; celui-ci les a introduits dans son récit en se rappelant le livre I des *Tusculanes* (1), où ils viennent immédiatement après la mention des hommes divinisés. La citation de vers empruntés à un poète tragique romain prouve aussi que Cicéron ne relève ici que de lui-même. On peut donc conclure avec certitude que la fin du livre I du *de natura deorum* est, pour l'essentiel, empruntée à Posidonius. Mais les parties qui précèdent s'accordent avec la fin du livre. Ainsi Diagoras, Théodore et Protagoras sont cités ensemble comme athées (2) ; il est vraisemblable que les paroles de Cicéron dans ce passage sont empruntées au même auteur que les détails analogues qu'on lit dans les derniers chapitres (3).

Une autre particularité remarquable, c'est que Cotta semble, à partir du § 76, développer les idées dont nous trouvons comme le résumé au § 123, et qu'on doit nécessairement attribuer à Posidonius.

Mais reste toujours la contradiction signalée plus haut entre les deux jugements portés sur la piété d'Épicure. Toutefois ces deux passages (4) ne sont peut-être pas empruntés à des auteurs différents. Il est possible que l'ouvrage imité par Cicéron mentionnât sur la piété d'Épicure deux opinions opposées, comme celles que nous trouvons chez Sextus (5). Cicéron pouvait donc se décider pour l'une ou pour l'autre de ces opinions, ou les rapporter séparément.

On trouve dans les développements qui précèdent et qui suivent le § 85 des idées stoïciennes. Cotta demande si un physicien n'a pas honte d'aller chercher un témoignage de la vérité chez des esprits gâtés par la superstition (6) ; on lit le même argument dans le livre II (7). On rencontre la doctrine stoïcienne de la divinité du monde et des astres (8), celle de la finalité

---

(1) I, 13, 29. — (2) I, 23, 63. — (3) I, 42, 117. — (4) I, 44, 123 ; 30, 85. — (5) IX, 58 et 64. — (6) I, 30, 83. — (7) 17, 45. — (8) I, §§ 87, 95.

dans la nature et en particulier dans le corps humain (1), la preuve de l'existence de Dieu tirée de la contemplation de ses œuvres (2).

Cicéron nous donne, au commencement de son discours, une sorte de plan pour les développements qui suivent : « Dites-moi d'où viennent les dieux, où ils sont, quel est leur corps, leur âme, leur vie (3) » ; et il parle aussitôt de la théorie qui fait naître les dieux des atomes, quoique Velleius n'ait rien dit de cette théorie. Cotta passe ensuite à la forme des dieux (4), et il réfute le passage correspondant de l'exposition de Velleius (5), en laissant de côté la question du séjour divin. Mais il rappelle plus tard (6) l'ordre indiqué dans le discours de Velleius, et il se dit en droit de parler de la demeure des dieux, quoique Velleius ne l'ait pas fait. Toutefois il se hâte de reprendre la critique de l'exposition de la théologie épicurienne au point où il l'a laissée (7). La présence des idées exprimées au § 103 ne peut s'expliquer que parce qu'elles se trouvaient dans le modèle grec de Cicéron. Il avait à concilier l'obligation de réfuter successivement les opinions exposées par Velleius, et le penchant à reproduire avec exactitude l'ordre du modèle qu'il avait sous les yeux. Or les idées contenues dans les §§ 103 et 104, comme par exemple la conformité des appétits de chaque être avec sa nature, sont tout à fait stoïciennes.

Ce passage est important, parce qu'il nous montre que Cicéron avait entre les mains un livre qui combattait pied à pied la théologie épicurienne. Il est peu probable que Cicéron ait emprunté ces critiques successives à un ouvrage académicien ; celui-ci aurait sans doute contenu une critique générale des doctrines religieuses des différents philosophes, dans laquelle on aurait suivi non l'ordre des écoles, mais celui des matières ; et Clitomaque n'a pas dû écrire de livre consacré tout entier à la théologie épicurienne. On ne dit nulle part que Carnéade ait fait d'Épicure une critique aussi approfondie, tandis qu'on parle toujours de sa polémique contre les Stoïciens,

(1) I, §§ 92 et 99. — (2) I, 36, 100. — (3) I, 23, 65. — (4) I, §§ 76-102. — (5) I, §§ 46-48. — (6) I, 37, 103. — (7) I, 19, 49.

et de celle des Stoïciens contre les Épicuriens. Nous pouvons donc attribuer aux Stoïciens les arguments contre les Épicuriens dont Cotta ne nomme pas les auteurs, par exemple la critique de la physique de Démocrite et d'Épicure (1).

La critique de la preuve de l'existence de Dieu par le consentement universel (2) est un argument de la nouvelle Académie ; mais Cicéron pouvait très bien ne la devoir qu'à lui-même ; il ne veut pas, dit-il, y insister davantage, parce que cet argument est commun à d'autres philosophes. Ces paroles prouvent que l'ouvrage qu'il avait sous les yeux était emprunté au Portique et ne parlait pas de cette objection. S'il avait appartenu à l'Académie l'objection eût été longuement développée, comme une des critiques principales adressées aux Stoïciens. On trouve des réminiscences qui ne peuvent venir que d'un Sceptique ; mais elles jurent avec le contexte et doivent être attribuées à Cicéron, qui ne voulait pas qu'on oubliât que c'est Cotta, c'est-à-dire un Académicien, qui parle. D'autre part, Cotta se moque de l'Académie (3) ; le modèle de Cicéron n'étant pas emprunté à l'Académie, il oublie qu'il est lui-même de cette école.

On pourrait objecter qu'il n'est pas vraisemblable que Cicéron ait pris à un Stoïcien la critique qu'il met dans la bouche d'un Académicien. Mais Cicéron n'est pas si scrupuleux lorsqu'il s'agit de combattre Épicure. Cicéron semble s'être également servi d'un ouvrage stoïcien pour la critique de la morale d'Épicure au livre II du *de finibus*. Or on trouve une grande ressemblance de composition entre les deux livres (4).

La réfutation des Épicuriens dans le *de natura deorum* doit appartenir à une autre source que celle des Stoïciens. En effet, Cicéron dit au commencement du livre I qu'il imite Carnéade pour la réfutation du Portique ; pour celle d'Épicure il ne nomme personne. Or il avait déjà probablement choisi et examiné ses modèles lorsqu'il écrivit cette introduction ; par suite s'il avait résolu de prendre, pour la critique d'Épicure,

---

(1) I, §§ 65 et 108. — (2) I, 22, 62. — (3) I, 29, 80. — (4) Cf. Madvig, 2ᵉ éd. du *de fin.*, préface, p. LXII.

un ouvrage de Clitomaque, il aurait déjà nommé auparavant Carnéade, ce qu'il ne fait qu'après avoir parlé des Stoïciens.

Cotta suit de près l'exposition de Velleius et s'y reporte souvent. C'est ce qu'indiquent les nombreux endroits où il fait directement allusion à des expressions ou à des pensées de Velleius. Ce qu'il y a de remarquable, c'est qu'à partir du § 111 il n'existe plus de semblables allusions. De même à partir du § 75 on rencontre très souvent, plus tard assez fréquemment, après le § 115 très rarement des passages qu'on trouve déjà dans des écrits antérieurs de Cicéron, surtout les *Académiques* et le *de finibus* (1). Ces passages doivent être attribués, sinon entièrement, du moins en partie, à des réminiscences de Cicéron lui-même. C'est une preuve que dans la première partie du discours de Cotta Cicéron était bien plus indépendant de son modèle que dans les derniers chapitres (2).

Pour le livre II du *de finibus* Cicéron s'est beaucoup moins servi d'un modèle grec que pour le livre I. Alors, comme ici, on ne saurait affirmer expressément qu'il ait puisé à une source stoïcienne et non académicienne. La première supposition nous paraît préférable ; mais le doute reste permis et il montre que Cicéron doit beaucoup à lui-même et reproduit moins exactement son modèle grec, de telle sorte que la détermination de ce modèle devient moins facile, et, dans une certaine mesure, moins importante (3).

---

(1) *De fin.*, I, §§ 17-26, et II, *passim*. — (2) Schwenke, *ibid.*, 57, sq. — (3) Une conjecture ingénieuse, c'est que la réfutation de Velleius par Cotta est empruntée au livre V du περὶ θεῶν de Posidonius, qui est justement cité à la fin du discours de Cotta (Schiche, *ibid.*, p. 382). Nous aurons plus tard à examiner l'hypothèse d'après laquelle l'exposition de la théologie stoïcienne par Balbus, au livre II, serait empruntée aux quatre premiers livres du περὶ θεῶν.

CHAPITRE IX.

Les livres II et III du « de natura deorum ».

Le livre II du *de natura deorum*. L'exposition de la théologie stoïcienne par Balbus est empruntée au περὶ θεῶν de Posidonius. Mais la quatrième partie, sur la providence par rapport à l'homme, et peut-être la troisième, sur la providence en général, paraissent venir du περὶ προνοίας de Panétius. La seconde partie est imitée non d'Apollodore, mais de Posidonius, qui est aussi la source du reste du livre. — Le livre III. La réfutation de Balbus par Cotta est inspirée d'un écrit de Clitomaque. La critique, aujourd'hui perdue, de la doctrine stoïcienne sur la Providence et l'*Octavius* de Minutius Félix. Les *Antiquités divines* de Varron et le *de natura deorum*. Caractère de ce dernier ouvrage.

LE LIVRE II DU « DE NATURA DEORUM ».

Cicéron a exposé et critiqué la théologie épicurienne dans le livre I du *de natura deorum*; dans le livre II il expose la théologie stoïcienne par l'organe de Balbus.

Les Stoïciens avaient repris la tradition de Platon, qui s'efforçait de trouver un sens raisonnable aux légendes mythologiques. Ils ne rejetaient pas les superstitions populaires, comme faisaient les Épicuriens; ils cherchaient à les interpréter. Dans leur désir d'expliquer tout ce qu'on avait dit sur les dieux, ils se laissaient parfois aller à des exagérations manifestes et ils découvraient une signification morale à des actions tout à fait ridicules ou honteuses. Le rapprochement de la théologie stoïcienne et des religions populaires ne présentait pas de grandes difficultés, la doctrine des Stoïciens étant un panthéisme matérialiste qui confondait Dieu avec les forces de la nature. Il était facile de donner un nom à chaque force particulière et d'en faire un dieu spécial. La seule différence qu'il y eût entre les Stoïciens et les croyants ordinaires, c'est que ceux-ci regardaient chaque divinité comme une personne distincte, tandis que les Stoïciens ne voyaient là qu'un des aspects, un des attributs de l'esprit universel répandu dans les choses (1).

Mais telle était la conception de la religion primitive des Romains. Les dieux n'étaient pour elle que des abstractions : ce qui le prouve, c'est le nom *numina* (2) qu'on leur donnait. On était resté presque deux siècles avant de les représenter par des figures matérielles. La théologie stoïcienne devait faire sourire dans ses efforts pour rendre compte des mythes religieux de la Grèce (3). Elle aurait mieux réussi sans doute pour les dieux primitifs de la religion italique ; car son système d'interprétation était conforme à l'esprit romain.

Un autre rapport entre la théologie stoïcienne et l'esprit romain, c'est le rôle utilitaire qu'elle attribuait aux dieux. Les Stoïciens voyaient surtout dans les dieux des bienfaiteurs de l'humanité. La doctrine des causes finales avait été indiquée pour la première fois par Socrate ; mais ils l'avaient reprise et développée. Ils se conformaient ainsi à la tendance générale de leur système : le panthéisme, qui divinise tout, doit soutenir que tout est bien dans le monde et que tout est créé pour l'utilité de l'homme. Les Romains, de leur côté, auraient probablement négligé les pratiques religieuses, s'ils n'avaient cru recueillir ainsi de grands avantages, en se rendant les dieux favorables, ou en détournant leur colère (4).

LE DISCOURS DE BALBUS.

Cicéron a dû se servir pour le livre II du *de natura deorum*, où Balbus expose la théologie stoïcienne, du περὶ θεῶν de Posi-

(1) Les adversaires du Portique lui reprochaient d'accepter le polythéisme. Dans le livre II du *de natura deorum* (17, 43) Cotta montre, après Carnéade, que si l'on admet les dieux principaux du paganisme, on est peu à peu conduit à tout diviniser dans la nature. Cette critique avait une apparence de raison, parce que les Stoïciens prenaient en général la défense de la religion populaire. — (2) Puissances, ou manifestations de la volonté. — (3) « *In enodandis nominibus quod miserandum sit laboratis* », dit Cotta (III, 24, 62). — (4) De même, ils disaient que la philosophie ne vaudrait pas une heure de peine, si elle ne nous enseignait les moyens d'être heureux.

donius (1). En effet, Cicéron nomme Posidonius parmi ses maîtres (2), et Cotta l'appelle « notre ami commun » (3). Il est vraisemblable qu'il était aussi le maître de Balbus. Cotta cite à la fin du livre I le περὶ θεῶν de Posidonius. Les derniers chapitres de ce livre ont une couleur stoïcienne, qui fait croire que Cicéron avait alors sous les yeux l'ouvrage de Posidonius. Pour quel motif Cicéron l'aurait-il pris, sinon pour s'en aider dans l'exposition de la théologie stoïcienne ? (4)

Mais Cicéron s'est-il servi seulement de l'ouvrage de Posidonius ? Il faut remarquer d'abord que les citations d'Aratus sont une addition personnelle de Cicéron, comme on le voit par a manière dont elles sont introduites (5).

De plus, la partie du livre I, qui traite de la Providence (6), est peut-être empruntée à l'écrit de Panétius περὶ προνοίας (7). Cicéron écrivait à Atticus de lui envoyer l'ouvrage de Panétius (8); pourquoi le demandait-il, sinon pour s'en servir dans la composition du *de natura deorum*? Il demandait en même temps l'abrégé des écrits de Célius par Brutus. Or il cite Célius au commencement du livre I (9). Il est donc probable qu'il s'est aussi servi du traité de Panétius.

Mais dans la dernière partie du livre II, il y a des passages qui ne peuvent venir de Panétius. Balbus s'exprime sur la divination en des termes que n'a jamais pu employer Panétius. Il suppose la vérité de la divination (10); Panétius la mettait en doute et se séparait avec éclat de la tradition du Portique. Cette dernière partie semble donc venir non de Panétius, mais

(1) Schömann, *introd.*, p. 17. — (2) I, 3, 6. — (3) I, 44, 123. — (4) « Il est évident que la théologie naturelle est un sujet qui, pour être traité, demande de larges connaissances dans les sciences, et, en fait, nous trouvons que le livre II de Cicéron touche plus ou moins à toutes les sciences connues des anciens, depuis les spéculations physiques les plus générales, jusqu'aux théories particulières sur la géométrie, l'astronomie, les diverses sciences d'observation, géographie, botanique, zoologie, anatomie, anthropologie, sociologie. D'un autre côté, nous savons que Posidonius était regardé comme le plus savant de tous les Stoïciens. » (Mayor, éd. du *de nat. deor.*, II, introd., p. XVIII). — (5) II, 41, 104; 44, 115. — (6) §§ 75-154. — (7) V. Rose (*Aristot. pseudepig.*, 255). — (8) XIII, 8. — (9) 3, 8. — (10) II, 65, 162.

de Posidonius, qui avait abandonné son maître pour revenir à l'orthodoxie stoïcienne. — Balbus considère l'Europe, l'Asie et l'Afrique comme formant une île qui serait le monde (1). Or c'est une idée que Strabon critique chez Posidonius (2). Cette même idée se retrouve chez Cléomède (3), qui s'était de son propre aveu inspiré de Posidonius. — Enfin nous savons par Diogène de Laerte (4) que Chrysippe dans le livre V du περὶ προνοίας et Posidonius dans le livre III du περὶ θεῶν prouvaient que le monde est gouverné par la raison. Diogène met ces écrits en parallèle. Il est donc probable que Posidonius, dans son traité, avait aussi parlé de la Providence.

Cependant il ne faut pas se hâter d'affirmer que Cicéron ne s'est pas servi de Panétius. La troisième partie de l'exposition de Balbus, celle où il parle de la Providence divine, semble terminée par ces mots : « Ainsi, de quelque côté qu'on examine l'univers, concluons que tout y est admirablement gouverné par une Providence (5). » La phrase qui suit paraît annoncer la quatrième partie indiquée par Balbus au commencement de son exposition, c'est-à-dire la sollicitude particulière dont les hommes sont l'objet de la part des dieux : « On pourrait demander ici pourquoi le monde a été fait ; est-ce pour les arbres et pour les plantes ? » Et Balbus, pour prouver cette sollicitude des dieux pour les hommes, énumère les perfections de notre nature et la finalité qui s'y manifeste. Aussi nous étonnons-nous lorsque, comme conclusion de tout ce développement, nous lisons : « Ni la conformation et la disposition des membres, ni la nature de l'esprit et de l'âme ne peuvent être l'œuvre du hasard (6). » C'est en revenir à la partie précédente depuis longtemps terminée.

Notre étonnement grandit, lorsque nous lisons tout de suite après : « Il me reste à dire, pour terminer, que tout ce qui dans ce monde est utile aux hommes a été fait et préparé exprès pour eux. » Mais c'est ce qu'on nous a déjà montré (7). Le spec-

(1) II, 66, 164. — (2) Cf. Bake, *de Posidonio*, p. 101 ; Scheppig, *idem*, p. 50. — (3) *Meteor.*, I, 15. — (4) VII, 138. — (5) II, 53, 132. — (6) II, 61, 153. — (7) II, 53, 133, sq.

tacle du ciel, dont l'homme seul jouit, est donné deux fois comme une preuve de la providence divine (1). Il est impossible que ces deux passages soient empruntés au même auteur; on ne saurait admettre qu'il se soit répété à si peu de distance. D'ailleurs les arguments énumérés d'abord se retrouvent ensuite (2), et l'on ne peut dire que dans le premier cas il ne s'agit que d'une description rapide et générale, qui a besoin d'être complétée par des détails plus particuliers et plus précis.

Partout on reconnaît, dans le parallèle entre les deux parties, qu'on ne saurait les rapporter au même auteur. Puisqu'on attribue la seconde à Posidonius, il faut assigner la première à Panétius. Il semble que Cicéron se soit inspiré du περὶ προνοίας de Panétius jusqu'au § 154. Il s'aperçut alors que la divination comme preuve de la sollicitude des dieux pour l'homme n'était pas mentionnée chez Panétius, et il reprit le livre de Posidonius. Ne voulant pas se donner la peine, ou n'ayant pas le temps de fondre l'exposition de Posidonius avec celle de Panétius, il fit rentrer dans la troisième partie ce qu'il avait déjà emprunté de la quatrième à Panétius. De là la conclusion qui nous étonnait : « Ni la conformation et la disposition des membres, ni la nature de l'esprit et de l'âme ne peuvent être les effets du hasard. » Cicéron oublie qu'il avait d'abord donné (3) à son exposition un tout autre but. Les chapitres sur les bienfaits de la Providence pour l'humanité (4) semblent donc empruntés à Panétius.

L'explication qui précède (5) ne manque pas de vraisemblance. Mais on a fait des objections et l'on a soutenu que, pour la quatrième partie, comme pour toutes les autres du livre II, Cicéron s'est inspiré de Posidonius (6). — On ne saurait croire, a-t-on dit, que Cicéron n'ait pas indiqué les lacunes de la source principale dont il s'est servi. Lui qui, dans le *de officiis*, complète et corrige si souvent Panétius par Posidonius ou par ses propres idées, il ne néglige jamais de nous le dire. Il n'oublie pas

---

(1) II, 62, 155 et 61, 153. — (2) II, 53, 133 et 61, 153. — (3) I, 53, 133. — (4) §§ 133-154. — (5) Hirzel, I, p. 195, sq. — (6) Schwenke, *ibid.*, p. 137.

de mettre en relief ses services et ses connaissances ; ici il n'aurait pas songé à faire remarquer sa circonspection.

Mais Cicéron, contrairement à ce qu'il a pu faire parfois dans le *de officiis*, n'apporte ici aucune opinion qui lui soit propre. De plus, Posidonius avait peut-être étudié, dans son ouvrage sur *les dieux*, les mêmes questions que Panétius dans son traité de *la Providence* ; mais il avait dû le faire d'une façon moins complète et moins précise ; car ce n'était là qu'une partie de son sujet, et non son sujet tout entier, comme pour Panétius.

Les divisions du livre II ne sont pas toujours scrupuleusement observées. Ainsi l'argument de Zénon en faveur de la divinité de l'univers (1) et des étoiles (2) eût été plus à sa place dans la seconde partie que dans la première (3).

Sans doute, lorsque Balbus dit que le monde et tout ce qu'il contient ont été faits pour les dieux et les hommes (4), il paraît nous annoncer le commencement d'une nouvelle partie de son exposition où il étudierait surtout la finalité par rapport à l'homme. Mais il est probable que cette proposition n'était pas formulée avec cette rigueur dans l'original grec que Cicéron avait sous les yeux. Cette phrase doit appartenir à l'auteur latin qui ne connaissait pas le but particulier de ce passage, et qui ne savait pas ce qui venait ensuite. Nous ne trouvons plus tard rien que de bien ordonné et qui se lie facilement à ce qu'on a dit sur la finalité et la beauté qui éclatent dans le monde. Balbus prouve la sollicitude des dieux pour les hommes d'abord par la considération du corps et de l'esprit humain, puis par l'examen du reste de la nature, enfin par la divination. Dès lors l'objection qui consistait à dire que l'on prouve deux fois que le monde est fait pour les hommes n'existe plus.

Ces remarques ne nous paraissent pas expliquer les répétitions signalées plus haut dans le discours de Balbus, et surtout ce fait que l'on commence de traiter une partie qu'on n'ex-

---

(1) II, §§ 20-22. — (2) II, §§ 39-44. — (3) Mayor, *ibid.*, XXII. — (4) II, § 133.

pose expressément que bien plus loin (1). Il est donc probable que Cicéron a pris au περὶ προνοίας de Panétius la quatrième partie du livre II (2), celle où Balbus examine la finalité plus spécialement par rapport à l'homme.

Mais la partie qui précède (3) étudie aussi la Providence, seulement d'une façon plus générale et dans son application à toute la nature. Ne pourrait-on pas dire que cette partie, comme la suivante, est tirée du livre de Panétius sur *la Providence* (4)?

On ne saurait rapporter à Posidonius ce qui est dit de la grosseur de la lune, qui serait un peu plus de la moitié de la terre (5), tandis que, d'après Stobée (6), la lune, suivant les Stoïciens, était plus grosse que la terre. Or, lorsque Cicéron trouve une erreur dans son modèle grec, il ne manque pas de la signaler, ce qu'il ne fait pas ici. — Toutefois la mesure astronomique mentionnée plus haut pouvait ne pas être dans le livre grec que copiait Cicéron. Elle n'a rien qui dépasse les connaissances scientifiques qu'on est en droit d'attendre du traducteur d'Aratus. De plus, Cicéron déclare dans ce passage qu'il renonce aux subtilités de la discussion, c'est-à-dire qu'il ne se tient pas exclusivement à l'ouvrage grec qui lui sert de modèle.

On ne saurait donc affirmer que la troisième partie de l'exposition de Balbus soit empruntée à Panétius plutôt qu'à Posidonius. Cependant on peut supposer que Cicéron n'avait pas seulement employé le livre de Panétius pour la question particulière de la providence des dieux à l'égard des hommes, mais pour le sujet tout entier, qui comprend la Providence et la finalité en général (7).

(1) M. Schiche (*ibid.*, p. 379) a soutenu l'opinion de M. Schwenke, qui croit que le discours de Balbus est tout entier imité de Posidonius. Mais aucune des raisons qu'il donne, et que nous ne voulons pas rapporter, de peur d'allonger outre mesure une discussion aride, ne nous semble convaincante. — (2) II, §§ 132-154. — (3) II, 30, 75-53, 133. — (4) Telle est, comme nous l'avons vu plus haut, l'opinion de M. Rose ; telle est aussi celle de MM. Hirzel et Zeller (III a^3, 559, note 2). — (5) II, 40, 103. — (6) *Ecl.*, I, 554, éd. Heer. — (7) L'hypothèse qui regarde Posidonius comme la source, non seulement de la troisième partie (30, 75 — 53,

La première partie de l'exposition de Balbus (1) semble appartenir à Posidonius dont l'ouvrage sur les dieux est cité au dernier chapitre du livre I. Mais en est-il de même pour la seconde partie (2), où l'on examine les attributs de Dieu ?

L'exposition astronomique faite par Balbus (3) ne concorde pas avec celle de Cléomède, qui avoue, à la fin de son livre, avoir beaucoup emprunté à Posidonius. Le modèle de Cicéron n'aurait donc pas été Posidonius. — Mais Cléomède en beaucoup d'endroits s'écarte de Posidonius sans le dire expressément.

Cette réponse n'a pas satisfait certains critiques (4) et ils ont cherché qui Cicéron avait dû imiter dans la seconde partie du discours de Balbus. Ce ne saurait être Panétius : Balbus dit qu'il y a des dieux qui ne sont pas des hommes divinisés (5), tandis que Panétius le niait absolument.

Cicéron termine une lettre à Atticus par ces mots : « Je désire que vous m'envoyiez les livres dont je vous ai parlé précédemment, et surtout l'ouvrage de Phèdre sur les dieux, Φαίδρου περί θεῶν, et Παλλάδος (6). »

133) de l'exposition de Balbus, mais encore de la quatrième (53, 133 — 61, 154) a une circonstance en sa faveur : c'est que Posidonius est le seul Stoïcien dont nous apprenions, par Diogène de Laerte (III, 138 et 148), que, sous le titre de περί θεῶν, il avait écrit un ouvrage sur la nature des dieux et sur la Providence. Or, dans le livre I de cet ouvrage, il traitait de l'essence divine et dans le livre III de la Providence, ce qui correspond à la première et à la troisième partie de l'exposition de Balbus.

Une preuve plus importante, ce serait si l'on pouvait montrer que la quatrième partie du livre II est réellement imitée du livre IV de Posidonius. Mais cette démonstration nous semble impossible, quelque séduisante que soit l'hypothèse de M. Schiche, d'après laquelle la réfutation de Velleius par Cotta, au livre I du *de natura deorum*, est inspirée du livre V de Posidonius, livre qui est cité à la fin du discours de Cotta. Cicéron aurait ainsi emprunté pour le livre II du *de natura deorum*, comme pour le livre I du *de divinatione*, chacune des parties de son exposition à un livre particulier d'un ouvrage de Posidonius.

(1) II, 1-16, 44. — (2) II, 17, 45-50, 75. — (3) II, 20, 53. — (4) M. Hirzel. — (5) II, 24, 62. — (6) XIII, 39. « Un manuscrit porte Ἑλλάδος, dit Petersen ; les autres varient entre ΠΛΑΙΔΟΣ et ΠΠΔΔΟΣ. Si l'on compare ces différentes leçons, il semble qu'il faut lire ΠΑΛΛΑΔΟΣ. Comme les deux génitifs dépendent de περί, et que la conjonction latine « et » n'a pas été interposée, il devait y avoir un Κ, abréviation de καί.

On ne sait ce qu'il faut entendre par Παλλάδος. Aussi a-t-on parfois adopté la leçon Ἑλλάδος; il s'agirait du célèbre ouvrage intitulé Βίος Ἑλλάδος. Justement, dans une lettre antérieure à Atticus, Cicéron demande plusieurs écrits de Dicéarque, le περὶ ψυχῆς et la κατάβασις, *descente dans l'antre de Trophonius*, pour le premier livre des *Tusculanes*, le τριπολιτικός et la lettre à Aristoxène (1). Le Βίος Ἑλλάδος aurait traité des questions analogues à celles que renfermait le τριπολιτικός. Quant au Φαίδρου περισσῶν (c'est ainsi qu'il faudrait lire), il examinait peut-être, comme le περὶ ψυχῆς et la κατάβασις, le problème de l'immortalité de l'âme discuté dans la première *Tusculane*. — Ces conjectures ne manquent pas d'une certaine vraisemblance, et la leçon Ἑλλάδος qui, paléographiquement, peut tout aussi bien se défendre que Παλλάδος, semble préférable au point de vue du sens.

Mais, a-t-on dit, s'il s'agissait ici du Βίος Ἑλλάδος, l'expression de Cicéron serait d'une brièveté qui dépasserait tout ce qu'on peut permettre au style épistolaire. Cette négligence surprend d'autant plus que le titre de l'écrit de Phèdre est donné d'une façon très précise. Toutefois la surprise diminue, si l'on admet la leçon περισσῶν. De plus, on trouve une phrase de Cicéron presque aussi concise : « *Dicaearchi* περὶ ψυχῆς *utrosque velim mittas et* καταβάσεως (2) ».

Quoi qu'il en soit, on a rejeté la leçon Ἑλλάδος pour en chercher une autre. Le *Mediceus* donne ΠΜΙΔΟΣ. Si l'on songe que ce mot est le dernier de la lettre, et qu'une altération est plus facile à la fin que partout ailleurs, on accordera, dit-on, que la leçon ordinaire Παλλάδος ou Ἑλλάδος se laisse facilement changer en Ἀπολλοδώρου. Au point de vue formel et matériel ce changement mérite la préférence. Le génitif, dépendant de περὶ θεῶν qui précède, ne soulève aucune difficulté.

Mais nous avons vu par la phrase de Cicéron citée plus haut, que le génitif Ἑλλάδος était parfaitement justifié. Quant à la leçon Ἀπολλοδώρου, au point de vue paléographique, elle ne saurait

---

(1) XIII, 31, 32. — (2) *Ad Att.*, XIII, 32.

absolument se soutenir. De plus, rien ne nous oblige à croire qu'Apollodore « le grammairien » ait exposé dans un ouvrage sur les dieux la théologie stoïcienne. Il est vrai que, comme il avait entendu Diogène de Babylone et Panétius, nous pouvons supposer qu'il y avait beaucoup d'idées stoïciennes dans ses interprétations allégoriques et mythologiques ; mais ce n'est là qu'une simple conjecture.

Si Apollodore n'a pas été le modèle de Cicéron pour la seconde partie de l'exposition de Balbus, à quel Stoïcien postérieur pouvons-nous songer ? Antipater, d'après Plutarque (1), commençait un ouvrage par la définition de la divinité, comme fait Cicéron lui-même au début de la seconde partie de l'exposition de Balbus. Mais la définition d'Antipater diffère de celle donnée par Balbus (2).

Ne serait-il pas plus simple de dire que la seconde, comme la première partie du livre II, est empruntée à Posidonius ?

Mais Posidonius accordait beaucoup à l'autorité de Platon. Or, dans le *Phèdre* (3), Socrate se moque des interprétations rationnelles qu'on essaye de donner des récits mythologiques. L'abus que Platon, dans le *Cratyle*, fait de l'étymologie prête à rire et montre qu'elle n'a pour lui aucune portée scientifique. Chrysippe se servait beaucoup de ces interprétations mythologiques. Aussi Galien lui reproche-t-il d'employer l'étymologie, sans fournir de preuves sévèrement scientifiques (4). Au contraire, il loue Posidonius pour sa méthode de démonstration. Posidonius est, dit-il, le plus savant, ἐπιστημονικώτατος, des Stoïciens, parce qu'il s'est exercé dans la géométrie. Mais celui qui se sert de l'étymologie à la façon de Chrysippe ne saurait être, suivant Galien, ἐπιστημονικὸς ἀνήρ. Ce seraient là des preuves suffisantes pour affirmer que Posidonius, dans son ouvrage sur les dieux, ne s'était pas occupé d'interprétations mythologiques à la façon de Chrysippe.

Ce raisonnement ne manque pas d'une certaine justesse ; mais il prouve seulement que Posidonius n'employait pas la mytho-

---

(1) *Stoicor. repug.*, 38, 3.— (2) II, 17, 45. — (3) 229 D.— (4) *De placit. Hipp. et Plat.*, p. 215.

logie et l'allégorie à la place des preuves scientifiques, comme avait fait Chrysippe. En effet, on ne trouve aucune trace d'interprétation mythologique ni étymologique dans Cicéron aussi longtemps qu'il donne une démonstration purement philosophique. Mais il s'agit ensuite de mettre d'accord la religion populaire avec la théologie stoïcienne. Si Posidonius avait dédaigné de le faire, il aurait dû renoncer à se reporter en quoi que ce soit aux croyances populaires et au culte établi ; mais, en qualité de Stoïcien, il ne pouvait y consentir. L'objet de tout le passage est d'expliquer les croyances religieuses de la foule (1). On le voit par la conclusion : « Quelques noms que la coutume ait donnés aux dieux, il faut les vénérer et les adorer. » Les interprétations mythologiques et étymologiques de Balbus ne prouvent donc pas que le passage où elles se trouvent n'est pas emprunté à Posidonius.

Ce serait plutôt un argument en faveur de celui-ci. Posidonius imitait la mesure et la discrétion de Platon, qui aime à terminer ses dialogues par un mythe. Lorsque la science s'arrête, Platon s'adresse à l'imagination. C'est un des traits qui distinguent son intelligence poétique de l'esprit sévèrement scientifique d'Aristote. Les étymologies du *Cratyle* nous font sourire ; mais peut-être ne paraissaient-elles pas si puériles à Platon. Son exemple, loin de détourner Posidonius d'expliquer rationnellement les symboles mythologiques, l'aurait plutôt déterminé à le faire, mais en se tenant dans de justes limites et sans tomber dans les mêmes exagérations que Chrysippe. Galien blâme Chrysippe ; mais entre l'excès et l'abstention complète il y a l'usage légitime, et nulle part Galien ne nous dit que Posidonius se soit abstenu d'expliquer par la raison les croyances de la religion populaire. L'interprétation des mythes ne datait pas de Chrysippe et ne finit pas avec lui. Suivant M. Gräfenhan (2), Zénon avait déjà rapproché Δία, Jupiter, de la préposition διά, et Ζῆνα de ζῶν ; ses disciples, comme Posidonius, l'imitèrent dans ces comparaisons. Bien plus, M. Gräfenhan nous dit que Cornutus avait puisé dans le περὶ θεῶν de Posidonius, le contenu de son

(1) II, §§ 63-71. — (2) *Hist. de la philol.*, II, 25.

propre ouvrage sur *la nature des dieux*, où il s'occupe, autant qu'Apollodore lui-même, d'interprétations mythologiques (1).

En résumé, Cicéron semble s'être inspiré du περὶ θεῶν de Posidonius pour les deux premières parties du livre II du *de natura deorum* (2). Il a dû revenir à l'ouvrage de Posidonius lorsqu'à la fin du livre, il parle de la divination comme preuve de la providence divine (3). Dans ce qui précède, où il étudie la Providence, d'abord en général (4), puis plus spécialement par rapport à l'homme (5), il a pu se servir du περὶ προνοίας de Panétius. Toutefois on n'est en droit de l'affirmer avec quelque assurance que pour le second des passages cités (6).

Le livre III.

LA CRITIQUE DE COTTA.

Le livre III du *de natura deorum*, où Cotta réfute l'exposition de la théologie stoïcienne faite par Balbus au livre précédent est inspiré des objections que Carnéade adressait aux Stoïciens. Le nom de Carnéade revient à plusieurs reprises (7). Nous savons de plus que c'était la nouvelle Académie qui faisait du Portique la critique la plus vive, et que la dialectique de Carnéade força les Stoïciens à modifier sur plus d'un point leur doctrine.

Mais nous pouvons montrer par des preuves plus certaines que le livre III du *de natura deorum* est inspiré de Carnéade, par l'intermédiaire de son disciple Clitomaque. On trouve une grande analogie entre plusieurs passages de la discussion de Cotta et le livre IX de l'ouvrage de Sextus Empiricus *adversus Mathematicos*. Sextus, dans cet ouvrage, imitait Clitomaque. Celui-ci avait recueilli l'enseignement de son maître Carnéade, qui n'avait rien écrit, et il avait composé plus de quatre cents

---

(1) *Ibid.*, III, 239. Suivant Villoison (Cornutus, éd. Osann, *Prolégom.*, p. 39), le traité de Cornutus serait un abrégé du περὶ θεῶν de Chrysippe. — (2) II, 1-30, 76.—(3) 62, 155, sq.—(4) 30, 76 — 53, 132. — (5) 53, 132 — 62, 155. — (6) Il ne faut pas oublier que ce ne sont là que de simples probabilités. Le tort de la critique allemande est de vouloir, dans les questions de sources, arriver à des résultats trop déterminés. — (7) III, 12, 29 et 17, 44.

livres. Cicéron s'est inspiré d'un des ouvrages de Clitomaque dont s'est également servi Sextus (1).

Après les passages inspirés de Clitomaque, nous trouvons un long fragment où Cotta énumère les différents dieux qui portent le même nom et fait leur généalogie (2). Ce passage ne peut avoir été emprunté qu'à des partisans d'Évémère. Nous ne trouvons rien de semblable chez Sextus, qui mentionne seulement en quelques mots la doctrine d'Évémère (3). Il est possible que Cicéron suive ici un modèle autre que Carnéade. Il est vrai qu'il n'est pas nécessaire qu'un argument se retrouve

(1) Voici les passages analogues entre le livre de Cicéron et celui de Sextus Empiricus. Cotta combat le raisonnement par lequel Zénon s'efforçait de démontrer que le monde était dieu (III, 9, 21). Alors, dit-il, le monde serait mathématicien, musicien, bref instruit en toute sorte de sciences ; car celui qui est mathématicien vaut mieux que celui qui ne l'est pas. On trouve le même raisonnement chez Sextus (IX, 107). — Cotta rapporte l'objection que Carnéade faisait aux Stoïciens : « Tout animal est passif, par suite mortel » (III, 12, 29). Cf. Sextus, IX, 139. — Cotta dit : « Aucun corps n'est immuable ; mais, si un corps était immortel, il serait immuable ; donc tout corps est mortel » (III, 12, 30). Sextus fait le même raisonnement, IX, 148 ; seulement au lieu de l'immutabilité il parle de l'immobilité. La nature de l'être vivant, dit Cotta, est simple ou composée ; si elle est simple, on ne saurait dire quel est cet être ; si elle est composée, l'être est périssable (III, 14, 34). Ce raisonnement est tout à fait semblable à celui que nous lisons dans Sextus (IX, 180). Il y a entre les deux passages un rapport frappant qui ne permet guère de douter que Cicéron et Sextus se soient inspirés du même modèle. Cotta dit qu'on est obligé de placer toutes les vertus en Dieu ; mais qu'il n'a pas besoin de les pratiquer (III, 15, 38). Toutes les parties de ce raisonnement se retrouvent beaucoup plus développées chez Sextus (IX, 152). — Nous lisons chez Sextus un argument de Carnéade transmis par Clitomaque (IX, 182) ; Cicéron fait la même mention de Carnéade, seulement à la fin du raisonnement qu'il lui attribue (III, 17, 43), et qui ressemble à celui de Sextus. Sextus montre que, si l'on admet les dieux principaux, on est également obligé d'admettre les dieux secondaires, et qu'alors tout est divinisé dans la nature. Voici une partie du raisonnement de Sextus : « Si Cérès est une déesse, la terre aussi est une déesse ; car Cérès est δημήτηρ, ou γῆ μήτηρ, c'est-à-dire la terre notre mère ; mais, si la terre est une déesse, les montagnes, les promontoires et les pierres de toute sorte ont également une nature divine, ce qui n'est pas ; donc la terre n'est pas non plus une déesse » IX, 189. Cotta tient tout à fait le même langage (III, 20, 51-52). — (2) III, 21, 53 — 24, 61. — (3) IX, 7.

chez Sextus pour conclure que Cicéron l'a emprunté à Carnéade. Ainsi nous lisons que « souvent il n'est pas utile de connaître l'avenir.... De plus, que sert de connaître l'avenir, s'il doit nécessairement arriver ? Mais d'où vient la divination ? Qui a trouvé les fissures du foie ? Qui a noté le chant de la corneille (1) ? » Ces arguments et ceux qui suivent destinés à combattre la croyance à la divination se retrouvent dans le livre II du *de divinatione* (2), et nous montrerons plus loin que ce passage, comme la plus grande partie du livre, est emprunté à un écrit de Clitomaque.

Cotta se moque des fables mythologiques admises par les Stoïciens et des étymologies qu'ils donnaient du nom des dieux (3). Nous ne trouvons pas non plus ces critiques dans Sextus ; mais Carnéade n'a pu manquer de les faire aux Stoïciens, qui se distinguaient entre toutes les autres écoles philosophiques par leurs efforts pour donner des mythes une interprétation rationnelle, et dont les étymologies du nom des dieux rappellent le *Cratyle*.

Nous trouvons ensuite une lacune considérable (4). Ici devaient être exposées les objections des Sceptiques à la théorie stoïcienne de la Providence. Il manque aussi le commencement de la quatrième partie, qui contenait la critique de la quatrième partie de l'exposition de Balbus, où il prétend que les hommes sont de la part des dieux l'objet d'une sollicitude particulière. Cette partie s'est perdue, ou bien a été détruite volontairement, parce qu'on voyait là un danger pour la foi et la piété envers les dieux. L'ouvrage de Cicéron scandalisait ici beaucoup de païens et ils disaient qu'on devait le détruire (5).

« Le traité de *la divination*, dit M. Boissier, est net, ferme, précis, sans hésitation ni sous-entendu. Cicéron y dit sincèrement sa pensée. Il détruit les arguments de ceux qui prétendent qu'il y a une science pour connaître l'avenir, et ne veut pas permettre qu'on mette la superstition sous la protection de la philosophie.... L'autre ouvrage (le *de natura deorum*) est

---

(1) III, 6, 14. — (2) 8, 20. — (3) III, 24, 61. — (4) III, 25, 65. — (5) Arnobe, III, 7 ; Lactance, *div. inst.*, II, 3, 2.

plus difficile à comprendre : les conclusions en sont moins nettes, ou plutôt il n'y a pas de conclusions (1). Cicéron y réfute les opinions émises par les philosophes grecs sur la nature des dieux ; il ne songe pas à nous dire quelle est la sienne ni s'il en a une. Nous sortons de ce grand débat, où s'agitent les questions les plus graves. incertains, hésitants, sans pouvoir démêler les sentiments et le dessein de son livre (2). » Si nous avions conservé complet le livre III du *de natura deorum*, nous saurions peut-être davantage à quoi nous en tenir sur la véritable pensée de Cicéron. Dans tous les cas, il eût été intéressant de voir quelles objections les Sceptiques faisaient à la Providence (3).

(1) D'autres critiques sont ici d'une opinion contraire à M. Boissier. « La critique de Cotta atteint jusqu'à la religion de Platon ; elle s'attaque à la Providence et même à l'existence des dieux. Les ménagements avec lesquels il la présente ne doivent pas en faire méconnaître la portée. Elle ne conduisait pas seulement à la chute du paganisme ; elle pouvait mener les hommes jusqu'où tant de penseurs sont arrivés aujourd'hui : à la ruine de toute illusion théologique et de toute foi au surnaturel. » E. Havet, *le christ. et ses orig.*, II, 75. — (2) *La relig. romaine*, I, p. 55. — (3) On peut cependant arriver d'une manière indirecte à déterminer, dans une certaine mesure, de quel genre étaient ces objections. On sait, dit M. Neumann (*Rhein. Mus.*, 1881, p. 156), que, dans le dialogue de Minutius Félix intitulé *Octavius*, Cæcilius Natalis défend la conception païenne du monde. Il attaque (5, 7-13) la doctrine de la Providence, et il essaye de prouver que ce n'est là qu'une hypothèse indémontrée, et qui est en contradiction avec la réalité. Mais Minutius s'est, en plusieurs endroits, servi du *de natura deorum*. C'est ce qu'a démontré M. Behr (*l'Octavius de Minutius dans ses rapports avec le de natura deorum de Cicéron*, Géra, 1870) pour plusieurs chapitres autres que ceux qui nous occupent maintenant ; il en est de même pour ceux-ci. La dernière partie du discours de Cotta est imitée dans le dernier morceau de Minutius. Il est donc très vraisemblable que Minutius, qui, comme Lactance, avait encore sous les yeux un exemplaire complet du *de natura deorum*, s'est servi de la partie aujourd'hui perdue du discours de Cotta. Cette conjecture devient presque une certitude, lorsqu'on rapproche de l'*Octavius* les paroles de Balbus sur la Providence. Cæcilius la nie ; Balbus dit (II, 30, 75) que tout dans le monde prouve la Providence. C'est par des rencontres fortuites, *fortuitis concursionibus*, dit Cæcilius (5, 7), que toutes les parties du monde ont été formées et ordonnées. — Balbus prétend que la finalité éclate partout dans le monde végétal et animal (II, 52, 82). Cæcilius répond que l'homme et les animaux

Dans la dernière partie du livre Cotta montre que la raison n'est pas pour l'homme un présent si enviable (1); car bien souvent elle ne sert qu'à faire le mal. Les dieux ne s'occupent pas de punir le crime, ni de récompenser la vertu, et ils seraient injustes, si, comme on le dit, ils rendaient les enfants responsables des fautes de leurs parents. Cicéron, pour cette dernière partie, semble n'avoir pas eu de modèle grec sous les yeux, ou du moins s'en être inspiré très librement. Les vers, en assez grand nombre, qu'il cite viennent des poètes tragiques romains; presque tous les exemples sont tirés de l'histoire romaine, et les traits empruntés à l'histoire grecque ne présentent aucune particularité qui permette de supposer que Cicéron les a transcrits du livre de quelque philosophe grec.

Il y a cependant une exception qui fait croire qu'ici, comme pour le reste du discours de Cotta, Cicéron avait sous les yeux un traité de Clitomaque. Cotta dit : « Critolaüs a détruit Corinthe, Hasdrubal Carthage. Ce sont eux qui ont crevé les deux yeux du rivage maritime, et non quelque dieu; car vous niez que Dieu puisse éprouver la moindre colère. Mais du moins il aurait dû venir à leur secours et sauver de si grandes et si belles cités (2). » Le regret qu'on exprime ici de la ruine de ces deux villes est bien surprenant dans la bouche d'un Romain comme Cotta (3). Comment devait parler un Romain, c'est ce que montre Cicéron. « Il faut, dit-il, faire la guerre pour pouvoir vivre en paix sans dommage ; après la victoire il faut sauver ceux qui n'ont pas été cruels ni barbares dans la guerre; c'est ainsi que nos ancêtres ont reçu dans Rome les Tusculans, les Éques, les Volsques, les Sabins, les Herniques. Mais ils ont

---

sont formés par « un concours volontaire d'atomes, pour lequel il n'est besoin ni d'artiste, ni de juge, ni de créateur ». C'est bien ici l'explication épicurienne de l'origine du monde, comme nous aurons occasion de le voir dans le *de fato*. Seulement Balbus rappelle les harmonies de la nature (II, 30, 75); Cæcilius se contente de les mettre en doute (5, 9-10); l'état actuel du monde ne l'enthousiasme pas du tout. Les Épicuriens ont peut-être nié simplement la finalité sans essayer d'en rendre compte par la déclinaison volontaire des atomes.

(1) III, 26, 66. — (2) III, 38, 91. — (3) Hirzel, *ibid.*, I, p. 243.

renversé de fond en comble Carthage et Numance. Je voudrais qu'ils ne l'eussent pas fait pour Corinthe ; mais je crois que ce qui les y détermina, c'est sa position : ils ne voulaient pas qu'elle excitât jamais à faire la guerre (1). » Il ne convenait pas à un Romain de laisser entendre une plainte sur la ruine de Carthage, l'ennemie mortelle de Rome ; mais une telle plainte n'était pas choquante chez Carnéade, et elle était naturelle chez Clitomaque, qui était de Carthage, et qui, après la ruine de cette ville, écrivit un livre pour consoler ses compatriotes. Que Cicéron ait transporté, sans y rien changer, les paroles en question dans son propre ouvrage, et n'ait pas vu combien elles y étaient déplacées, c'est une preuve de la rapidité avec laquelle il a composé le *de natura deorum*.

De quelle manière Cicéron s'est-il servi de Clitomaque, et dans quelle mesure la critique de Cotta permet-elle de deviner le contenu et la forme de l'ouvrage grec (2) ? Dans cet ouvrage on ne se reportait pas à l'écrit auquel était empruntée l'exposition de Balbus ; car cet écrit était postérieur à l'ouvrage de Clitomaque. Nous avons vu que le livre II est divisé en quatre parties. Cicéron aurait dû transporter cette division dans la réfutation dont il empruntait les matériaux à Clitomaque ; il aurait dû s'attacher aussi dans le détail à l'ordre suivi dans le livre II, et transformer, s'il était nécessaire, les arguments de Carnéade dirigés contre Chrysippe, de façon qu'ils fussent également valables contre les philosophes dont s'était inspiré Balbus. En un mot, il eût fallu adapter la critique que la nouvelle Académie faisait des Stoïciens à l'exposition de Balbus avec un soin dont Cicéron, avec sa manière rapide de travailler, n'avait pas l'habitude. Il n'est donc pas étonnant qu'on trouve beaucoup de manques de correspondance et de négligences dans le livre III ; le nombre s'en augmenterait encore, si nous n'avions pas perdu la plus grande partie du passage sur la Providence.

Cicéron rappelle de deux façons différentes les preuves et les dogmes stoïciens que Cotta doit critiquer : ou bien il se reporte

---

(1) *De off.*, I, 11, 35. — (2) Schwenke, *ib.*, p. 140.

spécialement à une expression de Balbus : « *tu disais, tu faisais observer, il te semblait.* » ; ou bien il désigne d'une manière générale ces opinions comme étant celles des Stoïciens : « *vous dites, vous avez coutume de dire, il vous semble,* » quoique plusieurs d'entre elles aient été tout particulièrement développées par Balbus. Dans le premier cas Cicéron avait évidemment sous les yeux le passage correspondant du livre II ; dans le second, non. Il emploie tour à tour ces deux manières de s'exprimer ; mais il se sert exclusivement de l'une ou de l'autre pendant de longs passages (1). Ainsi, tantôt il s'attache de plus près à Clitomaque, tantôt il se reporte plus fidèlement à l'exposition stoïcienne. C'est ce que montre un rapide coup d'œil jeté sur le contenu du livre III dans ses rapports avec le livre II.

Pour la réfutation de la première partie du livre II, Cicéron déclare qu'il veut s'attacher étroitement au discours de Balbus, et il tient d'abord parole. Mais bientôt il renvoie à plus tard la critique de l'exposition stoïcienne (2). Il ne pouvait avoir d'autre but que d'échapper ainsi à la gêne que lui causait la nécessité de reproduire l'ordre du discours de Balbus ; il voulait ne pas aller chercher un à un ses arguments chez Clitomaque, mais les exposer quand ils lui tombaient sous la main.

L'écrit de Clitomaque devait contenir, comme premier argument contre la Providence, la preuve que les dieux n'existaient pas (3) ; on retrouve cet argument au début de la seconde partie du discours de Cotta. On comprend dès lors que, lorsqu'il s'agit de démontrer l'impossibilité du concept de Dieu (4), Cicéron s'attache de plus près à son modèle sceptique, et qu'au contraire, lorsqu'il critique les dieux particuliers des Stoïciens (5), il suive en partie l'exposition de Balbus. Cependant ici, à cause des nombreuses particularités, étymologies, interprétations, qu'il faut examiner, il est forcé de réfuter les passages correspondants du livre II (6), en chan-

(1) De la première §§ 6-28 ; 39-65 ; de la seconde §§ 29-38 ; 66-93. — (2) III, 7, 17. — (3) Voir la marche opposée II, 30, 75. — (4) §§ 29-38. — (5) §§ 39-64. — (6) 25, 60, sq.

geant quelque chose à leur disposition. Ce qui prouve la vérité de notre conjecture, c'est qu'en abordant la troisième partie (1), il dit qu'il la traitera avec plus de soin.

Nous ne pouvons plus en juger aujourd'hui ; mais la conclusion qu'on a conservée prouve combien Cotta se montrait ici indépendant de l'exposition de Balbus. Il réfute la démonstration stoïcienne de l'excellence de l'esprit humain (2), sans que rien rappelle cette démonstration.

Nous trouvons plus loin l'objection si souvent faite à la Providence que les bons souffrent, tandis que les méchants prospèrent (3) ; puis la réfutation de la théorie stoïcienne, sans que Cotta se reporte à l'exposition de Balbus ; il lui prête même le contraire de ce qu'il avait avancé. Ainsi il reproche aux Stoïciens d'avoir dit que la divinité ne s'occupe pas des individus (4) ; mais Balbus soutient justement le contraire et par le même sorite dont Cotta se sert maintenant à rebours (5). On voit par là que Cicéron n'avait plus alors sous les yeux un ouvrage sceptique.

On peut conclure de ce qui précède que les passages où Cicéron rappelle d'une façon générale les doctrines des Stoïciens (6) sont probablement une imitation fidèle d'un écrit de Clitomaque. On trouve aussi ailleurs (7) des traces de l'ordre suivi dans cet écrit ; et c'est sans doute là que Cicéron a pris les matériaux de sa discussion ; mais il pouvait facilement ajouter du sien, si c'était nécessaire. Aussi ne saurait-on regarder comme certainement empruntés à Clitomaque que les passages qui ont leurs analogues chez Sextus Empiricus.

A l'époque où Cicéron écrivit le *de natura deorum*, Varron avait déjà publié son grand ouvrage des *Antiquités divines*. L'étude des questions religieuses passionnait alors les esprits. « Les érudits et les jurisconsultes s'occupaient de ces questions, et même les hommes d'État les plus affairés ne les négligeaient pas. » (8)

---

(1) III, 25, 65. — (2) 26, 66 — (3) III, 32, 79. — (4) III, 39, 93. — (5) II, 66, 165. — (6) §§ 29-38 ; 66, sq. — (7) §§ 20-28 ; 39-64. — (8) « Ateius Capiton, Labéon, Véranius considéraient la religion dans

Mais ce qui distingue les *Antiquités divines* et tous les ouvrages du même genre du traité de Cicéron sur *la nature des dieux*, c'est que celui-ci s'occupe de la religion en général, les autres de la religion romaine. Varron étudiait celle-ci en homme d'État qui voyait en elle une des causes principales de la grandeur romaine ; Cicéron examinait les principales doctrines sur les dieux en philosophe qui veut avant tout connaître ce que chacune d'elles contient de vrai. En expliquant l'origine de légendes et de cérémonies religieuses qui menaçaient de tomber en oubli ou en désuétude, Varron cherchait à consolider l'État, dont la religion avait toujours été le soutien. Cicéron, au contraire, ne craignait pas d'ébranler la croyance aux dieux, fondement de toute religion. L'auteur des *Antiquités divines* s'était a... la philosophie du Portique qui donnait des mythes u... lication rationnelle en les ramenant à des symboles physiq...es. Cicéron condamnait chez les Stoïciens le désir de satisfaire tout le monde et de trouver une raison plausible aux légendes les plus absurdes. Varron voulait faire une œuvre utile ; il ne cachait pas que, s'il avait à refaire la religion romaine, il la ferait autrement ; mais il fallait l'accepter telle qu'elle était et se garder d'en montrer les défauts. En effet « il y a des vérités qu'il est bon que le peuple ne sache pas et des mensonges qu'il est bon qu'il prenne pour des vérités ». (1) Cicéron n'a pas cette prudence, il n'hésite pas à condamner les superstitions populaires, sans se demander s'il est utile d'entretenir ces croyances, au lieu de les combattre. Il répondrait volontiers

---

ses rapports avec le droit civil. Julius Modestus et Titius s'étaient occupés des féries; Masurius Sabinus et Cincius, des fastes; Gavius Bassus et Nigidius, des dieux en général ; Cornélius Labéon, des dieux pénates ; Verrius Flaccus et Marcus Messala avaient étudié à part Saturne et Janus. On connaît de Vératius Pontificalis un livre sur les supplications, et de l'illustre Trébatius, l'ami de Cicéron et d'Horace, un ouvrage considérable intitulé : *de religionibus;* les *indigitamenta* étaient le sujet d'un traité que Granius Flaccus adressait à César, grand pontife, et César lui-même avait écrit sur les auspices un ouvrage dont Macrobe cite le onzième livre. » G. Boissier, *Étude sur la vie et les ouvrages de Varron*, p. 294.

(1) Saint Augustin, *Cité de Dieu*, IV, 31.

que le vrai ne saurait jamais être nuisible, et il regarde comme le premier effet d'une éducation philosophique de donner des idées plus saines sur la religion et sur les dieux (1).

Mais les arguments de Cotta contre l'existence des dieux et la Providence sont si forts qu'on a pensé parfois qu'il prêchait l'athéisme. Il dit, il est vrai, qu'il croit aux dieux de Rome sur la foi des anciens Romains et parce que cette croyance a fait la grandeur de la République. Mais ce serait ici une simple précaution oratoire, comme lorsque Cicéron, à la fin du *de natura deorum*, déclare que l'opinion de Balbus lui paraît la plus vraisemblable.

Remarquons toutefois que pour être athée et s'avouer à soi-même son athéisme il faut une certaine fermeté d'intelligence dont Cicéron paraît avoir toujours manqué. « Ceux, dit-il, qui cherchent quelle est notre opinion sont vraiment trop curieux (2). » Mais on était en droit de demander à Cicéron ce qu'il pensait de l'existence des dieux et de leur providence, puisqu'il composait un livre sur cette grave question. On ne pouvait croire qu'il n'eût pas là-dessus des idées arrêtées, et beaucoup le soupçonnaient de partager le sentiment de Cotta.

Aussi bien il devait sembler étrange qu'un grand pontife développât tous ces arguments contre les dieux et la Providence, et les partisans de l'ancien ordre de choses s'indignaient sans doute de voir ceux-là mêmes qui étaient préposés à la garde des institutions religieuses en préparer la ruine. Ces critiques n'étaient pas sans quelque fondement et on les faisait sans doute à Cicéron de plus d'un côté. C'est pour y répondre qu'il déclare en tête du *de divinatione*, qui suivit le *de natura deorum*, qu'il n'a pas dessein de nier l'existence des dieux, mais seulement de montrer l'insuffisance des raisons philosophiques par lesquelles on prétendait la prouver. Il semble que Cicéron était sincère.

Toutefois cette incertitude d'opinion, cette pensée flottante ne pouvaient plaire aux Romains, amis des idées nettes et des solu-

---

(1) *De leg.*, I, 23, 60. — (2) *De nat. deor.*, I, 5, 10.

tions précises. Les contemporains de Cicéron ne furent sans doute pas satisfaits du *de natura deorum*. Lorsqu'Auguste s'efforça de ranimer l'ancien culte, on alla puiser des renseignements dans les *Antiquités divines*, et l'on se tint en garde contre le *de natura deorum*. C'est dans le discours de Cotta, au livre III de cet ouvrage, que Minutius Félix a pris les arguments épicuriens contre la Providence qu'il met dans la bouche de Cæcilius Natalis. Il est vrai que les Pères de l'Église, surtout saint Augustin, se sont beaucoup servis de Varron pour montrer l'absurdité des fables que les païens racontaient sur les dieux et les contradictions où ils tombaient. Mais Varron était une autorité universellement respectée, même par les chrétiens. Au contraire, les païens se défiaient du *de natura deorum*. Il devint entre les mains des adversaires du polythéisme une arme si redoutable que Dioclétien entreprit de l'anéantir. Mais les objections de Cotta, au livre III, contre la Providence s'adressaient à toutes les religions, et ce sont peut-être des chrétiens qui ont détruit cette partie de l'ouvrage de Cicéron. Là, comme dans le reste du livre, Cotta reproduisait les idées de Carnéade ; or nous savons par les *Académiques* (1) que Carnéade demandait : « Pourquoi Dieu, qui fait tout pour notre bien, a-t-il créé une telle quantité de serpents et de vipères, pourquoi a-t-il répandu sur terre et sur mer tant de causes de destruction ? » Cicéron n'ignorait pas que cette partie de son ouvrage pouvait exciter l'étonnement et l'indignation. Cotta disait, dans un passage aujourd'hui perdu du *de natura deorum*, qu'il ne fallait pas discuter publiquement ces questions, de peur qu'une telle controverse n'entraînât la ruine des religions établies (2).

Mais le cercle de lecteurs auquel s'adressait Cicéron était très restreint. « La philosophie restait dans les livres et dans les écoles, et ni les unes ni les autres ne s'ouvraient à tous. Quoiqu'on écrivît beaucoup, ces livres manuscrits étaient loin d'avoir l'immense puissance de diffusion que l'imprimerie a donnée à la parole humaine ; ils n'étaient pas à beaucoup près

(1) II, 38, 120. — (2) Lactance, *div. inst.*, II, 3, 2.

aussi répandus qu'on pourrait le croire. Cicéron, qui était si haut placé, qui était riche, qui était par excellence un homme de lettres, n'avait pas chez lui tel ouvrage essentiellement classique. Il était obligé d'emprunter à la bibliothèque de Lucullus les livres d'Aristote, à celle d'Atticus les écrits de Varron.... D'après cela on comprend que le peuple ne lisait pas (1). »

Aussi bien Cicéron dans le *de natura deorum* ne faisait que reproduire ce qu'avaient écrit avant lui les philosophes grecs. On ne saurait croire qu'un autre qu'un Épicurien ignorant ou malveillant ait prêté aux premiers penseurs grecs et surtout à Platon les idées sur les dieux qui leur sont attribuées par Velleius.

Ce qui frappe aussi dans le *de natura deorum*, c'est que Cicéron ne critique et ne paraisse connaître aucune autre doctrine religieuse que celle des philosophes et surtout des Épicuriens et des Stoïciens. Cependant les Juifs étaient déjà nombreux à Rome au temps de César, et nous savons par le plaidoyer *pour Flaccus* que Cicéron connaissait parfaitement leur existence. Leurs idées étaient assez originales pour mériter une courte mention. Cicéron n'en dit pas un seul mot, ce qui prouve une fois de plus qu'il ne faut pas chercher dans ses traités philosophiques des idées personnelles et qu'ils sont tout entiers empruntés aux Grecs.

(1) E. Havet, *le christ et ses orig.*, II, 98.

CHAPITRE X.

Le « de divinatione ».

Le *de divinatione*. Idées des anciens sur la divination. — Le livre I. L'apologie de la divination par Quintus Cicéron n'est pas inspirée d'un ouvrage romain, en particulier des *Antiquités divines* de Varron, ni de Zénon, Cléanthe, Chrysippe, Panétius, Antipater, Diogène de Babylone, mais de Posidonius. Preuves nombreuses de ce fait. Emprunts à Célius, à Philiste. — Le livre II. La critique de la divination par Cicéron lui-même est imitée d'un écrit de Clitomaque antérieur à l'ouvrage de Posidonius qui a servi de modèle pour le livre I. La critique de l'astrologie est empruntée à Panétius et l'histoire de l'origine de la divination étrusque à Cécina.

LE « DE DIVINATIONE ».

Les deux livres sur *la divination* furent composés après le *de natura deorum*. Le plan ressemble à celui de ce dernier ouvrage. Seulement dans le *de divinatione* on ne parle pas des Épicuriens, parce qu'ils rejetaient la divination, mais sans en faire une critique approfondie. Les Stoïciens, au contraire, la défendaient de toutes leurs forces, et ce sont leurs idées qu'expose dans le livre I Quintus Cicéron. Ces idées sont critiquées dans le livre II par Cicéron lui-même, qui, aux arguments de son frère, oppose les raisonnements sceptiques de Carnéade.

La divination ne nous semble aujourd'hui qu'une science vaine et superstitieuse. Cependant elle repose sur le même fondement que la prière, c'est-à-dire sur la foi en la Providence divine qui gouverne les choses et veille sur le genre humain. Le plus souvent la prière n'est pas un hommage désintéressé de la créature à son créateur, mais la demande d'un secours, qui exige parfois une dérogation aux lois physiques. Dans la divination on ne veut pas influencer la volonté divine, mais la découvrir pour s'y conformer. La divination n'est plus possible maintenant que la science soumet peu à peu tous les phénomènes de la nature et même de l'âme à un déterminisme rigoureux ; mais elle devait fleurir au temps où l'on croyait que le hasard régnait en souverain sur les événements de ce monde et qu'il y avait une multitude de dieux dont chacun accomplissait une fonction déterminée et présidait à un ordre particulier de phénomènes. Lorsque l'idée qu'on se faisait des dieux se fut épurée et qu'avec les Stoïciens, on ne vit plus dans la foule des divinités populaires que les différents attributs et comme les aspects divers d'un Dieu unique, la foi en la divination subsista. On pensait que, si tout était enchaîné dans l'univers, la connaissance de certains événements permettait de prévoir ceux qui, dans la suite, leur étaient liés d'une façon indissoluble.

Mais pendant ce temps que devenait la liberté ? Si l'homme était libre de prendre telle ou telle détermination, son action, suivant sa nature, pouvait entraîner d'importantes conséquences. Si Achille, par exemple, n'était pas allé au siège de Troie, quel changement dans l'histoire du monde ! Comment dès lors prétendre que l'avenir était déterminé d'avance ? Il fallait sacrifier la liberté humaine ou la possibilité de la divination. Le traité de *la divination* se rattache étroitement d'une part au *de natura deorum*, où l'on parle de la providence divine, fondement de la divination, de l'autre au *de fato*, où l'on étudie le destin et la liberté.

Les philosophes de la Grèce avaient professé sur la divination des opinions différentes, suivant qu'ils faisaient une part plus grande à l'observation des phénomènes ou aux facultés intuitives de l'âme. Pythagore et ses disciples croyaient à la divination (1). Il en était de même d'Empédocle. Thalès, au contraire, expliquait par des lois naturelles la connaissance de l'avenir ; c'est d'après des indications météorologiques qu'il prédit une abondante récolte d'olives et une éclipse de soleil. La doctrine de l'école d'Élée sur la divination était la même que celle de l'école d'Ionie ; Xénophane, en supprimant la Providence, supprimait du même coup l'art de prévoir l'avenir.

(1) Le nom de Pythagore, Πυθαγόρας, signifie « organe de Pytho ».

Héraclite, le partisan de l'écoulement éternel, était ici d'accord avec Xénophane, le défenseur de l'éternelle immobilité. Anaxagore expliqua le mouvement dans le monde par l'intelligence ordonnatrice ; mais il bannit la divination. Démocrite l'aurait imité, si son explication matérialiste des songes ne l'avait forcé de les faire venir parfois d'images envoyées par des génies. Socrate accorda une attention plus grande que n'avaient fait les philosophes antérieurs au problème de la destinée humaine, et il admit, dans une certaine mesure, la divination et l'inspiration prophétique : on connaît l'histoire du démon de Socrate. Mais le philosophe n'abandonnait pas à la révélation le soin de résoudre les problèmes qui étaient du domaine de la raison. La tendance mystique qu'on remarque chez Socrate fut conservée par Platon, et de lui passa chez les Stoïciens, qui appuyèrent sur leur croyance à la fatalité et à l'enchaînement de toutes choses l'apologie sans réserve de la divination. Au contraire, l'esprit scientifique que nous avons vu chez Thalès, et, avec certaines restrictions, chez Démocrite, reparait chez Aristote, qui, cependant, admet encore la divination par les songes. Épicure nie absolument qu'il y ait aucun moyen de connaître l'avenir. Les Sceptiques, avec Carnéade, dans leur polémique contre les Stoïciens, donnèrent aux raisons d'Épicure une forme plus brillante et de plus grands développements.

A Rome, Ennius avait attaqué les devins de toute sorte, et soutenu que les dieux ne s'occupaient pas des affaires humaines. Scipion, Lélius et leurs amis devaient partager sur la divination les idées de Polybe, qui était sur ce point disciple d'Aristote et de Carnéade, et celles de Panétius qui, n'osant nier la valeur des pratiques divinatoires usitées à Rome, repoussait absolument l'astrologie, venue de l'Orient. Varron décrivait minutieusement la science des aruspices, sans y croire, et Lucrèce la condamnait avec une sorte d'emportement (1).

Suivant Plutarque (2), Cicéron, dans sa jeunesse et sous l'impression des leçons de Posidonius, avait consulté l'oracle de

---

(1) Bouché-Leclercq, *Hist. de la div.*, I, introd., p. 30, sq. — (2) *Vie de Cic.*, 5.

Delphes, et consacré des offrandes dans son temple. Mais à la fin de sa vie il était bien revenu de sa première ferveur. Dans le *de natura deorum* il laisse encore à Cotta le soin de combattre successivement les doctrines théologiques des Épicuriens et des Stoïciens. Dans le livre II du *de divinatione* il prend la parole lui-même, et, oubliant sa qualité d'augure, il réfute sans pitié les superstitions stoïciennes. « Il considère la divination comme le fléau de l'esprit humain et il croit rendre à ses compatriotes un service signalé en la reléguant parmi les superstitions dont la philosophie doit délivrer la société. Le témoignage qu'il se décerne, en finissant son traité de *la divination*, rappelle à certains égards les protestations passionnées de Lucrèce... C'est dans toute la plénitude de sa raison et dans un moment où l'avenir lui apparaissait chargé d'obscures menaces qu'il rompt avec la vaine curiosité des choses futures (1). » Ce qui devait ajouter plus de poids aux paroles de Cicéron, c'était la gravité des circonstances où elles furent écrites. Il semble qu'après le meurtre de César et au moment d'engager contre Antoine la lutte oratoire qui devait lui coûter la vie, le vieux consulaire se soit recueilli pour indiquer son opinion sur l'un des sujets qui passionnent le plus la curiosité humaine : la possibilité de prévoir l'avenir.

Le livre I.

Dans le livre I du *de divinatione*, Quintus, le frère de Cicéron, expose les arguments stoïciens en faveur de la divination. Ce livre doit avoir été emprunté à quelque ouvrage écrit en grec et non en latin. Cicéron dit que jusqu'à lui la littérature philosophique à Rome ne comptait que quelques écrivains sans valeur dont les livres n'étaient lus que dans leur parti (2). « S'ils trouvent à se faire lire, ajoute Cicéron, c'est seulement de ceux qui veulent qu'on leur permette à eux-mêmes d'écrire dans ce goût-là. » Il est vrai que Varron avait composé sur les choses divines un grand ouvrage, dédié à César, qui était grand pontife.

(1) Bouché-Leclercq, *ibid.*, 70-72. — (2) *Tusc.*, I, 3, 5.

Mais Cicéron ne paraît pas s'être servi du travail de son savant ami. D'après le témoignage de Lactance (1), Varron avait énuméré toutes les sibylles, au nombre de dix, en indiquant les auteurs qui en avaient parlé. Or Cicéron ne nomme jamais qu'une seule sibylle (2). De plus, la sibylle qu'il mentionne en premier lieu est celle d'Érythrée, tandis que c'est la sibylle de Cumes qui eût dû venir la première à l'esprit d'un Romain.

Cicéron a probablement eu recours à un Stoïcien grec (3). Cette supposition est confirmée par deux passages du commencement des livres I et II. Cicéron dit à son frère : « Vous défendez la forteresse des Stoïciens (4), » et : « Vous avez défendu en Stoïcien l'opinion des Stoïciens (5) ».

Quels étaient les Stoïciens qui avaient écrit sur la divination, et quelle était la nature de leurs ouvrages, c'est ce que Cicéron nous indique brièvement : « Zénon, dit-il, avait déposé dans ses écrits quelques arguments en faveur de la divination ; Cléanthe les développa quelque peu ; ensuite vint un homme d'un esprit très ingénieux, Chrysippe, qui traita fort au long de la divination dans deux livres, et composa deux autres livres, l'un sur les oracles, l'autre sur les songes. Après lui son élève Diogène de Babylone, publia un livre sur ce sujet, Antipater deux et notre

---

(1) *Inst. div.*, I, 6. — (2) I, 36, 79 ; II, c. 54. — (3) M. Th. Schiche *(de fontibus librorum Ciceronis qui sunt de divinatione*, Iéna, 1875) et M. Hartfelder *(die Quellen von Cicero's zwei Büchern de divinatione*, Fribourg en Brisgau, 1878) ont étudié avec beaucoup de soin de quels philosophes grecs Cicéron s'est inspiré dans le *de divinatione*. M. Hartfelder, venu après M. Schiche, dont il ignorait le travail, est arrivé aux mêmes conclusions que lui, ce qui est une grande présomption en faveur de la probabilité de ces sortes de conjectures. Il n'a pu que rectifier les vues de son devancier sur quelques points de détail. — (4) I, 6, 10. — (5) II, 3, 8. On pourrait donner d'autres preuves. Ainsi nous lisons : « Pour arriver à conclure qu'il y a une divination, empruntons le raisonnement suivant aux Stoïciens » I, 38, 82. De même « les Stoïciens, dit Quintus, ne croient pas que les dieux interviennent à chaque fissure du foie, ni à chaque cri d'un oiseau » I, 52, 118. L'argument qu'il donne (I, 6, 11) pour prouver la vérité de la divination n'est autre que le consentement universel ; c'était une preuve affectionnée des Stoïciens ; ils démontraient de la même manière l'existence de Dieu et la nécessité.

ami Posidonius cinq. Mais le prince de la secte, le maître de Posidonius et le disciple d'Antipater, Panétius enfin, s'écarta de la doctrine des Stoïciens, bien qu'il n'ait exprimé que des doutes, sans oser dire qu'il n'y avait point de divination (1). »

Nous aurons l'occasion de chercher plus tard dans quel ouvrage Panétius avait ainsi fait ses réserves. Nous allons examiner quels étaient les écrits des autres Stoïciens dont nous parle Cicéron. Après avoir énuméré les ouvrages de Zénon, tous étrangers à la divination, Diogène de Laerte ajoute : « A ces divers traités il faut joindre ceux intitulés... *Commentaires, Morale de Cratès* (2) ». Dans la liste des ouvrages de Cléanthe, qui nous est fournie par Diogène de Laerte (3), il n'y a que l'écrit sur *les dieux*, où il aurait pu parler de la divination. Mais la liste donnée par Diogène, comme il arrive aussi pour d'autres philosophes, n'est pas complète. En effet Plutarque dit que Cléanthe avait aussi écrit des commentaires physiques (φυσικὰ ὑπομνήματα) (4).

Tels devaient être les commentaires de Zénon cités plus haut. Zénon et Cléanthe ont très bien pu parler de la divination dans des commentaires sur la physique. Suivant Diogène de Laerte (5), Posidonius avait aussi exprimé ses idées sur la divination dans ses livres sur les phénomènes naturels.

Outre les deux livres sur *la divination*, Chrysippe, qui était curieux de tous les détails historiques (6), en avait écrit deux autres, l'un sur *les oracles*, l'autre sur *les songes*. Dans le premier il avait réuni un nombre considérable d'oracles, et aucun sans un témoin et une autorité importante. Il avait surtout rassemblé les oracles d'Apollon (7). Dans le livre sur *les songes* il avait recueilli les interprétations du célèbre Antiphon. Cicéron a parlé plus haut de Diogène de Babylone, d'Antipater de Tarse et de Posidonius.

Duquel des philosophes nommés plus haut Cicéron s'est-il inspiré ? Ce ne saurait être Zénon. En effet celui-ci, nous dit

---

(1) *De div.*, I, 3, 6. — (2) VII, 4. — (3) VII, 174, sq. — (4) *Œuvres morales*, p. 1265, 30 éd. Dübner. — (5) VII, 149. — (6) *In omni historia curiosus. Tusc.*, I, 45, 108. — (7) II, 56, 115.

Cicéron, ne donnait dans ses commentaires que les premiers germes d'une théorie de la divination. Cicéron n'a pas dû s'inspirer d'ouvrages où cette théorie n'était encore qu'ébauchée. On peut répéter de Cléanthe, avec plus de raison encore, ce qu'on a dit de Zénon. Nous ne savons presque rien des idées de Cléanthe sur la divination. Cicéron nous apprend seulement qu'il avait compté la divination parmi les notions concernant les dieux innées dans l'esprit humain (1). Il avait sans doute indiqué déjà cet argument réciproque que, s'il y a des dieux, la divination existe, et que, si la divination existe, il y a des dieux.

Nous possédons sur les idées de Chrysippe, en ce qui regarde la divination, beaucoup plus de renseignements que sur celles de Zénon et de Cléanthe. Cicéron le nomme fréquemment dans les deux livres du *de divinatione* (2). Nous avons vu que Chrysippe avait composé trois ouvrages : deux livres sur *la divination*, un sur *les oracles* et un autre sur *les songes*. Cependant on ne saurait voir dans Chrysippe le modèle de Cicéron. En effet Quintus définit la divination « l'annonce et le pressentiment des choses réputées fortuites (3) ». Or voici quelle est, suivant Cicéron, la définition de Chrysippe : « Un pouvoir qui connaît, voit et explique les signes envoyés aux hommes par les dieux (4) ». Cette définition ressemble à celle de Sextus Empiricus : « La divination est la science théorique et pratique des signes que les dieux donnent aux hommes (5) ». Elle présente une analogie semblable avec les deux définitions rapportées par Stobée : « Les Stoïciens disent que la divination est la science spéculative des signes donnés par les dieux et les démons pour la conduite de la vie humaine (6) » ; et ailleurs : « Ils disent que seul l'homme de bien peut pratiquer la divination ; car il possède la science qui fait connaître les signes donnés par les dieux et les démons pour la conduite de la vie humaine (7) ». Si la définition de Cicéron ne mentionne pas les

---

(1) *De nat. deor.*, II, 5, 13. — (2) I, §§ 37, 39, 84 ; II, §§ 101, 115, 126, 130, 134, 144. — (3) I, 5, 9. — (4) *De div.*, II, 63, 130. — (5) *Adv. Mathem.*, IX, 132. — (6) *Ecl.*, II, 122, Heer. — (7) *Ibid.*, p. 238.

démons, c'est peut-être parce qu'il n'y avait pas de mot latin pour traduire δαίμων; mais elle rappelle les deux définitions de Stobée, tandis que celle de Quintus s'en éloigne complétement.

Il y a d'autres preuves que Cicéron ne s'est pas inspiré d'un ouvrage de Chrysippe. D'abord Cicéron nomme souvent des philosophes qui ont écrit après Chrysippe, par exemple Diogène de Babylone, Antipater, Panétius, Posidonius, Carnéade. Or, il n'est guère probable que l'érudition philosophique de Cicéron ait été assez grande pour indiquer les idées de ces divers philosophes sur un point particulier comme la divination, s'il ne les avait pas trouvées dans son modèle grec.

« Laissons là les oracles, dit Quintus, et venons aux songes. Chrysippe, à l'appui de ses opinions, en a recueilli un grand nombre dans leurs plus petits détails, à l'exemple d'Antipater, qui ne s'est attaché qu'à ceux dont l'explication a été donnée par Antiphon. Ces interprétations attestent sans doute la pénétration de leur auteur ; mais leur importance n'est pas assez grande pour que nous les citions. (1) » Antipater a vécu après Chrysippe ; la mention de leurs travaux ne peut venir que d'un Stoïcien qui était postérieur à tous deux, et s'était servi de leurs ouvrages, mais en se croyant tenu de les critiquer.

« Voilà, dit Quintus, le raisonnement de Chrysippe, Diogène et Antipater (2). » Comment Quintus aurait-il pu savoir que le raisonnement de Chrysippe avait été adopté par deux philosophes postérieurs, s'il ne l'avait appris dans un auteur grec venu après Chrysippe, Diogène et Antipater ?

Une autre preuve, c'est l'histoire des deux Arcadiens qui allaient à Mégare et dont l'un fut assassiné pendant la nuit par le maître de l'auberge où il logeait (3). Cette même histoire se trouve dans Suidas (4), mais avec des changements considérables. Ce ne sont plus deux amis dont il s'agit, et celui qui découvre le crime est un habitant de Mégare. Suidas dit : « Chrysippe raconte » ; Cicéron, au contraire, ne nomme pas l'auteur à qui il doit cette histoire. Il est naturel de croire que

---

(1) *De div.*, I, 20, 39. — (2) I, 39, 84. — (3) I, 27, 57. — (4) S. v. τιμωροῦντος.

le récit de Suidas est emprunté directement à Chrysippe, tandis que le fait n'est arrivé à la connaissance de Cicéron que par des intermédiaires. Il a l'air de le reconnaître lui-même, lorsqu'il dit que ce songe et celui de Simonide sont fréquemment cités par les Stoïciens.

« Il me semble, dit Quintus, qu'à l'exemple de Posidonius nous devons attribuer la force et toute la vertu de la divination à Dieu d'abord,..... puis au destin, enfin à la nature (1) ». Cicéron n'aurait pu indiquer d'une façon aussi précise la doctrine de Posidonius, s'il n'avait pas lu le livre de ce philosophe, ou même s'il ne l'avait pas eu sous les yeux.

Le modèle de Cicéron n'a donc pas été Chrysippe, mais un Stoïcien postérieur, probablement Posidonius. Il faut chercher les preuves de cette conjecture. Quintus parle des méthodes divinatoires employées par les augures, les aruspices, et ceux qui font métier de prédire l'avenir. « Condamnées par les Péripatéticiens, ces méthodes, dit-il, ont été défendues par les Stoïciens (2) ». Mais les anciens Stoïciens ne devaient pas connaître la science des aruspices et des augures romains, et, s'ils la connaissaient, il est peu probable qu'ils la défendaient. D'un autre côté Quintus réfute l'opinion de Carnéade qui disait que c'était par hasard que beaucoup d'oracles s'étaient réalisés (3). Carnéade est traité défavorablement : dans son goût pour la polémique il affirmerait tantôt une chose, tantôt une autre ; on le range parmi les philosophes peu importants, « *minutos philosophos* (4) ». Le Stoïcien dont s'est servi Cicéron doit être un des jeunes représentants de l'école, postérieurs à Carnéade.

Parmi ceux-ci se trouve Panétius. Mais on ne saurait songer à lui : sans nier absolument la divination, il doutait de sa possibilité (5). Peut-être Panétius hésitait-il à rejeter complètement la divination, parce qu'il vivait à Rome, chez un peuple qui croyait à la science des augures et des aruspices. Il n'avait pas les mêmes raisons d'être circonspect à l'égard de la divination par les astres, pratique tout orientale, à laquelle l'État

---

(1) I, 55, 125. — (2) I, 33, 72. — (3) I, 13, 23. — (4) I, 30, 62. — (5) *De div.*, I, 3, 6 ; *Acad.*, II, 33, 107.

romain n'accordait pas sa protection. Auss' Panétius la rejetait absolument (1). Dans le livre I, au contraire, on défend les prédictions des astrologues qui ressemblaient à celles des Chaldéens (2). Par conséquent le livre I ne saurait être emprunté à Panétius.

Parmi les Stoïciens récents on compte Diogène de Babylone, qui avait écrit un livre sur la divination. Il ne peut non plus avoir été le modèle dont s'est servi Cicéron pour le livre I. En effet nous lisons : « Diogène le Stoïcien accorde aux Chaldéens la faculté de prévoir certaines choses, par exemple quelle est la nature et quelles sont les principales aptitudes d'un enfant ; mais il leur refuse tout le reste (3) ». Il limitait ainsi le domaine de la divination chaldéenne. Mais nous ne trouvons rien de tel dans le livre I, qui ne peut avoir été emprunté qu'à un Stoïcien qui admettait sans réserve l'astrologie.

Antipater, le disciple de Diogène, avait composé deux livres sur la divination. Il avait, comme Chrysippe, rassemblé beaucoup d'exemples de songes prophétiques (4). « Mais, dit Quintus, il fallait donner des cas plus importants (5) ». Cicéron en composant le livre I, n'avait pas plus sous les yeux l'ouvrage d'Antipater que celui de Chrysippe (6).

Il ne reste, parmi les Stoïciens récents, que Posidonius, l'ami et le maître de Cicéron. Posidonius était le disciple de Panétius. Mais il ne s'en tint pas à son doute prudent, et revint à la croyance générale des Stoïciens en la possibilité de la divination (7). De ce que Posidonius avait écrit cinq livres sur la divination, on peut conclure qu'il avait étudié ce sujet avec une prédilection particulière.

(1) §§ 88-98. — (2) §§ 91, 93. — (3) II, 43, 90. — (4) I, 3, 6. — (5) I, 20, 39. — (6) « Je passe sous silence, dit Quintus, une foule de faits semblables recueillis par Antipater. Aussi bien ils vous sont connus, et il est inutile de vous les rappeler » (I, 54, 123). — (7) « Ce que Panétius avait gardé de la foi en la divination ramena bien vite ce qu'il en avait éliminé. Son élève Posidonius écrivit un gros livre sur la mantique, et redressa les idoles que le maître avait renversées, en y ajoutant peut-être des superstitions nouvelles, par exemple la croyance aux apparitions divines et une foi absolue dans l'astrologie qu'il pratiquait pour

Mais voici des raisons plus décisives de croire que le livre I est emprunté à un ouvrage de Posidonius. Quintus définit la divination, « l'annonce et le pressentiment des choses réputées fortuites (1) ». Au contraire, Cicéron l'appelle simplement « un pressentiment, une science des choses futures (2) ». La définition de Quintus diffère non seulement de celle de son frère, mais encore de celle de Chrysippe, que nous avons citée plus haut. La définition de Quintus indique une extrême circonspection. En disant « les choses réputées fortuites » il semble répondre à la question faite par les adversaires du Portique et que Cicéron leur pose : « Peut-on avoir quelque pressentiment de ce qui n'est fondé sur aucune raison? Qu'entendez-vous quand vous dites qu'une chose est arrivée par hasard, par fortune, par accident, par événement, si ce n'est qu'elle aurait pu ou ne pas arriver, ou arriver autrement (3) ? » La définition de Quintus prouve qu'il croyait qu'il n'y avait rien de fortuit. Telle est la raison que Posidonius avait donnée pour défendre la divination (4).

Nous lisons dans le livre I du *de divinatione* (5) une apologie de la divination par l'examen des entrailles des victimes. « Cette puissance répandue dans le monde entier peut nous guider dans le choix de la victime ; et, au moment du sacrifice, elle peut changer les entrailles de manière qu'il s'y trouve quelque chose de plus ou de moins. » C'était un argument de Posidonius, comme on peut le voir lorsque Cicéron réfute la théorie de Quintus. « En vérité, dit-il, je rougis, non pas pour

---

son propre compte. On lui attribuait même un traité sur la plus ridicule des divinations antiques, celle qui tirait ses pronostics du tressaillement des membres. Peut-être ce traité spécial n'était-il qu'un chapitre de son ouvrage sur la divination. Le Syrien d'Apamée ne pouvait être sensible aux arguments qui avaient frappé l'esprit délié du Rhodien. Posidonius fut un des hommes les plus doctes de l'antiquité, et en même temps un des plus crédules. Il répéta les assertions formulées avant lui dans l'école et trouva même, dit-on, des raisons nouvelles pour justifier la divination. » (Bouché-Leclercq, *ibid.*, 67.)

(1) I, 5, 9. — (2) I, 1, 1. — (3) II, 6, 15. — (4) I, 55, 125. — (5) 52, 118.

vous, dont j'admire la mémoire, mais pour Chrysippe, Antipater et Posidonius, qui soutiennent avec vous qu'une certaine vertu intelligente et divine répandue dans tout l'univers préside au choix de la victime (1) ». Chrysippe et Antipater sont nommés à côté de Posidonius ; mais c'est dans un livre de ce dernier que Cicéron avait appris quelles étaient leurs opinions.

« Sans m'inquiéter de la cause, dit Quintus, je vois, et cela me suffit, la vertu purgative de la racine de scammonée, la vertu curative de l'aristoloche, bonne contre le venin des serpents.... Je vois aussi les effets qui suivent les pronostics du vent et de la pluie (2). » A la fin du livre nous lisons : « Ces avertissements de la nature ne peuvent guère se reconnaître dans ce genre de divination qui est, avons-nous dit, le produit de l'art. Posidonius cependant ne laisse pas de l'essayer ; il affirme qu'il existe des signes naturels de l'avenir. Ainsi Héraclide du Pont rapporte que les habitants de Céos observent chaque année avec grand soin le lever de la Canicule, et qu'ils conjecturent alors si l'année sera malsaine ou salubre (3). » Ces passages sont empruntés à Posidonius, comme on le voit par le livre II. « Alors, dit Cicéron, vous m'avez allégué mes pronostics, vous avez cité la scammonée, l'aristoloche et diverses autres racines dont vous voyez la vertu et les effets sans en connaître la cause. Fausse comparaison. D'ailleurs le Stoïcien Boéthus, que vous citez, et même notre ami Posidonius ont recherché les causes des pronostics (4). »

Posidonius, comme son maître Panétius, avait en haute estime Platon ; c'est ce qui expliquerait pourquoi Platon est si souvent nommé avec éloge dans le livre I (5).

---

(1) II, 15, 35. — (2) I, 10, 16. Ce serait ici une sorte de divination par les signes naturels. — (3) I, 57, 130. — (4) 20, 47-48. — (5) Quintus rapporte, d'après le *Criton*, un songe de Socrate (I, 25, 52) ; il traduit tout un passage de la *République* (I, 29, 60) ; il raconte l'histoire des abeilles qui se seraient posées sur les lèvres de Platon dans sa jeunesse (I, 36, 78) ; il cite l'opinion de Platon (I, 37, 80). « Croirons-nous donc de préférence Épicure ? dit Quintus. Carnéade, il est vrai, emporté par l'amour de la polémique dit tantôt une chose, tantôt une autre. Mais que pense Épicure ? Assurément rien de noble ni d'élevé ; et comment le placer au-dessus de Platon et de Socrate,

Posidonius avait plus de goût pour les sciences naturelles que la plupart des Stoïciens, ce qui le rapprochait de l'école péripatéticienne et de son chef. Sa méthode d'investigation avait quelque analogie avec celle d'Aristote, ce qui, suivant Strabon (1), le fit blâmer par les Stoïciens récents. On comprend dès lors que, dans un livre qui ne contient que des idées stoïciennes, Aristote soit cité comme un homme d'un génie extraordinaire et presque divin (2). Le goût de Posidonius pour l'érudition lui fit traiter avec faveur Démocrite, pour qui les anciens Stoïciens n'éprouvaient, à ce qu'il semble, que de l'aversion. Quintus l'appelle un auteur considérable (3); il le cite à côté de Platon (4) et le mentionne plusieurs fois.

« Que Carnéade, dit Quintus, et après lui Panétius, cessent de rechercher avec tant de soin si Jupiter donna l'ordre à la corneille de croasser à gauche et au corbeau à droite. » (5) C'est une objection que Panétius, à la suite de Carnéade, faisait aux partisans de la divination. Ce n'est que dans l'ouvrage d'un philosophe postérieur à Panétius que Cicéron a pu trouver cette remarque. Cette observation s'explique très bien si le livre I du traité sur *la divination* est emprunté à Posidonius. Celui-ci devait connaître, puisqu'il les partageait pour la plupart, les opinions de son maître. C'était peut-être sous l'influence des critiques de Carnéade que Panétius avait commencé de douter de la divination, et, pour échapper à ces critiques, que Posidonius

---

dont l'opinion, en l'absence de toute démonstration, l'emporterait encore par sa seule autorité sur celle de tous ces petits philosophes ? » I, 30, 62. Nous lisons de même dans la première *Tusculane* : « Quand même Platon n'apporterait point de preuves, il m'ébranlerait par son autorité toute seule, tant je suis prévenu en sa faveur (21, 49). Et ailleurs : « Je vois, dit à Cicéron son auditeur, combien vous estimez Platon. Je le trouve admirable dans votre bouche, et j'aime mieux me tromper avec lui que de raisonner juste avec d'autres (17, 39). » Or la première partie du livre I des *Tusculanes* semble être empruntée à Posidonius. — Galien dit que Posidonius attachait un grand prix à l'accord de Platon avec Pythagore; dans les deux passages des *Tusculanes* cités plus haut Platon et Pythagore sont nommés ensemble.

(1) II, 3, 8. — (2) I, 25, 53. — (3) I, 3, 5. — (4) I, 37, 80. — (5) I, 7, 12.

avait modifié la définition qu'on donnait ordinairement de cette science (1).

Posidonius, comme nous l'apprenons par Diogène de Laerte (2), avait parlé de la divination dans deux ouvrages, l'un sur la divination proprement dite, l'autre sur la physique. Cicéron ne mentionne que les cinq livres sur la divination, et il semble ne s'être servi que de cet ouvrage.

Nous trouvons cités dans le livre I du *de divinatione* beaucoup d'autres philosophes que Posidonius. Ce fait s'explique d'abord parce qu'un écrivain comme Cicéron, qui avait de l'érudition philosophique et avait étudié certains points particuliers, pouvait emprunter de nombreux exemples à son excellente mémoire (3). Cette opinion paraît plus équitable que celle de certains critiques qui n'accordent aucune indépendance à Cicéron, et veulent qu'il reproduise servilement un modèle grec.

D'ailleurs, de ce qu'un philosophe est cité par Cicéron, il ne s'ensuit pas que celui-ci ait lu ses ouvrages. Il nomme certains philosophes parce que l'auteur grec qu'il imite les avait nommés. Or, il est très vraisemblable que Posidonius, pour la composition de ses livres sur *la divination,* s'était servi des ouvrages antérieurs où le même sujet était traité, et qu'il les avait même copiés en partie.

On a cru que plusieurs exemples du livre I n'avaient pas été empruntés par Cicéron à Posidonius, mais qu'ils étaient cités d'après la critique de la divination faite par Clitomaque (4). Cicéron les aurait mentionnés dans le livre I pour les réfuter ensuite dans le livre II. Cette opinion est ingénieuse et repose

---

(1) I, 5, 9. — (2) VII, 149. — (3) « Le goût pour la philosophie, dit Cicéron, ne m'est pas si nouveau qu'on se l'imagine. Dès ma jeunesse j'ai beaucoup cultivé cette science, et même quand il y paraissait le moins je m'en occupais plus que jamais. On peut s'en convaincre par cette quantité de maximes philosophiques dont mes harangues sont remplies, par mes liaisons intimes avec les plus savants hommes, qui m'ont toujours fait l'honneur de se rassembler chez moi, par les grands maîtres qui m'ont formé, les illustres Diodote, Philon, Antiochus, Posidonius » *(De nat. deor.*, I, 3, 6).
— (4) Schiche, *ibid.*, 19 et 21.

sur une étude minutieuse du texte ; mais il semble qu'il y ait ici excès de subtilité ; on voudrait trouver dans l'ouvrage de Cicéron un ordre exact qu'on ne saurait demander à l'auteur latin, quand on songe à la rapidité avec laquelle il a composé ses traités philosophiques. Aussi bien Posidonius était un homme instruit et beaucoup de philosophes avant lui avaient écrit sur la divination ; il était certainement assez riche en exemples pour que Cicéron, en imitant son ouvrage, ne fût pas embarrassé s'il avait besoin de faits pris à l'histoire ou à la vie ordinaire. Une grande partie des cinq livres de Posidonius devait être remplie de tels exemples (1).

Mais il y a certains passages du livre I qui ne paraissent pas appartenir à Posidonius. En plusieurs endroits de ce livre Cicéron rapporte des exemples historiques d'après Célius (2). Célius Antipater aimait beaucoup à mentionner les prodiges, ce qui rendait son livre commode pour la composition du traité sur *la divination*. Il est peu probable que Cicéron ait lu le livre même de Célius. M. Junius Brutus, le meurtrier de César, en avait fait un abrégé. C'est cet abrégé que Cicéron demande qu'on lui envoie en même temps que le livre de Panétius sur *la Providence* (3). Cicéron semble s'être servi de ce dernier ouvrage pour une partie du livre II du *de natura deorum*, et pour quelques chapitres du livre II du *de divinatione*, comme nous le montrerons plus tard. On peut supposer aussi qu'il a pris dans l'abrégé de Célius les exemples historiques qu'il dit tenir de lui.

(1) Hartfelder, *ibid.*, p. 11, note. M. Hartfelder a examiné et réfuté l'une après l'autre toutes les assertions de M. Schiche. — (2) I, §§ 48, 49, 55, 56, 77, 78. C'est l'historien Célius Antipater que Cicéron mentionne après Caton, Pictor et Pison, et qu'il loue d'avoir donné à l'histoire plus de grandeur et un ton plus élevé. (*De orat.*, II, 12, 54.) Il vivait à l'époque de Gracques (*de divin.*, I, 26, 56), et il écrivit une histoire de la seconde guerre punique. (*Orat.*, 69, 230.) Si les exemples qu'il cite ne se rapportent pas à cette époque, ce sont des remarques accidentelles. (Cf. *de div.*, I, 26, 55-56.) — (3) *Ad Att.*, XIII, 8. Cette lettre a été écrite par Cicéron à Tusculum, au mois de juin ou juillet 709, à l'époque où il composait le *de natura deorum*, que devait bientôt suivre le *de divinatione*.

266   CHAPITRE X.

Cicéron cite deux faits de la vie de Denys le tyran, empruntés à l'historien Philiste (1). Dans une lettre à son frère Quintus, Cicéron appelle Philiste un écrivain du premier ordre, fécond, pénétrant, concis, presque un petit Thucydide (2). « Mais, ajoute-t-il, laquelle avez-vous de ses histoires ? car il y en a deux. Je préfère, moi, celle de Denys, maître fourbe que Philiste avait bien connu. » Or, c'est justement de cette histoire de Denys que sont tirés les exemples cités dans le *de divinatione*. On peut donc conclure que Cicéron avait lu cette histoire de Philiste.

Après un exemple emprunté à Célius, nous en lisons un autre, également historique, qui se rapporte au Carthaginois Hamilcar (3). Le même fait est raconté dans Diodore de Sicile (4), mais avec des changements assez considérables, ce qui prouve que Cicéron et Diodore se servent de sources différentes. Le récit de Diodore est plus soigné. Les inexactitudes de Cicéron viennent sans doute de ce qu'il a puisé non dans un livre d'histoire, mais dans l'ouvrage d'un philosophe, qui ne s'inquiétait pas de rechercher comment la chose s'était passée exactement (5).

On peut croire que Cicéron ne doit qu'à ses souvenirs personnels les exemples empruntés à l'histoire romaine qu'il cite sans indiquer de qui il les tient. Comme les fragments en vers, ils étaient destinés à reposer l'esprit des lecteurs en les ramenant à des traditions qui leur étaient plus familières que les exemples pris à l'histoire de la Grèce et des peuples étrangers.

(1) I, 20, 39 et 33, 73. — (2) *Ad Quint.*, II, 13. — (3) *De div.*, I, 24, 50. — (4) XX, 29. — (5) Schiche, p. 18. Peut-être Cicéron n'a-t-il pas bien compris son modèle grec. En effet, il dit (I, 24, 50) : « Nous lisons dans l'historien Agathocle *(apud Agathoclem scriptum in historia est)* que le Carthaginois Hamilcar crut entendre une voix lui annonçant qu'il souperait le lendemain dans la ville de Syracuse qu'il tenait alors assiégée. » Mais on ne saurait supposer que l'Agathocle dont parle Cicéron soit l'Agathocle de Cyzique mentionné par G. I. Vossius dans son livre sur *les historiens grecs* (p. 379, éd. Westerm.), et qui avait écrit une histoire de Cyzique. Comment dans un livre sur cette ville pouvait-il parler avec tant de soin d'Hamilcar qu'il rappelât même ses rêves ? Au contraire, tout le monde accordera que l'histoire d'Agathocle,

Le livre II.

Le livre II du *de divinatione* est une réfutation par Cicéron lui-même de l'apologie de la divination par son frère Quintus au livre I. L'ordre suivi dans la discussion est le même que dans le *de natura deorum*, où, après l'exposition de Balbus, vient la critique de Cotta. Celle-ci est empruntée à Carnéade et à la nouvelle Académie; il est probable qu'il en est de même pour la critique de Cicéron. Cette conjecture est confirmée par différents passages du livre II. Cicéron dit à son frère : « Je dois maintenant répondre à ce que vous avez dit. Je le ferai, mais sans rien affirmer, cherchant la vérité, doutant souvent et me défiant de moi-même (1). » C'est ici le doute académique. Plus loin Cicéron avoue qu'il doute de presque tout (2). Au dernier chapitre du livre il indique clairement quel modèle et quelle méthode il a suivis : « Peut-être même, dit-il, regarderait-on les Stoïciens comme seuls dignes du nom de philosophes si Carnéade n'avait résisté à toutes leurs exagérations... Le caractère propre de l'Académie étant de ne point trancher les questions, d'approuver ce qui lui paraît vraisemblable, de comparer tous les systèmes, d'exposer ce qu'on peut dire en faveur de chaque opinion, et, sans interposer son autorité, de laisser aux auditeurs une entière liberté de juger, nous resterons fidèles à cet usage que Socrate nous a transmis (3). »

Le contenu du livre II du *de divinatione* semble donc, dans

---

tyran de Syracuse à l'époque d'Hamilcar, devait contenir beaucoup de détails sur ce dernier, qui fit la guerre aux Syracusains. Il semble qu'il y avait dans l'ouvrage grec que copiait Cicéron : ἔστι δὲ ἐν τῇ τοῦ Ἀγαθοκλέους ἱστορίᾳ, et que Cicéron comprit que c'était une histoire écrite par Agathocle, et non l'histoire d'Agathocle. Nous n'avons donc pas à nous demander si Cicéron a lu l'histoire d'Agathocle, comme il semble avoir fait pour l'histoire de Denys par Philiste.

(1) II, 3, 8. — (2) II, 12, 28. — (3) Il semble que ce soit ici la méthode de Carnéade, plus encore que celle de Socrate. C'est ainsi que dans la première *Tusculane* (I, 16, 38) Cicéron annonce une démonstration platonicienne, tandis que ses arguments sont empruntés aux Stoïciens.

ses parties essentielles, emprunté à la nouvelle Académie. Les Stoïciens sont plus souvent cités et combattus dans le livre II du *de divinatione* qu'aucune autre école philosophique. Comme ils étaient de tous les philosophes de l'antiquité ceux qui avaient défendu la divination avec le plus d'acharnement et le moins de restrictions, c'est contre eux que devait être surtout dirigée la critique de Carnéade.

Mais Carnéade n'avait laissé aucun écrit, à l'exception de quelques lettres, dont on semble même avoir mis en doute l'authenticité. Son enseignement avait été recueilli par Clitomaque : un de ses nombreux ouvrages a dû être le modèle de Cicéron.

Nous trouvons Clitomaque cité à propos du mot de Carnéade sur la fortune honorée à Préneste (1). Dans la critique des aruspices les Carthaginois sont expressément mentionnés (2). Une telle érudition serait surprenante chez tout autre que le Carthaginois Clitomaque (3).

La supposition que le livre II du *de divinatione* est emprunté à Clitomaque est confirmée par une autre remarque. Nous lisons : « Chrysippe définit la divination « une vertu qui connaît, voit et explique les signes envoyés aux hommes par les dieux (4). » Cette formule est la même que celle de Sextus Empiricus (5) ; elle se distingue de celle qui est indiquée au commencement du livre II : « La divination est un présage et un pressentiment des choses fortuites (6). » Mais la définition que nous venons de lire ne pouvait appartenir à Posidonius qui n'admettait pas le hasard, et qui faisait même dépendre la divination de l'enchaînement immuable des choses (7). Elle n'était pas celle de Chrysippe ; elle ne pouvait non plus avoir été donnée par Panétius, puisqu'il mettait en doute la réalité de la divination. Entre Chrysippe et Panétius, il n'y a d'autres

---

(1) II, 41, 87. — (2) II, 12, 28. — (3) C'est ainsi qu'entre autres raisons d'attribuer à Clitomaque l'inspiration du livre III du *de natura deorum*, nous avons remarqué qu'il s'apitoie sur la ruine de Carthage, ce que n'eût jamais fait un vrai Romain. — (4) II, 63, 130. — (5) *Adv. Math.*, IX, 132. Cf. Stobée, *Ecl.*, II, 122, Heer. — (6) 5, 13. — (7) I, 55, 125.

Stoïciens importants que Diogène de Babylone et Antipater. Le premier de ces deux philosophes mourut vers 150 avant J.-C. ; le second enseignait à Athènes de 150 à 113 avant J.-C. Il mourut cette année ou un peu auparavant ; car, suivant Diogène de Laerte (1), Carnéade lui survécut. Antipater fut donc le contemporain de Carnéade et c'est entre eux qu'eut lieu, selon toute apparence, la vive controverse que les philosophes de la nouvelle Académie soutinrent alors contre ceux du Portique (2).

Antipater s'était écarté de la doctrine de son maître Diogène ; sa théorie du souverain bien différait aussi de celle des premiers Stoïciens. Il est vraisemblable qu'il avait rejeté ou changé les opinions primitives du Portique qui ne pouvaient plus être défendues contre les nouveaux Académiciens. C'est à lui qu'appartient sans doute, la définition indiquée par Cicéron au commencement du livre II (3). C'est contre cette définition que Carnéade et Clitomaque durent surtout diriger leur critique. Ceci nous explique pourquoi elle est combattue par Cicéron, qui a l'air d'ignorer que la définition donnée par Quintus au livre I (4), et qui n'est autre que celle de Posidonius, s'en distingue par une modification importante. Mais Carnéade et Clitomaque ne pouvaient critiquer des formules qui ne devaient être avancées qu'après leur mort (5).

On dirait que Quintus, dans sa définition du livre I, a prévu les objections que lui fait Cicéron au livre II, et qu'il a voulu d'avance y échapper (6).

---

(1) IV, 64. — (2) *Acad.*, II, §§ 17, 28, 109. — (3) 5, 13. — (4) 5, 9. — (5) Ce qui prouve que c'est bien Antipater, et non Posidonius, qui est critiqué dans le livre II, c'est que, d'une part, un écrit d'Antipater est mentionné (II, 70, 144) ; d'autre part, Cicéron dit que les Stoïciens expliquaient l'éclair par une émanation des vapeurs froides de la terre (II, 19, 44). Mais cette explication ne s'accorde pas avec celle de Posidonius, qui, suivant Sénèque *(Quæst. nat.,* II, 54), faisait venir l'éclair des évaporations sèches et fumeuses. — (6) Nous trouvons d'autres exemples analogues. Ainsi Quintus répond à la critique que son frère lui adresse au livre suivant, d'après Carnéade. « Si les prédictions sont vraies quelquefois, dit Cicéron, c'est un effet du hasard » (II, 24, 52). « Jamais, avait dit Quin-

Nous arrivons ici au même résultat que pour le commencement du livre II des *premières Académiques* et pour les livres I et III du *de finibus*. Nous avons vu que ces livres étaient empruntés à des philosophes postérieurs à ceux dont Cicéron s'était servi pour faire la critique de la logique d'Antiochus et des morales épicurienne et stoïcienne, de telle sorte que plusieurs de ses objections sont réfutées d'avance. De même Cicéron, pour le livre II du *de divinatione*, s'est inspiré d'un philosophe antérieur à celui dont il s'est servi pour le livre I : Posidonius est en effet venu après Carnéade et Clitomaque (1).

Dans la division du livre II (2), on ne voit pas mentionnée la divination par les astres et par les sorts, qui était admise par Posidonius. Pour la divination par les sorts, cette omission semble étrange au premier regard. Nous lisons : « Carnéade, au rapport de Clitomaque, avait coutume de dire qu'il n'avait jamais vu la fortune plus fortunée qu'à Préneste (3) ». Carnéade avait donc parlé de la divination par les sorts. Mais, nous dit Cicéron, « ce genre de divination est généralement décrédité (4) ». Dès lors il avait pu croire que, pour la réfuter, il suffisait d'un trait d'esprit.

tus, le hasard n'imite parfaitement la vérité » (I, 13, 23). — « Les récits que font les Stoïciens sont faux et imaginaires », dit Cicéron (II, 56, 115), qui ne se souvient plus des paroles de Quintus : « Chrysippe a pris soin de recueillir d'innombrables oracles, tous attestés par des autorités et des témoignages imposants » (I, 19, 37).

(1) Mais, dira-t-on, si ce n'est pas Posidonius qu'on réfute, pourquoi est-il cité deux fois dans le livre II (15, 35 et 21, 47) ? On peut répondre, avec M. Hartfelder *(ibid.,* p. 20), que cette mention appartient à Cicéron. Dans le premier de ces passages, il trouvait dans son modèle grec les noms de Chrysippe et d'Antipater; il se souvint que dans le livre II il combattait les vues de Posidonius sur la divination ; alors il joignit son nom au leur. Ne pourrait-on dire aussi qu'il se rappelait avoir lu dans le livre de Posidonius, ou même lui avoir entendu professer de vive voix une opinion semblable à celle qu'il critiquait alors? Quant à la seconde mention que Cicéron fait de Posidonius, elle doit lui être attribuée exclusivement : comme disciple et ami de Posidonius, Cicéron devait très bien savoir s'il s'était occupé de divination météorologique. —(2) II, ch. 11.— (3) II, 41, 87.
— (4) *Ibid.*

Il est probable que Cicéron ne doit pas à Clitomaque la critique de la divination par les astres (1). Cette superstition est d'origine orientale ; elle ne s'introduisit qu'assez tard en Grèce. Il n'est guère vraisemblable que Chrysippe et Antipater, qui sont surtout combattus par Carnéade et par Clitomaque, l'aient connue, car ils passèrent leur vie à Athènes. Mais il n'en est pas de même de Diogène de Babylone, qui était né à Séleucie, ni de Posidonius, originaire d'Apamée : on connaissait et on pratiquait en Syrie et sur les bords de l'Euphrate la divination par les astres. Les détails que nous lisons dans le livre I (2) sur l'astrologie peuvent très bien avoir été puisés par Cicéron dans un livre de Posidonius. Mais nous avons vu que ce n'était pas à ce livre que s'adressait la réfutation de Clitomaque ; donc ce doit être à un autre philosophe que Clitomaque qu'est empruntée la critique de l'astrologie (3). Cicéron termine cette critique par cette phrase : « Voyez-vous que je ne répète pas les paroles de Carnéade, mais celles de Panétius, le prince des Stoïciens ? » Panétius, infidèle sur ce point à la doctrine générale du Portique, avait dit qu'il mettait en doute la vérité de tous les genres de divination, mais que, pour celle par les astres, il la rejetait absolument.

Une autre preuve que la critique de l'astrologie est empruntée à Panétius, c'est qu'au commencement de ce morceau Cicéron dit que Panétius cite plusieurs hommes habiles dans la divination qui rejetaient l'astrologie (4). Ces détails historiques conviennent bien à Panétius, qui, comme son disciple Posidonius, accordait beaucoup plus à l'érudition que les autres Stoïciens, et avait toujours à la bouche les philosophes anté-

---

(1) II, ch. 42-47. — (2) I, 36, 91-93. — (3) II, §§ 87-97. — (4) « Eudoxe, disciple de Platon, et le prince des astrologues, au jugement des hommes les plus doctes, déclare dans ses écrits que les prédictions et les horoscopes des Chaldéens ne méritent aucune foi. Panétius, le seul des Stoïciens qui rejette les prédictions des astrologues, cite Archélaüs et Cassandre, astronomes fameux de son temps qui ne faisaient aucun usage de cet art. Scylax d'Halicarnasse, ami de Panétius, savant en astronomie, et le premier personnage de sa ville, rejette aussi toutes les prédictions des Chaldéens » (*De div.*, II, 42, 88).

rieurs (1). Remarquons aussi que deux des témoins cités, Archélaüs et Cassandre, étaient les contemporains de Panétius, et qu'un autre, Scylax, était son ami.

Cicéron, dans cette partie du livre II (2), rapporte une opinion de Dicéarque ; c'était un des philosophes dont Panétius invoquait sans cesse le témoignage (3). Plus haut (4), il parle de Scipion, le second Africain, qui était l'ami de Panétius, s'entretenait souvent avec lui de questions scientifiques et le logeait dans sa maison. « Mais quelle extravagance, dit Cicéron, de ne tenir aucun compte, dans ces révolutions et ces mouvements si rapides du ciel, de la différence des vents, des pluies et des saisons, différence si grande, même en des lieux très rapprochés, que souvent il fait un temps à Tusculum et un autre à Rome (5) ». Panétius s'était occupé de recherches météorologiques. « Que n'avons-nous, dit Scipion dans *la République*, notre ami Panétius qui étudie avec tant d'ardeur tous les secrets de la nature, et surtout ces phénomènes célestes (6) . »

Mais où Cicéron avait-il puisé ces arguments de Panétius contre l'astrologie ? Dans le livre I du *de divinatione* (7), où il rapporte l'opinion de Panétius sur la divination, Cicéron emploie des parfaits : *ausus est, dixit*. On pourrait croire alors que ces détails sur Panétius lui sont venus par la renommée ou par des conversations qu'il avait eues avec Posidonius. Mais dans les *premières Académiques*, où il nous donne les mêmes détails sur Panétius, Cicéron emploie des présents : *dicat, sustineat, potest* (8). Cicéron semble emprunter ces renseignements à un ouvrage écrit. Mais quel est cet ouvrage ?

Aucun auteur de l'antiquité ne nous dit que Panétius ait fait un livre sur la divination. Cicéron, au commencement du *de divinatione*, énumère les philosophes stoïciens qui avaient défendu la divination, et il nomme leurs livres ; il rapporte l'opinion de Panétius sans citer aucun ouvrage de lui. Diogène de Laerte dit : « Suivant les Stoïciens, la divination était étroitement liée à la Providence (9) ». Or nous savons que Panétius

---

(1) *De fin.*, IV, 28, 79.— (2) 51, 105.— (3) *De fin.*, IV, 28, 79.— (4) *De div.*, II, 45, 95.— (5) *Ibid.*, II, 45, 94.— (6) I, 10, 15. — (7) 3, 6. — (8) II, 33, 107. — (9) VII, 149.

avait composé un traité περὶ προνοίας. Cicéron écrit à Atticus :
Demandez à Philoxène le traité de Panétius sur *la Providence*
(1) ». Cette lettre est du mois de juin ou juillet 709, époque où
Cicéron était occupé au *de natura deorum*. Une partie de cet
ouvrage (2) paraît empruntée au livre de Panétius. Or Cicéron
écrivit le *de natura deorum* avant le *de divinatione*. C'est
pour composer le premier de ces ouvrages qu'il s'était fait envoyer le traité de Panétius. En le parcourant il y rencontra la
critique de l'astrologie qu'il inséra dans le livre II du *de divinatione*. Il s'était servi de Posidonius pour le livre II du *de
natura deorum* et pour le livre I du *de divinatione* ; il se servit
de Panétius pour le livre II du *de natura deorum* et du *de
divinatione* (3).

Outre la critique de l'astrologie, il y a une partie du livre II
du *de divinatione* qui semble empruntée à un autre auteur que
Clitomaque. C'est l'endroit où Cicéron expose l'origine de l'art
des aruspices (4). On reconnaît à des signes certains que ce
passage vient d'une autre source que ce qui précède et ce qui
suit. Il faut observer d'abord qu'ici le discours est interrompu.
Au commencement du chapitre 22 Cicéron dit qu'il ne reste
plus que les prodiges, et il les réfute brièvement. On voit qu'il
abrège l'argumentation beaucoup plus développée de l'auteur
grec. Il ajoute : « C'en est assez », et nous croyons finie la critique des prodiges. Mais nous lisons ensuite : « En voilà suffisamment sur ce sujet ; venons maintenant aux prodiges (5) »,
comme s'il n'en avait pas encore parlé, et il commence sur ce
point une longue discussion qu'il termine en disant : « En voilà
assez sur les prodiges (6) ». Tout ce qu'on trouve dans cette
partie avait été indiqué en peu mots au chapitre 22, où Cicéron

(1) *Ad Att.*, XIII, 8. — (2) *De nat. deor.*, II, 53, 133- 61, 154. —
(3) Cette conjecture paraît téméraire à M. Hirzel (I, 225, note), qui
ne croit pas que Panétius ait traité de la divination dans son livre sur *la
Providence*. Mais il a pu n'en parler que brièvement : le passage du *de divinatione* (II, §§ 87-97) n'est pas bien long. La divination étant étroitement
liée à la Providence, en examinant la seconde on pouvait très bien être conduit à parler de la première. — (4) II, 23, 50. — (5) II, 24, 53. — (6) II, 33, 70.

cite déjà l'exemple de la mule qui met bas. De plus Cicéron, contre sa coutume, avertit avec insistance le lecteur que les détails qu'il donne sur l'art des aruspices sont empruntés aux livres des Étrusques, ou du moins se trouvent dans ces livres. « Voilà, dit-il, ce que nous avons appris des aruspices eux-mêmes ; voilà leurs archives et la source de leur discipline. » Il ajoute : « Pour réfuter cette théorie est-il besoin de Carnéade ou d'Épicure ? » Ces paroles montrent que dans le reste du livre Cicéron se sert des arguments de Carnéade, contenus dans un écrit de Clitomaque. Cicéron n'a guère lu les écrits des Épicuriens, si ce n'est pour critiquer leur philosophie. Mais il n'a pas emprunté à Clitomaque les détails qu'il nous donne sur l'origine de l'art des aruspices.

Lydus expose cette origine en s'écartant beaucoup de Cicéron et d'après une source obscure (1). Au nombre des écrivains dont s'est servi Lydus se trouve Nigidius Figulus. Si celui-ci a raconté l'origine de l'art des aruspices, il est très probable que son récit n'est pas resté inconnu à Lydus, qui, sur cette question, était très curieux, et qui devait accorder beaucoup de confiance à Nigidius, en sa qualité d'ancien écrivain. Si Lydus avait trouvé des différences entre la source obscure à laquelle il a puisé et le récit de Nigidius, il les aurait signalées ; donc l'origine de l'art des aruspices était exposée chez Nigidius comme chez Lydus, ou bien on n'en parlait pas du tout. Il en résulte que dans les deux cas Cicéron ne s'est pas servi de Nigidius Figulus.

Nous avons vu plus haut qu'il n'avait rien emprunté non plus à l'ouvrage de Varron sur les *Antiquités divines*. Si l'on excepte Nigidius et Varron, il ne reste plus parmi les contemporains et les prédécesseurs de Cicéron que son ami A. Cécina, dans les ouvrages de qui il a pu trouver ces détails. Suivant Pline le Naturaliste (2), Cécina avait écrit sur la discipline des Étrusques. « Nous tenons ces détails des Étrusques eux-mêmes, » dit Cicéron. Or Cécina était de Volaterre et l'homme le plus considéré de tout l'Étrurie, comme nous le voyons par

(1) *De prodigiis*, ch. 3. — (2) *Hist. nat.*, l. II. Cf. I, 2.

les lettres de Cicéron (1). Les détails qu'on y lit prouvent que Cicéron a pris à Cécina le passage sur la divination étrusque (2).

Cicéron, dans le livre II du *de divinatione*, nie absolument la possibilité de la divination. Cette hardiesse étonne d'abord de la part d'un homme qui était revêtu de la dignité d'augure et « qui montait la garde aussi fidèlement qu'un autre à la porte de ces temples dont il préparait la ruine (3) ». Il y avait longtemps, il est vrai, que le vieux Caton avait dit qu'il ne comprenait pas comment deux aruspices pouvaient se regarder sans rire. « Je ne me soucie, disait un personnage d'une tragé-

---

(1) *Ad fam.*, VI, 5-8. Cicéron écrit à Cécina qui attendait en Sicile que César lui permit de revenir à Rome. Cécina était très instruit dans la divination étrusque. Cicéron, pour consoler l'exilé, fait d'abord semblant de croire à toutes ces pratiques ; mais il finit par indiquer sa véritable opinion : la divination la plus sûre vient de l'expérience des hommes et des affaires. « Si, dit-il (*ad fam.*, VI, 6), cette science de l'Étrurie, à laquelle vous a initié votre très noble et très excellent père, ne vous égara point alors, mon talent pour la divination ne m'abuse pas davantage aujourd'hui. Ce talent, je le dois aux traditions et aux préceptes des savants, à une longue étude de la nature, comme vous le savez, et surtout à ma grande habitude des affaires, et à cette variété infinie de phases que j'ai parcourues. C'est dans cette dernière espèce de divination que je place le plus de confiance ; elle ne m'a pas trompé une seule fois, au milieu des complications les plus obscures et les plus embrouillées. » Et, après le récit des prédictions qu'il a faites et qui ont été confirmées par les événements, il ajoute : « Maintenant donc qu'à la manière des augures et des astrologues, moi qui suis augure aussi, je vous ai prouvé par des faits ma science divinatoire et augurale, vous ne pouvez vous dispenser de croire à ma prédiction nouvelle. Je n'ai pas consulté le vol des oiseaux ; je n'ai pas examiné si, suivant les règles sacramentelles de la discipline, leur chant vient de gauche ; je ne me suis arrêté ni aux miettes qui tombent, ni au son qu'elles rendent. J'ai consulté des signes qui, sans être absolument certains, permettent pourtant d'aller un peu moins à tâtons et trompent moins souvent que les autres. Je donne à ma divination deux points de départ, dont l'un est César, l'autre la nature des temps et la condition des discordes civiles. » Et d'après ces deux sources d'observation, il promet un prompt retour à Cécina, « en faveur de qui s'élève la voix de l'Étrurie tout entière ». — (2) Schiche, *ibid.*, p. 43. C'est aussi l'opinion de M. Schmeisser, dans son travail sur *la science étrusque* (Breslau, 1872). — (3) E. Havet, *le christ. et ses orig.*, II, 77.

die d'Ennius, ni d'un augure marse, ni d'un aruspice de carrefour, ni des astrologues du cirque ou des devins d'Isis, ni de ceux qui expliquent les songes.... Ils promettent aux gens des trésors, et ils leur demandent une drachme. Qu'ils prennent la drachme sur le trésor et qu'ils nous donnent le surplus. (1) »

Malgré cette incrédulité qui s'affichait, une foule de gens continuaient de croire à la divination et à la vertu de toutes les pratiques ridicules ou impures venues de l'Orient. « Le bruit courait que Vatinius, qui se prétendait Pythagoricien et se moquait des auspices, essayait d'évoquer les morts en leur immolant des enfants. Marius avait la plus grande confiance dans une Syrienne, la prophétesse Martha, qui lui avait été recommandée par sa femme ; il l'emmenait avec lui dans sa litière et sacrifiait par ses ordres. » (2) « Pendant la guerre civile des réponses d'aruspices arrivaient sans cesse de Rome au camp de Pompée et entretenaient ses illusions ; car « Pompée « était sensible, dit Cicéron, à ce qu'annonçaient les prodiges et « les entrailles des victimes. (3) » Caton, Varron et Cicéron furent très effrayés lorsque, quelque temps avant la bataille de Pharsale, un matelot rhodien se mit à prophétiser et prédit qu'avant trente jours la Grèce serait inondée de sang et Dyrrachium mis au pillage (4).

Le *de divinatione*, comme le *de natura deorum*, n'était destiné qu'à l'élite de la société romaine. « On doit, dit Cicéron, cultiver la science des aruspices dans l'intérêt de la république et de la religion vulgaire (5). Mais nous sommes seuls ; nous pou-

(1) *De div.*, I, 58, 132. — (2) Boissier, *la relig. romaine*, I, p. 60. — (3) E. Havet, *ibid.*, II, 82. — (4) *De div.*, I, 32, 68. — (5) Cicéron avait un jour profité lui-même des réponses des aruspices. Le bruit s'était répandu qu'on avait entendu dans un champ, aux portes de Rome, un cliquetis d'armes menaçant. Les aruspices consultés répondirent que les dieux étaient irrités ; mais de quoi ? Clodius soutint que c'était Cicéron qui avait fait tout le mal. Cicéron, prenant la parole à son tour, accabla Clodius. Celui-ci avait troublé les jeux de Cybèle ; il était clair dès lors que c'était Cybèle qui se plaignait ; car c'est elle qui parcourt les bois et les campagnes avec des bruits surnaturels. En même temps, l'auteur du *de divinatione* se confondait en protestations de respect pour « la science admirable de l'Étrurie, » et en témoignages de confiance dans les livres sibyllins.

vous chercher la vérité sans crainte d'être blâmés. (1) » Cicéron croyait donc que les recherches sceptiques sur la divination, comme celles sur la nature des dieux, pouvaient être dangereuses pour la foule (2). Mais on ne saurait guère professer en public des opinions qu'on ne partage pas réellement, ou même qu'on combat en particulier. L'incrédulité dogmatique n'aurait pas tardé à régner partout, si Auguste, comprenant que les croyances religieuses sont un des soutiens de l'État, n'avait relevé les temples qui tombaient en ruine, rétabli les cérémonies du culte et recommandé aux poètes et aux écrivains de célébrer l'ancienne religion.

Mais Cicéron avait été témoin des terreurs superstitieuses qu'inspiraient les présages. D'autre part, il avait reconnu, comme il l'écrivait à Cécina, que la véritable divination consistait dans l'expérience des hommes et des affaires. Dès lors il se crut en droit de dire tout haut ce que beaucoup pensaient, ce que soutenaient hardiment Épicure et la nouvelle Académie. Dans le *de natura deorum* Cicéron fait critiquer par Cotta les principales doctrines sur la divinité, mais il déclare que, pour son compte, il se range à l'opinion des Stoïciens. Dans le *de divinatione* il prend lui-même la parole et ne laisse subsister aucune des preuves qu'on donnait de la divination. Le but qu'il poursuit n'est pas autre que celui que s'était proposé Lucrèce : détruire les croyances superstitieuses qui rendaient la vie inquiète et malheureuse. Le poète montre plus d'enthousiasme et d'indignation, l'orateur plus de logique et d'ironie : voilà toute la différence.

(1) *De div.*, II, 12, 28. — (2) Dans le *de legibus* (II, 13, 32-33), Cicéron avait reconnu l'utilité des pratiques divinatoires au point de vue politique.

CHAPITRE XI

Le « de fato » et la traduction du « Timée ».

Le *de fato*. Ce qu'on dit de Posidonius vient de l'ouvrage de ce philosophe imité dans le livre I du *de divinatione*. La théorie de Chrysippe sur le destin est exposée et critiquée d'après un livre de Clitomaque. Cicéron emprunte aux Stoïciens récents, comme Panétius et Posidonius, ou ne doit qu'à lui-même ce qu'il dit du *clinamen*. Le fatalisme stoïcien et le déterminisme moderne. Le *clinamen*, la liberté et la fatalité. Conclusion. — La traduction latine du *Timée*. A quelle époque et dans quel but elle a été faite. Elle ne vient pas de Tiron, mais de Cicéron lui-même. Elle aurait été remaniée avant d'entrer dans un traité philosophique. Les explications de la nature dans l'antiquité.

LE « DE FATO ».

Le *de fato* a été composé après le *de divinatione*. Il ne serait autre chose que le récit d'un entretien que Cicéron avait eu à Pouzzoles avec le consul désigné A. Hirtius, en 710 (44 av. J.-C.), après le meurtre de César (1). Ce traité est postérieur au dialogue sur *la vieillesse*, dont Cicéron nous parle comme terminé au commencement du livre II du *de divinatione* (2).

Cicéron nous dit (3) qu'il avait dessein d'ajouter aux livres sur *la nature des dieux* et sur *la divination* un traité sur *le destin*, qui lui semblait nécessaire pour compléter cette série de questions. En effet les Stoïciens, entre autres preuves de la divination, s'appuyaient sur l'ordre immuable des choses. Mais il s'agissait de concilier cet ordre immuable avec la liberté chez l'homme. C'est justement pour sauver le libre arbitre qu'Épicure avait nié la nécessité des physiciens. La prétention des Stoïciens était de conserver les deux termes qu'Épicure jugeait inconci-

---

(1) *De fato*, 1, 2. — (2) 1, 3. — (3) *De divin.*, II, 1, 3.

liables. Le traité sur *le destin* est presque tout entier consacré à l'examen de cette tentative.

Malheureusement le livre est incomplet. Il y a deux lacunes considérables au commencement (1) et à la fin (2). Le dernier chapitre, qui n'a pas de rapport avec ce qui précède, contient une partie de la critique du *clinamen*. Cicéron a déjà parlé plus haut de la déclinaison des atomes, mais très rapidement (3).

Dans le *de natura deorum* et le *de divinatione* l'exposition de la doctrine stoïcienne est l'objet d'un livre séparé (4). Ici, au contraire, Cicéron fait suivre immédiatement de la critique l'exposition de chaque argument des Stoïciens en faveur du *fatum*. Il est donc probable qu'il ne s'est pas servi d'un ouvrage stoïcien, mais d'un livre où, comme dans le *de fato*, on combattait chacun des raisonnements du Portique après l'avoir exposé. Ces raisonnements sont empruntés à deux philosophes distincts : Posidonius, dont Cicéron nous parle peu, sans doute parce que le commencement du *de fato* est perdu ; puis Chrysippe, dont il développe la doctrine dans toute la suite de l'ouvrage. Si l'on supposait qu'il doit à des écrits stoïciens l'exposé des doctrines du Portique, il faudrait admettre qu'il a consulté au moins deux ouvrages différents, l'un de Posidonius, l'autre de Chrysippe. En effet, on ne saurait soutenir que le résumé des doctrines de Chrysippe est tiré d'un livre de Posidonius : le nom de ce dernier n'est pas mentionné une seule fois dans toute la partie où l'on parle de Chrysippe (5), et Cicéron dit au commencement du chapitre 4 qu'il va quitter Posidonius pour en venir aux arguments captieux de Chrysippe.

Les détails sur Posidonius ne doivent pas être tirés d'un écrit particulier de ce philosophe, mais de l'ouvrage dont Cicéron s'était servi pour le livre I du traité sur *la divination*. En effet, Posidonius prouvait la vérité de la divination par l'enchaînement fatal des causes physiques, et tous les exemples cités

---

(1) Avant le ch. 3. — (2) Après le ch. 20. — (3) 10, 23. — (4) *De nat. deor.*, II ; *de divinat.*, I. — (5) Ch. 4-19.

par Cicéron dans cette partie du *de fato* sont justement des cas de fatalité physique ; il les réfute en s'adressant au bon sens et ne fait pas appel, comme par la suite, aux raisonnements subtils des philosophes.

Il est probable que, pour le reste de la critique des Stoïciens, Cicéron n'a pas consulté non plus d'ouvrage de Chrysippe et qu'il s'est contenté de résumer un écrit où était exposé et combattu le déterminisme du Portique.

Quel était cet écrit ? Il n'est pas difficile de le dire. En effet le nom de Carnéade revient jusqu'à quatre fois dans la partie où Cicéron parle de Chrysippe (1). La critique de la doctrine stoïcienne par Cotta au livre III du *de natura deorum*, et par Cicéron au livre II du *de divinatione* est empruntée à un ouvrage de Clitomaque, qui avait consigné dans ses livres la doctrine de son maître Carnéade. La réfutation des idées de Chrysippe dans le *de fato* est, selon toute apparence, due au même auteur que dans les deux traités précédents.

Une preuve à l'appui de cette supposition, c'est que les idées d'Épicure sur le destin sont à peine mentionnées (2). On peut dire que c'est parce que l'ouvrage de Cicéron nous est arrivé incomplet. Ne serait-ce pas plutôt parce qu'il était emprunté à Carnéade, qui combattait surtout le Portique et ne réfutait Épicure qu'en passant ? Bien plus, Carnéade indiquait aux Épicuriens comment ils auraient pu, dans la question de la liberté, se défendre contre Chrysippe (3).

Cicéron ne parle du *clinamen* que dans le dernier chapitre qui nous reste du *de fato*. Il combat encore la déclinaison des atomes dans le *de finibus* (4) et le *de natura deorum* (5). Il dit nettement dans le dernier de ces passages que c'est pour sauver la liberté humaine qu'Épicure avait imaginé *le clinamen*. Les Épicuriens postérieurs avaient retenu cette partie importante de la doctrine de leur maître et avaient essayé de l'entourer de preuves nouvelles. En effet, suivant Torquatus, les Épicuriens de son temps ne se contentaient plus de répéter les affirmations

---

(1) 9, 19 ; 11, 23 ; 14, 31 et 32. — (2) 10, 22 ; 20, 44. — (3) 11, 23. — (4) I, 6, 18. — (5) I, 25, 69.

d'Épicure, mais pensaient qu'il fallait encore discuter et réfuter les opinions adverses (1). Or, une objection souvent faite aux Épicuriens, c'était qu'avec le *clinamen* ils ne pouvaient expliquer les harmonies du monde. Il semble que Velleius veuille répondre à cette objection dans son discours au commencement du livre I du *de natura deorum* (2). Mais Cicéron ne mentionne pas dans sa critique cette explication de la finalité par le seul *clinamen*; elle ne dut se produire que chez les Épicuriens récents. Il se contente d'adresser à Épicure des objections générales, par exemple que la déclinaison des atomes est un effet sans cause. C'est ce qu'il a déjà soutenu dans le *de natura deorum* et le *de finibus*. Or, ces passages nous ont paru inspiré de philosophes stoïciens, comme Panétius et Posidonius, qui ne pouvaient pas prévoir les arguments des Épicuriens postérieurs.

En résumé, il est probable que Cicéron dans le dernier chapitre du *de fato* ne suit plus l'écrit de Clitomaque dont il s'était servi pour critiquer la théorie de Chrysippe, et qu'il se rappelle ce qu'il a dit autrefois dans le *de finibus* et dans le *de natura deorum*. Il ne devait plus avoir sous les yeux l'ouvrage stoïcien dont il s'était inspiré alors.

Quels étaient, d'après Cicéron, les arguments des Stoïciens et des Épicuriens défendant, les uns le destin, les autres la liberté ? La plupart de ces arguments sont encore employés aujourd'hui dans la question de la liberté et du déterminisme, et beaucoup de solutions de ce problème qu'on croit nouvelles avaient déjà été, sinon développées, du moins entrevues par les anciens.

Le monde, suivant Chrysippe, étant un être vivant dont toutes les parties sont pénétrées par la raison divine, l'une de ces parties ne saurait être affectée sans que toutes les autres le soient également (3); ceci est vrai surtout pour l'âme humaine,

---

(1) *De fin.*, 1, 9, 31. — (2) 20, 54. — (3) C'était la *sympathie* ou *contagion* universelle, συμπάθεια τῆς φύσεως. Cet argument de l'enchaînement nécessaire des causes physiques, ou des mouvements, a été repris par les savants modernes. (Lange, *Hist du matérial.*, trad. franç., II, p. 151.) Cf. Heine, *Stoicorum de fato doctrina*, Numburgi, 1859.

qui est une partie de Dieu. A Athènes le ciel est pur, d'où la finesse des habitants de l'Attique ; à Thèbes il est épais ; c'est pour cela que les Thébains sont lourds et robustes. Chrysippe voit ici la preuve que ce qui nous arrive est, comme ce que nous désirons, lié aux phénomènes naturels par le destin ou l'enchaînement éternel des causes. Mais, répond Cicéron, « vous ne parviendrez pas à me prouver que c'est l'influence des lieux qui fait que je me promène sous le Portique de Pompée plutôt qu'au Champ de Mars (1) ». La nature des lieux a une certaine influence, mais restreinte. Nous avons quelquefois des penchants naturels vicieux, comme par exemple Stilpon et Socrate ; mais nous pouvons leur résister et les corriger.

Plus loin Cicéron parle du λόγος ἀργός (2). C'était un argument par lequel les adversaires du Portique croyaient réfuter la doctrine du destin. Mais Chrysippe distinguait des choses simples et d'autres naturellement liées. Appelez le médecin ou ne l'appelez pas, dit-on, vous mourrez ou vous guérirez tout de même. Mais, répond Chrysippe, c'est ici un pur sophisme ; car l'appel du médecin est, tout autant que la guérison, dans l'arrêt de la destinée. Ainsi les actions humaines rentrent dans la série naturelle des causes. Cette explication réfute en une certaine manière le sophisme paresseux ; mais ce qui arrive est produit nécessairement par notre volonté et par les choses extérieures ; donc la liberté se trouve détruite.

Pour la défendre Chrysippe recourait à une distinction entre les causes. Les unes produisent leur effet nécessairement : ce sont les causes *principales* et *parfaites*, αἴτια αὐτοτελῆ, κύρια, συνεκτικά, comme, par exemple, le feu est cause de la chaleur. Les autres ne sont pas efficientes par elles-mêmes, mais sans elles l'effet ne peut se produire : ce sont les causes *adjuvantes*, συναίτια, συνεργά, comme l'airain est cause de la statue. Les causes adjuvantes sont contenues dans la série éternelle des causes, qu'on appelle le destin ; la cause principale est en notre pouvoir (3). Chrysippe expliquait la différence entre les

---

(1) 4, 8. — (2) 12, 28. — (3) Cette distinction rappelle celle imaginée par Stuart Mill entre le simple antécédent et l'antécédent inconditionnel ; celui-ci,

causes adjuvantes et les causes principales par l'exemple du cylindre. La pierre qui pousse un cylindre est la cause principale de son mouvement; mais sa révolution vient de sa forme et de sa volubilité; ainsi le destin nous meut en ce qu'il contient les causes adjuvantes; mais c'est la volonté elle même qui règle les devoirs, les desseins, les actions (1).

On trouve dans Aulu-Gelle une exposition plus complète de la doctrine de Chrysippe (2). Après avoir fait cette citation d'Aulu-Gelle, un juge pénétrant, Bayle, ajoute: « La distinction de Chrysippe entre les causes externes qui nécessitent et celles qui ne nécessitent pas ne lui est d'aucun usage.... Il ne faut pour s'en convaincre que lier ensemble sa comparaison du cylindre et l'aveu qu'il fait que les qualités intérieures de l'âme qui la poussent vers le mal sont une suite naturelle et nécessaire du destin. Il dit qu'il y a des âmes bien formées dès le commencement qui essuient sans dommage la tempête qui tombe sur elles de la part du *fatum*, et qu'il y en a d'autres si raboteuses et si mal tournées que, pour peu que le destin les heurte, ou même sans aucun choc du destin, elles roulent vers le crime par un mouvement volontaire.... De sorte que, reconnaissant d'ailleurs une Providence divine, il fallait qu'en bien raisonnant il regardât Dieu comme la cause de tous ces crimes (3). » Mais Chrysippe refusait d'admettre ces conséquences; il voulait que l'homme fût responsable de ses actions. On a remarqué que c'étaient les écoles fatalistes, comme les Stoïciens et les Calvinistes, qui avaient eu la morale la plus austère. Cependant la logique forçait Chrysippe d'arriver aux conclusions qu'indique Bayle, après Plutarque (4).

La doctrine d'Épicure sur le destin est tout à fait contraire à

par sa seule présence, suffit à produire les phénomènes; l'autre n'est pour cette production qu'une cause purement négative.

(1) 15, 34. — (2) *Noctes att.*, VI, 2. — (3) Dictionnaire, II, p. 171, v. Chrysippe. — (4) La doctrine de Chrysippe rappelle ici celle de Stuart Mill, qui dit que nos actions dépendent de notre caractère; mais notre caractère est fatalement déterminé; pour que nos actions fussent libres, il faudrait que notre caractère le fût également.

celle du Portique : la théorie du *clinamen* est la négation absolue du fatalisme physique des Stoïciens. Nous allons exposer cette théorie non seulement d'après le *de fato*, mais encore d'après le *de finibus* et le *de natura deorum*. Nous aurons recours à Lucrèce pour l'intelligence de certains passages insuffisamment expliqués par Cicéron (1).

Aristote avait remarqué, contre Démocrite, que tous les corps, quel que soit leur poids, tombent avec une vitesse égale dans le vide. Dès lors on ne pouvait plus admettre l'explication qui faisait rencontrer les plus légers par les plus lourds. Tombant avec une vitesse égale dans le vide, les atomes ne devaient jamais se rencontrer ; par suite la formation de tout agrégat d'atomes, ou corps, et de tout monde était impossible. Alors Épicure imagina le *clinamen* : les atomes dans leur chute déviaient un peu de la ligne droite et pouvaient ainsi se rencontrer.

L'hypothèse du *clinamen* n'expliquait pas seulement la formation du monde ; elle sauvegardait encore la liberté humaine. Reconnaître la pesanteur aux atomes, c'était leur donner une puissance intérieure, mais qui restait fatale (2). Tout le monde serait alors soumis à un déterminisme rigoureux. Mais, nous dit Épicure, « il vaudrait encore mieux croire les fables qu'on raconte sur les dieux que d'être l'esclave de la fatalité des physiciens. Dans le premier cas du moins on peut fléchir les dieux en les honorant, mais la nécessité est sourde aux prières (3) ». C'est aussi au nom de la liberté que

---

(1) Voir l'article de M. Guyau sur *la contingence et la liberté dans Épicure*. (*Revue philos.*, juillet 1878, et *Morale d'Épicure*, p. 71.) — (2) *Necessum intestinum*. Lucrèce, II, 291. — (3) Diog. Laerte, X, 134. Nous lisons aussi dans les fragments de la physique d'Épicure édités par M. Gomperz (*compte rendu des séances de l'Acad. de Vienne*, tome 83, 1876, p. 87), « qu'on nous adresse des avertissements parce que la cause de nos actions réside en nous-mêmes et dans notre constitution primitive, et non dans les influences fatales du milieu, ou dans les accidents du hasard ». Les fatalités dont parle ici Épicure sont précisément celles que les Stoïciens alléguaient contre la liberté, et qu'on trouve exposées et critiquées dans le *de fato*. M. Zeller (III, a^3, 425) ne comprend pas que M. Gomperz arrive à conclure du fragment cité plus haut qu'Épicure était déterministe.

les Épicuriens repoussaient la Providence stoïcienne et la divination, « cette vieille qui dit la bonne aventure, *anus fatidica* (1) ». « Vous avez, dit Velleius aux Stoïciens, placé au-dessus de nos têtes un maître éternel (2). » La liberté pour les Épicuriens ne consiste pas, comme pour les Stoïciens, à se conformer aveuglément aux lois de l'univers, mais à s'en affranchir.

On s'est demandé ce qui avait pu faire imaginer à Épicure le *clinamen*, cette théorie si contraire à toutes les données physiques. Les objections d'Aristote avaient contraint Épicure de corriger le système de Démocrite, suivant lequel il suffisait de la pesanteur pour expliquer la formation du monde. Peut-être est-ce à cause de la théorie péripatéticienne de la volonté qu'Épicure prend tant de soin de placer la déclinaison dans l'atome, afin de sauver le libre arbitre chez l'homme. A l'époque de Démocrite on accordait pour la vie pratique plus d'importance à la raison et à la science qu'à la volonté et à l'intention (3). Les sophistes, comme aujourd'hui les partisans de la philosophie positive, croyaient que la raison et l'instruction pouvaient tout chez l'homme; quant à la volonté, on n'y pensait pas (4).

« Épicure, dit Cicéron, ne modifia le système de Démocrite que pour le gâter. Il eût mieux valu confesser simplement son ignorance qu'imaginer une hypothèse insoutenable (5). » Mais peut-être l'hypothèse du *clinamen* n'est-elle pas aussi absurde qu'elle le paraît au premier abord. Cicéron lui-même fait dire à Torquatus qu'il prouvera que plusieurs erreurs de Démocrite ont été relevées et corrigées par Épicure (6). « Si tous les atomes, dit Cicéron, déclinent également, ils ne pourront se rencontrer; car la direction du mouvement pourra bien chan-

---

(1) Cic., *de nat. deor.*, I, 8, 18. — (2) *Ibid.*, I, 20, 54. — (3) Hirzel, I, 163. — (4) On s'étonne parfois de trouver chez Socrate une doctrine rigoureusement déterministe que Platon conserva en l'adoucissant. Mais Socrate, comme la plupart des grands hommes, ne faisait qu'exprimer avec une claire conscience une opinion que la plus grande partie de ses contemporains partageaient sans s'en rendre compte. — (5) *De fin.*, I, 6, 21. — (6) *Ibid.*, I, 8, 29.

ger, mais le parallélisme subsistera ; si les uns déclinent, et que les autres puissent à leur gré tomber verticalement, c'est attribuer des fonctions différentes aux atomes (1). » La première hypothèse ne fait que changer les termes du problème, dont la solution resterait impossible ; dans la seconde les atomes peuvent se fuir ou se rencontrer : la liberté est sauvée.

Mais, a-t-on dit, comment cent atomes qui se penchent, sans savoir ce qu'ils font, formeront-ils un jugement par lequel l'âme se détermine, avec connaissance de cause, au choix de l'un des deux partis qui se présentent? On peut répondre que l'âme pour Épicure, n'étant qu'un composé d'atomes subtils, s'il ne commençait par accorder la déclinaison à tous les atomes en général, il lui était bien difficile de la placer dans l'âme.

Le grand reproche que Cicéron et beaucoup d'autres font à l'hypothèse du *clinamen*, c'est que la déclinaison des atomes est un effet sans cause (2). On a répondu que la volonté et le désir sont des causes suffisantes pour expliquer le mouvement de déclinaison des atomes (3).

Cicéron dit que la déclinaison des atomes ne saurait expliquer les harmonies du monde (4). Les Stoïciens, partisans du déterminisme absolu, célébraient les beautés de la nature et y

---

(1) *Ibid.*, I, 6, 20. — (2) *Ibid.*, I, 6, 19. — (3) Veut-on seulement entendre par cause la cause physique, l'hypothèse d'Épicure pourrait encore se défendre. Descartes disait que la somme du mouvement dans l'univers était constante, qu'il n'y avait que la direction qui changeât. Leibnitz crut prouver qu'elle-même la direction du mouvement était constante. Dans ces derniers temps on est revenu aux idées de Descartes. M. Boussinesq, s'appuyant sur la théorie des solutions singulières découverte par Poisson, prétend que ce que les mathématiques nous montrent vrai d'une façon abstraite doit se trouver réalisé quelque part. (Voir P. Janet, *philosophie franc. contemp.*, p. 388.) Or il y a des endroits particuliers de certaines courbes, appelés *points de retour*, où la formule mathématique se trouve également satisfaite, soit qu'on avance, soit qu'on recule. Les êtres vivants auraient ce privilège d'avoir à chaque instant à résoudre de ces problèmes singuliers, où une même équation admet plusieurs solutions différentes. Ainsi dans le *clinamen* la théorie mécanique du mouvement serait scrupuleusement observée, sans que pour cela la liberté subît aucune atteinte. — (4) *De fin.*, I, 6, 20.

voyaient l'œuvre de la divinité (1). Les Épicuriens, qui croyaient à la contingence universelle, ne pouvaient admettre les causes finales. Ne reconnaissant pas la providence des dieux, et leur déniant toute action sur le monde, ils ne pouvaient dire qu'ils avaient ordonné toute chose d'après un dessein préconçu. Ce qu'on regarde comme une cause ayant précédé les effets n'est qu'un simple résultat : on met au commencement ce qui ne vient qu'à la fin (2). Nous ne trouvons pas, il est vrai, la théorie de Lucrèce sur la finalité dans les fragments qui nous restent d'Épicure, ni chez les autres écrivains qui nous ont parlé de sa doctrine. Mais déjà Démocrite avait banni du monde la finalité pour la remplacer par le mécanisme. Épicure avait dû reproduire sur ce point les idées de son maître, comme sur tous les autres où il n'était pas obligé de les modifier pour les mettre d'accord avec les progrès de la science ou échapper à des objections embarrassantes.

Mais comment expliquer la formation du monde et ses harmonies en dehors de la finalité et du déterminisme physique, qu'Épicure repousse avec encore plus d'énergie que la Providence? La chute des atomes et leur rencontre désordonnée (3) ne sauraient produire rien d'ordonné. C'est ici que Lucrèce introduit un principe dont on fera plus tard un très grand usage dans les sciences de la nature: le temps et la multiplicité des combinaisons. Non, sans doute, les atomes n'ont pas réussi tout d'abord à former des composés stables et harmonieux ; ils n'y sont parvenus qu'à la suite d'une foule d'essais, d'expériences (4). La nature est un joueur qui multiplie le nombre des coups ; qu'importe que la plupart soient malheureux, pourvu que quelques-uns réussissent. C'est ainsi que Lucrèce, et peut-être Épicure avant lui, répondaient à ceux qui niaient qu'avec

(1) *De nat. deor.*, II. — (2) « *Præpostera sunt rotione.* » Lucr., IV, 831. On est frappé de l'accord entre le langage de Lucrèce et celui des savants modernes. Ceux-ci disent que l'oiseau vole parce qu'il a des ailes, mais qu'il faut bien se garder de dire qu'il a des ailes pour voler. C'est presque l'exemple donné par Lucrèce (IV, 825). — (3) *Turbulenta concursio. De fin.*, I, 6, 20. — (4) *Pertentare,* V, 426; *experiundo,* V, 429.

la déclinaison des atomes on pût expliquer les beautés et les harmonies du monde. C'est sans doute à cette théorie que fait allusion Velleius lorsqu'il parle de ces « régions immenses en largeur, en longueur, en profondeur, où voltigent sans cesse une infinité d'atomes, qui, à travers le vide, s'approchent les uns des autres, s'attachent, et, par leur union, forment ces différents corps que les Stoïciens croient ne pouvoir être façonnés qu'avec des soufflets et des enclumes (1) ». Nous avons vu plus haut que Carnéade indiquait aux Épicuriens comment ils auraient pu défendre le libre arbitre contre les objections de Chrysippe (2). Il semble que Carnéade à son tour n'aurait eu qu'à s'approprier la théorie des Épicuriens sur la formation des corps et des organismes, pour combattre la doctrine stoïcienne de la Providence (3).

On pourrait s'étonner que Cicéron, dans le *de fato*, ne parle pas de Platon ni d'Aristote, qui avaient exprimé les vues les plus profondes et les plus originales sur le destin et la liberté. C'est que leur doctrine, à l'époque de Cicéron, n'était plus comprise que de rares penseurs, et que la foule suivait les idées du Portique et d'Épicure, plus grossières, mais aussi plus faciles à saisir. Or, Cicéron examine les systèmes en honneur de son temps, sans remonter à leur origine première.

Dans le *de fato* il mentionne et critique le *clinamen* d'Épicure; mais ce n'est qu'en passant; il tourne presque tous ses efforts contre la doctrine des Stoïciens. Peut-être le hasard d'Épicure lui semblait-il moins dangereux que le destin du Portique. Les Épicuriens acceptaient la ruine de la République par paresse, pour n'avoir pas à défendre l'ancienne constitution; les Stoïciens étaient conduits au même résultat par soumission à l'enchaînement fatal des causes, conséquence de l'ordre universel. On a remarqué que le fatalisme est une doctrine favorable au despotisme, et que toute apologie du libre arbitre est un effort pour la liberté. Ainsi Alexandre d'Aphrodise écrivit son traité sur *le destin* pour protester contre la tyrannie de Caracalla,

---

(1) *De nat. deor.*, I, 20, 54. — (2) *De fato*, 11, 23. — (3) Voir plus haut, ch. IX, l'étude des sources du livre III du *de natura deorum*.

Daunou son mémoire sur le même sujet pour défendre la liberté humaine contre le pouvoir absolu de Napoléon. Le *de fato* de Cicéron était une œuvre analogue ; il devait enlever toute excuse à ceux qui se hâtent d'accepter les faits accomplis, comme si tout ce qui arrive était nécessaire.

Ici, comme dans le *de natura deorum,* Cicéron, avec la nouvelle Académie, gardait le milieu entre deux dogmatismes contraires, celui d'Épicure qui, en haine du fatalisme des physiciens, soutenait une sorte de liberté d'indifférence, et celui du Portique, qui n'avait délivré l'homme de la domination des dieux que pour le courber sous celle du destin. Peut-être le *clinamen* d'Épicure n'était-il, comme le disait son auteur, qu'un moyen de défendre le libre arbitre. Mais les anciens ne pouvaient pas comprendre qu'il y eût des effets sans cause. Or la déclinaison des atomes semblait se produire sans raison. Un aveugle hasard prenait ainsi la place de l'ordre universel. Il était permis de croire que telle était au fond la doctrine d'Épicure, lorsqu'on le voyait expliquer les phénomènes physiques par des causes contradictoires et quelquefois absurdes, pourvu qu'elles ne sortissent pas du cours ordinaire des choses. De même, sans doute, peu lui importait l'origine de la liberté chez l'homme, pourvu que celui-ci ne fût plus soumis au caprice des dieux ni à l'immuable nécessité des physiciens. Cicéron croyait, avec la nouvelle Académie, que l'homme est libre, mais que tout ne se produit pas au hasard ; qu'il y a un ordre fixe dans la nature, mais que cet ordre ne s'impose pas à nous d'une façon inflexible. Peut-être y a-t-il ici une antinomie ; mais les deux propositions énoncées plus haut paraissent également vraies, et les esprits pratiques dans la question de la Providence et du libre arbitre seront toujours de l'avis de Bossuet, qui disait qu'il faut admettre les deux termes du problème et tenir solidement les deux bouts de la chaîne, quoiqu'on ne voie pas bien comment se fait le passage de l'un à l'autre (1). Saint Augustin reprochait à Cicéron de sacrifier au libre arbitre la prescience divine (2) ; c'est que, comme on l'a dit (3), « pour Cicéron, Sénèque, Tacite et les

---

(1) *Traité du libre arbitre.* — (2) *De civitate Dei,* IX, 2. — (3) V. Duruy,

grands jurisconsultes le plus impérieux des besoins fut la libre possession d'eux-mêmes. »

LA TRADUCTION LATINE DU « TIMÉE ».

Parmi les œuvres de Cicéron se trouve une traduction des premiers chapitres du *Timée* de Platon, précédée d'un court fragment où Cicéron nous parle des entretiens sur la nature qu'il avait avec P. Nigidius. On peut se poser plusieurs questions à propos de ce fragment et de la traduction qui suit. On ne saurait guère douter qu'il soit de Cicéron ; mais en est-il de même de la traduction ? Si celle-ci appartient également à Cicéron, est-elle une œuvre de sa jeunesse, ou bien n'a-t-elle été écrite que dans son âge mûr ? En traduisant les premiers chapitres du *Timée* voulait-il seulement s'exercer, ou bien faire connaître à ses compatriotes les spéculations des philosophes grecs sur la nature ? Enfin la traduction du *Timée* et le fragment qui précède seraient-ils les ébauches d'un traité philosophique où Cicéron aurait étudié les opinions des anciens sur la nature, et la traduction du *Timée* devait-elle être mise dans la bouche de Nigidius Figulus, qui, au dire de Cicéron, était profondément versé dans la connaissance de la philosophie pythagoricienne et de ses doctrines physiques ? (1)

Cicéron commence ainsi le fragment qu'on peut considérer comme servant de préface à la traduction du *Timée* : « Je me suis élevé en plusieurs endroits de mes *Académiques* contre les philosophes qui veulent pénétrer les secrets de la nature, et j'ai bien souvent attaqué à ce sujet P. Nigidius avec les armes de Carnéade. » Les *Académiques* furent composées en 700. Or dans la phrase qui suit le passage cité Cicéron nous apprend

---

Une dernière page d'histoire romaine, Revue des Deux-Mondes, 15 mai 1884, p. 343.

(1) K. F. Hermann a écrit une dissertation « *de interpretatione Timœi* » (Gottingue, 1842) qui, suivant M. Hirzel, a été négligée d'une façon surprenante et contre toute justice. M. Hochdanz a publié, en 1880, un opuscule intitulé : *Quæstiones criticæ in Timœum Ciceronis e Platone transcriptum* (Nordhausen), où il reprend et modifie les idées d'Hermann.

qu'au moment où il écrit Nigidius n'existait plus, *fuit*. Nous savons que Nigidius mourut en exil un an avant le meurtre de César ; par conséquent Cicéron n'a pu écrire cette préface et la traduction du *Timée*, si l'on suppose que la composition de ces deux fragments appartient à la même époque, avant 709 ou 710. D'autre part Cicéron dit dans la préface que nous venons de citer qu'il s'entretint des différentes explications de la nature avec Nigidius, comme il passait par Éphèse, en se rendant en Cilicie (juillet 702). Or, depuis cette époque jusqu'en octobre 706, on ne voit pas un seul moment où Cicéron ait pu reprendre ses études philosophiques (1). La traduction du *Timée* n'a donc pu être écrite avant la fin de 706 ou le commencement de 707. Mais Cicéron nous dit que dans les *Académiques* il s'est élevé contre ceux qui voulaient pénétrer les secrets de la nature. Pourquoi, dès lors, aurait-il traduit l'œuvre où Platon se proposait justement ce but, sinon pour la réfuter ensuite ? Et pourquoi aurait-il voulu la réfuter, s'il avait regardé comme suffisantes les critiques contenues dans les *Académiques ?* Nous arrivons ainsi au même résultat que précédemment : la traduction du *Timée* est postérieure aux *Académiques*.

Mais dans quel but a été faite cette traduction ? Était-ce un exercice de style ? Cicéron, il est vrai, recommande cette pratique par la bouche de Crassus (2), et Quintilien nous dit que Cicéron traduisit de cette manière des livres de Platon et de Xénophon (3). Cicéron nous apprend lui-même qu'il a traduit les *Économiques* de Xénophon à l'âge qu'avait son fils Marcus lorsqu'il lui dédia le *de officiis*, c'est-à-dire à vingt-un ans. C'est probablement à la même époque qu'il faut rapporter sa traduction du *Protagoras*, dont parlent Priscien, Donat et saint Jérôme. Il est vrai que d'autres la placent dans sa vieillesse (4).

---

(1) *Ad fam.*, XIV, 20. — (2) *De orat.*, I, 34. — (3) X, 5, 2. Cf. saint Jérôme, *préface de la chronique d'Eusèbe*, p. 3. — (4) Van Heusde (*Cicero* φιλοπλάτων, p. 274) dit qu'elle fut faite dans sa jeunesse, et publiée seulement dans sa vieillesse. Mais Cicéron se repent d'avoir autrefois laissé échapper des ébauches de jeunesse. (*De orat.*, I, 2.) Toutefois on peut entendre ceci de traités de rhétorique, et non de traductions, où l'on n'est pas responsable des idées, mais seulement du style.

Quintilien ne parle pas des discours de Démosthène et d'Eschine dans le procès de la *Couronne*, que Cicéron traduisit, non pour s'exercer, comme il le dit lui-même dans la préface de ces traductions (1), mais pour montrer à ses contemporains ce qu'était l'éloquence attique et leur donner des modèles à étudier. On ne saurait croire que Cicéron ait voulu, par la traduction du *Timée*, s'habituer à rendre des idées obscures et difficiles. Il avait toujours en vue l'intérêt de ses concitoyens ; ceci est vrai surtout des œuvres de sa vieillesse. Mais à qui pouvait être utile la traduction du *Timée ?* Ce n'est certainement pas à ceux pour qui il avait traduit les discours de Démosthène et d'Eschine (2). Cicéron nous apprend, dans la préface même du *Timée*, qu'il a dans les *Académiques* combattu les philosophes qui s'efforçaient d'expliquer la nature. Il n'avait donc pas dessein, en traduisant le *Timée*, d'apprendre à ses compatriotes des doctrines cosmogoniques auxquelles il ne croyait pas lui-même.

Nonius Marcellus et les autres grammairiens anciens ne doutaient pas que Cicéron eût traduit le dialogue de Platon. Saint Augustin, qui a cité de longs fragments de la traduction latine, le croyait aussi. Mais la traduction du *Timée* se distingue des traductions faites par Cicéron dans sa jeunesse en ce qu'il n'a pas conservé les noms grecs des interlocuteurs : s'il a gardé la forme générale du dialogue, il a supprimé les apostrophes qu'on trouve dans Platon. On voit, au contraire, dans les fragments, quoique bien courts, du *Protagoras*, qui nous ont été conservés

---

(1) *De optimo genere orat.*, ch. 5.— (2) Cicéron avait, nous dit-il, rendu les discours de Démosthène et d'Eschine, non en traducteur, mais en orateur ; il avait cherché à faire passer en latin les pensées et les images, en conservant aux expressions leur physionomie et leur énergie, mais sans se croire obligé de substituer aux mots grecs des mots latins tout à fait équivalents. Dans le *Timée*, au contraire, il a traduit avec exactitude la plupart des mots ; ce n'est que rarement qu'il en a omis quelques-uns, ou qu'il les a transposés pour rendre la construction plus latine ; plus rarement encore il a ajouté quelque chose du sien ; bref il semble plutôt avoir ramené le latin au génie de la langue grecque, que donné aux pensées de Platon une physionomie romaine.

par Priscien, que Cicéron avait traduit intégralement le dialogue grec. Ici on n'est pas certain que les paroles qu'on lit aient été prononcées, comme chez Platon, par Timée exposant la doctrine pythagoricienne. La forme du discours semble parfois indiquer que celui qui parle et ceux qui écoutent sont des Romains (1).

On a cru que la traduction du *Timée* n'était qu'une partie d'un ouvrage plus considérable où Cicéron devait traiter de l'origine des choses (2). Cicéron avait parlé de l'étude de la philosophie en général dans l'*Hortensius*, de la logique dans les *Académiques*, du fondement de la morale dans le *de finibus*, puis il avait passé à la physique, dont la partie principale pour les anciens consistait dans la théologie ; il avait étudié cette partie dans le *de natura deorum*, le *de divinatione* et le *de fato*. Telle est du moins l'énumération qu'il fait lui-même (3) ; il ajoute, après avoir nommé ses ouvrages sur l'art oratoire : « Tels ont été jusqu'ici mes travaux. Plein d'ardeur j'ai voulu les compléter, et, à moins que quelque grand obstacle ne s'y opposât, éclaircir en latin et rendre ainsi accessibles toutes les questions de la philosophie. » C'est sans doute pour accomplir ce dessein qu'il écrivit le *de officiis*, où il expose la morale pratique. Mais la théologie ne comprend pas à elle seule toute la physique. Il restait à étudier la nature en général, la création du monde et la formation du corps humain (4).

(1) Cicéron oppose le génie de la langue latine, sa langue maternelle, à celui de la langue grecque, qui était une langue étrangère. Il cite plusieurs mots en grec, mais en indiquant la traduction latine ; au lieu de *Téthys*, il donne *Salacia* pour épouse à l'Océan ; il emploie le mot *prosapia*, mais en avertissant que c'est un archaïsme. — (2) Telle était à peu près l'opinion de van Heusde (*ibid.*, p. 275) : « Nous avons, dit-il, la préface de Cicéron, par où l'on voit qu'il n'a pas traduit complètement le dialogue de Platon, et que, à l'exception du discours du Pythagoricien Timée, le reste a été écrit et imaginé librement par lui-même. » — (3) *De div.*, II, 1, 1, sq. — (4) Ainsi l'idée d'écrire l'ouvrage pour lequel devait servir la traduction du *Timée* serait venue à Cicéron tout à fait dans les derniers temps de sa vie. Cette opinion est plus vraisemblable que celle de M. Boissier, qui semble placer plus tôt la traduction du *Timée*. « Cicéron, dit-il, tâtonna d'abord quelque temps, et ne trouva pas du premier coup la philosophie qui convenait à ses

Pour cette question Cicéron aurait probablement suivi la même méthode que précédemment. C'est ce qu'il semble indiquer dans sa préface à la traduction du *Timée*. Là il nous parle de Nigidius Figulus, très versé dans la connaissance des doctrines pythagoriciennes, et de Cratippe, le premier des Péripatéticiens de cette époque. Il aurait probablement placé dans la bouche de Nigidius l'exposé de la cosmologie pythagoricienne traduit du *Timée* de Platon. Cratippe aurait été chargé d'expliquer la doctrine d'Aristote sur la nature (1).

Cicéron avoue que ses dialogues philosophiques ne sont que des ἀπόγραφα, où il apporte seulement les mots, qui ne lui manquent pas. « Si je me bornais, dit-il, à traduire Platon et Aristote, comme nos poètes traduisent le théâtre grec, ce serait rendre apparemment un mauvais service à mes concitoyens que de leur faire connaître ces divins génies ! Mais c'est ce que je n'ai point fait encore, et cependant je ne crois pas du tout qu'il me soit interdit de le faire; aussi, *lorsque l'occasion se présentera* de traduire quelque passage, surtout des deux grands hommes que je viens de nommer, je me sens fort disposé à suivre l'exemple d'Ennius, qui traduit souvent Homère, et d'Afranius, qui reproduit Ménandre. (2) » Cicéron aurait fait ici ce qu'il annonçait, et la traduction du *Timée* était destinée à prendre place dans un traité sur *la nature*.

Les auteurs de l'antiquité et les grammairiens citent toujours

---

compatriotes. Un moment il fut tenté de les diriger vers ces questions de métaphysique qui répugnaient au bon sens pratique des Romains. Il traduisit le *Timée*, c'est-à-dire ce qu'il y a de plus obscur dans la philosophie de Platon ; mais il s'aperçut vite qu'il se trompait et il s'empressa de quitter cette route où il aurait marché tout seul. » (*Cicéron et ses amis*, p. 340.)

(1) Ce dernier point est douteux. Cicéron, comme le remarque Krische (*Forschungen*, etc., p. 19), choisit toujours pour interlocuteurs de ses dialogues philosophiques des hommes distingués, qui avaient laissé un grand souvenir. — Nul ne semble avoir été mieux fait pour exposer la cosmologie pythagoricienne du *Timée* que Nigidius. Cicéron nous dit lui-même dans la préface de la traduction : « Nigidius..... s'occupait surtout avec une ardeur infatigable à étudier les secrets de la nature. Je crois sincèrement que si un homme était capable de faire revivre la doctrine de ces illustres Pythagoriciens..., c'était le savant dont je parle. » — (2) *De fin.*, I, 3, 7.

le fragment en question sous le nom de *Timée*; mais la plupart des éditions anciennes donnent le titre de « *de l'univers* ». C'est une preuve que le traité n'est qu'ébauché et qu'on n'a trouvé dans les papiers de Cicéron que la partie qui devait être exposée par Nigidius (1). Ceux-là mêmes qui pensent que Cicéron n'avait d'autre but que de traduire l'ouvrage grec n'oseraient soutenir qu'il l'a traduit tout entier. Il est certain qu'à part les lacunes, les anciens ne possédaient rien de plus que ce que nous avons.

L'opinion que nous venons de mentionner ne manque pas de vraisemblance (2). Ainsi la traduction du *Timée* et la préface qui la précède seraient bien de Cicéron. Mais on peut admettre cette supposition pour la préface, la repousser pour la traduction.

Dans la préface, a-t-on dit, il n'est personne qui ne reconnaisse l'esprit et la plume du plus élégant des écrivains romains. Il serait bien étrange qu'on l'eût imité de façon à reproduire cette élégance. De plus, celui qui parle donne de tels détails sur lui-même, sur les hommes qu'il a fréquentés, sur les villes qu'il a vues, qu'il est facile de deviner qui il est. Mais dans la traduction il manque tout à fait le mouvement, l'élégance, l'harmonie de la période, cette infinie et admirable habileté et facilité de style que l'on trouve dans toutes les œuvres de Cicéron, même dans les passages qui ont été traduits littéralement du grec.

Toutefois la traduction du *Timée* n'aurait pas été faite pen-

---

(1) Dans cette partie même certaines phrases ont été détruites par le temps. Ainsi Priscien cite comme ayant été employé par Cicéron dans sa traduction du *Timée* le mot *defenstrix* qu'on chercherait en vain dans les fragments qui nous restent; de même pour une ligne entière qui nous a été conservée par Nonius. Mais on a trouvé la place de ce mot et de cette ligne dans les lacunes qui interrompent de temps en temps le texte de Cicéron. — (2) Cette explication, qui est celle d'Hermann, avait été généralement adoptée. Ainsi Teuffel la regarde comme probable (*Hist. de la litt. rom.*, § 187³, note 9), M. Hirzel comme certaine. « On ne peut, dit-il, élever aucun doute contre l'exactitude de cette conjecture » (I, 2-3). Mais elle a été combattue, comme nous allons le voir, sur un point important par M. Hochdanz.

dant la jeunesse de Cicéron, mais dans sa vieillesse. Si l'on considère avec attention le fragment latin, on reconnaîtra que le vocabulaire y est parfait et complet. Or, c'est par les efforts de Cicéron presque seul, dans ses dernières années, que les aptitudes de la langue latine se rapprochèrent sur ce point de celles du grec. Donc cette traduction est de Cicéron lui-même, ou de quelqu'un qui connaissait bien ses écrits philosophiques ; elle ne peut être antérieure à la publication de ces écrits, c'est-à-dire à l'année 709 (1). On ne saurait séparer la préface et la traduction, en ce sens qu'elles ont été écrites à la même époque. Aussi bien elles sont rapprochées non seulement par les manuscrits, mais encore par la communauté du sujet.

La méthode de Cicéron est différente, suivant qu'il traite des questions de philosophie populaire, ou des problèmes plus obscurs. Dans le premier cas il s'abandonne davantage à son inspiration ; dans le second il suit de plus près un modèle grec. Or, rien n'était plus obscur pour lui que les questions sur l'origine de la nature, comme il le déclare lui-même dans la préface de la traduction du *Timée*. Il devait donc reproduire exactement son modèle grec. Mais supposons le livre qu'il voulait faire achevé et édité. Lisons la préface : l'auteur promet de nous rapporter un entretien entre le Pythagoricien Nigidius et le Péripatéticien Cratippe. Que nous donne-t-il ? un dialogue de Platon bien connu des Romains instruits, lu souvent, rarement compris. Cicéron nous le fera-t-il comprendre ? il y a beaucoup de choses qu'il n'a pas comprises lui-même.

Il ne faut pas s'étonner, dit-on, de voir ce passage de Platon

---

(1) Ainsi, à la page 1013 (2ᵉ éd. d'Orelli, revue par Baiter et Halm), l'expression ἀρίστου ἰδέα est rendue par « optimi species », sans que le traducteur ajoute rien, ce qui prouve que les *Académiques* et les *Tusculanes* étaient déjà éditées. C'est dans ces deux écrits que le mot ἰδέα est, pour la première fois, rendu par « species » (*Acad.*, I, 8, 30 ; *Tusc.*, I, 24, 58). De même 996, 10 le traducteur emploie sans s'excuser le mot « opinabilis », se souvenant du passage où l'on dit que les Platoniciens parlent du domaine de l'opinion, *partem rerum opinabilem* (*Acad.*, I, 8, 31), ce que Cicéron croit devoir noter à cause de la nouveauté de l'expression. On pourrait, dit M. Hochdanz, citer beaucoup d'exemples analogues.

traduit presque intégralement ; on trouve d'autres passages grecs traduits en latin, de telle sorte que, si nous n'en connaissions pas l'origine, nous croirions qu'ils ont été non seulement écrits, mais encore composés par Cicéron. — Mais ces passages diffèrent de la traduction du *Timée* par l'étendue et par la nature ; ils ne sont en quelque sorte que des citations. Il est peu probable que Cicéron eût fait entrer dans son livre un fragment aussi considérable. Quelle aurait été l'étendue de l'ouvrage si, outre les idées de Platon, Cicéron avait voulu exposer et critiquer celles des autres philosophes ? S'il avait achevé son écrit, il aurait abrégé et éclairci le texte du *Timée* ; on ne saurait croire qu'à la fin de sa vie il eût renoncé à cette clarté qu'on trouve dans tous les autres traités philosophiques.

Cicéron a dû charger un compagnon de ses études de lui traduire le commencement du plus obscur et du plus difficile des dialogues de Platon, pour comparer, en certains passages, sa façon de comprendre avec celle d'un homme dont l'instruction et l'intelligence lui étaient connues (1). L'auxiliaire de Cicéron ne peut avoir été que son affranchi Tiron, qui lui était d'un grand secours pour ses études, comme on le voit par ses lettres (2). Mais peu importe à qui Cicéron avait confié la traduction du *Timée*, pourvu qu'on admette qu'il avait chargé quelqu'un de ce travail. Il était bien permis à un sexagénaire occupé de tant de soins de se faire aider pour ses écrits philosophiques.

(1) Cicéron n'ignorait pas combien le *Timée* était difficile. « Ce qui empêche de comprendre, c'est, dit-il, l'obscurité du sujet et non du langage. » (*De fin.*, II, 5, 15.) — (2) *Ad Att.*, VII, 5, 1. Cicéron, dit M. Hochdanz, écrit à Tiron lui-même : « Surtout ayez soin de votre santé, pour que nous puissions nous occuper de littérature ensemble, *ut una* συμφιλολογεῖν *possimus* ». (*Ad fam.*, XVI, 21.) Qu'entend-il par συμφιλολογεῖν ? On peut le supposer par une autre lettre à ce même Tiron (*Ad fam.*, XVI, 17) : « Mais à propos, vous qui êtes ma règle, κανών, en fait de style, où avez-vous pris cette expression insolite « en soignant *fidèlement* (*fideliter*) votre santé » ? De quel droit ce *fidèlement* se trouve-t-il là ? » Dans une autre lettre (*ad fam.*, XVI, 10), Cicéron dit à Tiron : « Tenez-vous prêt à vous mettre au service de nos muses. »

L'hypothèse que nous venons d'exposer soulève plusieurs objections. On peut d'abord demander comment Cicéron, qui aurait pu en remontrer à maint Stoïcien et maint Épicurien sur des points beaucoup plus difficiles à comprendre, aurait-il eu besoin, pour se servir du *Timée*, d'une traduction latine faite par des mains étrangères ? (1) Posidonius, le maître de Cicéron, avait écrit un commentaire sur le *Timée*. Cicéron n'avait qu'à consulter cet ouvrage pour éclaircir ses doutes sur les points obscurs du dialogue de Platon. Le grand écrivain latin, empêché par ses occupations, n'aurait-il pu aussi faire la même chose que lors de la composition du *de officiis* ? Il avait alors demandé à Athénodorus Calvus un abrégé sommaire, τὰ κεφάλαια, d'un écrit stoïcien. N'aurait-il pu de même, pour se faciliter la besogne, se faire faire un abrégé du *Timée* ? (2)

La traduction du *Timée* ne peut, dit-on, être de Cicéron, parce qu'on y trouve des méprises qu'on ne saurait lui attribuer et des tournures qui lui sont étrangères. Hermann, qui a relevé un certain nombre de passages où Cicéron n'a pas bien compris ou exactement rendu le texte du *Timée* (3), est ici d'un tout autre avis. « Cicéron, dit-il (4), n'avait pas voulu se donner la peine obscure d'une traduction scolastique ; il a passé plusieurs détails qui lui semblaient peu nécessaires pour la suite des idées ; il en a ajouté d'autres en vue de la clarté, ou à cause du génie propre de la langue latine ; il a mieux aimé changer parfois quelque chose que de paraître contourné ou aride, en suivant exactement les traces de Platon.... On trouve dans tout le livre des mots changés, une construction remplacée par une autre, ce qui, bien loin de faire naître le soupçon que le texte est altéré, indique, par cette négligence même, un connaisseur habile et exercé de la langue latine. »

(1) Iwan Müller, *Jahresbericht de Bursian*, 1881, p. 147.— (2) M. Hochdanz, pour montrer que Tiron était l'auxiliaire de Cicéron dans ses études, cite une lettre où l'on parle de travaux en commun (*ad fam.*, XVI, 21) ; mais cette lettre est du fils de Cicéron et non de Cicéron lui-même. Une autre lettre (*ad fam.*, XVI, 10) que M. Hochdanz dit être probablement de la même année que la traduction du *Timée*, c'est-à-dire de 709 ou 710, est de l'an 700. — (3) P. 15-29. — (4) P. 14.

Nous voilà loin de l'opinion précédente. — De plus, si le traducteur du *Timée* était Tiron, comment aurait-il employé des tournures et des expressions étrangères à Cicéron, lui qui était la règle, κανών, du grand écrivain en fait de style ? On nie que la traduction du *Timée* ait pu être faite à une autre époque qu'après la publication des traités philosophiques de Cicéron, et l'on signale dans cette traduction beaucoup d'ἅπαξ λεγόμενα. Mais Cicéron avait pu se passer de ces mots nouveaux ; le traducteur du *Timée* le pouvait également.

Il est probable que Cicéron n'aurait pas fait entrer cette traduction sans y rien changer dans l'ouvrage qu'il méditait ; il aurait pris les principales idées de Platon, et les aurait exprimées plus brièvement dans son propre style. Il n'avait donc pas besoin de traduire le morceau grec avec tant d'élégance et de pureté. On comprend alors qu'il y ait dans la traduction du *Timée* plus d'ἅπαξ λεγόμενα que dans tous les autres traités philosophiques. D'ailleurs il est bien difficile de dire que telle expression soit tout à fait étrangère à la langue de Cicéron, dont nous ne possédons pas tous les écrits. Cicéron traduisit peut-être le début du *Timée*, parce qu'il n'était pas sûr d'avoir toujours sous la main le dialogue de Platon. Il voulait pouvoir, au besoin, retrouver les doctrines qui y étaient exposées. Le reste lui importait peu ; de là la traduction libre de certains passages obscurs, les expressions peu usitées, mais qui rendent avec exactitude les mots grecs, enfin la suppression des divers interlocuteurs.

En résumé, on peut croire que la traduction du *Timée*, comme la préface qui la précède, sont bien de Cicéron et ont été écrites à la fin de sa vie, mais que ce morceau n'était qu'un simple document, ou qu'à tout le moins il devait subir des modifications avant de prendre place dans un traité sur *la nature* (1).

(1) Dès lors on ne saurait dire avec M. Hirzel (I, 2) que l'étude de la traduction latine du *Timée* est aussi importante pour la connaissance de la manière dont Cicéron composait ses traités philosophiques que la découverte des fragments du περὶ εὐσεβείας. On s'est trop hâté dans les deux cas de croire qu'on saisissait sur le fait le procédé de Cicéron.

Pour traiter entièrement la partie de la philosophie qui s'occupe de la physique et que n'avaient pas épuisée le *de natura deorum*, le *de divinatione* et le *de fato*, Cicéron, avons-nous dit, devait écrire un ouvrage où il aurait étudié l'origine du monde et surtout de l'homme. Les Épicuriens avaient bien vu que le plus sûr moyen de ruiner les superstitions était d'assigner une cause matérielle à tous les phénomènes physiques. Mais, au lieu d'étudier patiemment la nature, les premiers philosophes grecs avaient mieux aimé la deviner. Ils avaient commencé par où l'on doit finir, par des vues générales sur l'origine du monde et des êtres vivants qui l'habitaient. Leurs poëmes περὶ φύσεως étaient de vastes cosmogonies, où ils cessaient bientôt d'observer pour donner libre carrière à leur imagination. Le *Timée* de Platon peut être considéré également comme une hardie synthèse, où l'on construit la nature au lieu de l'analyser.

Aristote, dans ses recherches physiques, se défia davantage de l'imagination ; mais il ne sut pas se garder du raisonnement *à priori*. « Lorsque nous lisons aujourd'hui les *Physica*, nous sommes confondus de n'y trouver que des subtilités stériles sur l'essence du temps, de l'espace, du mouvement, que de pures idées et rien du monde lui-même, rien des phénomènes sensibles et observables. La nature y disparaît derrière l'abstraction ; nous arrivons au bout du livre sans en avoir rien gardé qui soit acquis et nous profite (1). » Ce n'est pas encore là la véritable science de la nature, et l'on pouvait avoir aussi peu de confiance dans les raisonnements subtils d'Aristote sur les phénomènes physiques que dans les rêveries cosmogoniques de Platon et des premiers philosophes grecs.

Le plus grand obstacle aujourd'hui à l'existence d'un scepticisme radical, c'est la certitude des connaissances physiques et naturelles ; dans l'antiquité, au contraire, on s'appuyait sur l'incertitude de ces connaissances pour prouver qu'on ne saurait rien savoir. Cela semble étrange, si l'on songe que les anciens avaient découvert bien des vérités que la science a retrouvées

---

(1) E. Havet, *le christ. et ses origines*, I, p. 299.

seulement de nos jours. Mais ces vérités, si les anciens les avaient découvertes, ils ne les avaient pas démontrées. Le doute restait toujours permis et d'autres explications possibles. La science n'était pas alors, comme aujourd'hui, une possession universelle et incontestée, mais quelque chose de purement personnel et de précaire. Le plus grand bienfait de l'imprimerie et des études expérimentales à partir du XVIe siècle a été, comme on l'a dit, d'aménager et de répandre la science.

Le traité de *la nature* ébauché par Cicéron était le complément de ceux sur *les dieux*, sur *la divination* et sur *le destin* ; seulement, au lieu de passer successivement en revue les théories épicuriennes et stoïciennes, l'auteur aurait examiné ici celles de Platon et d'Aristote ; mais il pouvait facilement les critiquer du point de vue sceptique de la nouvelle Académie, comme il avait fait dans les traités cités plus haut.

CHAPITRE XII.

Le « de officiis ».

Le *de officiis* de Cicéron et son fils Marcus. Les deux premiers livres sont imités du περὶ καθήκοντος de Panétius avec mélange d'idées romaines; Cicéron emprunte la fin du livre I à Posidonius, celle du livre II à Posidonius ou Athénodorus Calvus. — Le livre III et la casuistique stoïcienne. Cicéron s'inspire ici de Posidonius ou d'Athénodorus Calvus, plutôt que d'Hécaton. Caractère du *de officiis*. Le *de officiis ministrorum* de saint Ambroise.

LE « DE OFFICIIS ».

Nous voyons par une lettre à Atticus (1) que Cicéron travaillait au traité des *Devoirs* en juin 710; il fut interrompu par un projet de voyage en Grèce et par la lutte entreprise contre Antoine, qu'il attaqua dans la première *Philippique* (2 septembre). Une autre lettre à Atticus (2), écrite en novembre de la même année, nous apprend que Cicéron avait alors terminé les deux premiers livres et qu'il était occupé à composer le troisième. L'ouvrage entier parut avant la fin de 710 (3).

Après le meurtre de César, Cicéron donnait aux affaires publiques une attention trop passionnée et il avait conçu une espérance trop vive de prendre de nouveau part au gouvernement pour qu'il pût écrire un traité sur *le souverain bien* ou sur *la nature des dieux,* de même qu'avant les ides de mars il lui eût été plus difficile de composer le *de officiis*. Mais dans les circonstances périlleuses où il se trouvait maintenant il devait éprouver le besoin d'indiquer sa véritable pensée sur ce qui nous importe le plus, la manière de nous conduire dans la vie.

(1) XV, 13. — (2) XVI, 11. — (3) Heine, 5ᵉ éd. du *de officiis*, introd., p. 7.

Le premier livre de Cicéron, lorsqu'il se remit à écrire des traités philosophiques, avait été la *Consolation*, consacrée à la mémoire de Tullie. Le dernier fut le *de officiis*, dédié à son fils Marcus. Le père se recueillit quelques instants dans sa lutte contre Antoine pour adresser à son fils ses derniers conseils.

Marcus était alors à Athènes, où son père l'avait envoyé pour étudier la rhétorique et la philosophie. Cicéron semble avoir méconnu complétement les aptitudes de son fils : Marcus était né pour être un soldat, et non un orateur. Au lieu de lire Platon et Démosthène, il s'occupait de bien souper et de mener joyeuse vie. Il resta toute sa vie grand buveur ; il vainquit sur ce terrain le triumvir Antoine, qui jouissait cependant d'une grande réputation. Ce fut la seule vengeance qu'il tira du meurtre de son père. Auguste, qui avait peut-être des remords d'avoir trahi Cicéron, nomma plus tard Marcus consul ; il ne se signala dans cette magistrature qu'en jetant, un jour qu'il était ivre, son verre à la tête d'Agrippa.

Les désordres de son fils avaient causé beaucoup de chagrin à Cicéron. Marcus, bien sermonné, promit de changer de conduite, et il tint parole, si l'on en croit une lettre de lui à Tiron (1). Bientôt il put obéir sans contrainte à ses véritables goûts. Brutus vint à Athènes en appelant aux armes la jeunesse des écoles. Marcus, se souvenant qu'il avait commandé avec succès un corps de cavalerie à Pharsale, se hâta de le suivre et il fut un de ses lieutenants les plus actifs et les plus dévoués. « Il semble se rappeler toujours de quel père il a l'honneur d'être né, » écrivait Brutus à Cicéron (2). La belle conduite de son fils charma le vieux consulaire ; il lui dédia son traité des *Devoirs*, qui est peut-être son plus bel ouvrage et qui fut son dernier adieu à sa famille et à sa patrie (3).

Cicéron ne manquait pas de modèles pour le *de officiis*; car, depuis Aristote, il n'y avait guère de philosophe qui n'eût composé un traité de morale (4). Le *de officiis* est, de tous les trai-

---

(1) *Ad fam.*, XVI, 21. — (2) *Epist. Bruti*, II, 3. — (3) G. Boissier, *Cic. et ses amis*, 109-112. — (4) « C'était chez les Stoïciens une habitude assez générale que d'écrire sur les devoirs. Zénon, Cléanthe et Chrysippe, les trois

tés philosophiques de Cicéron, celui sur les sources duquel nous sommes le mieux renseigné. « Tout ce que Panétius a écrit sur les devoirs, dit Cicéron, je l'ai renfermé en deux livres ; son ouvrage en a trois. Voici la division qu'il indique dès le début : toute question de devoir est triple. D'abord l'action est-elle en soi honnête ou condamnable ? en second lieu est-elle utile ou nuisible ? enfin quelle règle suivre si l'on ne peut accorder l'honnête avec l'utile ?.... Panétius a traité les deux premiers points d'une façon brillante ; mais il annonce le troisième et s'arrête là. Posidonius a rempli la lacune. Je fais demander son livre ; en même temps je prie Athénodorus Calvus de m'envoyer le sommaire des chapitres (1). Il a consacré un chapitre aux devoirs relatifs ou de circonstance. (2) » Cette lettre indique clairement que les deux premiers livres du *de officiis* sont empruntés à l'ouvrage du même nom (3) de Panétius. Quant au livre III, il faudrait en chercher la source chez Posidonius et dans l'abrégé d'Athénodorus Calvus.

La netteté des indications fournies par Cicéron lui-même a fait croire à certains critiques que toute détermination plus précise des sources du *de officiis* était inutile, et l'on a hardiment affirmé que Cicéron, surtout pour le livre III, s'était servi de certains philosophes dont il n'a peut-être jamais lu les ouvrages. Les sources de Cicéron dans le livre III seraient Posidonius, Diogène de Babylone, Antipater de Tyr, Hécaton, et, de plus, Platon et Aristote (4). — Mais si l'on veut que Cicéron connaisse chacun des auteurs qu'il nomme, on devrait encore augmenter le nombre de ceux indiqués plus haut. Pourquoi, par

---

fondateurs de la secte, leur avaient donné l'exemple. Tout porte à croire qu'il fut suivi par Antipater de Tarse et par Diogène le Babylonien. Le traité de Panétius est demeuré célèbre. Hécaton de Rhodes marcha sur les traces de Panétius et composa sur cette matière un grand ouvrage dédié à Q. Tubéron, cousin du second Africain. Enfin Posidonius et Antipater de Tyr, contemporains de Cicéron, firent chacun leur traité des devoirs. » (Arthur Desjardins, *les Devoirs*, p. 38.)

(1) Τὰ κεφάλαια. — (2) *In eo est* περὶ κατὰ περίστασιν καθήκοντος. *Ad Att.*, XVI, 11. — (3) Περὶ τοῦ καθήκοντος. — (4) Teuffel, *Hist. de la litt. rom.*, 3ᵉ éd., p. 351.

exemple, Chrysippe, qui est cité dans le livre III (1), ne serait-il pas compté parmi ceux dont s'est inspiré l'auteur latin ?

Les livres I et II.

Nous allons essayer de déterminer d'une façon plus précise quelles ont été les sources de Cicéron dans le *de officiis*. Le premier livre traite de l'honnête, le second de l'utile (2), le troisième des conflits de l'honnête et de l'utile. Pour les deux premiers livres tout le monde s'accorde à reconnaître que Cicéron s'est inspiré de Panétius ; mais dans quelle mesure l'a-t-il fait et le suit-il exclusivement ? (3) N'a-t-il donné qu'une traduction libre de l'original grec, ou bien, outre l'apparence romaine et les exemples empruntés à l'histoire de Rome, y a-t-il certaines pensées qui viennent de lui seul ?

Ce qui porte à admettre la seconde supposition, ce sont d'abord les paroles de Cicéron lui-même. « Je suivrai de préférence les Stoïciens, dit-il, non pas toutefois en simple interprète, mais, selon ma méthode favorite, en puisant dans leurs écrits avec discernement, en faisant un choix parmi leurs dogmes et donnant à leurs pensées un tour qui me soit propre (4) ». Plus loin, il nous dit qu' « il a suivi Panétius sans le traduire (5), » et ailleurs (6) que « parfois il l'a corrigé ». Nous sommes conduits à la même opinion par les jugements des anciens, qui donnent de grands éloges au *de officiis*. Ainsi, suivant Aulu-Gelle (7), Cicéron rivalisait avec beaucoup de zèle et d'ardeur avec l'ouvrage de Panétius, et Pline le Naturaliste dit qu'il faudrait apprendre par cœur le *de officiis* et ne pas se contenter de l'avoir chaque jour entre les mains (8).

(1) 10, 42. — (2) Plusieurs questions étudiées au point de vue de l'honnête dans le livre premier sont examinées de nouveau par rapport à l'utile dans le second livre. Cicéron dit à peu près les mêmes choses sur la puissance de l'éloquence, I, ch. 37 et II, ch. 14 ; sur la libéralité qui dégénère en prodigalité, I, 14, 43 et II, 15, 53 ; sur le choix qu'on doit faire des hommes qu'on veut obliger, I, 15, 49 ; 18, 59 et II, 18, 61. Il soutient également I, 25, 85 et II, 21, 72 que la sollicitude de l'homme d'État doit s'étendre à toutes les parties du gouvernement. — (3) Heine, *ibid.*, p. 23. — (4) I, 2, 6. — (5) II, 17, 60. — (6) III, 2, 7.— (7) *Nuits attiques*, XIII, 28.— (8) *Préface de l'hist. nat.*, 22.

CHAPITRE XII.

A la vérité les parties que Cicéron assure à plusieurs reprises avoir ajoutées au livre de Panétius, ou ne sont pas développées (1), ou reposent sur des arguments stoïciens (2). Les changements apportés à la morale du Portique sont médiocres, excepté l'adoucissement partout visible de la rigueur stoïcienne, et la distinction entre la pratique et la théorie. Mais Panétius avait déjà fait cette distinction et adapté la philosophie stoïcienne à l'esprit romain (3).

Si l'on considère en détail chacune des parties de l'ouvrage de Cicéron, on voit qu'elles sont parsemées d'exemples empruntés à l'histoire romaine, et d'allusions à la situation politique de Rome à cette époque. Quelle qu'ait été l'influence que la société de Scipion et autres grands personnages de Rome exerça sur Panétius, un philosophe grec ne saurait avoir écrit sur les devoirs un traité semblable au *de officiis*. Ainsi le morceau sur la sagesse, par lequel commence le livre I, est d'une brièveté disproportionnée; Cicéron n'y parle pas des vertus que les Stoïciens rangeaient sous la sagesse, mais du désir d'apprendre frivole, c'est-à-dire se rapportant à des choses pratiquement sans intérêt, et du désir d'apprendre louable, qui ne se justifie toutefois qu'autant qu'il ne nous détourne pas de l'activité politique (4). Le passage sur la justice est en partie

---

(1) II, ch. 25. — (2) I, ch. 43, sq. — (3) On a fait observer que Cicéron rend par *honestum* ce que les Grecs appellent καλόν. Ce serait un signe de la façon différente dont les Romains et les Grecs concevaient le bien. Mais il semble, comme le remarque M. Ravaisson. (*Essai sur la Métaph. d'Aristote*, II, p. 187-188), que le sens primitif d'*honestum* soit le *beau* et non l'*honnête*. (Cf. *Sermonis honos et gratia vivax.*) *Honestum* serait donc la traduction exacte de καλόν. — Cicéron donne au *decorum* une importance qu'il n'avait pas chez les Stoïciens. Ceux-ci négligeaient la forme et les dehors pour l'intention vertueuse. Au contraire, Cicéron veut, avec Aristote, que la vertu ait une apparence qui plaise, et qu'elle ne soit pas en contradiction avec les mœurs et la manière de vivre de la partie de la société la plus noble et la plus distinguée. Mais il est probable que Panétius avait déjà appris dans la maison de Lélius et de Scipion l'amabilité des manières, et que Cicéron n'avait ici qu'à se conformer à l'esprit de son modèle. — (4) Cicéron respecte pourtant les études des philosophes qui restent à l'écart du gouvernement et il reconnaît qu'ils contribuent au bien général (I, 44, 155). Mais il ne dit pas

rempli par l'examen de cette question : quels sont les motifs justes de commencer la guerre, et comment doit-on se comporter à l'égard des ennemis vaincus. Ce problème est traité du point de vue non du philosophe, mais de l'homme d'État romain. Le morceau qui suit, sur la grandeur d'âme, est écrit exclusivement pour les Romains qui prenaient dans l'État une haute situation.

Nous ne saurions méconnaître l'époque où l'ouvrage a été écrit et quel en est l'auteur, lorsque nous entendons Cicéron se plaindre à plusieurs reprises que ceux qui ambitionnent une puissance prépondérante deviennent si facilement dangereux pour la République, et blâmer ceux qui, par crainte des fatigues et à cause de l'incertitude des résultats, ne briguent pas les emplois publics. Nous reconnaissons également Cicéron dans le parallèle entre le capitaine et l'homme d'État, et les détails que nous lisons sur les diverses sortes de discours (1) font songer aux renseignements analogues que contiennent le *de oratore* et l'*orator*. Enfin un Romain seul pouvait parler des différents métiers comme fait Cicéron (2).

L'indépendance de Cicéron apparaît encore davantage dans le livre II. Un grand nombre des préceptes qu'il y donne ne peuvent s'adresser qu'à un jeune Romain qui voulait acquérir de la gloire et de la popularité. Ce ne saurait être une traduction d'un traité grec. La partie purement philosophique du livre est peu considérable et souvent embrouillée. Cicéron a pris à Panétius le plan général et les divisions de son ouvrage ; mais il ne faut pas attribuer au philosophe grec les obscurités qu'on trouve parfois chez Cicéron. Les principes posés sont prouvés plutôt historiquement par des exemples, que d'une manière théorique par des arguments ; mais dans ces exemples on retrouve la riche expérience de Cicéron et son talent d'écrivain, qui font oublier ce que ses démonstrations ont parfois de superficiel et d'insuffisant au point de vue philosophique.

encore, comme Sénèque (*Ep.*, 8), qu'ils sont plus utiles à la société que s'ils s'occupaient des affaires publiques.
(1) I, ch. 37, et II, ch. 14. — (2) I, ch. 42. Cf. Heine, *ibid.*, 23, sq.

Nous avons vu plus haut que, suivant Cicéron, l'ouvrage de Panétius était incomplet, non seulement parce que l'auteur grec n'avait pas étudié les conflits de l'honnête et de l'utile, mais encore parce qu'il avait omis certaines questions particulières. Cicéron reproche à Panétius de n'avoir pas défini le devoir (1). Il s'étonne de cette omission : car, dit-il, toutes les fois que l'on veut traiter un sujet complétement et avec méthode, il faut qu'une définition serve de point de départ, afin que l'on voie bien ce dont il s'agit dans la discussion. Mais nous ne saurions dire à qui Cicéron avait emprunté la définition qui manquait chez Panétius ; car on en chercherait vainement une après le passage que nous venons de citer. Peut-être la définition que Cicéron donnait du devoir en général s'est-elle perdue. Nous lisons seulement une définition des devoirs moyens : « le devoir moyen est une règle d'action dont l'homme peut donner une raison plausible » (2). Quant au devoir parfait, Cicéron le définit dans la phrase précédente : « tout ce qui est essentiellement conforme au bien ». On pourrait alors demander à Cicéron de nous dire ce que c'est que le bien, et il s'expose à la critique qu'on a faite à certains ouvrages modernes de définir le bien par le devoir et le devoir par le bien.

A la fin du livre I (3) nous lisons : « Il arrive souvent qu'entre deux choses honnêtes il faut établir une comparaison et se demander laquelle l'est davantage ; c'est là une question négligée par Panétius. » Cicéron essaye dans le reste du livre de combler cette lacune. Le fait-il d'après ses propres lumières, ou

---

(1) I, 2, 7. — (2) I, 3, 8. Mais ce paragraphe semble interpolé ; il n'est qu'un composé embrouillé et maladroit d'un passage du livre III, 3, 14 et peut-être du *de finibus*, III, 17, 58 ; il est impossible que Cicéron, si pressé qu'il fût, ait écrit avec aussi peu de clarté. Nous avons déjà trouvé ailleurs (*de fin.*, III, 10, 35) un chapitre qui paraît interpolé. Peut-être ne faut-il voir là que des extraits empruntés par Cicéron aux ouvrages qu'il a sous les yeux, sans qu'il prenne la peine de les rattacher à ce qui précède et à ce qui suit, sans même qu'il s'aperçoive de l'incohérence dans la suite des idées. — La définition que Cicéron donne des devoirs moyens est la traduction exacte de celle que nous lisons chez Diogène de Laerte, VII, 107. Mais celui-ci n'indique pas le philosophe stoïcien à qui il emprunte cette définition. — (3) 43, 152.

résume-t-il l'écrit de quelque philosophe grec ? On remarque une différence entre la fin du livre et le commencement. Tandis que la justice apparaît d'abord (1) comme un rapport des hommes entre eux, Cicéron l'étend ici à la société entre les hommes et les dieux (2). Cette communauté entre les hommes et les dieux a paru étrange à certains éditeurs qui ont voulu réduire la justice à la société humaine et aux rapports entre les hommes (3). Mais c'est là une des méprises de la critique (4); la phrase de Cicéron conservée dans son entier nous fournit justement les moyens de déterminer d'où vient la fin du livre I. Posidonius rattachait la moralité et le souverain bien de l'homme à la religion. La définition de la justice telle que nous la lisons rentre complétement dans les idées de Posidonius, et c'est à ce philosophe que paraît empruntée la fin du livre I. Cette conjecture est confirmée par ce fait que Posidonius est nommé un peu plus loin (5). Or Cicéron écrivait à Atticus (6), à l'époque où il composait le *de officiis*, qu'il faisait venir l'ouvrage de Posidonius. Dès lors on ne saurait guère douter qu'il se soit inspiré de l'ouvrage de Posidonius dans les derniers chapitres du livre I. Mais Cicéron indique plutôt la question qu'il ne la traite avec développement; il n'y consacre que trois chapitres. Dans le *de officiis* il reproduit moins fidèlement que dans d'autres ouvrages, par exemple le *de natura deorum*, les écrits des philosophes grecs qu'il avait sous les yeux. Tout ce qu'on peut dire c'est qu'il a lu le livre de Posidonius et qu'il s'en est servi ; mais rien ne prouve qu'il ne l'ait pas fait avec beaucoup de liberté, comme il le prétend.

A la fin du livre II (7), Cicéron nous signale une autre lacune dans l'ouvrage de Panétius. « Il est, dit-il, souvent nécessaire de comparer entre elles les choses utiles; c'est là, comme vous le savez, la quatrième partie de notre sujet; Panétius l'a passée sous silence. » Il semble que cette lacune ait été comblée par un philosophe de l'école de Panétius. En effet, nous lisons dans le

(1) I, 7, 20. — (2) I, 43, 152. — (3) Baiter propose d'effacer « *deorum et* » dans la phrase de Cicéron. — (4) Hirzel, II, 2, p. 723. — (5) I, 45, 159. — (6) XVI, 11. — (7) 25, 88.

chapitre précédent : « Parmi ces préceptes relatifs à l'utile, Antipater de Tyr, qui est mort dernièrement à Athènes, reprochait à Panétius d'en avoir négligé deux, le soin de la santé, et celui de la fortune. (1) » Antipater de Tyr était mort à l'époque où Cicéron écrivait. Mais son opinion est exprimée au présent (2); par conséquent elle n'était pas empruntée à l'une de ses leçons orales, mais à l'un de ses écrits. Cicéron avait-il sous les yeux le livre d'Antipater, ou bien les remarques qu'il lui emprunte sont-elles venues à sa connaissance par Athénodorus Calvus? Cicéron dit qu'Antipater de Tyr reprochait à Panétius d'avoir négligé de donner des préceptes relatifs à la santé et à la fortune; mais il ne dit pas qu'Antipater ait comparé entre elles les choses utiles. Aussi bien Cicéron ne consacre à cette question qu'un seul chapitre, le dernier du livre, de même qu'il ne mentionne l'omission signalée chez Panétius par Antipater que dans le dernier paragraphe de l'avant-dernier chapitre. Cicéron, pour parler aussi brièvement de ces lacunes, n'avait pas besoin d'avoir sous les yeux les ouvrages où elles avaient été comblées; il lui suffisait de savoir qu'elles existaient et par qui elles avaient été signalées. Cicéron avait pu sans doute trouver ces indications dans le sommaire de Calvus ; mais on devait aussi certainement les lire dans le livre composé par Posidonius pour compléter la doctrine de son maître. Or, nous avons dit plus haut que Cicéron écrivait à Atticus qu'il se faisait envoyer cet ouvrage de Posidonius.

Le livre III.

Le livre III du *de officiis* est consacré à l'examen des conflits entre l'honnête et l'utile. Ces conflits ne se produisaient pas pour le devoir parfait κατόρθωμα, qui n'existait que chez le sage. Chez lui ce qui était vice pour le commun des hommes devenait vertu, suivant l'intention qui avait présidé à sa conduite. C'est l'origine de la direction d'intention, que Pascal devait rendre si célèbre. La casuistique, en effet, n'est pas une

(1) 24, 86. — (2) *Censet.*

invention des temps modernes ; elle existait déjà dans l'antiquité. Les Stoïciens avaient étudié les cas où le devoir imparfait ou vulgaire, καθῆκον, pouvait être en désaccord avec d'autres principes aussi puissants, par exemple l'intérêt. Cette recherche convenait bien à une école de philosophie qui était peu à peu descendue des principes abstraits de la morale spéculative, pour s'occuper des questions pratiques où les problèmes moraux deviennent souvent des points de droit.

La casuistique est en assez mauvais renom depuis qu'on a vu les abus qu'en pouvaient faire des directeurs intéressés à donner le change au bon sens. Un Stoïcien, Ariston, s'était déjà élevé avec une grande force contre la casuistique, en signalant l'écueil où elle pouvait tomber (1). Mais en général dans l'antiquité la casuistique, traitée avec plus d'indépendance et de plus haut que dans les temps modernes, eut une influence bienfaisante (2). Elle habitua les esprits à considérer chaque action en elle-même, au lieu de l'apprécier d'après des règles générales qui ne peuvent prévoir toutes les circonstances particulières.

C'est ici une réforme analogue à celle qui se produisit, au premier siècle avant J.-C., dans le droit romain. Alors le vieux droit quiritaire des *XII Tables* fut remplacé en beaucoup de cas par le droit prétorien qui s'asservissait moins à la lettre de la loi et considérait davantage les caractères propres de la

---

(1) Sénèque, *Ép.*, 94. — (2) « La casuistique donna à la philosophie un caractère pratique, le sens du réel et la science du détail ; elle pénétra dans le droit romain et l'obligea de se rapprocher de la morale ; elle s'insinua jusque dans les écoles d'éloquence, où elle fournit à une rhétorique qui était frivole des sujets qui ne l'étaient pas toujours ; elle voyagea de ville en ville avec les sophistes qui donnaient des représentations oratoires et ornaient quelquefois la morale de leur éloquence mercenaire ; elle fut admise aux festins où les convives, comme pour payer leur écot, apportaient quelque question ingénieuse et difficile et se régalaient au dessert de ces friandises morales. En un mot la casuistique, sollicitant de toutes parts les consciences, rendit la morale populaire. » (Martha, *Séances et travaux de l'Acad. des sciences morales et politiques*, tome 20, 1883, p. 523.) Cf. R. Thamin, *Un problème moral dans l'antiquité, Étude sur la casuistique stoïcienne*, Paris, 1884.

question en litige. L'examen des cas de conscience, au lieu de favoriser les sophismes du cœur, augmentait, au contraire, les scrupules de conscience. C'était le moyen d'inspirer des doutes à des gens persuadés de leur bon droit, qui n'était le plus souvent que celui de la force. Carnéade avait proposé aux Romains plusieurs cas de cette espèce lorsqu'il avait voulu leur faire voir les antinomies de la justice et de l'intérêt soit général, soit individuel. Carnéade ne voulait pas corrompre la conscience des Romains, mais bien plutôt l'éveiller et l'épurer. Cicéron, dans le livre III du *de officiis* (1), se demande si, dans une tempête, il faut jeter à la mer un esclave sans valeur ou un cheval de prix ; il répond que l'intérêt conseille de sacrifier l'esclave, la justice le cheval. Cet exemple montre que le droit des maîtres sur leurs esclaves était contesté, et qu'il éprouvait le besoin de se défendre. Mais une injustice signalée est bien près d'être condamnée ; sous les empereurs la cause de l'humanité et de la justice triomphera de l'intérêt particulier, comme le droit prétorien a triomphé de la législation des *XII Tables*.

Dans les deux premiers livres du *de officiis* Cicéron avoue qu'il suit Panétius ; mais, à l'en croire, le livre III serait son œuvre personnelle (2). Il semble que Cicéron dise vrai, et que, pour le livre III, il ne soit plus soutenu par un modèle ; car ce livre est, sans contredit, le plus défectueux des trois. La pensée

---

(1) 23, 89. — (2) « Nous avons vu, dit-il, qu'on peut se demander si le parti à prendre est honnête ou honteux, s'il est utile ou nuisible, et qu'on délibère souvent, quand l'honnête paraît en opposition avec l'utile, pour savoir lequel des deux il faut choisir. Panétius explique en trois livres tout ce qui concerne les deux premiers points ; il prit l'engagement de traiter le troisième dans la suite ; mais il n'a jamais tenu sa promesse. J'en suis d'autant plus étonné que, suivant le témoignage de Posidonius, son disciple, il vécut encore trente ans après avoir publié cet ouvrage. Ce qui surprend, c'est que Posidonius ait à peine effleuré ce sujet dans quelques fragments, lorsque, de son aveu, il n'est pas dans toute la philosophie de question plus importante » III, 2, 7. Et plus loin : « Nous allons essayer de suppléer au silence de Panétius sans le secours de personne, mais, comme on dit, avec nos propres forces. Car je n'ai rien trouvé de satisfaisant dans les auteurs qui, depuis Panétius, ont voulu traiter cette matière et que j'ai eus entre les mains » III, 7, 34.

que « ce qui est moralement bien est toujours utile » se trouve répétée sous mille formes diverses, mais sans ordre et sans démonstration systématique. On rencontre des digressions qui se lient mal à ce qui suit, comme, par exemple, lorsque Cicéron dit que l'on ne devrait pas commettre l'injustice, quand même on serait sûr de ne pas être découvert (1), après quoi vient une polémique contre les Épicuriens. Les exemples sont, comme celui de Régulus (2), traités avec un développement qui sent fort l'école de rhétorique.

Cependant il ne semble pas douteux que Cicéron se soit servi pour le livre III, comme pour les livres I et II, d'ouvrages grecs; il a seulement ajouté davantage de son propre fonds. On a dit que le livre III était principalement inspiré d'un ouvrage de Posidonius, celui-là même que Cicéron se faisait envoyer (3). Si cette supposition était vraie, ce serait au livre de Posidonius que seraient empruntés les passages où Cicéron examine la controverse entre Diogène et Antipater (4). Mais dans le second de ces passages Hécaton est cité comme garant. Il faudrait donc supposer que Posidonius avait déjà mentionné l'opinion de son condisciple Hécaton.

Peut-être est-ce Hécaton, et non Posidonius, que Cicéron avait imité (5). A l'appui de cette conjecture on peut dire qu'Hécaton est cité deux fois (6). Dans le second de ces passages nous lisons qu'Hécaton, dans le livre VI de sa *Morale*, avait examiné une foule de cas où l'on pouvait se demander si l'on devait agir d'après la justice ou d'après l'intérêt. Or, c'est justement la question qui était l'objet du débat entre Diogène et Antipater. Il faudrait donc attribuer aussi à Hécaton le passage où cette controverse est exposée (7). Chrysippe est loué (8); cet éloge est naturel chez Hécaton qui avait adopté et défendait beaucoup de théories de Chrysippe; il est peu vraisemblable chez Posidonius qui avait critiqué plusieurs opinions du

---

(1) III, 8, 37. — (2) Ch. 26-32. — (3) Teuffel, *ibid.*, p. 351. — (4) III, 12, 50 et 23, 89. — (5) Heine, 5ᵉ éd. du *de officiis*, introd., p. 23. Cf. Hirzel, II, 2, p. 726, sq. — (6) III, 15, 63 et 23, 89. — (7) §§ 50-56. — (8) *Scite Chrysippus, ut multa.* III, 10, 42.

second fondateur du Portique. Cicéron examine la question de savoir si le sage, pour se faire léguer un riche héritage, dansera en plein jour sur la place publique (1). Ceci rappelle l'opinion de Chrysippe qui, suivant Plutarque (2), permettait au sage de se frapper trois fois la tête contre le sol pour gagner un talent. Cicéron, tout en préférant que le sage ne promette rien de honteux, lui permet de tenir sa promesse, s'il doit en résulter quelque bien pour l'État. Hécaton, lui aussi, semble avoir surtout pris en considération l'intérêt général. La définition du bien donnée dans le *de officiis* concorde d'une manière remarquable avec celle que nous lisons dans le livre III du *de finibus*, livre qui serait emprunté à Hécaton (3). — Ce qui prouverait que le récit de la controverse entre Diogène et Antipater (4) est, comme le second endroit où Cicéron examine le même sujet (5), emprunté d'Hécaton, c'est que dans le premier de ces passages on remarque une certaine prédilection pour Diogène, dont Hécaton partageait les idées. Il n'est guère probable que Cicéron, par pur esprit d'équité, se soit demandé comment Diogène avait pu répondre aux objections d'Antipater (6).

Mais n'est-ce pas là trop mal juger de la fécondité d'esprit de Cicéron ? Il est douteux qu'Hécaton soit la source du livre III du *de finibus*. On ne saurait donc rien conclure d'une ressemblance entre la définition du bien donnée dans ce livre et celle qu'on lit dans le *de officiis*. Chrysippe ne saurait-il être nommé

(1) III, 24, 93. — (2) *De rep. Stoic.*, p. 1047 F. — (3) Telle est l'opinion de M. Hirzel. Voici les deux définitions du bien. *De off.*, III, 3, 13 : « Quand les Stoïciens disent que le souverain bien consiste à vivre conformément à la nature, cela signifie, si je ne me trompe, être toujours fidèle à la vertu, et, quant au reste, choisir ce qui est conforme à la nature, mais à condition que la vertu n'y fasse point obstacle. » *De fin.*, III, 9, 31 : « Le souverain bien consiste à vivre avec une telle connaissance de tout ce que la nature peut produire que l'on sache choisir ce qui est conforme et rejeter ce qui est contraire à sa condition naturelle, et vivre ainsi convenablement et conformément à la nature. » Ce qu'il y a d'essentiel et de semblable dans ces deux définitions, c'est que l'accomplissement des devoirs moyens est compris dans la formule du souverain bien. — (4) III, 11, 49. — (5) III, 15, 63. — (6) III, 12, 52.

avec éloge que par Hécaton ? Et si Posidonius combat la théorie des passions donnée par Chrysippe, qui empêche que, sur d'autres points, il ait reconnu la valeur des doctrines de ce philosophe ? D'ailleurs Cicéron ne pouvait-il accorder lui-même cet éloge au second fondateur du Portique ?

Si l'on veut que Cicéron ait emprunté à un modèle grec le plan et comme le cadre du livre III, on peut supposer qu'il a pris ces divisions dans le *sommaire* d'Athénodorus Calvus. Après l'avoir reçu, Cicéron l'appelle « *satis bellum* ὑπόμνημα ». Il est donc probable qu'il s'en est servi pour son travail. Rien n'empêche qu'il ait trouvé dans le *sommaire* de Calvus les détails qu'il donne sur Hécaton. L'unique citation qu'il fait de la morale de ce philosophe (1) contient seulement une énumération de différents points controversés, après chacun desquels Cicéron indique brièvement quelle est la solution de la difficulté. Tel devait être le caractère de l'abrégé de Calvus, où se trouvait sans doute résumé ce qu'il y avait de plus important chez Hécaton. Cicéron nous dit que Calvus avait consacré un chapitre aux devoirs relatifs ou de circonstance (2) ; c'est justement là l'objet du livre III du *de officiis*.

Mais quelle était la nature de l'écrit composé par Calvus ? le titre grec τὰ κεφάλαια ne le dit pas. Quelques-uns pensent que c'était simplement le sommaire des chapitres du livre de Posidonius ; suivant d'autres, c'était un abrégé de morale comprenant les questions qui n'avaient pas été examinées par Panétius. Quoi qu'il en soit, Cicéron a dû s'en servir ; mais il a dû également tirer parti du livre de Posidonius. Quant à Hécaton, dont Cicéron ne parle pas dans sa correspondance, il est probable qu'il ne l'a pas consulté.

Cicéron pour le *de officiis* s'est servi surtout du traité περὶ τοῦ καθήκοντος de Panétius. Le choix d'un tel guide indiquerait à lui seul quel est l'esprit de l'ouvrage latin. Panétius, dans son livre, étudiait non pas les devoirs parfaits, dont le sage seul est capable, mais les devoirs moyens, qui s'imposent à tous les hom-

---

(1) III, 23, 89. — (2) *Ad Att.*, XVI, 11.

mes. Il s'était écarté sur plus d'un point de la tradition du Portique; il condamnait la façon d'écrire négligée et hérissée des premiers Stoïciens (1); il repoussait la doctrine de la divination par les astres (2); il n'approuvait pas les paradoxes stoïciens que toutes les fautes sont égales et que le sage seul est libre; il évitait de dire qu'il n'y avait d'autre mal que le péché(3); il soutenait que la vertu ne suffit pas à rendre heureux (4). S'il n'admettait pas l'*apathie* des premiers Stoïciens, il ne se hâtait pas, comme eux, de prescrire d'aimer, parce qu'il redoutait les troubles et les dangers de l'amour (5). Il niait l'immortalité de l'âme; mais il admirait et vantait sans cesse Platon. Enfin il avait si bien fait plier la raideur stoïcienne aux exigences de la civilisation romaine que Cicéron dit, en parlant de certaines licences, « qu'il n'oserait les accorder, si Panétius, le plus autorisé d'entre les Stoïciens, ne l'avait fait avant lui (6) ».

Dans le *de officiis* Cicéron voulait donner un livre de morale pour tout le monde, mais surtout, comme dirait Montaigne, un bréviaire de l'honnête homme romain au premier siècle avant Jésus-Christ. De là l'intérêt, mais aussi les lacunes du *de officiis*.

Platon, dérivant la vertu de sa source la plus élevée, la regardait comme l'effort pour ressembler à Dieu autant qu'il était possible. On ne trouve pas cette hauteur de vue dans Cicéron. Bien plus, il ne donne à la vertu d'autre sanction que celle du blâme et de l'estime publique, et du témoignage de la conscience. « Gardons notre serment, dit-il, par amour de la justice et de la bonne foi, non par crainte de la colère divine qui n'est qu'un mot, « *quæ nulla est* (7) ».

Cicéron parle des devoirs de l'homme, sans rien dire de ses droits. La philosophie moderne, au contraire, combat moins les abus en prescrivant des devoirs qu'en revendiquant des droits. C'eût été le cas pour tous les faibles et les opprimés de la société romaine, les plébéiens et les esclaves. Mais Cicéron était le

---

(1) *De fin.*, IV, 28, 79. — (2) *De divin.*, II, 42, 88. — (3) *De fin.*, IV, 9, 23. — (4) Diog. Laert., VII, 128. — (5) Sénèque, *epist.*, 116. — (6) *De off.*, II, 14, 51. — (7) *De off.*, III, 29, 104.

défenseur des privilèges de l'aristocratie, et c'était surtout pour elle qu'il écrivait. Aux grands personnages de Rome il fallait seulement rappeler leurs devoirs: ils croyaient qu'ils avaient tous les droits.

Cicéron ne dit rien des devoirs envers nous-mêmes. L'homme, à ses yeux, n'existe qu'autant qu'il vit en société. Qu'importe qu'il se fasse tort à lui-même, s'il ne nuit pas du même coup à ses concitoyens et à l'État. C'est à ce point de vue que Cicéron avait condamné le suicide dans la *République :* Scipion ne pouvait manquer d'être hostile à une coutume qui eût privé Rome de ses plus illustres enfants. Mais dans le *de officiis* (1) Cicéron permet le suicide. Autrement il lui eût fallut blâmer Caton d'Utique dont il avait exalté la fin dans le panégyrique réfuté par César.

On s'étonne que Cicéron ne parle pas de nos devoirs envers la famille dans un ouvrage qu'il envoie à son fils comme un suprême témoignage de tendresse. Il remarque seulement que la piété filiale recommande les jeunes gens à l'estime publique (2). Cet oubli est surprenant à une époque où la ruine de la constitution politique était préparée par la dissolution de la vieille famille romaine. Mais Cicéron s'inquiétait peu de l'organisation de la famille; le traité des *Devoirs* est comme le complément de la *République* et des *Lois;* il ne considère que la conduite du citoyen envers ses égaux, ses amis et ses adversaires politiques, les étrangers et les ennemis. Ce qu'il veut, c'est opposer aux ambitieux, comme César et Antoine, un citoyen passionné pour le bien général. Cicéron se hâtait de courir au danger le plus prochain, sans remonter à sa source éloignée.

Nos devoirs envers Dieu ne sont mentionnés dans le *de officiis* que par quelques mots (3). L'amour de Dieu est remplacé par l'amour de la patrie, qui est magnifiquement célébré dans le *Songe de Scipion.* Cicéron pense aux hommes avant de penser aux dieux. Il est vrai que les Stoïciens rattachaient à la physique les questions sur la divinité et que Cicéron ne fait que se

---

(1) I, 31, 112. — (2) II, 13, 44. — (3) *Deos placatos efficiet pietas et sanctitas.* II, 3, 11.

conformer à leur méthode en s'occupant de morale religieuse dans le *de natura deorum* plutôt que dans le *de officiis*. Mais, dans ce dernier ouvrage, il renvoie au *Lælius* pour les devoirs envers nos amis; il ne renvoie pas au second livre des *Lois*, où il a donné les prescriptions religieuses. C'est que ni son fils ni ses lecteurs n'iront grossir le nombre des croyants, et que, pour résister à Antoine et aux ambitieux qui veulent renverser la constitution, Cicéron ne compte que sur les vertus civiques. Ce n'étaient pas les scrupules religieux qui avaient arrêté le grand pontife César niant en plein sénat l'immortalité de l'âme.

Toute la morale pour Cicéron se réduit à peu près à la morale sociale. « Des trois autres vertus (1), dit-il, il n'en est aucune d'une aussi grande portée que celle sur laquelle repose la société et cette espèce de communauté où les hommes vivent entre eux (2). » Mais beaucoup des devoirs que prescrit Cicéron ne sont que des bienséances et ne conviennent qu'aux jeunes Romains qui briguaient les charges. Le *de officiis* n'est souvent qu'un commentaire de l'opuscule *de petitione consulatus*. Nous sommes étonnés de voir Cicéron donner des règles sur la manière de marcher, de s'habiller, de choisir un logement. Ceci nous paraît appartenir au manuel du savoir-vivre, et non à un traité de morale. Mais il ne faut pas oublier que l'homme public à Rome était sans cesse sous les yeux du peuple et du Sénat, et que le plus souvent on le jugeait sur les dehors. Plaute ne nous dit-il pas que c'est le propre d'un esclave de marcher vite ? (3) On comprend aussi que Cicéron s'appesantisse sur le talent de la parole, puisque c'est à lui qu'il dut sa fortune politique. De même, quand il développe longuement le parallèle entre l'homme de guerre et l'homme d'État (4), il songe à lui-même qui avait étouffé la conjuration de Catilina et à César qui la favorisait secrètement et qui devait un jour s'appuyer sur les soldats pour détruire la constitution de son pays.

---

(1) La justice, la force et la tempérance. — (2) *De offic.*, I, 7, 20. — (3) *Pœn.*, III, 1. Cf. C. Benoît, *historica de M. T. Ciceronis officiis commentatio*, p. 43. — (4) *De offic.*, I, ch. 21-24.

Cicéron est un partisan de l'ancien ordre de choses. Pour lui les conservateurs sont toujours les *boni viri*, comme si on ne pouvait alors être démocrate et honnête homme. Il blâme sévèrement (1) le consul Philippe pour avoir dit qu'il n'y avait pas dans Rome deux mille personnes possédant un patrimoine, non qu'il conteste l'exactitude de cette affirmation, mais il ne veut pas qu'on encourage les revendications des prolétaires en leur montrant combien sont peu nombreux les membres de l'aristocratie. Aux yeux de Cicéron les hommes de bien sont surtout ceux qui ont du bien. Il reproche aussi durement à Catilina et à ses amis leur pauvreté que leurs crimes. Il recommande les devoirs de charité; mais il veut qu'on place bien ses bienfaits (2); il n'a que du mépris pour les métiers mécaniques; s'il admet l'agriculture, c'est qu'elle a été pratiquée par les anciens Romains. Il permet aussi le grand négoce, qui était fait par les chevaliers (3); mais il condamne le petit commerce qui était aux mains du petit peuple. Il nous recommande seulement de traiter les esclaves comme des mercenaires (4); et il s'excuse presque de regretter la mort de l'un d'entre eux (5); il ne blâme les combats de gladiateurs que comme des prodigalités ruineuses (6). C'est qu'un homme d'État conservateur ne pouvait guère élever la voix en faveur des esclaves et des gladiateurs, lorsque la révolte de Spartacus, la défaite d'un préteur et de deux consuls venaient de faire trembler l'Italie.

Il y avait à l'époque de Cicéron des philosophes qui n'avaient pas comme lui de raisons politiques pour défendre ou excuser l'injustice. Cicéron n'écrivait que pour l'élite de la société romaine. D'autres ne dédaignaient pas d'endoctriner le simple peuple. Les Stoïciens surtout savaient accommoder leur enseignement à l'intelligence de leurs auditeurs et s'efforçaient de faire partout des prosélytes. Dans Horace (7), le portier de Cris-

---

(1) II, 21, 73. — (2) Sæpe *idoneis* hominibus de re familiari impertiendum. II, 15, 54. — (3) I, 42, 151. — (4) *Operam exigendam, justa præbenda.* I, 13, 41. — (5) « Je viens de perdre Sosithée, qui me servait de lecteur, et j'en suis plus affligé qu'on ne devrait, ce me semble, l'être de la mort d'un esclave. » *Ad Att.*, I, 12. — (6) *De off.*, II, 16, 55. — (7) *Sat.*, II, vi, 45.

pinus propage les idées du Portique parmi les gens de sa condition. Ces prédicateurs d'un nouveau genre devaient se montrer moins froids sur les questions d'humanité que l'illustre auteur du *de officiis*. Sénèque n'était que leur interprète lorsqu'il disait que les esclaves étaient des compagnons de servitude et d'humbles amis (1), et lorsqu'il flétrissait la coutume barbare d'égorger des hommes dans le cirque comme passe-temps (2).

Les préjugés de parti ont plus d'une fois aveuglé Cicéron. Ainsi il trouve légitime le meurtre de Tibérius Gracchus et Scipion Nasica reste pour lui un héros (3). Il condamne les lois agraires, qui auraient forcé les nobles de rendre les terres du domaine public, mais aussi qui auraient empêché la ruine de la classe moyenne et, par suite, l'établissement du pouvoir personnel. Cicéron glorifie le meurtre des tyrans et il compare l'habile et généreux vainqueur de Pharsale aux pires scélérats de la fable et de l'histoire (4). Il approuve sans hésiter (5) le sénat qui, après les Fourches Caudines, cassa le traité et livra le consul Postumius, conduite que Niebuhr qualifie avec raison de « farce abominable ». Ce sont là des détails qui nous choquent dans l'ouvrage de Cicéron et qui sont comme les marques de l'époque où il écrivit et du parti auquel il appartenait.

Mais les préventions politiques de Cicéron ne réussissent pas toujours à fausser son jugement. Il n'ose contester la légitimité de la conquête du monde par les Romains ; mais il regrette la destruction de Corinthe (6). Surtout il condamne avec énergie les rapines des proconsuls dont les troubles civils et les révolutions intestines de Rome sont la légitime punition (7). Après avoir loué (8) la conduite des Athéniens qui, sur le conseil d'Aristide, refusèrent d'incendier la flotte des Lacédémoniens, comme Thémistocle le proposait, Cicéron ajoute : « Ils agirent mieux que nous, qui faisons payer tribut à nos alliés et

---

(1) *Ep.*, 47. — (2) *Interim jugulentur homines, ne nihil agatur. Ep.*, 7. — (3) *De off.*, I, 22, 76 ; II, 12, 43. — (4) I, 8, 26 ; 14, 43 ; II, 8, 27. — (5) III, 30, 109. — (6) I, 11, 35 ; III, 11, 46. On peut voir là l'amende honorable de Rome à la Grèce institutrice du genre humain. — (7) *Jure plectimur*. II, 8, 28.— (8) III, 11, 49.

laissons impunis les pirates. (1) » Cicéron se souvient qu'il a prononcé les *Verrines*. Mais, s'il avait vengé les Siciliens des exactions de Verrès, il défendit le préteur Fonteius, qui avait indignement dépouillé les Gaulois. De même, lorsque Caton combattait dans le Sénat les violences des chevaliers, qui avaient la ferme des impôts dans les provinces, et leurs fraudes envers le trésor, Cicéron trouvait qu'il ne ménageait pas assez les alliés de l'aristocratie (2).

Cicéron est partagé entre deux tendances contraires. Il accepte trop souvent les préjugés de la noblesse ; mais d'autres fois son bon sens naturel se révolte, et il défend la justice contre les sophismes de l'esprit de parti. C'est que Cicéron appartient à une époque de transition. Il vécut au moment où la vieille aristocratie romaine, qui avait conquis le monde et prétendait l'exploiter à son profit, allait être punie de ses exactions en devenant la victime des empereurs. Sous la domination des Césars, comme sous l'empire macédonien, les doctrines stoïciennes de justice et de fraternité universelles, favorisées par l'égalité de tous sous un maitre, se répandront de plus en plus. Ce fut l'honneur de Cicéron dans le *de officiis* de pressentir cette révolution et de proposer à l'esprit étroit et égoïste de ses concitoyens une théorie de la justice plus large et plus généreuse, où étaient consacrées les revendications de la philosophie grecque. « Il n'est pas douteux que les derniers conseils de Cicéron n'aient eu quelque influence sur la transformation du droit romain qu'on voit s'opérer à partir des Gracques. La législation de Rome païenne dépouilla sa rude enveloppe nationale pour devenir la plus humaine et la plus universelle entre toutes celles qui précédèrent la révolution française, et Cicéron, dans le traité des *Devoirs*, est le rédacteur du premier projet de réforme qui soit parvenu jusqu'à nous (3). »

Le *de officiis* s'explique donc facilement, si l'on considère à quelle époque il parut, par qui il fut écrit et à qui il était destiné. Dans la *République* et les *Lois* Cicéron avait voulu oppo-

---

(1) III, 22, 88. — (2) *Ad Att.*, II, 1. — (3) Arthur Desjardins, *les Devoirs*, p. 134.

ser la constitution de Rome sous les Scipions au gouvernement des triumvirs ; dans les *Devoirs* il indique les règles qui devaient présider à la conduite du citoyen de cette république parfaite qui avait existé un moment après la seconde guerre punique. Mais le *de officiis* fut aussi impuissant que le *de republica*. Celui-ci ne réussit pas à ramener l'amour de l'ancienne constitution républicaine ; le *de officiis* était écrit pour le citoyen d'un État libre et bientôt les plus fiers esprits à Rome allaient être contraints de courber la tête sous un maître ; les honneurs et les charges, au lieu d'être donnés par le peuple, dont Cicéron enseignait à gagner la faveur par tant de précautions dans toute la conduite, ne seront plus conférés que par le bon plaisir d'un seul. Mais il est beau pour Cicéron de n'avoir pas désespéré de la République. En revenant à Rome prononcer contre Antoine ses *Philippiques,* il allait, disait-il, se jeter dans le gouffre, comme Amphiaraüs ; dans les *Devoirs* il rappelait à son fils les règles qui avaient dirigé sa conduite et celle de tous les grands hommes d'autrefois. « Voilà, mon fils Marcus, dit-il en terminant son ouvrage (1), le présent que vous envoie un père, et qui est, je crois, de grande valeur. » Le *de officiis* ne profita guère à Marcus ; mais il a servi à l'éducation des peuples modernes, en leur montrant ce qu'était l'honnête homme au temps de César, c'est-à-dire à peu près ce qu'il doit être dans tous les temps.

Les œuvres philosophiques de Cicéron ne paraissent pas avoir eu après sa mort la réputation ni l'influence qu'elles méritaient. Sénèque nous dit bien que le philosophe Fabianus comparé à Cicéron est comme un nain auprès d'un géant (2) ; mais il ne cite jamais son illustre devancier. Il faut descendre jusqu'aux écrivains chrétiens et aux premiers pères de l'Église pour trouver les traités philosophiques de Cicéron dignement appréciés et admirés. Lactance avait reproduit, d'après la *République* de Cicéron, le raisonnement de Carnéade contre la justice ; saint Jérôme parle de la *Consolation* dans l'*Épitaphe*

---

(1) III, 33, 121. — (2) *Epist.*, 100.

de *Népotien* (1) ; on voit dans les *Confessions* de saint Augustin combien il avait été frappé par la lecture de l'*Hortensius ;* les *Académiques* le décidèrent à écrire un traité *contra Academicos* (2) ; dans la *Cité de Dieu* il se reporte plusieurs fois à la *République* de Cicéron. Minutius Félix, dans son *Octavius*, s'est beaucoup servi du *de natura deorum*. Mais aucune de ces imitations n'est aussi manifeste et aussi importante que celle du *de officiis* par saint Ambroise, qui composa un traité, également en trois livres, *de officiis ministrorum*.

Cicéron avait écrit son dernier ouvrage pour son fils Marcus, qui, comme les anciens Romains, se destinait à la politique et devait suivre la carrière des honneurs. C'était alors non seulement un droit, mais encore un devoir pour tout homme bien né de s'occuper des affaires publiques, et le citoyen le plus parfait paraissait être celui qui prenait part au gouvernement, sans être étranger à aucune connaissance libérale et surtout à l'étude de la philosophie. A l'époque de saint Ambroise, au contraire, le personnage le plus important, surtout aux yeux des chrétiens, était le prêtre : c'est aux jeunes ecclésiastiques que s'adresse saint Ambroise.

Il suit de près le traité de Cicéron, malgré la différence des époques et des points de vue ; ce qui sert de lien entre les deux ouvrages, ce sont les idées stoïciennes, qui se retrouvent en

---

(1) Dans sa jeunesse saint Jérôme avait été passionné pour la lecture de Cicéron. Un jour il se vit en songe cité devant le tribunal de Dieu. Le Seigneur lui demanda ce qu'il était, et, comme il répondit qu'il était chrétien, il s'entendit aussitôt apostropher en ces termes : « Tu mens! Tu es Cicéronien; tu n'es pas chrétien; car où est ton trésor, là est aussi ton cœur. » (Ébert, *littérat. chrét.*, trad. fr., I, 202.) — (2) « Saint Augustin se sentait fort et il était éloquent, lorsqu'à ces beaux esprits qui invitaient leurs disciples à chercher toujours, en leur déclarant qu'ils ne trouveraient jamais, il opposait la parole ardente de l'Évangile, qui n'est pas moins vraie pour être ardente : Cherchez et vous trouverez. — Malheureusement l'ouvrage de saint Augustin, pris par d'autres côtés, ne témoigne que trop qu'il aurait eu grand besoin lui-même d'apprendre de Cicéron à douter. C'est dans ces livres *contre les philosophes académiques* qu'il nous parle avec une étrange confiance des miracles qu'il a vu faire au devin Albucérius. » (E. Havet, *Séances et travaux de l'Acad. des sc. mor. et polit.*, avril-mai 1884, p. 670.)

partie dans la morale du christianisme. Saint Ambroise distingue, comme Cicéron, les devoirs parfaits et les devoirs imparfaits. Pour les Stoïciens le sage seul était capable des devoirs parfaits ; saint Ambroise les fait consister dans un renoncement plus élevé, dans un sacrifice plus grand du *moi :* c'est ici l'ascétisme qui convient surtout aux ecclésiastiques. Une autre différence entre Cicéron et saint Ambroise, c'est que pour le premier, interprète des Stoïciens, le bien suprême est la vertu même, tandis qu'aux yeux de saint Ambroise, la vertu n'est qu'un moyen pour arriver au bien suprême, qui est de connaître Dieu. Chez Cicéron les devoirs envers Dieu ne sont mentionnés qu'en quelques mots ; c'est dans l'amour de Dieu que réside, pour saint Ambroise, le fondement de la vertu. Saint Ambroise n'admet pas, comme Cicéron, qu'on repousse par la force une provocation (1).

Dans le livre III de son ouvrage, qui, comme chez Cicéron, est consacré à l'examen des conflits de l'honnête avec l'utile, saint Ambroise va plus loin que le philosophe romain : il nous recommande de chercher l'avantage d'autrui et non le nôtre. Saint Ambroise a partout remplacé les exemples que Cicéron avait empruntés à l'histoire de la Grèce et à celle de Rome par d'autres pris à l'Ancien Testament ; il croyait que c'était de l'Ancien Testament que venaient les vrais principes de la morale païenne.

La composition du traité de saint Ambroise est très défectueuse ; il imite le *de officiis* de Cicéron, imité lui-même de plusieurs philosophes grecs et surtout d'un ouvrage de Panétius : c'est donc une imitation au second degré. Aussi a-t-on comparé le traité de saint Ambroise à un labyrinthe confus où le fil conducteur est l'ouvrage même de Cicéron (2).

(1) Cicéron (I, 7, 20) défend de nuire à personne, sinon dans le cas de légitime défense, « *ne cui quis noceat, nisi lacessitus injuria* ». Cette restriction, contraire à l'esprit de l'Évangile qui nous ordonne de pardonner et non de nous venger, a été condamnée non seulement par saint Ambroise, mais encore par Tertullien et par Lactance *(Inst. div.,* VI, 18). — (2) Ébert, *litt. chrét.,* trad. fr., I, 176.

CONCLUSION

Trois groupes dans les traités philosophiques de Cicéron. Nature de son imitation des ouvrages grecs; difficulté d'indiquer les sources où il a puisé. Comment Cicéron imite Platon, Aristote, les philosophes postérieurs. Ses livres tiennent lieu des originaux perdus; il n'a pris chez les Grecs que ce qui était utile et pratique. Avocat et dialecticien Cicéron s'attache à Carnéade, homme d'État à la philosophie éclectique, moraliste aux Stoïciens Panétius et Posidonius. Influence des événements politiques sur la nature des traités de Cicéron. Cicéron et Varron, Lucrèce, Sénèque. Jugement de M. Mommsen sur les traités philosophiques de Cicéron; son exagération. Conclusion.

Au terme de cette longue et minutieuse étude, nous devons résumer le résultat de nos recherches, et porter un jugement sur l'œuvre philosophique de Cicéron.

On peut, d'après leur nature, partager les traités philosophiques de Cicéron en trois groupes; le premier comprend les œuvres politiques, c'est-à-dire la *République* et les *Lois*; le second les écrits plus purement philosophiques, comme les *Académiques*, le *de finibus*, le *de natura deorum*, le *de divinatione*, le *de fato*, le *de officiis*; le troisième groupe renferme des sortes de dissertations moitié philosophiques, moitié littéraires, comme la *Consolation*, l'*Hortensius*, les *Tusculanes*, le *de senectute*, le *de amicitia*.

Pour le premier groupe Cicéron se montre véritablement éclectique; l'idée de la *République* et des *Lois* est empruntée à Platon; mais pour les détails l'auteur se sert aussi d'Aristote, de Polybe, de Dicéarque, des Stoïciens, de Panétius, de Caton, et surtout il prend pour modèle la constitution et la législation de Rome.

Pour le second groupe de traités Cicéron suit de plus près un modèle grec, principalement dans l'exposition des doctrines. Ainsi la défense de l'éclectisme d'Antiochus en logique, le tableau des morales et des théologies épicuriennes et stoïciennes, la théorie de la divination sont empruntés à des philosophes récents, comme Antiochus, Zénon l'Épicurien ou Posidonius, qui avaient corrigé ce qui, chez leurs devanciers, prêtait à la critique. Au contraire, la réfutation des doctrines vient souvent de philosophes antérieurs à ceux dont Cicéron s'était servi pour l'exposition, par exemple Carnéade, si bien qu'on a répondu en partie dans le livre qui précède aux objections contenues dans le livre qui suit. Parfois Cicéron se fie davantage à lui-même. C'est ainsi qu'il se borne à réfuter les Épicuriens par des raisons de sens commun, de telle sorte qu'on ne saurait dire avec précision s'il s'inspire ici d'un philosophe stoïcien ou académicien.

Pour le troisième groupe de ses traités philosophiques Cicéron emprunte un peu de toutes mains. Aussi bien c'étaient moins des ouvrages de philosophie que des dissertations morales, où l'on s'inquiète plus de l'efficacité des préceptes que de leur provenance. On ne saurait déterminer exactement quelles ont été ici les sources de Cicéron (1). Les écrits de cette nature étaient très nombreux et pouvaient être composés par tous les philosophes indifféremment, ou du moins on y mêlait toutes les doctrines. Parfois Cicéron semble ne pas avoir eu de modèle, comme, par exemple, pour le *de senectute* et le *de amicitia*. Il arrive aussi qu'il admette à la fois des doctrines opposées, comme celle de l'immortalité et de la mortalité de l'âme dans la première *Tusculane,* du bonheur fondé sur l'activité stoïcienne ou l'apathie épicurienne dans la cinquième.

Un écueil à éviter dans ces questions de sources, c'est de vouloir arriver à une trop grande précision, de prétendre assister au travail de composition de l'écrivain, de dire, par exemple, le moment précis où il quitte un modèle pour en prendre un

---

(1) Il en est quelquefois de même pour les ouvrages plus purement philosophiques du second groupe : il nous a été impossible de démêler avec certitude à qui était emprunté le livre III du *de finibus.*

autre. Ces divinations sont parfois subtiles et ingénieuses, comme nous l'avons vu pour le discours de Cicéron dans le livre II des *premières Académiques*, et pour l'exposition de la théologie épicurienne dans le livre II du *de natura deorum;* mais il ne faut pas oublier qu'elles ne sont guère que des conjectures. Il est vrai qu'elles nous font voir de plus près la pratique de l'auteur, et mieux saisir le côté technique et matériel de son talent. Quelquefois même, comme c'est le cas dans un chapitre du livre III du *de finibus* (1), la composition a été trop rapide pour qu'il ne restât pas trace des sutures. On reconnaît les morceaux d'emprunt parce qu'ils n'ont pas eu le temps de se fondre dans l'harmonie de l'ensemble, comme des lingots plongés dans du métal en fusion déjà en train de se refroidir, et qu'on retrouverait enchâssés dans la masse solidifiée, mais avec leur nature et leur forme primitives.

Souvent on ne peut plus distinguer les éléments divers qui sont entrés dans la composition d'un traité philosophique de Cicéron. L'auteur, au lieu de faire des extraits d'un livre étranger et de se borner à les relier entre eux par des transitions, a seulement pris connaissance des idées contenues dans ce livre, puis il les a exprimées dans sa propre langue, ou bien encore il s'est fié simplement à ses souvenirs. Telle fut d'ordinaire, semble-t-il, la pratique de Cicéron, qu'on nous représente trop comme ayant traduit avec exactitude un modèle grec. Ceci n'est vrai que pour certaines parties, comme la revue historique des opinions des différents philosophes sur les principes des choses, au livre II des *premières Académiques*, sur la divinité au livre I du *de natura deorum*, ou sur l'âme dans la première *Tusculane*. On reconnaît ces emprunts trop textuels à l'apparence sèche et didactique du style, ou à l'accent général du passage, qui détonne au milieu de l'ensemble. Mais d'ordinaire les idées que Cicéron prend à autrui perdent la marque de leur origine étrangère en revêtant les formes amples et majestueuses de son style oratoire. Ce style est comme une toge trop large qui fait des plis; ces plis, en enveloppant les objets qu'ils recou-

---

(1) 10, 35.

vrent, les dérobent aux yeux et empêchent de les reconnaître. Comment distinguer ce qui appartient en propre à Cicéron et ce qui ne vient pas de lui, lorsque tout dans son livre a le même ton et le même aspect ?

De plus, à l'époque de Cicéron, les systèmes les plus divergents en métaphysique se rapprochaient en morale. Une philosophie avait paru qui considérait surtout les points communs entre les diverses doctrines en négligeant ce qui était propre à chacune d'elles et la séparait de toutes les autres : c'était l'éclectisme. Cette philosophie ne pouvait manquer de plaire aux Romains, et Cicéron la suit souvent. Mais, en confondant les temps et les doctrines, elle empêche d'indiquer avec certitude l'origine des différentes opinions. La nature d'une dent ou d'une vertèbre permet au naturaliste de retrouver le genre d'animaux auquel appartenait cette dent ou cette vertèbre, parce que tous les individus d'un même genre reproduisent le type commun. Au contraire, d'une doctrine mentionnée par Cicéron nous ne pouvons pas toujours remonter à son auteur, parce que cette doctrine a peut-être été professée par des philosophes d'écoles différentes, ou bien leur a été faussement attribuée.

Enfin les écrits des philosophes postérieurs à Platon et Aristote, dont s'est surtout servi Cicéron, sont perdus. Nous n'avons donc guère pu le surprendre en flagrant délit de plagiat. Il ne faut pas en conclure qu'il est plus original qu'on ne croit généralement. Nous sommes assurés du contraire par son propre témoignage. Le souci d'être original est peut-être la seule vanité qui manque à Cicéron. Même dans la *République*, où il doit le plus à lui-même, il voudrait bien nous faire croire que ce qu'il dit est emprunté des Grecs et surtout de Platon. Il se met sous la protection de ce nom illustre ; il l'invoque, même quand il le contredit, comme il arrive aussi dans le *de legibus*. Tous les autres traités philosophiques furent composés en deux ans, c'est-à-dire trop vite pour que Cicéron n'ait pas traduit, ou tout au moins imité des livres grecs. Nous voyons par la correspondance avec Atticus que ces livres étaient surtout des manuels ou des ouvrages de vulgarisation, qui se prêtaient à

Documents manquants (pages, cahiers...)

NF Z 43-120-13

Les preuves de l'immortalité de l'âme que Cicéron donne dans le *Songe de Scipion,* la première *Tusculane* et le dialogue sur *la vieillesse* semblent empruntées au *Phédon.* Mais Cicéron n'a pas pénétré le sens des théories platoniciennes. Il est même probable qu'il reproduit ces preuves d'après l'ouvrage d'un philosophe stoïcien, comme Posidonius, ou d'un disciple de l'Académie, comme Crantor, plutôt que d'après le dialogue de Platon. L'éclat de la forme et le charme du style dans les écrits du penseur grec avaient dissimulé à Cicéron tout ce qu'ils cachaient de profondeur et de subtilité. Aussi bien ces caractères ne se dévoilent qu'à une étude attentive dont était incapable Cicéron, qui voyait surtout dans la philosophie les avantages immédiats qu'elle pouvait procurer à l'art de la parole. Tous les éloges que Cicéron fait de Platon doivent être rapportés plus encore au grand écrivain qu'au grand philosophe.

La libre méthode *à priori* de Platon avait été remplacée chez Aristote par la sévère observation scientifique. Cette philosophie plus positive devait plaire davantage aux Romains. Mais toutes les recherches, dans ce système, aboutissaient à la métaphysique qui, « comme une tige puissante, produit et supporte toutes les branches de la connaissance, les alimente de sa substance et porte encore au-dessus d'elles la majesté de sa cime (1) ». Or, l'esprit romain resta toujours fermé pour la métaphysique.

Aristote avait laissé deux sortes d'ouvrages : les uns, les *Dialogues*, d'un style élégant, étaient ses premiers écrits et s'écartaient peu des idées communes ; les autres, appartenant à la fin de sa vie et résumé de sa doctrine, ne contenaient que des pensées subtiles et originales, exprimées en un langage nu, concis et souvent obscur. Ainsi Aristote avait composé sur l'âme un dialogue, l'*Eudème*, dans lequel il affirmait l'immortalité ; dans le περὶ ψυχῆς, au contraire, il ne dit nulle part que l'âme soit immortelle, et donne plutôt à entendre qu'elle périt avec le corps.

(1) Ravaisson, *Essai sur la métaph. d'Arist.*, I, 266.

Cicéron n'avait guère étudié les écrits ésotériques d'Aristote. On peut douter qu'il ait connu la *Morale à Nicomaque*. Il est possible qu'il ait lu la *Politique*, avec laquelle on trouve des rapports dans la *République*; mais Cicéron, dans cet ouvrage, paraît s'être inspiré de Polybe plus encore que d'Aristote. Il est très douteux qu'il y ait dans le *de amicitia* des imitations directes des livres VIII et IX de la *Morale à Nicomaque*.

Mais Cicéron connaissait certainement les *Dialogues*. On ne s'expliquerait pas autrement qu'il parle de la richesse du style d'Aristote (1). Transporté dès sa jeunesse au milieu de la société la plus polie d'Athènes et le disciple le plus distingué de Platon, Aristote avait commencé par imiter son maître. Il avait pratiqué pour son compte cet art de la composition dont il devait indiquer tous les secrets dans sa *Poétique*, sa *Rhétorique* et sa *Réfutation des sophismes* (2). Les *Dialogues* d'Aristote étaient plus faciles à transporter en latin que ceux de Platon, où le fil des idées se cache et disparaît parfois dans le mouvement naturel de la conversation. Les Romains, pour les pièces de théâtre, s'étaient plutôt adressés à Euripide et à Ménandre qu'à Eschyle et Aristophane. De même Cicéron, découragé par la grandeur du génie platonicien (3), aima mieux traduire littéralement certains ouvrages ou certaines parties des livres de Platon, comme le *Protagoras* et le commencement du *Timée*, que de les reproduire librement. Mais il fit plusieurs emprunts aux *Dialogues* d'Aristote (4). C'est à eux qu'il avait pris, nous dit-il lui-même, l'ordre d'une partie de ses traités philosophiques, comme le *de legibus*, les *Académiques*, le *de finibus*, le *de divinatione*. Au lieu de suivre la coutume de Platon qui s'efface pour faire parler Socrate, dans la bouche de qui il met parfois des pensées qui ne lui étaient jamais venues, Cicéron,

(1) *Flumen orationis aureum. Acad.*, II, 38, 119. — (2) Cicéron dans une lettre à Atticus (II, 1, 1) dit qu'il a fait usage dans un de ses livres « de toute la boîte à parfums d'Isocrate, de tous les coffrets de ses disciples, et même des *fleurs de rhétorique* d'Aristote ». — (3) *Amplitudo Platonis. Orat.*, ch. 1. — (4) Par exemple dans *l'Hortensius*; dans le *de natura deorum*, I, 13, 33; II, 15, 42, sq.; 37, 95; dans le *de divinatione*, I, 25, 53; dans le *de finibus*, II, 32, 106; dans les *Tusculanes*, V, 35, 100.

dans ces ouvrages, se donne, à l'exemple d'Aristote dans ses *Dialogues*, le principal rôle dans l'entretien (1).

Cicéron ne s'est pas servi des livres ésotériques d'Aristote et n'a imité des dialogues de Platon que quelques passages plus littéraires encore que philosophiques. On le regretterait (car Platon et Aristote sont les maîtres de la pensée antique), si nous ne possédions pas les œuvres de ces deux grands philosophes. Par un heureux hasard, il se trouve que les écrits d'Aristote dont s'est surtout inspiré Cicéron, ce sont ses *Dialogues*, aujourd'hui perdus, les œuvres de jeunesse où il cherchait les principes de sa propre doctrine. Si nous avions conservé les *Dialogues* d'Aristote nous pourrions refaire la génèse de ses idées et voir comment il s'est peu à peu écarté de l'enseignement de son maître pour devenir le penseur systématique et profond que nous connaissons seul. On comprend dès lors de quelle importance sont les fragments des *Dialogues* d'Aristote contenus dans les traités philosophiques de Cicéron.

Mais ces fragments sont rares et peu étendus. Si, dans l'ordonnance de ses traités philosophiques, Cicéron a reproduit « la manière d'Aristote (2) » dans ses *Dialogues*, il lui a été impossible d'imiter aussi complétement le fond que la forme ; car il expose le plus souvent des doctrines venues après celles d'Aristote et de Platon. Il s'inspire surtout des philosophes postérieurs. Nous ne possédons plus rien de leurs ouvrages. Cependant nous savons que si la pensée philosophique avait, après la mort des fondateurs de l'Académie et du Lycée, perdu de sa profondeur et de sa puissance, elle ne s'était pas arrêtée

---

(1) « Platon, le contemporain et le concitoyen de Phidias et de Sophocle, éprouvait aussi, comme philosophe, le plaisir d'inventer et de créer, et il entrait avec joie dans les formes étrangères qu'il avait tirées de lui-même. Aristote, le fils des côtes de la Thrace, ne pouvait se résoudre à n'être pas lui-même, et pendant la représentation il jetait le masque » (J. Bernays, *les Dial. d'Arist.*, p. 2). Ce sentiment qui empêche l'artiste de s'oublier soi-même pour s'identifier avec ses créations était encore plus puissant chez Cicéron que chez Aristote. — (2) *Mos Aristotelius* (*Ad Att.*, XIII, 19, 4).

complétement. « La plupart de ces philosophes dont nous n'avons plus que les noms ont écrit, mais non pas pour nous. On ne saurait trop le redire, ni trop appuyer sur une telle perte. Le riche trésor des livres de Platon et d'Aristote, sur lequel nous jugeons la philosophie ancienne, n'est pourtant qu'un débris, quoique ce débris soit magnifique ; tout le reste a disparu. Nous frappons, pour ainsi dire, à la porte de toutes les écoles, mais la porte est fermée et nous ne pouvons entrer. Nous y collons notre oreille, et nous surprenons quelques éclats de voix, certains principes, certaines déductions, le murmure surtout d'un auditoire ému et subjugué ; rien davantage (1). »

Les traités philosophiques de Cicéron nous apprennent en partie ce que nous voudrions savoir. Ils nous ont conservé les résultats les plus importants et les plus pratiques auxquels était arrivée la philosophie grecque après Platon et Aristote. De là leur valeur incomparable pour l'histoire des idées dans le monde ancien. Non qu'ils soient seuls à nous fournir là-dessus des renseignements. Nous connaissons aussi la doctrine de la nouvelle Académie par Sextus Empiricus, celle des Épicuriens et des Stoïciens par Plutarque. De plus, Diogène de Laerte a fait l'histoire de toutes les écoles philosophiques de l'antiquité. Mais tous ces auteurs venus après Cicéron n'ont pas son exactitude, qu'on peut cependant déjà trouver insuffisante. Sextus Empiricus est long et diffus; Plutarque aime trop à raconter; Diogène de Laerte s'attarde à des détails biographiques inutiles. Cicéron a de plus qu'eux tous son style, qui donne tant de charme à ce qu'il expose. Aussi bien ce style, si nous l'en croyons, ne serait que l'enveloppe magnifique dont il revêt la pensée d'autrui. Donc, si nous avons perdu les ouvrages des philosophes grecs postérieurs à Platon et Aristote, les livres de Cicéron nous en tiennent lieu dans une certaine mesure.

Cicéron emprunte, comme nous l'avons vu par les recherches précédentes, à Crantor, le disciple de l'ancienne Académie, et

---

(1) E. Havet, *le christ. et ses orig.*, II, 9.

à Chrysippe, le législateur autorisé du Portique, aux Stoïciens récents et en honneur à Rome, comme Panétius et Posidonius ; aux Épicuriens contemporains, Zénon et Phèdre ; à l'éclectisme d'Antiochus, au probabilisme de Philon, et surtout au scepticisme de Carnéade, consigné dans les livres de Clitomaque. Les traités de ces philosophes étaient beaucoup plus faciles à imiter que les dialogues de Platon ou les écrits ésotériques d'Aristote. Ceux-ci se rattachent étroitement à l'ensemble de la doctrine. On dirait une pierre angulaire dans un bâtiment ; on ne peut enlever la pierre sans ébranler l'édifice tout entier, et elle est si bien taillée pour lui seul qu'elle ne saurait qu'avec peine entrer dans une construction nouvelle.

Toutefois Cicéron ne paraît pas avoir imité ses modèles d'une façon aussi servile que le croient les critiques allemands. Il avait sous les yeux des ouvrages grecs dont il reproduisait les pensées, mais en leur donnant l'éclat et le charme de son style. Si on lui refuse les idées, il faut lui laisser au moins les mots. Il les réclame comme son bien dans la phrase, dont on a souvent abusé contre lui, où il explique la rapidité avec laquelle il compose ses traités philosophiques par ce fait qu'ils ne sont que des copies (1).

De plus, Cicéron a imité les pensées des philosophes grecs, mais il n'a pas tout pris dans leurs livres. L'esprit subtil des Grecs s'était engagé dans toutes les directions ouvertes à l'intelligence humaine. Aujourd'hui encore, après tant de siècles de spéculation, lorsqu'on croit tenter des voies nouvelles, on s'aperçoit qu'elles ont été déjà parcourues par les Grecs. La théorie du *devenir*, ou comme on dit plutôt, de l'*évolution*, ne date pas du XIXe siècle, de Hégel ou de M. Herbert Spencer, mais d'un Grec d'Ionie, qui vivait cinq cents ans avant Jésus-Christ. Héraclite, en effet, avait entrevu nettement la grande

---

(1) Cicéron choisissait avec grand soin les mots par lesquels il traduisait les expressions grecques. Lorsque le mot propre manquait en latin, il n'hésitait pas à se servir du terme grec, ou bien il proposait plusieurs équivalents. Dans sa correspondance avec Atticus il discute parfois la valeur exacte d'un mot, par exemple *inhibere* (XIII, 21) et *officium* (XV, 14 ; XVI, 11), et il accepte ou rejette les observations d'Atticus.

doctrine qui regarde les choses comme étant dans un changement perpétuel. Il y avait surtout une arme de raisonnement merveilleuse, découverte par les Grecs, et dont ils abusaient avec une passion d'inventeurs et d'artistes : c'était la dialectique. Pas de sophisme qu'ils n'aient imaginé pour avoir le plaisir d'exercer leur esprit en embarrassant leurs adversaires.

Les Romains, au contraire, méprisaient ce qui n'était qu'un plaisir pour l'esprit et non une facilité pour agir. Ce qu'ils voyaient dans une recherche, c'étaient les résultats pratiques et non la joie de la découverte. Ils ne comprenaient pas les théories subtiles sur la connaissance ; mais, dès qu'il s'agit de l'action, ils se retrouvent tout entiers. Ils faisaient comme les Stoïciens, à qui l'on reprochait de ne s'occuper que de l'épi et de négliger la tige qui l'a produit et le soutient. Les préceptes moraux venus des Grecs prirent, en passant en latin, quelque chose de l'impérieuse brièveté romaine. Les grands écrivains philosophes de Rome, Cicéron et Sénèque, n'ont retenu de toutes les théories morales des Grecs que ce qui pouvait immédiatement servir à l'usage de la vie. Ils ont négligé les recherches subtiles et les discussions oiseuses ; mais, ce qu'ils ont conservé, ils lui ont donné un accent plus impératif, une autorité plus persuasive. Le droit moderne repose sur le droit romain, la morale moderne se rattache à la morale antique, et si, pour la partie spéculative, elle relève davantage des grands penseurs de la Grèce, pour la pratique elle reproduit surtout les préceptes des philosophes romains : Rome nous a légué le fond de nos lois et de notre morale.

Mais toutes les recherches de sources qu'on peut faire ne donnent que le côté matériel de l'œuvre philosophique de Cicéron. Il faut voir ce qui l'a fait naître, sous l'empire de quelles pensées et dans quelles conjonctures les parties diverses dont elle se compose ont successivement pris naissance.

Cicéron voulait avant tout devenir un grand orateur ; il savait que la philosophie était d'un puissant secours pour l'éloquence : il étudia la philosophie. Parmi les diverses doctrines laquelle devait lui plaire le plus ? Celle de Platon était bien subtile pour l'esprit pratique d'un Romain ; le

Gorgias et le *Phèdre* renferment d'admirables idées sur l'art de la parole ; mais ce sont de simples vues : elles n'ont pas été rendues pratiques dans un ensemble de préceptes. Ces préceptes, on les trouve dans les écrits de l'école péripatéticienne : Cicéron étudiera les ouvrages de rhétorique d'Aristote et de ses disciples. Mais la doctrine péripatéticienne est surtout une philosophie de la science qu'elle dépasse et couronne par la métaphysique. Cicéron aspire à devenir un homme, non de spéculation, mais d'action ; il veut savoir, non pour le plaisir de connaître, mais pour conduire par la parole et dominer les esprits. Il professera la doctrine d'Aristote, ou du moins ce qu'il croit tel, dans son traité *de finibus*, dans ses considérations sur la république. Mais en général il lui faut une philosophie plus amie de la discussion, et moins éloignée de la vie ordinaire.

Cette philosophie, ce ne sera pas celle d'Épicure ; celle-ci prête trop facilement à de fausses interprétations qui blessent la délicatesse naturelle de Cicéron. La doctrine épicurienne est trop indifférente au beau langage ; peu importe à Épicure la manière dont il s'exprime, pourvu qu'il se fasse comprendre ; il méprise les traités de rhétorique sortis de l'école d'Aristote ; il ne dit rien sur l'art de raisonner et de discuter. Les Stoïciens, au contraire, ont examiné ces questions avec beaucoup de soin, — trop de soin peut-être. Le luxe des divisions et des subdivisions, des démonstrations captieuses, des distinctions subtiles étouffe chez eux la puissance de la parole : il faudrait, dit Cicéron, étudier leur rhétorique, si l'on voulait apprendre à se taire ; enfin leurs expressions bizarres et les épines de leur dialectique rebutaient les esprits.

Mais tous ces défauts, qui devaient paraître si choquants à Cicéron, sont justement évités par les adversaires du Portique, les philosophes de la nouvelle Académie. Pour battre les Stoïciens, ces dialecticiens subtils, ils ont été obligés de raisonner encore plus finement qu'eux ; mais ils n'ont pas négligé les ornements de la parole, que méprisaient à la fois les disciples d'Épicure et ceux de Zénon ; ils ne sont pas moins grands orateurs que logiciens redoutables. Le plus célèbre des philosophes de la nouvelle Académie, Carnéade, enseignait à la fois la philosophie et la rhétorique. C'est à lui surtout que Cicéron s'adressa pour connaître ces deux arts. Il nous dit lui-même que s'il était orateur, il le devait plutôt aux promenades de l'Académie qu'aux écoles de rhétorique. L'Académie dont il parle est plus encore celle de Carnéade que celle de Platon. Dans sa jeunesse, « il visitait respectueusement la chaire où s'était assis Carnéade, et qui semblait veuve de ce beau génie (1) ».

Il n'est pas besoin que l'orateur connaisse le vrai ; il suffit qu'il persuade le vraisemblable. Or, la doctrine de Carnéade et de la nouvelle Académie est justement l'apologie et la défense du probabilisme. Placée entre deux dogmatismes intolérants et étroits, elle prêche le doute, la suspension du jugement. Cette réserve, après les assertions hardies de Platon et d'Aristote, en face des affirmations tranchantes de Zénon et d'Épicure, devait plaire à un Romain, qui, avec le bon sens pratique de sa race, ne comprenait pas qu'on affirmât ce qui n'était pas évident ou fait d'expérience. En délivrant l'esprit humain du penchant à affirmer et de l'irréflexion, Carnéade, dit Cicéron, a fait un travail d'Hercule (2). C'est le doute prudent de Carnéade, mêlé à la doctrine plus dogmatique de Philon, que Cicéron défend dans les *Académiques* ; c'est lui qu'il oppose aux assertions exagérées des Stoïciens dans le *de natura deorum*, le *de divinatione* et le *de fato*.

A la fin des *premières Académiques*, où il parle réellement *pro domo sua*, Cicéron, au moment de monter sur le bateau qui doit le ramener à sa maison de campagne, demande à Hortensius quel est son avis sur la discussion à laquelle il vient d'assister. « Il me répondit : De lever l'ancre. Tu es à moi, lui dis-« je ; car c'est précisément là la conclusion de l'Académie. » Le jeu de mots est on ne peut mieux placé, puisque l'Académie

---

(1) *De fin.*, V, 2, 4. — (2) *Acad.*, II, 34, 108. Descartes, lui aussi, placera plus tard dans le doute préalable la véritable méthode philosophique, et reconnaîtra dans la précipitation et la prévention les plus grandes causes d'erreur.

lève toujours l'ancre, ne pouvant s'arrêter ni se fixer nulle part (1). »

Ne pouvoir jamais jeter l'ancre un seul instant serait non seulement pour le poète, mais encore pour tout homme éclairé des temps modernes un véritable supplice. Mais peut-être était-ce dans les temps anciens une nécessité de suspendre son jugement dans une foule de cas, si l'on voulait ne pas dépasser dans son affirmation les bornes de sa connaissance. Nous avons déjà dit, à propos de la traduction latine du *Timée*, que les sciences physiques et naturelles n'avaient dans l'antiquité rien de sûr ni de définitivement démontré. « Si quelqu'un pensait aujourd'hui à soutenir des thèses de scepticisme absolu,.... il serait arrêté tout court par l'impossibilité d'entamer les sciences positives. Elles nous mettent à tous dans l'esprit dès le collège tout un système de vérités sur lesquelles le plus léger doute ne s'élèvera jamais dans notre esprit. Sur le programme scientifique du baccalauréat il n'y a pas de sceptique : les anciens l'étaient parce qu'ils ignoraient. Hicétas de Syracuse avait pensé que le soleil et le ciel ne tournaient pas autour de la terre, et que leur mouvement apparent n'était que celui de la terre tournant sur son axe : c'était un trait de génie ; ce n'était pas une vérité acquise à la science et Cicéron ne sait ce qu'il en doit croire (2). »

Mieux valait ce doute prudent que l'indifférence scientifique des Épicuriens, qui acceptaient toutes les causes assignées à un phénomène, pourvu que ce fussent des causes physiques. C'est ainsi qu'ils croyaient que chaque jour un nouveau soleil s'allumait le matin, à l'orient, et s'éteignait le soir, à l'occident, et que, pour expliquer la présence des images des dieux dans notre esprit, ils admettaient qu'il y avait réellement des dieux.

Des solutions si grossières devaient blesser la finesse d'esprit de Cicéron. Il ne pouvait approuver l'inconséquence avec laquelle Épicure affirmait l'existence des dieux en leur refusant toute action sur le monde. Il répugnait à la fois aux négations

---

(1) E. Havet. *Pourquoi Cicéron a professé la philosophie académique. Séances et travaux de l'Acad. des sc. mor. et polit.*, avril-mai, 1884, p. 661.
— (2) *Id., ibid.*, p. 664.

tranchantes des Épicuriens et aux affirmations sans preuve des Stoïciens. « Sa profession de doute académique n'avait été pour lui qu'une manière d'introduire et de faire accepter par l'opinion publique sa liberté de penser. Elle préparait les dialogues sur *les Dieux* et *la Divination* (1). »

Carnéade avait la prétention d'en revenir à la doctrine de Socrate, qui disait ne savoir qu'une chose, qu'il ne savait rien. De même pour Carnéade il n'y a qu'une chose qui soit hors de doute, c'est que tout est douteux. On a souvent mal compris la nature et le rôle de la nouvelle Académie ; elle n'a pas le caractère immoral de la sophistique, qui prépara la réaction de Socrate, le dogmatisme de Platon et d'Aristote (2). Elle est avant tout une protestation de bon sens contre les exagérations du Portique, qu'elle combat à peu près exclusivement. « S'il n'y y avait pas eu de Chrysippe, il n'y aurait pas de Carnéade, » disait Carnéade lui-même. La nouvelle Académie soutenait sur toute question le pour et le contre ; c'est que, excepté dans les mathématiques, il n'y a rien qui soit complétement vrai, rien d'entièrement faux (3). Tout l'art de la vie ne consiste-t-il pas à

---

(1) *Id.*, *ibid.*, p. 669-670. — (2) On a quelquefois attaqué la morale de Carnéade, qui semble avoir été un eudémonisme raisonnable. « Elle est de lui cette pensée admirée par Cicéron (*de fin.*, II, 18, 59) : « Si tu savais qu'il y eût en quelque endroit un serpent caché et qu'un homme qui n'en saurait rien et à la mort duquel tu gagnerais fût sur le point de s'asseoir dessus, tu ferais mal de ne pas l'en empêcher; cependant tu aurais pu impunément ne pas l'en avertir. Qui t'accuserait ? » (C. Martha, *Études morales sur l'antiquité*, 102.) — (3) Pour les Pythagoriciens et les Éléates, il n'y avait science que de l'être τὰ πρὸς ἀλήθειαν; tout le reste était du domaine de l'opinion, τὰ πρὸς δόξαν. Platon reproduisit cette doctrine; cependant il admettait que les choses d'opinion existaient réellement à côté de celles qui étaient objet de science; mais il ne croyait pas qu'il y eût des règles certaines pour connaître les premières. Aristote, au contraire, enseigna qu'il y avait une science du vraisemblable ; il en étudia plusieurs parties, et formula les lois de ces connaissances, par exemple la rhétorique, la poétique, la physique, la politique. Il semble que Carnéade n'ait fait, dans une certaine mesure, que reprendre la théorie d'Aristote sur le vraisemblable, dont il niait seulement qu'il pût y avoir science au sens complet du mot.

évaluer des vraisemblances? l'expérience n'est-elle pas le calcul habile des probabilités?

Cicéron avait étudié la philosophie en vue de l'éloquence. Celle-ci se déployait surtout dans les procès, souvent politiques, qui se plaidaient au forum. L'avocat ne doit pas avoir trop de scrupules ; il ne doit pas craindre de se contredire suivant les circonstances et de défendre le lendemain ce qu'il a combattu la veille. L'orateur Antoine n'avait voulu écrire aucun de ses plaidoyers : il craignait qu'on n'opposât ses discours passés à son langage présent. De même Cicéron ne se mettait pas trop en peine du choix de ses clients: il faillit plaider pour Catilina. Il conserva cette habitude en philosophie. Un des interlocuteurs de ses dialogues ne manque pas de lui reprocher de se contredire (1). Il ne répond pas, comme on a fait de nos jours, que la contradiction est le signe de la vérité ; mais il réclame le droit de vivre au jour le jour, et d'affirmer chaque fois ce qui lui paraît le plus vraisemblable, quitte à dire, pour sa justification, qu'il ne jure sur la parole d'aucun maître.

Mais cette doctrine, excellente pour un avocat, l'est moins pour un homme politique, qui doit savoir ce qu'il veut et ne pas vouloir chaque jour une chose nouvelle. Aussi, lorsque Cicéron écrivit la *République*, il plaça dans la bouche de deux personnages différents la discussion de Carnéade pour et contre la justice. Il dit dans les *Lois :* « Quant à la nouvelle Académie de Carnéade et d'Arcésilas, qui bouleversa tout cela, prions-la de garder le silence. Si elle faisait irruption sur notre terrain, où tout nous semble construit et arrangé avec assez d'art, elle y ferait trop de ravages. Je n'aspire qu'à la fléchir ; la repousser, je n'ose (2) ».

Quelle doctrine choisira donc Cicéron dans les questions qui ont plus spécialement pour objet la vie commune, comme le gouvernement, les lois, la morale? Cicéron suivra l'habitude de son pays. Les Romains admettaient dans le Capitole les dieux de toutes les nations. De même Cicéron adopta pour la *République*, les *Lois*, le *de finibus* un système qui prétend con-

---

(1) *Tusc.*, V, 11, 32. — (2) I, 13, 39.

cilier les opinions contraires et qui n'est autre que l'éclectisme (1). Pour les deux premiers ouvrages cités Cicéron fit lui-même le choix entre les diverses doctrines, en les adaptant aux institutions de son pays. Pour le *de finibus* il lui suffit de reproduire l'enseignement d'Antiochus qui, renonçant au probabilisme de Carnéade, avait prétendu réunir dans un système nouveau l'Académie, le Lycée et le Portique. Pour trouver que ces trois écoles étaient les mêmes au fond, il fallait fermer les yeux sur les différences essentielles qui les séparaient ; mais ces différences n'apparaissaient qu'aux regards d'un observateur attentif, et nous savons que tels n'étaient ni Antiochus ni Cicéron.

Au temps de Cicéron les systèmes de Platon et d'Aristote ne comptaient plus que de rares partisans. Ils renfermaient des théories trop purement spéculatives pour intéresser une époque et un peuple exclusivement soucieux de la pratique et de la morale. Deux doctrines restaient seules en présence à Rome, l'Épicurisme et le Stoïcisme. La plupart des Romains avaient adopté l'Épicurisme, séduits par son apparente facilité et par l'espérance de trouver là le bonheur. Les Romains mettaient alors à la poursuite du plaisir l'opiniâtreté et la passion qu'ils avaient apportées à la conquête du monde. La doctrine d'Épicure fournissait de spécieux prétextes à ceux qui, comme Atticus, voulaient se tenir à l'écart des agitations politiques pour vivre au sein du repos. Mais ce repos ne pouvait plaire à quiconque avait conservé du goût pour l'activité si chère aux anciens Romains. Or, une doctrine ennemie de celle d'Épicure faisait à chacun une loi de cette activité, méprisait le plaisir, dans lequel Épicure plaçait le souverain bien, et regardait comme le véritable bonheur la lutte contre les passions du dedans et la

---

(1) Atticus raconte (*de leg.*, I, 20, 53) que Gellius, proconsul romain en Grèce, réunit tous les philosophes qui étaient à Athènes, et les pria de ne pas passer leur vie à disputer les uns contre les autres, et de mettre fin à leurs controverses pour tomber d'accord entre eux ; la chose était possible et il leur promit son appui à cet effet. On voit que le génie romain était au fond éclectique.

résistance aux attaques du dehors. Cette philosophie était celle du Portique. L'école de Zénon blessait la délicatesse de Cicéron ; mais il ne pouvait s'empêcher de voir dans les Stoïciens des hommes de cœur. Je crains bien, disait-il, qu'ils ne soient les seuls philosophes.

Dans le *de finibus* Cicéron avait exposé sur le fondement de la morale une opinion qu'il croyait être celle d'Aristote et de l'ancienne Académie, mais qui n'était en réalité que celle d'Antiochus, un parfait Stoïcien, s'il avait consenti à changer très peu de chose dans sa doctrine.

Antiochus restait Stoïcien en croyant revenir à Platon et Aristote. D'autres, comme Panétius et Posidonius, ne pensaient pas être infidèles à l'esprit du Portique en suivant parfois le chef de l'Académie et celui du Lycée. Ces Stoïciens éclectiques furent surtout les modèles dont s'inspira Cicéron.

Mais il y avait entre eux une différence. Le premier, « l'esprit le plus indépendant peut-être que l'école stoïcienne ait produit (1) », s'était dégagé des subtilités de la secte ; il avait eu le courage, sinon de nier la divination, du moins de dire qu'il en doutait. Sur la question de l'immortalité de l'âme il s'était, malgré son amour pour Platon, tenu dans la sévère réserve d'Aristote ; dans sa *Lettre* à Tubéron il avait passé sous silence le paradoxe stoïcien de l'impassibilité du sage. Ce bon sens solide devait plaire aux Romains. Aussi l'enseignement de Panétius exerça-t-il sur eux une grande influence. *Nobilis libros Panæti*, a dit Horace.

Posidonius ne craignit pas d'affirmer ce que son maître avait mis en doute. Souffrant d'une attaque de goutte il faisait devant Pompée un beau discours pour prouver que la douleur n'est pas un mal. Il soutenait hardiment la vérité de tous les genres de divination, même de la plus absurde de toutes, celle qui était tirée du tressaillement des membres ; enfin il semble avoir affirmé l'immortalité personnelle ; car il faisait une différence complète entre l'âme et le corps (2), et il regardait la première

(1) Zeller, *la phil. et la relig. chez les Romains*. — (2) Par opposition à la dignité morale de l'esprit, Posidonius, dans Sénèque (*ep.*, 92, 10), nomme le corps « *inutilis caro et fluida, receptandis tantum cibis habilis* ».

moins comme servie par les organes que comme gênée par eux. Aussi l'âme à la mort retrouvait-elle son indépendance. Posidonius s'occupa de presque toutes les sciences connues ; il avait écrit sur la géographie, l'histoire, les sciences, l'astronomie ; il s'était exercé dans la géométrie ; mais il manquait absolument du sens critique que Panétius avait à un haut degré.

Cicéron imita Panétius ou Posidonius, suivant qu'il se laissait aller davantage à ses espérances et à des affirmations hasardées, ou qu'il obéissait plutôt à son bon sens. Nous avons cru voir que le commencement de la première *Tusculane* où sont exposées les preuves de l'immortalité de l'âme était emprunté à Posidonius. La troisième et la quatrième *Tusculanes* paraissent venir de Chrysippe ; mais on y soutient que toutes les passions sont volontaires : ceci était bien dans l'esprit de Posidonius, qui reconnaissait à l'âme une dignité si supérieure à celle du corps. Le commencement de la cinquième *Tusculane*, où Cicéron prétend que la vertu suffit au bonheur, semble imité de Posidonius, comme presque toute l'exposition de la théologie stoïcienne, au livre II du *de natura deorum*, et l'apologie de la divination, au livre I du *de divinatione*.

Mais lorsque Cicéron juge les choses froidement, ou veut donner des conseils pratiques, alors c'est à Panétius qu'il s'attache, comme dans la seconde *Tusculane*, où il indique les remèdes contre la douleur, et dans le *de officiis*, où il formule les règles qui devaient présider à la conduite de tout Romain bien né, au premier siècle avant J.-C. C'est aussi de Panétius que vient la critique de l'astrologie, au livre II du *de divinatione*, et probablement la théorie du droit, au commencement du *de legibus*.

Cicéron n'est pas un philosophe systématique qui développe avec rigueur une doctrine, mais un amateur qui interroge avec curiosité tous les sytèmes et s'attache tour à tour à chacun d'eux suivant l'inspiration ou les exigences du moment. On comprend donc, si l'on considère le développement de la pensée de Cicéron, que sa philosophie soit en premier lieu le probabilisme de la nouvelle Académie, puis un éclectisme qui faisait place à tous les systèmes, celui d'Épicure excepté, enfin un

www.ingramcontent.com/pod-product-compliance
Lightning Source LLC
Chambersburg PA
CBHW060603190426
43202CB00031BA/2219